U0693973

勒夫

Joachim Löw

Ästhet , Stratege , Weltmeister

美学家，战略家，世界冠军

［德］克里斯托夫·鲍森魏因　著

王凤波　译

北京出版集团公司

北京出版社

著作权合同登记号

图字：01–2015–7384

Title of the original German edition:

Author: Christoph Bausenwein

Title: Joachim Löw. Ästhet, Stratege, Weltmeister

Copyright. 2014 Verlag Die Werkstatt GmbH

Chinese language edition arranged through HERCULES Business & Culture GmbH, Germany

2016年中文版专有出版权属于北京出版集团公司，未经书面许可，不得翻印或以任何形式和方法使用本书中的任何内容和图片。

图书在版编目（CIP）数据

勒夫：美学家，战略家，世界冠军 /（德）克里斯托夫·鲍森魏因著；王凤波译 . — 北京：北京出版社，2016.7

ISBN 978 – 7 – 200 – 12209 – 1

I. ①勒… II. ①克… ②王… III. ①勒夫，J. — 传记 IV. ① K835. 165. 47

中国版本图书馆 CIP 数据核字（2016）第 117972 号

勒　夫

美学家，战略家，世界冠军

LEFU

[德] 克里斯托夫·鲍森魏因　著

王凤波　译

*

北 京 出 版 集 团 公 司

北　京　出　版　社　　出版

（北京北三环中路 6 号）

邮政编码：100120

网　　址：www. bph. com. cn

北 京 出 版 集 团 公 司 总 发 行

新　华　书　店　经　销

北京旭丰源印刷技术有限公司印刷

*

710 毫米 × 1000 毫米　16 开本　26.5 印张　369 千字

2016 年 7 月第 1 版　2016 年 7 月第 1 次印刷

ISBN 978 – 7 – 200 – 12209 – 1

定价：69.80 元

质量监督电话：010 – 58572393

责任编辑电话：010 – 58572511

2005年12月6日，作为克林斯曼助手的勒夫与自己的好拍档一同展示了德国足协推出的2006年日历

2008年1月10日，德国国家队在法兰克福召开世界杯预选赛的新闻发布会，勒夫出席

2008年5月16日，勒夫出现在德国的最高峰楚格峰，他就是在这里公布了备战欧洲杯的26人大名单，寓意这位登山爱好者不畏艰难

2009年5月，德国国家队在上海为对中国队的友谊赛进行训练，主帅勒夫收获了一幅个人漫画

2010年世界杯预选赛中，德国对阵阿塞拜疆的比赛开始前，德国队主教练勒夫与对手主教练、前德国队主教练福格茨交谈

2010年1月20日，勒夫正式通知效力于云达不莱梅的老将弗林斯，他被排除在南非世界杯阵容之外，33岁老将的世界杯之梦破碎

2010年2月10日，德国足协在柏林召开新闻发布会，勒夫向德国总理默克尔赠送球衣

2010年世界杯前夕，德国队在南蒂罗尔集训第8天勒夫召开记者招待会，他和守门员教练科普克（右）在世界杯官方用球的模型前合影

2010年6月7日，德国队飞抵南非约翰内斯堡，开始了世界杯之旅

2010年6月的南非比勒陀利亚，德国队在此进行首次公开训练

2010年世界杯赛，勒夫与施魏因斯泰格在约翰内斯堡的超级体育场谈话

2010年6月12日，德国队在南非德班训练备战，勒夫在球场上颠球，小秀脚法

2010年6月18日，世界杯小组赛D组次轮，德国0：1憾负塞尔维亚，主帅有些沮丧

2010年世界杯争夺季军的决赛，德国3∶2胜乌拉圭，勒夫和助手弗里克（右）与施魏因斯泰格交谈

2010年国际足球热身赛德国集训备战，勒夫风采依然

2010年8月21日，2010—2011赛季德甲首轮，汉堡与沙尔克04比赛，勒夫帅气装扮亮相看台

2011年1月22日，2010—2011赛季德甲第19轮，勒夫观战美因茨与沃尔夫斯堡的比赛

2012年欧洲杯预选赛，勒夫与当时的德国队新闻官施滕格（左）出席发布会

2012年欧洲杯预选赛，德国1：0险胜比利时，克洛泽打入唯一进球，场边的勒夫若有所思

2012年欧洲杯1/4决赛，德国队在格但斯克PGE球场4∶2战胜希腊，教练组振臂高呼

2012年8月勒夫以一名游客的身份观看德国丙级联赛

2012年12月13日，勒夫出席德国某慈善基金活动，与身穿西服的小球迷合影

2013年10月18日，在法兰克福，勒夫成功续约，他将执教德国队直到2016年欧洲杯结束

2014年世界杯欧洲区预选赛，德国对奥地利。当天现场，德国队为前队长巴拉克举行了简短的荣誉告别仪式

德国训练备战2014年世界杯欧洲区预选赛，"张牙舞爪"的主帅

德国训练备战2014年世界杯欧洲区预选赛，勒夫上阵秀球技

2014年巴西世界杯小组赛G组，德国与美国的比赛，勒夫雨中指挥

2014年巴西世界杯决赛，德国力克阿根廷夺冠后，勒夫被摄影记者团团包围

2014年世界杯德国队夺冠，勒夫和领队比埃尔霍夫（左）分享摘得金牌的喜悦

有一次举起大力神杯的瞬间，国家队主教练的生涯才堪称完美

2014年7月15日，德国球迷在柏林举行盛大的夺冠庆祝活动，球迷用勒夫的名字打出了"勒夫，我们爱你"

2015年1月23日，勒夫获德国媒体奖，亮相红毯，春风得意

　　20世纪90年代，我在看完了1990年意大利世界杯之后不久，就来到了刚捧得大力神杯的德国。那时候的德国队，既有力量，又有速度；既有激情，又有纪律，有意志，还有技术。马特乌斯、克林斯曼、沃勒尔、哈斯勒、布赫瓦尔德，还有主教练弗朗茨·贝肯鲍尔，就是这一代在世界足球历史上牢牢占有一席之地的德国球星征服了中国球迷，当时的中国媒体称德国队为"德意志战车""条顿军团"。当然，改革开放不久的中国与德国的互动和相互了解很有限，我们当时断不会意识到，我们诚心诚意地用这些尚武的词汇夸赞德国队（因为众所周知的历史原因），他们其实挺尴尬。

　　24年后，我在柏林勃兰登堡门前用手机录下了巴西马拉卡纳球场世界杯决赛终场哨声吹响后德国人的第一声鞭炮声响。我想国内的很多同胞也听到了这一声响，因为我当时是在为中央人民广播电台中国之声节目做现场的直播报道。夺冠之夜的柏林十分热闹，整座城市都很亢奋，但是从聚集了数十万球迷的勃兰登堡门前到柏林的大街小巷，却没有我想象的那样气氛癫狂。我不曾体验过24年前德国人庆祝夺冠的盛况，但是听当时在柏林的朋友说，那一晚的柏林是彻底疯了。

　　我想，这其中的原因，不是德国人开始看淡了世界杯夺冠这事，而是他们认为夺冠早在意料之中。难怪德国队新任队长施魏因斯泰格很淡定地说："我们早应该拿冠军了。"按照勒夫的方式去做，夺冠是必然的。

　　回到本书的主人公：德国队现任主教练约阿希姆·勒夫。直到今天，勒夫的名气依然逊色于"足球皇帝"贝肯鲍尔，但是他世界杯夺冠的把握却比贝肯鲍尔当年大得多。勒夫手下的这帮年轻的世界冠军球员不如24年前的那一代那么星光夺目，但是今天的德国队在勒夫调教下成为世界冠军，实际上很多球迷在2010年南非世界杯时就有预感。而且，我的感觉是，如果勒夫执教的是巴西队，那么世界杯半决赛德国队对巴西队的7∶1可能就要倒过来写了。

勒夫真有这么神奇吗？不，勒夫从来不是一位传奇教练，恰恰相反。当我刚拿到这本厚厚的420页勒夫传记德文稿时，心里暗暗好奇：这个"闷葫芦"、在媒体前表现近乎刻板的、与各种名人八卦消息绝缘的勒夫，有啥料值得大书特书的？

果然，如果你想从这本传记中多看到一些名人逸事、八卦趣谈，定会很失望。在个人生活上，勒夫基本上就是个没故事的人。我估计，本书作者不是不想写一本关于一位教练妙趣横生的传奇故事，可是除了勒夫是"潮男"这一话题，在他的身上实在找不出什么猛料。

但是，对足球本身感兴趣的读者就有福了。本书与其说是一部勒夫的个人传记，不如说是一本解读德国足球登顶世界冠军的启蒙读物。离开了具体的人，任何理论都是灰色的。足球也不例外。本书以勒夫作为教练的发展轨迹为主线，为读者提供了一部生动的现代足球理论通俗教案。看完本书后你会明白，现代足球理念并不复杂。书中说，勒夫是当今足坛上少见的只用两分钟就能够真正说明白什么是"后卫四人链"的教练，但是真正掌握了四后卫阵型的球队，却是少之又少。所以书中说，勒夫的一个成功秘诀就是：多练基本功，例如停球、传球、抢断球。

借助作者翔实和有说服力的描述，你可以窥探到勒夫打造出世界冠军的秘密。夸张地说，任何一个教练，如果认真按照勒夫的思路去做，就不会带出一支太差的球队。勒夫执教德国队的关键词：专家团队、数据库、体能、速度、4-4-2或4-5-1、攻防转换速度快、压制逼抢、别传高球、别铲球。如果一支球队真正掌握了这些，就不会踢得太差；如果掌握得炉火纯青，那么就可以称霸世界足坛，如勒夫的德国队。

所以，本书中文版问世，中国足球专业人士也有福了。本书译完最后一章时，碰巧赶上《中国足球改革发展总体方案》出台，国内有媒体让我谈谈德国足球与德国职业联赛对中国足球改革的启示。我现学现卖，从本书中得到启示，讲到德国职业足球联赛许可的发放标准之一就是俱乐部要有正规的青少年培训中心。勒夫也承认，他的成功首先是德国所有业余和职业足球教练的成功，没有大量默默无闻在基层从事青训的同行的努力，德国足球就不会有今天。愿中国足坛的决策者能够看到这句话。作为一个从小热爱足球的球迷，我从20世纪80年代开始就在等待着中国足球的崛起，希望本书对中国足球的改革有所启发，那么也将是我这个为中国足球之崛起等待了30年的中国球迷的最大福气。

看完本书你会明白，足球上根本没有什么"武林秘籍"或者"世外高人"。本书对于中国足球的启示就是：你就好好练那些最基本的东西吧，加上严谨的态度和十年磨一剑的韧性，就像勒夫所走过的坎坷道路那样，即使当不了世界冠军，冲出亚洲应当不在话下。

最后，感谢在本书出版过程中给予我不少帮助的资深体育媒体人、国际足球专家张玉强，他主要负责本书的内容编审和把关工作。同时，他也参与了拉姆自传《差之毫厘》的编审工作。张老师自己也是体育媒体圈内的知名作家，所著《世界"公敌"：何塞·穆里尼奥》由东方出版社于2012年出版，翻译的《西班牙：斗牛士军团的三冠王朝》由新世界出版社于2014年出版。

王凤波

2015年3月22日于柏林

目录
CONTENTS

第三部分　作为"勒夫公司"的德国国家队

开场篇　汉内夫——世界冠军之路的起点

"我们有着适度的自信"，德国国家队教练约阿希姆·勒夫说这句话时，显得既放松又坚定。"我们尊重对手，但不害怕对手。只要我们充分发挥我们的水平，我们就能赢得这场比赛。"当被问到是否也为可能发生的点球大战做好了准备时，勒夫脸上露出一丝诡异的微笑。"当然准备好了，"他一边回答，一边拿出一张纸解释说，"当然了，所有的守门员都会为点球决胜做准备，我们也不例外。我们为每一位对手的点球习惯都做了卡片，上面写着他们主罚点球的习惯角度。"

　　然后就是中场巴斯蒂安·施魏因斯泰格发言，仅凭他的口气就能感受到他巨大的信心。"我感觉很好"，这位代表德国国家足球队出场过107次的球员说。他此时不是随便就坐在勒夫旁边的。在过去的几周里，他显露出真正的球队领袖气质，成为了球队的精神动力和情感凝聚核心。"我深信，球员们一定能够在场上发挥出他们的实力。"这是世界杯决赛前的最后一次新闻发布会。施魏因斯泰格表示："只要能做到这一点，我们就能够打败阿根廷这样的世界一流强队。"

　　他们满怀信心参加的这场决赛，其结果已人人尽知。德国足球队在巴西里约热内卢凭借着中场马里奥·格策在加时赛阶段的一个精彩进球赢得决赛，为德国第4次捧得大力神杯。比赛结束哨音响过，勒夫在马拉卡纳体育场的草坪上一时还没缓过神儿来。他紧握了几次拳头，然后对涌进场内的球员家属们表示感谢。接下来的一幕演示了事件具有多么大的震撼力。带着一场艰苦比赛拼搏后特有的表情的施魏因斯泰格走过来抱住勒夫的脖子，二人紧紧拥抱了一阵。此时人们看到勒夫也被激情淹没，他似乎在拼命忍着不让泪水流出来。开始作为助理教练然后是主教练的他，在德国国家足球队10年任期之内，还很少有这样情感外露的表现。

在随后的记者招待会上，施魏因斯泰格说，勒夫作为德国国家队教练赢得世界杯冠军是实至名归，"这一切对他来说来之不易。"媒体也充满了对勒夫的溢美之词，称勒夫继塞普·赫尔贝格、赫尔穆特·舍恩和弗朗茨·贝肯鲍尔之后跻身为德国捧回大力神杯的名帅殿堂是他多年苦心经营的结果。但是，通往冠军之路非常漫长，在这期间，勒夫也绝对不是一个始终没有争议的人物。这一切都始于10年前，当时德国队少帅于尔根·克林斯曼将勒夫招至麾下作为助理教练，启动了对德国国家足球队的全面改革。其实这场改革从14年前就开始了，也就是2000年的千禧之年，如今的世界杯英雄施魏因斯泰格当时还只是德国16岁以下国家队的小队员。

当时，德国足球正处于低谷，而且跌落的速度惊人。1996年在伦敦举行的欧洲杯决赛中，德国队前锋，也就是后来成为德国国家队领队的奥利弗·比埃尔霍夫打进"金球"战胜捷克队，为德国队赢得欧洲冠军。那时德国足球正处在巅峰。但是很快在1998年的世界杯上，德国队在1/4决赛中0：3惨败给克罗地亚队，当时的德国国家队主教练贝尔蒂·福格茨辞职。福格茨的继任埃里希·里贝克的本事也不外乎是重新召回已经被清理出国家队的踢自由人位置的老将洛塔尔·马特乌斯，他的名言就是"所谓足球理念都是扯淡"。在里贝克的领导下，德国足球堕落得更深，在2000年荷兰与比利时举行的欧洲杯上止步小组赛。当时，德国队在小组赛中1：1战平罗马尼亚队，0：1不敌英格兰队，6月20日在鹿特丹0：3惨败葡萄牙队，最终黯然出局。

这段惨痛的历史记忆让很多德国球迷至今想起来就透心凉。不过，德国球迷们如今早已不再抱怨，因为德国足球知耻而后勇，从此水平不断回升，球员球技也持续提高，最终以2014年世界杯冠军身份重返世界足坛之巅。德国足球之所以能重返康庄大道，得益于2000年欧洲杯惨败之后引入的一系列改革措施。德国足坛重新涌现出一批才华横溢的天才球员，这首先要感谢德国足球职业联盟的一个重要决定，那就是从2001—2002赛季起，德国甲级足球联赛给德甲俱乐部发放许可证的条件之一是俱乐部必须要有自己的青少年后备球员培训中心，否则便不能获得该赛季的德甲参赛资格。另一个重要变化就是德国足协管理层进行了一场训练方法和足球理念上的革命，这场革命由于尔根·克林斯曼在2004年发起，勒夫在2006年从克林斯曼手里接过接力棒，将变革继续推进和深化。

其实，德国国家足球队凤凰涅槃的神话在2000年6月欧洲杯灾难之后就马上开始萌芽了，发生的地点便是在科隆东南方向西森林和贝尔格丘陵地带之间的小镇汉内夫，镇上有一个中莱茵河足球协会的体育学校。就在马特乌斯等德国国家队球员兵败鹿特丹的前一周，德国足协为前功勋国脚特别举办的教练培训班学员完成了结业考试。

第一届教练特训班于2000年1月3日正式开课，在开学仪式上，德国足协主培训官格罗·比桑茨指出，德国足协早就有开设这样的特别培训班的打算。这一特训班的发起者是前德国国家队主教练贝尔蒂·福格茨，起初遭到了足协内部的重重阻力，但他经过不懈的努力，终于说服足协内部的反对者，他的主意才能实施。这个特别培训班的目的是帮助前国脚们转型成为职业教练。之所以特殊，是因为特训班学员只需经过240学时而不是通常规定的560学时就可获得德甲教练执教资格证书。这种"开小灶"的行为当时遭到普通德国足球联赛教练们的激烈批评和抵制。德国足协主训官比桑茨反驳说，特训班与普通的为期6个月的培训班一样，是同样的教师，同样的学习内容，只不过是课程安排更紧凑，并不是"送大礼"。

德国足协顶住压力为特训班拍板后，克林斯曼对这一主意大为欣赏，立刻受聘，负责特训班的学员招募工作。这位两年前在法国世界杯上结束国家队生涯的前锋立即向前国家队队友们发出呼唤，参加特训班的前提条件是至少代表国家队参加过40场比赛和至少获得过一次世界杯或欧洲杯冠军头衔。克林斯曼的呼唤得到前德国精英国脚们的积极回应，有8名1990年的世界杯冠军和数名1996年的欧洲杯冠军成员都报名参加了特训班。

例如，特训班中有前明星国脚于尔根·科勒，马蒂亚斯·萨默尔，安德烈亚斯·科普克，迪特尔·艾尔茨，基多·布赫瓦尔德，皮埃尔·利特巴尔斯基和斯特凡·罗伊特等。还有两位德国女足的前国脚多里斯·菲辰和贝蒂娜·维格曼也作为学员获得了教练资格证书。在总计19名学员中，还有几位经过"特别批准"加入的学员，例如前保加利亚国脚克拉西米尔·巴拉科夫，他说自己是通过德国足协与保加利亚足协的特别合作协议被批准参加特训班的。而巴拉科夫在斯图加特的前教练约阿希姆·勒夫也名列学员之中。勒夫曾经于1997年作为主教练率领斯图加特足球俱乐部获得德国足协杯冠军，他随后在土耳其伊斯坦布尔的费内巴切执教一个赛季后被炒，回到了德国，担任刚从德甲联赛降级的卡尔斯鲁厄队的主教练。勒夫当时虽然也担任足球教练多年，但口袋里还没有一张德国足协承认的教练证书，他参加特训班就是来"补证"的。

特训班课业繁重，开设的课程有足球战术、训练指导、心理学、演讲和运动医学等，分组讨论也经常进行到深夜。德国足协主训官比桑茨回忆说："我们的课程安排非常紧凑，很快就形成了一种非常紧张、刻苦的学习气氛。"

当然，学员们的素质也是让人肃然起敬。绝大部分学员都曾经是最高水平的球员，有大量实战经验可以参考。因为大部分学员之前就相熟，少数新人学员——比如两位女士，也都很好地融入了这个班级，特训班形成了一种很特殊的集体认同意识，比桑茨称这是一个"齐心合力的集体"。很快，本来就很有威信的克林斯曼就成为了这个班的"班长"。至于拿了这个教练证书将来干什么，克林斯曼自己也不清楚。不过，当时同时也拥有美国国籍的克林斯曼在他定居的加利福尼亚也一直在进修足球教练方面的知识，用他的话是"为了给将来多一种选择"。

克林斯曼在汉内夫发现了足球教练这门工作的乐趣，特别是教练要能够透彻理解足球比赛的复杂性，并且要能把其中的要领传授给其他人。教官比桑茨说，克林斯曼在学习期间就显露出当教练员的天赋，能在练习作业中发现了一个著名的定义"足球结构"的错误，并因此获得了学分，他善于发现问题，看到问题实质。但是还有比克林斯曼更加出色的学员。他的同班同学勒夫以敏锐、直接的思维方式显得格外突出。据说克林斯曼曾经对班上的另一位同学、他的老队友布赫瓦尔德评价勒夫说："我当了18年职业球员，但还未碰到过一位教练能够像勒夫一样，用两分钟时间就能够准确清晰地说出中场四人组链的好处是什么。"

这一段美好的历史，似乎像是骑士册封仪式一样，4年之后克林斯曼将勒夫聘为助手时再次提到过这段故事。不过，虽然克林斯曼对勒夫的理论知识和战术才能印象深刻，但这段故事当时并没有马上演化为童话。因为特训班毕业后，克林斯曼便回到了加州，勒夫也在德乙球队卡尔斯鲁厄带队成绩不佳，之后又短暂在土耳其的阿达纳球队任教，结果受挫，接下来又到奥地利联赛上试运气，他在执教因斯布鲁克蒂罗尔队和奥地利维也纳队期间重拾了执教声誉。

在此期间，德国国家队开始逐渐找回状态。深受德国人喜爱的前国脚前锋鲁迪·沃勒尔在2001年临时出任国家队教练，因为当时本来已经内定为德国国家队教练的勒沃库森队主教练克里斯托夫·道姆爆出吸毒丑闻，这让德国国家队主教练人选突然又出现了空缺。鲁迪带领国家队的战绩开始呈上升趋势，虽然在打法上还不能说是赏心悦目。2002年日本和韩国世界杯上，沃勒尔的德国队一路杀进决赛，最后以0：2败给巴西队，虽然与冠军擦肩而过，但是在当时已经算得上是惊人的战绩了。但是，短暂的兴奋过后，德国国家队又因对阵弱旅冰岛队和法罗群岛队的糟糕表现招来激烈批评，主教练沃勒尔对此大为光火。他指出，德国足球目前也就这水平，不能奢望过多。然后，德国足球又再一次在2004年的葡萄牙欧洲杯上被打回原形。被称为"鲁迪的废物点心们"的德国队在小组赛中，对荷兰队只打了半场好球，最终1：1战平，对拉脱维亚队0：0，最后以1：2遭捷克队替补球员组成的B队羞辱，继2000

年欧洲杯之后再次小组赛就遭淘汰。德国队球迷至今都还记得，小组赛最后一场比赛结束之后，沃勒尔满脸沮丧地走向看台上的德国球迷，无可奈何地耸耸肩，仿佛是在说："也就只能打出这水平了，我们已经竭尽全力了。"比赛次日，沃勒尔辞去德国国家队主教练的职务。沃勒尔明白，欧洲杯上再次惨败，他的权威丧失殆尽，如果他坚持留下，只有撼动德国足球基础的巨大改变才能带来全新的开始。

德国足协领导层一时方寸大乱，大家也不知道还有谁能够接班，出任德国国家队主教练。毕竟，沃勒尔即使饱尝败绩但仍受球迷们爱戴（德国球迷喜欢唱的一句歌词："我们只有一个鲁迪·沃勒尔"），他是德国昏暗的足球天空下硕果仅存的希望之光，也根本没有太多的选择。时任德国足协主席格尔哈特·迈尔·福费尔德最初想让奥特马尔·希斯菲尔德出任德国队教练，但是希帅婉拒了。因此，德国足协成立了一个光听名字就很奇怪的小组——"寻找国家队教练委员会"，由弗朗茨·贝肯鲍尔、维尔纳·哈克曼、霍斯特·施密特和迈尔·福费尔德等成员组成。这个寻帅小组把德国足坛的可能人选翻来覆去盘算了个遍，甚至把年迈的奥托·雷哈格尔也考虑进来。但是经过4周的观察，雷哈格尔的表现实在无法令德国足协满意。就在此时，前德国队主教练福格茨突然提出了一个新的候选人名字——克林斯曼。

这是2004年德国足坛的爆炸性消息。克林斯曼，这位定居美国加州的昔日锋线名将，从德甲斯图加特起家，曾在欧洲各大联赛上叱咤风云（曾效力法甲摩纳哥、意甲国际米兰和英超托特纳姆热刺），拿过世界冠军和欧洲冠军，如今要接过德国足球最重要的一个帅印了。克林斯曼加冕典礼过后不久就想起当年在汉内夫特训班时的同窗、深谙四后卫战术的勒夫，很快把他招至麾下做自己的助手。人们对此十分意外，不知道克林斯曼要勒夫干什么？这个在球员时代不曾显山露水、教练生涯中也只短暂在斯图加特有过小成绩，然后就在土耳其和奥地利等足球小国销声匿迹的勒夫，已经差不多被人们遗忘了。

克林斯曼和勒夫双双接过正副帅印，给德国足协带来了真正的巨大变化，让德国足球又变得好看起来，并最终让德国足球在沉寂10年之后又赢得了一次世界杯冠军头衔。勒夫在世界杯夺冠后的里约热内卢依帕内玛海滩庆祝会上兴奋地表示，这一冠军现在不管怎么说也"的确就是该得了"。但是在14年前的那个残酷的夏天，没有哪个德国人真敢这么想。14年前，勒夫还是个无名之辈；14年后，这位在2006年从克林斯曼手里接班的德国队主教练，成为了德国足球的英雄，在德国历史上写下了华彩一章。

在外界看来，这一发展让人感到吃惊，但是如果我们仔细观察故事主人公的内心发展轨迹，就能对此心领神会。勒夫早在还是足坛上一个无名小辈时，就梦想着有一天能主导上演一场完美的足球大戏。身为德国国家队最高统帅，他终于完美实现了自己的计划，并且是以一种让人眩晕的霸气方式。当勒夫学会了在关键时刻偏离一些他的理想和理念时，他终于得到了冠军头衔的回报。

自从2006年上任国家队教练后，勒夫一直面对着各种批评。每当后防线又出现问题时，就总有人批评说，仅靠华丽的打法得不了冠军。但是，勒夫不为所动。他总是全神贯注地将他的足球理念付诸实践，现在经过了这么多年，他似乎已经与德国国家队主教练这个岗位融为一体，人们似乎已经无法想象除了勒夫，还有谁能更适合这份工作。

1990年率领德国队豪取世界杯的"足球皇帝"贝肯鲍尔称，2014年世界杯冠军的缔造者勒夫是"天生的教练材料"。但是，其实勒夫还从来没有真正被球迷们视为民族英雄。这位让德国足球再次登顶世界的男人似乎在德国的足球世界里总是显得像个陌生人。

本书就是尝试描述勒夫的发展轨迹，揭示出一些他的性格特点。本书也将尝试展示他的完美足球的梦想是如何发展和实现的，将分析他是如何一步步按照自己的计划来行动的；本书还将揭示，勒夫是如何在有时不得不修正他的梦想和计划才得以经过10年历练，最终成为世界冠军教练的。

第一部分　一个无名之辈的崛起

第 1 章　不圆满的职业球员
不温不火的职业生涯

距离弗赖堡40公里远有一个人口不到3000的小镇叫舍瑙，那里地处黑森林南部，靠近瑞士边境，依山傍水，草长林美，空气清新，是著名的度假胜地，也是德国队主教练勒夫的故乡。勒夫1960年2月3日出生在当地一个靠修建壁炉为生的工匠家庭里，他是4个兄弟中的老大。勒夫在家乡上的小学，当过村里教堂弥撒仪式的侍童，也在这里上过文理高级中学①，但是1977年他在只取得普通中学文凭时就辍学了，原因是，他发现自己有足球天赋并爱上了足球。

在这样一个小地方，成长的过程也是接地气的。勒夫家族在第二次世界大战前从80公里外的黑森林小镇洪贝格（Homberg）搬迁至此，在舍瑙也算是老户人家了。勒夫一家在战后经济奇迹时代在当地也算是有头有脸的人家，用时髦的话说就是"奋斗成功"了。勒夫的爷爷拥有一家食品小店，父亲汉斯·勒夫（Hans，1921年生人）开了间手工作坊，手下有20多名工人专门安装瓷砖壁炉。勒夫的母亲希尔德加德专职在家当家庭主妇，她厨艺甚佳，平时做些烤土豆片和油煎土豆泥丸子，周日会烧一顿醋焖牛肉。这种巴登地区的乡下生活简单、自足，当地人带有那种典型的战后一代人诚实勤勉的特点，他的爸爸汉斯·勒夫能够在星期天抽上一支上好雪茄就觉得很奢侈很幸福了。勒夫在回忆起家乡时曾经说道："舍瑙是我的故乡，我有幸在一个完整的家庭中长大，那

---

① 德国文理高级中学是德国12年基础教育阶段最高级别的中学，学生毕业并取得毕业证书后，无须再参加任何形式的考试，就可直接进入德国的高等院校深造。——译者注

时候的生活是简单的、条理清晰的。"

今天已经成为德国国家足球队主教练的勒夫，从小到大一直被小伙伴们亲切地称呼为"约吉"，他小时候不显山不露水，是个乖孩子，周日到教堂做弥撒侍童，只有很少几次因为小淘气被父亲或祖父打过几巴掌。勒夫说："家里有明确的规则，告诉你什么是尊重、礼貌和礼节。"父母传授的一套行为准则和价值观，至今对于勒夫的道德观念还有着影响。"这其实并不是说我们得接受长篇大论的说教，父母靠的是用自己的生活言传身教。"勒夫兄弟就是在这样的环境下长大的，他们规矩、谦逊，没有被过度溺爱娇惯。虽然勒夫现在穿戴很时尚，但是他小时候从来没有讲过时髦，兄弟之间的衣服都是长幼相传。当时最大的消遣就是偶尔参加个聚会，到附近大城市弗赖堡看场电影，或者到游泳池游个泳，从来不去国外度假。

当然，勒夫家孩子们的童年时代少不了足球。勒夫兄弟都喜爱足球，勒夫和他的大弟弟马库斯都想当职业球员，而且后来也都进了弗赖堡俱乐部踢球。他的二弟克里斯托夫小时候本来是四兄弟中最有足球天赋的，但后来兴趣转移到其他发展方向，完成了大学学业。最小的弟弟彼得后来接管了舍瑙足球俱乐部的餐厅，就在小小的布亨布兰德球场旁边。勒夫说，他的弟弟本来也可能在足球领域发展，"但是干足球这一行，必须是各种因素都碰巧合适，除了天赋和抱负，还有一部分就是运气"。

从舍瑙到弗赖堡

少年约吉最早是在舍瑙体操与体育之友1896俱乐部踢球，并在1970年获得了他人生中的第一个冠军：地区D级青少年联赛冠军。他后来转到竞争对手舍瑙俱乐部。对小约吉来说，足球就是生命。他回忆说："每天放学后我都和小伙伴们在街上踢球，一踢就是几个小时。"

他童年的小伙伴汉西·舒尔茨克回忆说，约吉从小就很好胜，在上学的往返途中还一路不停地把球在脚上颠来颠去。现任的舍瑙俱乐部负责人和青训主管迪特马尔·克鲁姆也是约吉的青少年队队友，称约吉是当地的足球小天才，整天离不开足球。他和约吉一起在少年队里踢了4年球，"约吉年纪比我们小，但总是踢比他年龄高的一个级别。他很够朋友，可以让人信赖，我们两个当时脑子里整天想的就是足球"。二人的友谊一直保持到今天，在勒夫被任命为德国国家队主教练后，克鲁姆第一个发去电子邮件祝贺他，勒夫也马上就回复。当然这位舍瑙最著名的足球运动员也和家乡俱乐部保持了很紧密的联系。2007年7月24日，舍瑙俱乐部布亨布兰德球场的新人工草坪落成典礼上，已经是德国国家队教练的勒夫以私人名义赶回来高调出席。

约吉的足球启蒙导师是沃尔夫冈·凯勒，他是舍瑙俱乐部的传奇教练，曾带出好几位职业球员。凯勒对自己的工作很认真，注重体能训练，在训练场上会指导球员使用健身胶带保持身体的良好状态，培养孩子们踢简单直接的进攻式足球，舍瑙当时的中小学足球队以进攻凌厉而闻名。凯勒回忆说，约吉当时包办了球队半数进球，"他的强项是一对一过人和临门一脚，有一场比赛他进了18个球，创下了纪录"。凯勒说，虽然约吉年纪最小，但是他能够被大家认可，因为他不仅有才华，而且"性格也完美无缺"。勒夫一直在凯勒手下踢球到16岁，在这期间凯勒经常去接这位天赋不错并且勤奋的少年，有时客场比赛结束后还亲自把勒夫送回家。

在勒夫足球生涯成长阶段，另一位重要的人物就是他的小伙伴亨利·许尔勒。勒夫和许尔勒相识于施泰因巴赫体育学校的足球培训课，许尔勒的父亲格尔哈特是弗赖堡和谐足球俱乐部的青训部教练，弗赖堡和谐俱乐部当时就以青训工作出色而远近闻名。格尔哈特曾说服了许多舍瑙的小球员们到弗赖堡和谐俱乐部来，这些人之后去了许多更好的俱乐部，例如瑞士的巴塞尔俱乐部和SC弗赖堡足球俱乐部。这是约吉来到弗赖堡的动机。勒夫搬到弗赖堡后先住到许尔勒家里，搬到那里的理由本来是他要在弗赖堡做贸易管理和外贸方面的职业培训。勒夫后来回忆说，当时即将成年的他有意离开父母家，剪断脐带独立生活，因为他父亲虽然也以儿子的足球天赋为骄傲，对他踢球也一直支持，但是和天底下的足球父亲的想法不尽相同。勒夫说："对于父亲来说，他认为在把足球当成职业之前，应该先完成职业教育培训。"按照父亲的旨意，勒夫认真地参加职业培训教育，只是在业余时间参加弗赖堡和谐队的青少年A级队训练。虽然17岁的勒夫当时每个月只有500马克的微薄收入，他还是在弗赖堡很快租了间自己的房子，在弗赖堡和谐俱乐部踢球和职业学校培训期间，他的桃花运也不错，认识了丹妮拉，丹妮拉是当时弗赖堡和谐俱乐部主席汉斯·施密特的千金，也是勒夫日后的人生伴侣，他的妻子。

从弗赖堡到斯图加特

1978年，SC弗赖堡俱乐部凭借着沃尔夫冈·许尔勒的进球晋级德乙联赛，这位勒夫好友亨利·许尔勒的哥哥也是在弗赖堡和谐俱乐部接受的足球培训。所以，毫不奇怪，SC弗赖堡又到弗赖堡和谐俱乐部来选拔人才，这一次看中的是18岁的前锋勒夫。勒夫此时已经参加过一次青年国家队比赛，被认为是南巴登地区最有希望的青少年队员之一。加盟SC弗赖堡后，身高1.79米，身材修长，略显笨拙，留着个蘑菇头的勒夫在赛季第二场开始上场比赛，头几场作为职业球员的比赛连尝苦果，以0：5惨败给奥芬巴赫，0：5输给洪堡，0：2输给菲尔特。但此后就以4：3战胜萨尔布吕肯开始扭转局面。身材精瘦的勒夫的第一个进球是在第9轮比赛中对阵鲍纳塔尔打进的，球队最后以3：1获胜。后来，海因茨·巴斯接替成绩不佳的曼弗雷德·布里夫执教SC弗赖堡后，年轻的勒夫成为了主力队员，但是被寄予厚望的他并没有成长为锋线杀手，那个赛季他只打进了3个球。

勒夫在弗赖堡的第二个赛季的主教练是尤普·贝克尔，他曾担任过斯图加特俱乐部的青年队教练，是一位忠实的攻势足球倡导者。在他的手下，勒夫的状态不错，参加了球队那个赛季的所有比赛场次——当时德乙联赛有20支球队参加，赛季共进行38轮比赛——勒夫总共打进了14个球。也是在这个赛季，勒夫还凭借着优异表现入选了贝尔蒂·福格茨带队的21岁以下德国国家青年队，参加了1979年10月10日对阵波兰队一场比赛，他在下半场替换克劳斯·阿洛夫斯上场，但这场比赛德国队以0∶1败给波兰队。1980年年初，勒夫又3次入选21岁以下德国国家青年队，当时的队友有几位都成了世界级大腕儿：洛塔尔·马特乌斯，鲁迪·沃勒尔，皮埃尔·利特巴尔斯基和贝恩德·舒斯特尔。勒夫回忆说："那里的水平还是很高的，我在那里也算是其中一号人物。"

勒夫当时的表现引起了一些德甲豪门星探的注意。作为一名年轻的前锋，勒夫打扮时髦，穿一条那个年代流行的喇叭裤，衬衫是大翻领，还留着个小八字胡，左耳打了个耳洞戴个耳环，煞是扎眼。那时拜仁慕尼黑、沙尔克04、法兰克福和斯图加特都对勒夫发出过邀请，而勒夫选中的是斯图加特，转会费是50万马克，在当时还真算是不菲的数目，对勒夫来说，他的前程一片光明。1980年5月18日，勒夫代表SC弗赖堡进行了最后一场比赛，弗赖堡5∶1大胜比尔施塔特，不过勒夫提前下场，因为他在比赛进行到第49分钟时因为用肘击打对方球员而被红牌罚下场，这对素来讲究公平竞赛的勒夫来说，也算是个不那么光彩的告别。

加盟斯图加特后的新赛季备战阶段中，勒夫和另外两名从德乙同时加盟的新秀——来自斯图加特踢球者的卡尔·阿尔戈维尔和来自乌尔姆的迪特尔·科恩勒——在第一场测试比赛中的表现都很不错。不过，当阿尔戈维尔开始他的美好职业足球生涯时，勒夫和科恩勒却很倒霉，在赛季开始时双双躺在斯图加特卡塔琳娜医院544号病房，科恩勒是韧带拉伤，勒夫则是小腿胫骨骨折。教练于尔根·松德曼为这两位新秀的受伤感到惋惜："他们俩都投入了极大的热情，状态上佳，本来是前程似锦。"

事情是这样的：就在赛季第一场联赛开始的4天前，勒夫的命运受到当时的英国国门雷·克莱门斯的狠狠一击。事情本身有些离奇。勒夫像足球名宿保罗·布莱特纳一样，习惯把长护袜褪下，不戴护腿板。转会到斯图加特后，教练松德曼下令不许褪下护袜，必须佩戴护腿板。但是，对于勒夫这样的善于玩球的技术型球员来说，护腿板很碍事，因此他恨护腿板。但是，既然教练有令，勒夫还是乖乖戴上了护腿板。可刚戴上，意外就发生了。勒夫回忆说："我第一次戴护腿板参加比赛，那是对利物浦的一次友谊赛，小腿就骨折了。当时我从中场带球一路杀向球门，到门前时球蹚大了一点，对方的守门员克莱门斯冲上来撞到了我的支撑腿上。"

这是1980—1981赛季开赛前，在斯图加特内卡体育场进行的最后一场准备赛，第13分钟发生的这一幕给勒夫带来了严重后果。"小腿骨折之前，我踢得很出色，真的是非常出色。"勒夫回忆说。骨折伤势复杂，勒夫在医院躺了4个星期，打了8个星期的石膏。"我的大腿当时萎缩到只有上臂那么粗。"过了好几个月，他受伤的腿才重新能够受力。那个赛季，勒夫总共只上场4次，但是他的状态再也不如以前了。"我跑得不再像以前那么快，这对我来说是个很大的问题。我很害怕再受伤。"但是希望总是有的，毕竟他当时只有21岁。如果伤势严重到让他彻底放弃足球的地步，那么他也许选择了其他的职业。或者他更早地就开始接受教练培训，这也说不定。

经法兰克福重返弗赖堡

主教练松德曼的前任洛塔尔·布赫曼当时执教德甲法兰克福队，他还在斯图加特任教时就注意到了有发展前途的勒夫，他把勒夫从斯图加特租借到法兰克福。法兰克福虽然是德国足协杯赛冠军，但却债务累累，因为买不起球员只能租借球员。布赫曼想让勒夫成为贝恩德·霍尔岑拜因这位1974年帮助德国夺得世界杯的前锋的继任者。他认为，勒夫速度快，过人技术好，门前意识好，他甚至将勒夫比作是"和阿尔戈维尔一样的天才"。不过，对于勒夫来说这可是很大的精神负担，法兰克福球迷中很多人对勒夫持怀疑态度。令人惊讶的是，勒夫在联赛准备期就用出色的表现堵上了这些人的嘴，在一次预备赛中法兰克福6∶1大胜圣马格雷滕/许赫斯特选拔队，勒夫独中四元。在做客巴黎对阵圣埃蒂安的比赛中，勒夫表现颇为抢眼。当地的《晚邮报》写道："勒夫作为第二前锋身披霍尔岑拜因留下的7号球衣。他场上表现积极，勤奋，随时准备接应队友传球，也随时愿意把球传给队友，看得出他努力来适应新的环境。"主教练布赫曼认为他对勒夫的估计得到了印证："我一直相信勒夫，我早就知道他可以很好地适应法兰克福的战术理念，所以我大力举荐他。"勒夫也对自己的前途表示很有信心："法兰克福的这种复杂的短传配合、穿插踢球方式挺适合我。我不是个长跑型球员。我更喜欢快速低传，我愿意适应队友们的打法，当我理解了我的新队友的意图后，我会尽快把球传给他们。"

但是，他能经得起德甲比赛日常的艰苦考验吗？《图片报》在赛季首场法兰克福对凯泽斯劳滕的比赛做赛前报道时，勒夫这位法兰克福新人是这样对记者说的："我虽然专注准备这场比赛，但是也在大脑中预演了一下该怎样射进凯泽斯劳滕的大门。我没有被霍尔岑拜因留下的盛名所压倒，我不是木头，我是狮子。"①果然，勒夫在他对阵有"红魔"之称的凯泽斯劳滕的比赛中首开纪录（比赛结果2∶2平）。他在首次作为德甲比赛进球者接受采访时说："我在射门时什么也没想，就是起脚就射。"他的教练对这位身材精致的前锋大加赞赏，称"他对我们的实力是个大大的加强，以后他还会给我们带来更多的精彩表演"。

---

① 霍尔岑拜因昵称"霍尔茨"。"霍尔茨"在德文中是Holz，"木头"的意思，"勒夫"的德文是Löw，"狮子"的意思。——译者注

与松德曼这样的纪律狂教练相比，布赫曼更像是一名父亲式的教练，勒夫在他手下感觉更好。但是，在接下来的几场比赛中，这位看上去始终有几分羞怯的21岁小伙子虽然都是首发，但却鲜有出众表现。他在场上偶尔也有闪光之处，但是大部分情况下他都显得争抢能力不足。他的体能也显得不足，所以他不管是在欧洲优胜者杯赛对阵希腊的萨洛尼基还是德国足协杯赛对阵布伦斯布特尔，又或是在德甲联赛中，他经常被替换下场。直到联赛第10轮对阵比勒费尔德，勒夫才又攻进一球，球队以2∶1获胜。但是即使在这场比赛中，勒夫的表现也不尽如人意。教练说，他必须更好地发挥，必须要加强身体对抗的能力。

勒夫显然听进去了这些批评。在客场对拜仁慕尼黑的2∶3失利中和接下来的主场3∶1战胜勒沃库森的比赛中，他都有进球。其中对勒沃库森的进球可圈可点：他在中场弧圈附近抢到球后以一连串华丽的舞步带球高速推进，离球门20米远处拔脚怒射打进球门死角。连续3场比赛连进3球，勒夫似乎在德甲之路上开始高歌猛进。但可惜的是这却是昙花一现。这个赛季他继续出场13次，却只进了一球，还是在第21轮比赛4∶2战胜科隆的比赛中射进一个点球。

他在法兰克福一个赛季下来收获不多，24场德甲比赛他只有3场打满全场，进了5个球。结果一再表明，他的水平还不足以应付德甲的高标准。他在场上显得速度太慢，争抢能力偏弱，在门前的嗅觉不够敏锐。到赛季结束时，他连友谊赛上场的机会都不多了。1982年3月在卡塞尔的一次德甲比赛中场休息被换下场时，据说他非常沮丧地把自己关在更衣室里。也许因为他对于俱乐部的贡献有限，一年之后不得不卷铺盖走人。他后来承认说，他在法兰克福时是自己不够努力，失败应该在他自己身上找原因，他"不想美化或者掩饰自己"。

1982年6月，勒夫顺理成章地被降格使用，他带着挫败感重返德乙，回到SC弗赖堡俱乐部。SC弗赖堡还是为这位被贴上了"不适合德甲"标签的昔日队员向法兰克福支付了35万马克的转会费。事实证明这笔投资是值得的。当时，弗赖堡刚刚任命曾经在拜仁踢球的维尔纳·奥尔克作为新教练。勒夫在新教练的手下显得成熟很多，也逐渐重新找回了自信，成长为弗赖堡球队的领军人物和核心队员。重返弗赖堡的第一个赛季，勒夫踢满了全部34场比赛，进了8球。1983—1984赛季，在教练弗里茨·富克斯麾下，勒夫达到球员时期的巅峰状态，他当时踢中场位置，31场比赛打进17球，成为球队最佳射手，在整个德乙进球排行榜上名列第5。这说明，勒夫在德乙才能站稳脚跟，无论是球技的发挥还是施展他作为一名射手的才能。在德乙，他能充分发挥自己的技术，而在德甲，他由于身体的局限和斗志的缺乏，始终不能找到自己适合的位置。

从卡尔斯鲁厄三进弗赖堡

由于主教练维尔纳·奥尔克充分信任勒夫的能力，勒夫再一次得到了征战德甲的机会。奥尔克离开弗赖堡后执教刚升级德甲的卡尔斯鲁厄俱乐部，俱乐部正在寻找一位新的锋线尖刀接替沃尔夫冈·许尔勒，他在前一个赛季攻入19个进球并转会加盟了多特蒙德，他们想到了勒夫，希望这位弗赖堡的德乙锋线杀手能像他的前任一样摧城拔寨。而勒夫本人也在德乙成功之后十分想再次证明自己。在签约德甲新军之后，勒夫表示："能重返德甲赛场，我非常兴奋。"当年他24岁，希望通过第3次冲击德甲，功成名就，可惜这次仍然没能成功。他只出场24次，大部分都是替补出场，只有两个进球入账，这对于一个门前得分手来说是个很可怜的数字。整个球队也和勒夫一样，证明自己在德甲还表现太嫩，以降级结束了赛季。重返德乙联赛后，勒夫选择了转会回到老东家弗赖堡。

第3次闯荡德甲失败后，勒夫感觉到了该放弃他作为职业球员立足德甲、征服德甲的伟大梦想的时候了。"我作为一名足球运动员很有野心，我想成为顶级球员。"勒夫在评价他并不耀眼的球员生涯时说，"我3次尝试在德甲站住脚，但最后不得不举白旗投降。我认识到，我的能力有不足之处。技术上我还是不错的，但我的速度跟不上。这让我很失望，作为球员我经历了一些挫折"。也许，作为球员的勒夫，他所欠缺的不仅仅是强壮的体魄，还缺乏一些自信和斗志。

"我开始专注于德乙，在德乙我打下了一片天地。"勒夫带着混杂着一丝无奈的自豪口气这样说。弗赖堡和德乙：仿佛就是男士衣领上的小桌布餐巾一样，这里才是他的世界。1985—1986赛季，弗赖堡面临降级危险，勒夫在困境中证明了自己。那个赛季换过两个教练，安东·鲁丁斯基和尤普·贝克尔都没能阻止弗赖堡滑向降级区。弗赖堡俱乐部主席阿希姆·施托克尔在第23轮比赛前紧急换将，任命前球员霍斯特·齐克为主帅，但那时降级似乎已经在所难免。但是，靠齐克的努力和勒夫以及锋线快马塞内加尔籍球员苏莱曼·萨内的进球（他俩分别攻入12球和18球），弗赖堡逃脱了降级的命运。在关键的主场对阵洪堡队的比赛中，背水一战的弗赖堡凭借勒夫的一个进球小胜。在赛季倒数第二场比赛时，弗赖堡只靠净胜球的微弱优势排在第16位同分的柏林赫塔之前。在最后一场比赛，弗赖堡对阵索林根，只有依靠穿着弗赖堡球衣的进球机器勒夫连进两球，最后球队3∶1获胜保级。

这个赛季后，新帅约尔格·贝格尔率领弗赖堡度过了几个成绩不俗的赛季。这位以难民身份从前东德逃到西德的前东德国脚来到弗赖堡之前，在卡塞尔执教且成绩斐然。贝格尔将弗赖堡从一个濒临降级的球队打造成一个德乙中上游球队，被认为是弗赖堡历史上的最佳教练。1986—1987赛季弗赖堡排名德乙第8，这也是勒夫职业球员生涯中的最佳排名了。那个赛季弗赖堡的三名锋线进攻球员总共打进47个球，勒夫打进了其中的1/3（17个），其余则由另外两名前锋萨内和弗雷德·绍布包揽。在之后的赛季，勒夫依然是主力前锋，但是这位善于从中场发起进攻的球员水准已经不如从前。不过，在球场外，勒夫打扮得越来越时髦，他当年的队友托马斯·施密特回忆说，那时勒夫常穿件颜色扎眼的花衬衫，夏天经常穿个大短裤来参加训练。

又过了两个赛季，这位衣着新潮的前锋终于开始力不从心，1987—1988赛季勒夫上场20次，打进7球，1988—1989赛季上场22次，只打进两球，而且两个都是点球。显然，他在德乙也不行了，显得缺乏活力。虽然他只有29岁，但他感觉已经老了，体力不支。他多年后说，这肯定与错误的训练方法有关，因为如果在赛季准备阶段，球员每周要5次抱着医疗训练负荷球跑步登山，身体不留下隐患才怪。但是，勒夫觉得自己还不是挂靴的年龄，他决定到瑞士踢球，准备在那里结束球员生涯。

勒夫离开德国时，他的球员生涯的成绩如下：总计踢了52场德甲比赛，进了7球；在德乙为弗赖堡出场252次，进球81个。他的这一成绩可以说很单薄，但是不管怎么说他至今仍保持着弗赖堡俱乐部最高的进球纪录。负责撰写弗赖堡俱乐部编年史的作者纳赫巴尔和施内肯布格尔认为，勒夫是曾经为弗赖堡服役的最优秀的球员之一。所以勒夫在2010年9月27日被授予俱乐部功勋球员的称号一点也不奇怪，他是俱乐部历史上的第6位。

勒夫的职业球员生涯既不曾辉煌，也不是那么一无是处。与他的雄心相比，他取得的成绩当然显得很可怜。当有人问起他球员时代最大的成就是什么，勒夫耸耸肩说："我实际上没什么大的成就。我的球员生涯成绩平平，如果有什么闪光点，那就是我在21岁以下德国国家青年队里踢的几场比赛了。"作为足球运动员，他从来没有跻身一流球员这个事实，让勒夫一直感到心里不是滋味。他在离开德国时心里也很清楚，他作为职业球员的生涯也就是这样了。于是，他自然就开始问自己，该如何处理那些没有实现的伟大理想？无论如何，他要开始寻找另外一个自我实现的领域。

界外球　脚踏实地的巴登人

　　勒夫在球员时代，特别是在弗赖堡踢球的日子里结交了很多朋友，与他们的友谊保持至今。当弗赖堡俱乐部的昔日老队员们重新聚首在一起过过球瘾，勒夫一般总是在场，并且偶尔也在乌姆基尔希的托马斯·施魏策尔斯室内足球馆与老友们踢一场球。这样的机会很多，因为自2004年结束了在国外的教练生涯回到德国受聘于德国足协后，他就又住到他青年时代的老家弗赖堡：弗赖堡是美丽的绍因斯兰德山脚下的明信片一样漂亮的城市，由于它靠近气候温和的上莱茵河谷，也是德国气候最温暖的城市。这里还是一个靠近德法边境的大学城，这里的知识分子球迷在沃尔克·冯克执教弗赖堡的时代喜欢高谈阔论"左翼足球"哲学。这里每年吸引了大批追求回归故里感觉和热爱大自然的度假者，离它不远的格罗特河谷是加比·多姆主演的德国热播电视连续剧《黑森林诊所》的拍摄地，热爱故里的足球专家勒夫在这里有如鱼得水的感觉。

　　作为一名来自黑森林地区的人，勒夫经常流露出对弗赖堡的热爱。"弗赖堡人对我已经习惯了。这里的人看到我在街上喝咖啡，不会觉得有什么特别的，因为他们已经认识我很多年了。我在这里可以很放松、自由自在。"勒夫喜欢穿过城里的明斯特广场，随意钻进一间小咖啡馆，与别人聊聊天或看看报纸。大多数时间，勒夫喜欢在弗赖堡火车站附近的站着喝咖啡的小咖啡馆会一会老朋友。有时他也会光顾一下时髦的"奥斯卡"咖啡馆或者附近的马丁城门旁边的格雷斯葡萄酒馆。他有时会坐在格尔维伯巴赫河畔①的露天咖啡馆里，啜一小杯意大利特浓咖啡；或者到一家高档餐馆点一道精致的汤或者小吃，那种有品位的南非开普敦风格美食。一家小店的老板弗兰克·约斯说："弗赖堡人都认识他，看到他也不会多激动。"勒夫是康维克特大街的高档意大利餐

---

　　① 格尔维伯巴赫是弗赖堡著名的小溪流，其中有一石头鳄鱼头露出水面。——译者注

馆"狼穴"的老主顾，德国的名厨萨沙·魏斯现在正在那里掌勺，提供"创意时鲜烹饪美食"。勒夫喜欢坐在炉子后面的位子，常点的菜是鱼或者意大利面，最后还会来个餐后甜点提拉米苏。餐馆老板加斯帕尔·加利纳说，勒夫总是和家里人一起来就餐，而他会保证勒夫到这里总是能够享受欢乐。

弗赖堡的很多小店店主都认识勒夫，他们用巴登地区的方言说，这位德国队教练总是十分友好，态度谦逊，富有亲和力，遇到老熟人就停下来闲聊几句。例如在黑伦大街的烟草店"霍德里德"，勒夫总是到这里来买几份体育报纸杂志，并十分有耐心地顺便在一些客户留在这里的球迷卡上签名。恺撒·约瑟夫大街的男装店"男人潮"也是勒夫经常光顾的地方，不过那里现在已经关门，换成了一个电信公司O2的门市部。这家男装店的主人彼得·赫尔说，勒夫对服装有自己的风格要求，特别喜欢运动风格的服装，每当他来到店里，女服务员们都为这位对时尚有着敏锐嗅觉和绝妙品位的国家队主教练的到来而激动。

总之，勒夫在弗赖堡感觉就像在自己家里。在弗赖堡，他能像个普通人一样自由活动，能找到属于他的安静，虽然他也是一个喜欢热闹的人。勒夫一家的老朋友于尔根·魏斯说："勒夫并没有因为成功而变成另外一个人，他只不过是可能比以前更内敛了一些，但在这里他还是一切如故。"弗赖堡在黑森林地区算是大城市了，这里是勒夫这个巴登人的老巢，是他的根基，用勒夫的话说，这里是他忠实地做他自己的最适宜的地方。在这里，他能简单快乐地生活，能像一个巴登人习惯的那样随意地说话，不需要太多就能很满足。从这个意义上说，勒夫具有巴登地区居民的典型特征，例如巴登人具有创造力，思维准确，工作严谨可靠，但也会享受生活，宽容，开放，崇尚自由，很谦虚低调，但有时又有些倔强和"一根筋"。《明星杂志》曾不无道理地评价："勒夫是典型的弗赖堡人，行事严谨和低调深入他的骨髓。当然，这一特点有时也会让人感到有些单调和乏味。"

勒夫在回答什么是幸福这个问题时，答案相当无新意——"时间"

就是幸福。"例如毫无时间压力和家人在一起，有时间去会会朋友，一起去喝杯咖啡或喝喝酒，即兴去看个电影或者一起从事些体育活动，就是简单地与熟人坐会儿聊聊天也成。"被问及"私人聊天都聊什么"时，他回答说："就是聊聊私人的事情和业余时间都干了什么"，但也会聊到严肃话题，例如"我们这个社会的价值观变化，这从全球范围来看，也是个很有意思的话题。例如今天什么叫友谊、帮助、宽容和理解？这些都是我们生活当中的基本问题。"

他还说，与朋友聊天时不聊足球话题，这对他特别重要。"我特别渴望聊点别的，因为我不想成为足球的囚徒。"因此，定期的节假日特别是年底的休假对他十分重要。"圣诞节对我们来说是属于家庭的"，他在2010年世界杯结束后说。"我在这一年有200多天都在路上，在旅馆里度过了很多天。所以，能够回家，暂时忘却足球，与家人和朋友共度一段时间，或者与丹妮拉一起安抚下灵魂，这简直是奢侈。"安宁的小城弗赖堡，好朋友，家族，当然还有他的太太——这些都是这位喜欢生活和谐的男人看重的精神支柱，他爱戴他们，信任他们。

在弗赖堡，勒夫受到的是人们的尊敬和爱戴，而在他的家乡舍瑙，他简直是被崇拜。2006年，舍瑙的市长伯恩哈德·塞格为了庆祝勒夫被任命为德国国家足球队主教练，特意制作了一条巨幅横幅悬挂在主大街上。市长塞格说所有的舍瑙人都为勒夫感到骄傲，称这位家乡出的最有名的儿子"人缘非常好"，说勒夫不是个信口开河的人，而是个说话十分有分寸的人，"这种内敛是很多黑森林人的典型特征"。但是也有例外的时候。在2008年欧洲杯期间，家乡舍瑙的人制作了一批印有勒夫头像的T恤衫，在舍瑙所属的洛拉赫行政管理大区用勒夫名字的字母（Löw）作汽车牌照标志字母组合的人明显增多。当地的雄鹰旅馆（Hotel Adler）特意将一间客房改装为"足球房间"，目的是让德国国家队的球迷住到里面感到特别亲切。

在国家队大型足球赛事期间，舍瑙就因为是勒夫的家乡而成了朝圣地。虽然市中心勒夫父母居住的房子已经被拆掉并且被一个两户联体房取代，勒夫的父亲也于1997年去世，但是勒夫的母亲希尔德加德和他的最小的弟弟彼得仍然住在这里，人称"Pit"。

勒夫的弟弟彼得身材丰润，戴着副眼镜，他把舍瑙足球俱乐部设在布亨布兰德体育场①的活动中心承租了下来，当地人把这个活动中心亲切地称为"彼得小站"。每当有国家队的大型赛事，这里就组织露天看球，例如在2006年世界杯、2008年瑞士和奥地利联合举办的欧洲杯和2010年南非世界杯期间，一半的舍瑙人都来到"彼得小站"的体育场大屏幕看球。当然，其中还混杂着外地赶来的好奇者和记者，但是他们在此打听不到什么更多的关于勒夫的信息。"彼得小站"虽然是想打听勒夫消息的人都踩点的地方，但是他们却一无所获。勒夫的弟弟彼得在解释为什么拒绝谈论哥哥时态度生硬地说："这是我的起居室，我可不想最后把它变成克林斯曼妈妈的面包房之类的东西。"

不仅仅是彼得不配合，任何人想在舍瑙从任何人口中打探点有关这个地方出来的最著名人物的消息，难免最后都会失望而归。这里的人守口如瓶，不爱对别人散布流言蜚语。当有人问这是为什么，当地人就会告诉他，因为"约吉"最受不了的就是谈论他。当地的天主教牧师会的一位女士说，只有出具勒夫先生的书面授权，才能说一些关于他的事。这里就是巴登版的江湖封口戒律，涉及"约吉"，大家都三缄其口。勒夫的家人在公开场合几乎从不谈论"约吉"，其他人在谈到勒夫时也只说些可有可无的事。尽管如此，勒夫一家对家里出了一位名人都感到骄傲。勒夫的父亲在世的时候，尽管对儿子的足球事业持怀疑态度，但还是给予全力支持，母亲则始终是长子的铁杆粉丝。网络上曾传出一封勒夫的母亲写给小学闺密的一封信，从信中可以看出，勒夫的母亲是多么为儿子取得的职业成就感到骄傲。她在信中写道："你今后可能会经常在电视上的体育新闻上看到我的大儿子约阿希姆，因为他现在是斯图加特足球俱乐部的主教练了。"

———————

① 有传闻说以后这座体育场将被改名为约吉·勒夫体育场。

勒夫不喜欢成为人们八卦的对象。他在2008年欧洲杯开赛前表示："当我今天离开家，我就成了公共财产的一部分。在我被任命为德国国家队主教练的头半年里，我还不大适应这种局面，我感觉自己无时无刻不在被别人观察着。"在他首次带队参加大型赛事之前，他就把在弗赖堡圣格奥格区施内伯格街的家搬到了黑森林前沿处的勋贝格，以避开越来越多来看热闹的人。此前有一次，一位索要签名的球迷甚至闯进了他的花园，他不得不和太太丹妮拉搬到了弗赖堡大学生居住区——兰德斯克内西特大街一栋老房子的高档公寓里。但是在这里也涌过来越来越多的球迷、游客和业余狗仔队，他们追踪勒夫的带有法兰克福牌照的奔驰M系列越野车，埋伏在他早上买面包的面包房里，或者守候在他戴着耳机跑步的施特恩森林里。为了逃避追踪，勒夫在2008年欧洲杯后就搬到了弗赖堡南部的更偏僻更乡下的一个小地方，住到了兰德大街122号。

勒夫说，人们对他感兴趣，这当然让他感到骄傲，他也很乐意见到人们愿意和他打招呼和索取签名。但是，他不喜欢那种被侵犯的感觉，不管是在家里还是在公共场合。例如，如果他一上火车，就被人群包围，人人想和他合影，谁都找他签名，都要和他攀谈几句，那么这对他来说就有些招架不住了。"有时候谁都想安静一下。但是今天我很难找到安静，不管是在火车上，在餐馆里，还是在飞机上，都有人上来搭讪。"有时很难保持耐心，特别是有人强求冒犯，没有礼貌，或者他和朋友在餐馆或咖啡厅说话时被打扰。他对人们八卦心理需求难以理解："瞧，那个约阿希姆·勒夫正在弗赖堡喝咖啡呢，这个新闻有什么意思呢。"

当他被不懂礼貌的人骚扰的时候，他也会爆发。他说，根据他的经验，一位名人通常要与三种人打交道：友好的人，具有侵犯性的人和厚颜无耻的人。特别是那种不懂礼貌、不尊敬他人、打断别人谈话的人，让他很反感。随着时间的推移，他学会了戴上一种"心灵上的骑士盔甲"，今天他学会了做到不再去满足所有的不合理要求，有时也会保持距离或者拒绝别人。

勒夫名气变得越大，就越渴望能隐姓埋名度个假，也就越能理解，为什么克林斯曼"喜欢飞到远方，躲起来，享受充分的自由活动"。随着对他本人的好奇和追逐他的人越来越多，他越来越感到了负担，特别是当家里人甚至邻居都因为他而受到骚扰时。所以他尽可能坚决保护他的所有亲朋好友不受牵连，突出的例子便是他的太太丹妮拉婚前名叫施密特。事实上，外界对勒夫太太所知甚少，只知道她受过商业职业教育，在一家租车行当过会计，1986年与勒夫结婚，没有孩子。

勒夫夫妇很少共同出现在公共场合。他们绝对不是那种喜欢出现在聚光灯下的明星夫妻。勒夫说："她有自己的生活，她不喜欢以德国国家队主教练妻子的身份到处抛头露面。"他说，也不应该这样，因为私生活和职业是应该分开的，"就像是一个储蓄银行的职员也不会经常带他的太太去银行"。在欧洲杯和世界杯这样的大型比赛期间，勒夫会每天和太太通两次话，但绝对不会谈论足球甚至战术问题。他说："她对足球感兴趣，但是并不真的懂球。但这也不重要，因为我们之间有很多别的话题要说。"勒夫在家里时也不想总是想着足球，他更把家看成是四面墙围起来的二人世界，是放松和休闲的绿洲，是夫妻二人可以有各自的兴趣爱好的地方，例如拥有两台电视机，当他看足球时，他的太太则自己看美式肥皂剧《欲望都市》。勒夫从不多谈他的太太，他只透露维持婚姻的秘诀，那就是："彼此忠诚是很重要的。"

勒夫甚至禁止媒体发表他太太的照片。有一次，《图片报》在2008年欧洲杯期间发表了一幅勒夫太太的照片，是丹妮拉到现场观看德国队对克罗地亚队比赛时被偷拍的照片，勒夫认为这是对他隐私的侵犯。他表态说："我不希望这样。我太太不想被曝光。她其实经常去看比赛。现在她被拍到在体育场，我感到很吃惊，我认为这是不对的。"他抱怨说，所有隐私问题都拿到公共空间被扭曲，让他感到德国国家队主教练这一职务也变成了负担。"我不是说在体育上这是个负担，而是就隐私而言。这已经构成了对我个人隐私的侵犯。"

第 2 章　在瑞士当教练学徒
　　　　在足球小国开始练手

2008年欧洲杯赛前几天，德国国家队在主教练勒夫的带领下进驻马焦雷湖畔阿斯科纳小镇上的吉亚迪诺酒店。其实，在小组赛对手和比赛地点都还不知道的时候，德国队就决定住这里了。所以有一场小组比赛，住在瑞士南部的德国队要乘飞机前往奥地利东部的比赛球场。有人可能会说，这是一个很差劲的球队驻地安排。勒夫却说没那么差劲，甚至根本也不差劲。他就是想住在瑞士，因为酒店所在地提契诺州是个很安静的地方。当然，也是因为他对瑞士有着特殊的感情，虽然他不会公开说出来。勒夫是在瑞士开始教练生涯的，可以说，没有在瑞士的经历，勒夫就不会把德国队打造成今天的样子。如果不去研究一下勒夫与瑞士的关系，就很难理解为何德国队在勒夫手下能够取得突飞猛进的发展。勒夫虽然出生在德国巴登地区，但他的灵魂里已经有一部分是瑞士人的血统了。

　　其实早在2006年德国世界杯备战期间，德国队扎营瑞士日内瓦，勒夫与瑞士的特殊关系就初露端倪。勒夫当时还是主教练克林斯曼的助理教练，负责球队的战术策划上的创新。有一次，勒夫让德国队与日内瓦当地的一支17岁以下青少年队打了一场训练比赛，德国队当然是以12∶0轻松大胜。但是这场比赛赢得并不如想象中那么轻松。比赛的前30分钟，瑞士的半大孩子们甚至成功地抵挡住了德国国脚们的攻势，他们的后场四人防守链组织得非常出色，整个球队的无球跑动非常准确有效，进退有据，踢得有板有眼，让德国队教练组看得目瞪口呆。勒夫说："在瑞士，任何一个17岁以下少年队都会这么打。"自从他被任命为德国国家队助理教练之后，他就不厌其烦地向有关人士宣讲他的看法：德国足球必须开放心态，必须在战术和训练方法上根据国际最先进足球的水准变化做出调整。这场对瑞士一个少年队的比赛，证实了他的看法是正确的。

在日内瓦备战2006年世界杯时，助理教练勒夫就显现出他在工作上缜密、精细的风格。他可以毫无顾虑地让那么大牌的球员们去练习足球的基本功。他强调，"我们德国人必须学会严肃认真对待训练，恰恰是那些最基础、最简单的东西，我们还需要练。"他让德国国家队主力后卫阿尔内·弗里德里希、佩尔·默特萨克、克里斯托夫·梅策尔德和菲利普·拉姆练习后防四人链，也就是一个瑞士少年队早就熟练掌握的基本功。

对瑞士少年队的这场比赛是他给德国足球界上的一场理念课。此前几天的一次记者招待会上，他用沃勒尔的口吻说，那些所谓足球专家对德国足球队的要求与德国国家队现有的水平相去甚远，因为德国足球的基础教育和培训系统还很落后。他形象地说："一个连算术都没掌握的人，你可不能要求他去当教授。"此话一出，立即引起在场记者的哄堂大笑，但是勒夫的表情却并非戏谑。"我们在这里只训练些最基本的东西，这本来都是16岁或17岁以下少年队要学的东西。"勒夫说，他带队的话，就必须让国家队补上基础课，也就是补上过去十几年德国足球忽略了的东西。他说，他要让球员们知道四后卫战术是怎么发挥作用的，什么叫进行更具有目的性的无球跑动，如何通过纵向的快速短传发动进攻。所以，勒夫把这些联赛上的明星们当成足球小学生来训练，训练他们学会保持距离、整体移动、头脑中判断正确的跑动路线。整体移动！注意跑动路线，保持距离——整体移动！注意跑动路线，保持距离——整体移动！整体移动！注意跑动路线，保持距离——整体移动！勒夫就是这样一遍一遍地训练基本功，直到队员们能像瑞士17岁以下少年队那样纯熟地掌握这些。

有一次在训练休息时，勒夫像他的前任克林斯曼那样向队员们讲解四后卫战术的优势，大概用了两分钟时间来总结概括如下：后防四人链或者四人防守链是一套防御体系，其基本阵型是四名防守队员中的每一位大约防守球场宽度的1/4。每一位防守队员防守时同时兼顾防守区域和身边队友的位置；对方球员改变位置出了自己的防守区域，就把他交给队友去处理；四人链条要紧凑，要跟随着足球的位置进行整体移动。其好处一是每位防守队员以区域和队友位置为导向，所以他知道他应该在哪里防守；二是防守队员放弃盯人防守，而不用一味跟着交叉换位的对手跑，这样就节省了体力；三是防守链视球的位置而整体移动，既有横向移动，也有纵深移动，防守空间就非常紧凑，对手的传切路线就会被有效地封住。最后一点就是防守队员的整体式防守，因为放弃人盯人，中场球员得到解放，放弃去防守站位还比较远的对方球员，队友就能抽身去集中对付拿球的对手，形成局部以多打少，甚至能"二夹一"和"三打一"，大大提高了抢球的成功率；同时，由于是强调对空间的控制，就不必像盯人防守那样在球被转移后重新定位，从而保证了能快速组织起从防守到进攻的转换。

莱茵河上游的足球新世界

德国足球有关人士对在日内瓦发生的一幕简直不敢相信自己的眼睛：足球超级大国德国国家队助理教练站在训练场边，想把德甲联赛身价不菲、战术素养却不足的球星们打造成四人防守链专家，并宣称为此应该向足球小国瑞士学习！这简直让人瞠目结舌，但却有其理由，那就是勒夫曾在瑞士作为足球教练练手6年。勒夫自己承认瑞士对他影响深刻。他说："我在那里找到了我一直想找的东西。"勒夫在作为球员期间，德国的训练方法还是无休止的以体能训练为主，让他饱受折磨。他说，这种训练方法从战术角度来说学不到什么东西，很多东西只能靠运气了，"而在瑞士，足球训练教的是场上的组织，区域防守，跑位，集体协同作战，我当时就对这样的训练方法感到很兴奋"。

勒夫是在瑞士沙夫豪森足球俱乐部初次接触"瑞士体系"的。1989年，勒夫作为球员从德国弗赖堡转会到沙夫豪森。这家俱乐部是瑞士历史最悠久的足球俱乐部，成立于1896年，但成就却不是很大，大都是在瑞士的乙级联赛，即瑞士的东部全国B联赛。勒夫作为德国的一名足球老将转会到身穿黑黄条队服让人联想起德甲劲旅多特蒙德的沙夫豪森时，这家俱乐部当时正在打瑞士乙级联赛。对勒夫来说，好处是这个地处莱茵河上游的瑞士小镇距离德国边境只有20公里，离他的家乡舍瑙也只有80公里。

1992年，沙夫豪森取得东部全国B级联赛第一名，但在升级附加赛中却失败了，勒夫当时已经是队里的主力，在那里总共踢了3年球。勒夫回忆说，在国外踢球比在家乡要困难得多："我是队长，又是外国人，人们对我的期望更多。"但这对他有好处，他说自己因此"从一个自私主义者成长为一个具有团队意识的球员"，学会了承担责任。他当时的队友约阿希姆·恩格塞证实了勒夫对自己的评价。他说勒夫作为队长，目标非常明确，富有进取精神，同时非常富有集体意识，是一名出色的领军人物。另一位昔日踢后卫的队友米尔科·帕夫利切维奇甚至评价更高："勒夫当时在场上就像教练那样思考，并且给了年轻队员很多帮助。"

勒夫在沙夫豪森的成长要感谢他在那里的主教练罗尔夫·弗林格。这位出生在瑞士的奥地利人只比勒夫年长3岁，但勒夫回忆起来，把弗林格看作自己教练生涯的第一位师傅。弗林格说："今天德国足球已经习惯了全场紧逼和4-4-2阵型，但必须承认，在20世纪90年代中期，这种踢球方式当时在德国还是鲜为人知。德国虽然一直有一支强大的国家队，但是在创造力和战术上还很落后。勒夫在这方面开创了先河，这肯定要归功于当初我们在瑞士时付出的努力。"弗林格当时还是个刚获得教练资格证书的年轻教练，他是新一代富有创新精神的教练们的代表，他的教练资格考试毕业论文的题目是"进攻性区域打法的可能性"，它完全可以成为当今最先进的足球战术训练纲要。弗林格对他的这位德国弟子坚定的胜利意志十分欣赏，认为勒夫"无论是在场上还是场外，都是一名当之无愧的领袖人物"。他很快就认识到，这位来自德国乙级联赛的球员不仅能够胜任场上队长的角色，他对于整体足球打法也有着深入的见解。

对于学徒勒夫来说，他的面前开启了一个全新的世界。在此之前，在德国的黑森林家乡一带，教练的训话通常是充满了"盯人""铲球""跑动""争抢"这样的词汇，还没有谁告诉勒夫如何在战略上和战术上组织一场比赛。按照勒夫的说法，典型的德国教练方法是这样的：教练从地上拿起一把石子，然后一个个抛着玩，就这么无所事事，直到球员们跑完了50圈。在赛前，教练的典型部署就是：约吉，你今天踢前锋，争取进球。至于阵型打法和战术？根本就没有。如果约吉没有进球，有些教练就要求约吉拼抢得再凶点，再拼把老命。但是这样的指导对球员是没有用的。勒夫说起自己当球员时的无助，"我常常有种感觉，我已经尽了最大努力，肯定是在别的地方出了问题"。

在职业球员生涯中，勒夫曾经在一些知名教练手下踢过球，如于尔根·松德曼、洛塔尔·布赫曼、维尔纳·奥尔克和约尔格·贝格尔。他总是认真听从主教练的安排，当有不明白的地方时就提问。能让他心服口服的主教练只有贝格尔，当然还有弗林格。

"弗林格是一个能够为我的问题提供答案的教练。"勒夫夸赞他的师傅说。弗林格也夸勒夫不但有着无可挑剔的人格，心态开放，诚恳，正直，也是一个"用脑子"踢球的球员。他指出，在瑞士积累的经验对勒夫今后的教练生涯非常有帮助，他在那里开拓了他的战术眼界，知道了除了莽夫足球之外的另一种足球。"他经常问我各种问题，这对他来说是全新的经验。我注意到，他作为球员时就非常善于思考。"

勒夫作为一名未来的教练，在弗林格那里学到了很多战术方面的知识，例如区域防守是如何起作用的，怎么进行逼抢，如何发起一次有组织的进攻。弗林格说，无论是训练时还是训练之后，他们都经常一起讨论问题。他说勒夫当时就显露出一种全局思考的能力，而这种能力是一名优秀教练员所必需的。"他分析问题的方式，清晰表达思路的能力，他攻势足球的打法主张，都给我留下了深刻的印象。"勒夫作为球员不仅在战术能力上钦佩主张大胆进攻的弗林格，也欣赏他作为一名教练总是充满乐观精神的特质，他始终能让球队感到轻松愉快。

瑞士对于巴登人勒夫来说是一个全新的足球世界。他在瑞士就认识到："不能眼中只有自己，要有全局观。"他认识到，不能再当井底之蛙，德国足球在很多地方还是个"发展中国家"，有很多东西要向外界学习。

约吉和孔蒂尼在温特图尔

弗林格于1992年转到瑞士北部城市阿劳足球俱乐部执教，并于次年带队夺得瑞士超级联赛冠军，而他的弟子勒夫也拿到了教练证书，转会到温特图尔俱乐部。勒夫在沙夫豪森度过的时光非常愉快，他和弗林格以及几位球队主力队员私交甚好，常一起在老城中心的"栗子树"餐馆吃午饭，但是在那之后就不那么充满阳光了。3年之后，弗林格和他手下包括勒夫在内的几名主力球员与俱乐部主席阿涅洛·丰塔纳产生了矛盾，因为这位俱乐部主席总是想干涉球队内部事务。当地的《阿尔高日报》在一篇报道中说："在一次客场比赛后准备返回时，球队拒绝让俱乐部主席丰塔纳上球队的大巴，成为当地的传奇新闻。"

温特图尔是瑞士苏黎世省的一个小城，勒夫希望在这里结束他的职业球员生涯，因此他转会到这里后，就力争能负责训练俱乐部的青少年后备队培训工作。教练工作对勒夫很有吸引力，因此他决定在瑞士拿到所有必需的资格证书。位于马格林根的瑞士足协培训中心有瑞士最好的教官，并且在那里能获得德国也承认的瑞士国家联赛的教练证书。

温特图尔俱乐部和沙夫豪森一样，都属于瑞士乙级联赛即B级全国联赛东区。勒夫转会到那里后，作为队长、球队组织核心和前锋发挥了突出的作用，同时还兼任青少年后备队的教练工作。他在那里的前队友雷内·魏勒称赞勒夫"人品绝对好"，是有骨气的职业球员楷模，作为队长态度明确，从不怕在当时的教练沃尔夫冈·弗兰克面前表明自己的态度。曾是瑞士前锋希望之星的队友乔治·孔蒂尼也夸奖说，队长勒夫对战术的理解远在其他队友之上，常做出自己的决定，不怕与教练意见相左，有时甚至有些过头了。

他回忆说，有一次勒夫在更衣室里与教练发生了口角，但他很快就意识到这犯了大错。"第二天他当着全队的面向教练进行了赔礼道歉。我想，这件事对他日后的教练生涯有着重要的影响。"孔蒂尼说，勒夫日后作为教练取得的成就，他一点都不感到奇怪。他说，当时他就觉得勒夫"日后还能有更大的作为"。另一位同是前锋的队友帕特里克·拉姆绍尔对勒夫的记忆是一位很酷的得分手："我经常在禁区被绊倒得到点球，然后由勒夫主罚命中。"他对勒夫的印象更多的是这位队长无止境的求知欲望："他几乎到了能把足球杂志《踢球者》熟读甚至背下来的程度了，他对一切都了解。"

1994年，勒夫差点从温特图尔转会到附近的小俱乐部托斯，因为托斯听说勒夫想当教练。这家俱乐部主席穆勒先生回忆说，他为此在中午请勒夫吃了大餐，并递给勒夫一本俱乐部的宣传小册子，但是两天后勒夫还是婉拒了托斯的邀请，而是去了瑞士的丙级联赛，执教弗劳恩费尔德俱乐部。

从弗劳恩费尔德开始执教

这位来自德国的教练在1994—1995赛季为弗劳恩费尔德立下汗马

功劳，让这个上个赛季险些降级的球队排名联赛第3，仅次于布吕尔和艾特斯特顿，差一点就获得参加晋级乙级联赛的升级附加赛资格。同勒夫一起到弗劳恩费尔德的还有他在温特图尔的两位前队友，乌尔斯·埃格利担任他的助理教练，前锋孔蒂尼继续担纲前锋。当时，孔蒂尼在温特图尔状态不好，被清理出主力阵容，这位年仅20岁的前锋已经准备放弃他的成为大牌球员的梦想了。在勒夫执教下，他一跃成为瑞士丙级联赛的最佳射手，从而得以直线上升，转会到瑞士超级联赛的圣加仑俱乐部，并在2000年登顶瑞士超级联赛冠军，稍后又成为瑞士国脚。孔蒂尼说："我的足球生涯能够走这么远，与勒夫的帮助是分不开的。"他说，勒夫有种特殊本事，就是能让球员找到自信。勒夫给他最深刻的印象就是他与人相处的能力。"作为弗劳恩费尔德的教练，他懂得如何让球员体验到足球的快乐，不管球员在球场外带着什么样的忧虑和困难来到训练场地。"这种能力对于一位刚出道的年轻教练来说并不是想当然的。孔蒂尼在2010年世界杯期间接受采访时是这样评论勒夫的："他人格魅力十足，但同时又十分低调。"他说，在2010年南非世界杯期间他经常想起当年在勒夫执教下踢球的日子，"当我看到克洛泽在世界杯期间重新爆发，我就想起自己当年的情形"。

勒夫一边在弗劳恩费尔德当教练，一边在马格林根继续参加教练培训，准备为拿下职业联赛教练证书做最后冲刺。就在这时，他的计划节外生枝，他的前教练弗林格在1995年夏天受聘执教德甲俱乐部斯图加特，需要一位助理教练，问勒夫是否有兴趣。时年35岁的勒夫并不容易下这个决心，因为他在弗劳恩费尔德可以独立工作，而且也为下一年制订好了训练计划，可以不受干扰地实施他的足球理念，而且也对俱乐部作过承诺。但是，他又不想放过德甲的工作机会。他一方面不想在弗劳恩费尔德这样的小地方虚度时光，但另一方面，他也不满足于只当个助理教练的角色。但是他很清楚，他只能先把握住这个机会作为过渡，以实现他的真正理想——当一名德甲大俱乐部的主教练。

界外球　教练的熔炉马格林根

勒夫跟随前教练弗林格学到的东西，在瑞士马格林根体育学院又得到了系统的加强和深化。正是这里才是勒夫日后指导德国国家队的理念源泉。在20世纪90年代，马格林根在培养足球教练和培训方法上是创新的圣地，在足球界内享有威名，当时负责教练培训的是今天德国足坛人人皆知的人物——乌尔斯·西根塔勒。西根塔勒在2005年时被克林斯曼的德国国家队教练班子聘任为"首席球探"，在德国足协的"足球革命"中扮演了重要的角色。他说他"被正直而富有创新精神的人需要"，这让他感到十分自豪。很多其他足球行家对这位当时没什么名气的、内向和怕抛头露面的瑞士人不屑一顾，但是克林斯曼的教练班子却对这位战术大师礼遇有加，因为此前早有熟谙瑞士足球的勒夫做足了启蒙工作，他告诉大家，瑞士的足球教练水平可不落后于世界先进水平。

在2007年，当时担任德甲波鸿队主教练的马塞尔·科勒曾说："我看现在的德国队比赛，我会看出勒夫的手笔以及西根塔勒的影响。"这位瑞士人任教德国波鸿俱乐部多年，熟悉其中的一切。因为他和勒夫一样，还要算上奥特马尔·希斯菲尔德，都在瑞士的马格林根上过西根塔勒的课。西根塔勒的学生还有一位叫马丁·安德马特，他于1999年接替拉尔夫·兰尼克成为乌尔姆俱乐部的主教练并带领该俱乐部成功升入德甲。安德马特至今还对马格林根赞不绝口："那是一段传奇般的教练培训课程。严谨细致的教官西根塔勒容不得半点马虎，在那里学到的是最先进的足球战术和教练方法。"

那么这位叫作西根塔勒的到底是何许人也？他的主要履历如下：1947年出生在瑞士的巴塞尔市，在瑞士甲级联赛俱乐部巴塞尔球队担任过一名出色的后卫，5次获瑞士超级联赛冠军，大学建筑工程专业毕业，1970年在巴塞尔创建过一个测量与控制技术方面的股份公司。但是，工程师生涯并不能满足这位昔日职业球员的野心，于是他于1978年来到著名的德国科隆体育学院接受教练资格培训。他在科隆体育学院的老师格罗·比桑茨回忆说："他非常上进，视野开阔，对其他国家的文化和其他体育种类都很感兴趣，好奇自信，喜欢参与讨论。"这一点倒是有点像到马格林根学习的勒夫。勒夫在马格林根的一位指导老师罗兰·弗赖说，勒夫在他的记忆中是一位好学的学生，"让我记忆深刻的是他的求知欲特别旺盛"。

在马格林根，勒夫始终是一名最勤奋的学生，但西根塔勒在科隆时显然并不是。毕业考试时，西根塔勒在"训练方法与战术"这门课上只拿了个3分①，但他并不在意分数的高低，他说："重要的是我学到了东西。"

西根塔勒一开始先是在瑞士的小俱乐部里当教练，如沙夫豪森和洛芬。1983年，他来到法国甲级联赛的图鲁兹俱乐部，担任他的瑞士同胞丹尼尔·让德珀的助理教练，后来还在1986年在让德珀的瑞士国家队教练班子里担任过助理教练。1987年，西根塔勒成为巴塞尔俱乐部主教练，终于跻身职业足球教练的行列。但这也是他作为职业足球教练的最后一站，他在执教职业足球队第一个赛季就随富有历史传统的巴塞尔降级，在经过一年的努力重返甲级联赛失败后，他被俱乐部炒了鱿鱼。他在解释他的失败时说，对于教练这个岗位来说，他还不够保守。

之后，他来到瑞士国家足球队培训中心工作，在这里他得以更好地实现他对足球训练与战术的改革理念。"他和瑞士国家队教练让德珀对瑞士足坛的影响非常大，他们催生了新的足球理念，给瑞士足球带来了革命性变化"，安德马特评价说。西根塔勒在瑞士足协的马格林根培训中心任教多年，在1998年还出任瑞士足球教练联盟主席。从1992年到2002年，西根塔勒多次受国际足联委托主讲教练课程。勒夫称西根塔勒"是一位绝对意义上的专业人士"。勒夫从西根塔勒那里拿过好几门课的证书，称"没有谁能把战术给我讲得这么清楚"。西根塔勒是一位十分自信的足球老师，他曾说："熟悉足球的人很多，但真正懂足球的人

---

① 德国教育体系是5分制，1分最好，5分最差。——译者注

很少。"毫无疑问，他把自己看作真正懂足球的人。

西根塔勒的足球理念是什么？"例如，我们不是把足球技术、战术、体能分开来上课，而是把它们作为一个整体来授课"，西根塔勒说，"我们还首创多门类体育综合课程，就是把羽毛球、曲棍球、手球或是篮球课融合进来，我们尝试让教练们对其他体育项目发生兴趣，让他们每月一次在训练中加入其他体育项目的训练。对于8到12岁的儿童来说，学习各种运动方式十分重要。我们在培训时采取了统一的足球理念。所有的球队都学习4-4-2阵型，几乎所有的瑞士球队都熟悉和会使用这一打法。"他的教练培训理念是只有在儿童青少年时就提供良好的培训才能在足球水平上取得持续的改善和提高。西根塔勒当时面对他所培训的教练们所提出的口号是："培养更高水平的教练才能有更好的青少年足球，有了好成绩才能有更好的回馈。"

他的信条是，如果一个教练没有条件拥有好的球员，那他就必须更好地训练他们从而让他们成长为好球员。最好的方式就是采取最先进的教练方法，而先进的方法只有到那些足球水平领先的国家去寻找。西根塔勒的榜样就是法国，那里的青少年足球培训十分先进，具有代表性的两个俱乐部是欧塞尔和里昂。还有就是何塞·佩克尔曼曾主导的阿根廷足协青少年培训体系，以及后来成为阿森纳俱乐部主教练的阿尔塞纳·温格，温格的教练生涯就是在1980年从执教法国斯特拉斯堡俱乐部青少年队开始的。

当时一位瑞士足协的领导人十分欣赏和支持西根塔勒以及和西根塔勒的志同道合者，他才能实现他的足球革新追求，就像克林斯曼2004年在德国掀起的一场革命一样，只不过是西根塔勒在瑞士早在15年前就开始了。当克林斯曼提出诸如以球为导向的战术训练、改善教练培训或者从少年队到成年队贯彻一个统一的足球理念等口号时，一些不满者说克林斯曼是在兜售从美国舶来的晦涩可疑的玩意儿，殊不知这些理念早在多年前就已经在先进的足球小国瑞士成为老生常谈。

借鉴了法国的经验之后，西根塔勒在瑞士也建立了少年足球培训中心，那里重点传授四人防守链的区域防守和进攻足球哲学。例如，小球员们要学习如何从贴身紧逼中积极脱身，目的是培养球员在任何一种比赛情况下都能找到一种转守为攻的可能性，尽可能避免横传、回传或者大脚解围。但是，瑞士的足球教练缔造者们不仅仅是把眼光放在足球上，他们还注重培养小球员们的普通学校教育和人格发展，有时还会请老师来进行课外辅导。他们也重视培养球员的社会情商和人格发展。西根塔勒曾说："现代足球对精神、人格上的能力要求也很高，这些能力是在球场上学不到的，而是在学校里才能学到。"他强调一个好的球员必须是高智商的："在有压力的状态下发挥协调能力，在瞬间做出决定，也是一种智商，甚至是一种超乎寻常的能力。"他还说足球运动员必须能够做到集中精力去完成自己的任务，必须能有系统性地去解决问题的能力。除此之外，球员需要培养的能力还包括更好地与伤病打交道，更好地面对周围的环境和人，会与媒体打交道，能为自己的未来负责，过一种自觉的和自我控制的职业运动员生活，能一直保持并发挥出自己的最高竞技水平。

除了认知上的能力，西根塔勒这位足球理念大师还注重情绪的问题。他深信，情绪能左右比赛的胜负，因为它不仅决定了单个球员某时某刻的状态，而且对整个球队的状态也有影响。因此，教练应该知道一个球队在压力下的反应方式，应该知道球队在背水一战的压力下如何抢球、如何反应，简而言之就是一个球队在压力下的精神状态，去研究对手的精神状态同样重要。但是，更重要的是为自己的队伍做好应对困难比赛场面的心理准备，为球队拟订好应对各种可能性的比赛计划。西根塔勒认为，在压力下，球队能拿出来的，也就是自己的看家本领。相当长的一段时期里，德国足球的看家本领就是横传和大脚把球往前踢。

西根塔勒拥有前瞻性的足球理念、开阔的思路和很多奇思妙想，但是可惜的是，瑞士的足球人才储备还不足以让瑞士在世界足坛上取得辉煌战绩。西根塔勒说，他在马格林根经常和他的同道们商讨如何打造一支"完美的瑞士国家队"。他说："我们能把瑞士多语言区的弱势打造成一种优势吗？如果我们让说意大利语的瑞士球员司职防守，说德语的瑞士球员负责穿插跑动和组织进攻，我们就可能组建一个好球队。我们当时就是这么奇思异想的。"组建一支瑞士的"梦之队"一直是这些马格林根足球理论家们没有完成的梦想，但是不管怎么说，西根塔勒的一部分梦想在德国的2006年的夏天童话中得到了实现，也在2010年南非世界杯的比赛中有过精彩体现。

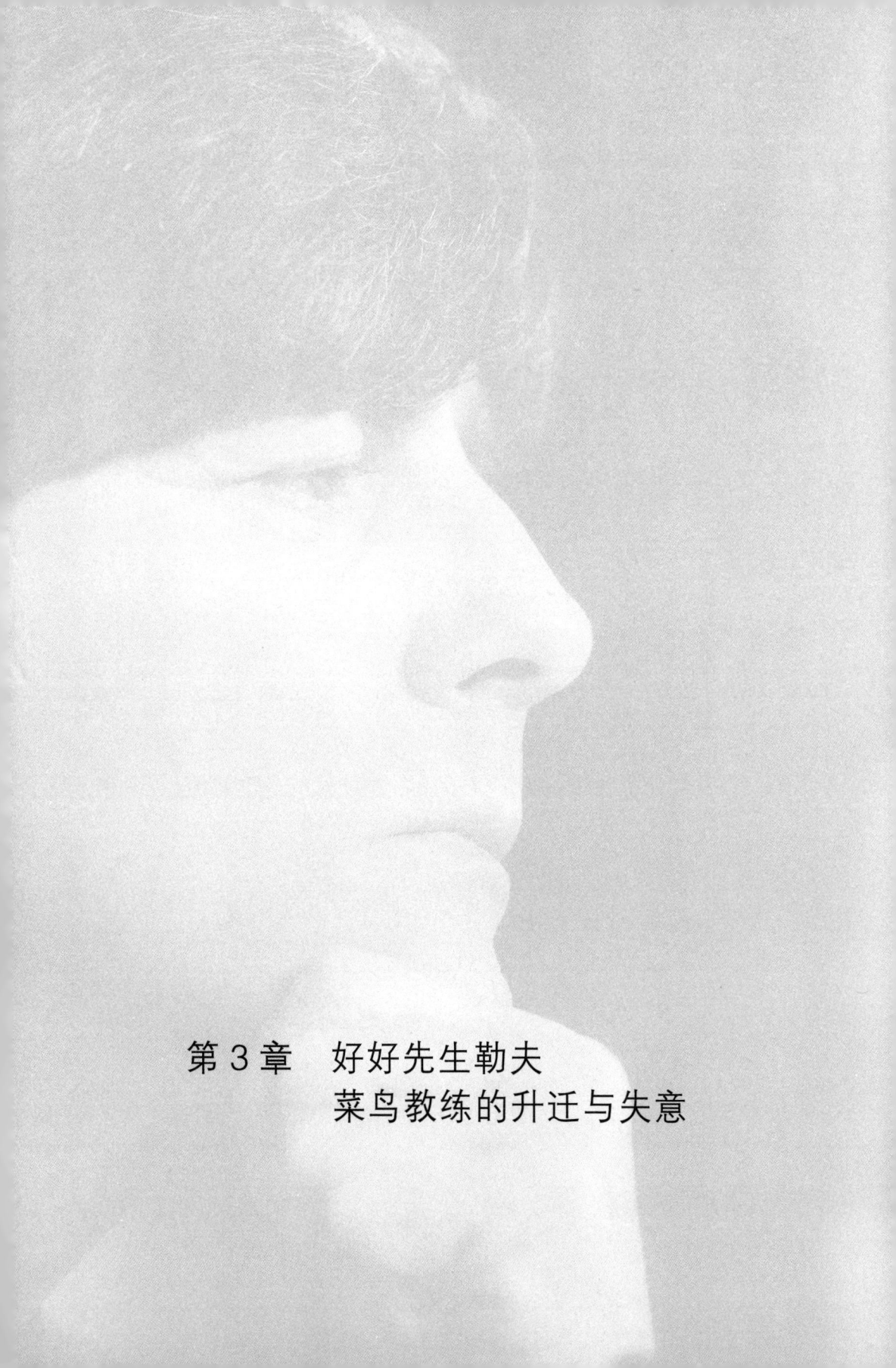

第 3 章　好好先生勒夫
　　　　菜鸟教练的升迁与失意

德甲从1995—1996赛季开始实行每场比赛获胜得3分制[1]，允许每场比赛可换人3次，球员必须穿固定号码的球衣。这一赛季也是勒夫作为斯图加特俱乐部助理教练的处子秀。他是斯图加特新帅罗尔夫·弗林格钦点的助手，弗林格选择勒夫的理由是："我了解勒夫工作的态度，他身上具有严肃、认真的精神和进取的意志。除此之外，他还是一个理智的年轻人，从不乱来。"弗林格是勒夫在沙夫豪森踢球时的主教练，离开沙夫豪森后，弗林格一直和勒夫保持着联系。弗林格说："当我接到来自斯图加特的执教邀请后，我立即请他终止与弗劳恩费尔德俱乐部的合同来跟我一起干。"就这样，勒夫从弗劳恩费尔德搬家到瑞姆斯塔尔的只有2500个居民的小镇史特伦菲尔巴赫，每天开车半个小时到斯图加特球队的训练场地。他在8月份刚履职助理教练一职后表示，他一年后的夏天还要回瑞士考取最后一张教练课程证书，这样他就可以获得德国足协认可的教练资格了。"我的目的很明确，就是要当主教练。"

　　斯图加特俱乐部领导层和当时大权在握的俱乐部主席格尔哈特·迈尔·福费尔德对来自瑞士的新任主教练弗林格寄予厚望，因为斯图加特过去有过来自德国南部邻国的两位教练，都取得过很好的成绩，例如1984年在瑞士籍教练赫尔穆特·本特豪斯率领下拿下德甲冠军，1977年瑞士教练于尔根·松德曼帮助斯图加特从德乙重返德甲并在1997年的赛季获得德甲亚军的好名次。而弗林格在1993年带领阿劳俱乐部夺

---

　　[1]　每场比赛后，胜方及负方球队可分别获得3分（自1995—1996赛季起实施，此前为2分制）和0分，平局则各得1分。——译者注

得瑞士甲级联赛冠军，人们相信他在斯图加特也能获得成功。弗林格这位瑞士教练以战术老到著称，总是西装革履地出现在赛场上，俱乐部领导层相信弗林格能带领拥有中场灵魂克拉西米尔·巴拉科夫和坐镇后场的弗兰克·费尔拉特的强大阵容，打出现代攻势足球，取得好成绩。

弗林格在斯图加特引入他擅长的四人防守链和区域防守，要求他的球员要无条件服从他的打法。在执行新战术上，他的助手给予了他强大的支持。勒夫很快就证明自己不是个只帮着摆放标志筒的随从，而是一个自信的团队成员。勒夫很忠实于自己的上级，但也总是有自己的主见，他勤勉细致的工作精神对球队的训练和赛前准备帮助很大。

不过，赛季一开始，这个富有创新精神的教练班子的比赛成绩却不甚理想。由于新赛季开始前俱乐部卖掉了经验丰富的老门将艾可·伊梅尔，取而代之的是小将马克·齐格勒，斯图加特在德国杯赛中点球以13∶14的成绩败给德乙球队桑德豪森，并在第5轮和第6轮比赛中大比分连尝败绩：主场1∶4负勒沃库森，客场3∶6负多特蒙德。德国足球杂志《踢球者》称斯图加特的表现是"战术上的悲剧"。但是，新教练班子仅在一周后就恢复了名誉，以5∶0大胜门兴格拉德巴赫。在这场比赛中，弗林格的球队显示出巨大的潜力，特别是由克拉西米尔·巴拉科夫、弗雷迪·博比奇和吉奥瓦尼·埃尔伯组成的进攻"魔力三角"首次大放异彩。此后，队服胸前带有红色环形图案的斯图加特队发挥稳定，打法新颖，即使比分不佳，场上球员的表现也让人信服。10月底对阵拜仁慕尼黑以3∶5失利后，勒夫自信而又略带调侃地说："我们至少做到了也让拜仁见识了一场好看的比赛。"这个赛季冬歇时，斯图加特排在拜仁之后，名列第3。

但是，下半赛季开始，斯图加特的成绩却迅速下滑，其中一个重要原因是主力后卫费尔拉特因为伤病被迫休战数周。到了第22轮，斯图加特0∶5败给多特蒙德，创下俱乐部历史上最高比分的主场败绩。教练团队站在比赛场边显得不知所措，留着蘑菇头发式的助理教练勒夫看上去想找个地洞躲起来，一头红色头发的主教练弗林格站在那里神情狼狈。

最后，斯图加特赛季排名第10位。

《踢球者》杂志分析指出，斯图加特球队的主要问题是后防线不稳定，共被灌进62个球，赛季排名德甲倒数第2。一方面是因为赛季一开始就换了门将，另一方面是一直没有真正解决教练与部分主力队员不和的问题。因此，弗林格被俱乐部炒掉只是个时间问题，甚至在赛季未结束时大家就预感到了。但是解约教练又会给俱乐部带来很大的财政负担，领导层一时不知所措。1996年8月13日，也就是离下一个赛季开始还有4天的时候，弗林格宣布他辞职去转任瑞士国家队教练，斯图加特领导层顿时暗自松了一口气，赶紧假惺惺地宣布"绝对不会阻止弗林格另谋高就"。俱乐部任命助理教练勒夫为临时主教练。对主教练始终很忠诚的勒夫对记者说，他对他的上司受到攻击感到很难过，但是同时表示当然不会放弃这一机会。不过，勒夫自己心里也并不抱太大希望，因为他知道俱乐部主席迈尔·福费尔德心目中早已另有人选——内维欧·斯卡拉。这位意大利人当时正执教意甲帕尔马队，在与斯图加特接触后，只等着帕尔马给他开绿灯放行了。

临时过渡教练

36岁的教练新人勒夫只有3天的时间来准备他作为主教练对阵沙尔克04的德甲首场比赛。在比赛当天出版的《俱乐部观赛指南》上，勒夫试着和球迷们套近乎。他说，他在当球员期间就与斯图加特关系密切，他喜欢这家俱乐部，也乐意留在这里。如果人们愿意的话，可以把这番表态当成是勒夫竞争主教练职位的竞选宣言，但是要想获得机会，他还必须用成绩来证明自己。

开赛前，勒夫为球员们打气："全德国都在看着你们。他们都期待着你们会输球。到场上去证明自己，证明你们作为一个球队还活着！"球队的确还活着！比赛以4∶0结束，全场沸腾了。已经可能成为斯图加特未来主教练的意大利人斯卡拉在看台上观看了比赛，对眼前的一切大为困惑："为什么他们还要找一位新教练？他们踢得已经很棒了。"俱乐部领导层内部有人认为，如果勒夫再拿下一场比赛，还不如干脆就留下这位招人喜欢、也受到球队尊重的年轻教练算了。事实也是如此，勒夫接连再下两城，球队分别以2：1战胜不来梅和以4：0大胜汉堡，引起球迷和评论者们的欢呼。《图片报》发文提问道："好好先生勒夫，他比那些明星教练都强得多吗？"《踢球者》杂志把斯图加特过渡教练勒夫评为当月德甲最佳教练，在报道中说："这位36岁的新人牢牢抓住了他本没有的机会。"连得9分，10：1的得失球率，这一傲人战绩就连对勒夫能力持怀疑态度的俱乐部主席迈尔·福费尔德也不得不刮目相看。他开始考虑，"也许可以使用勒夫这个选项"。这个选项的最大吸引力其实是从财政方面的考虑，勒夫的月工资只有1.5万马克，还不到当时那些大腕教练如希斯菲尔德和道姆的1/10。

勒夫还没有提出什么要求，迈尔·福费尔德已经倍感压力。球队的成绩，追捧勒夫的球迷们甚至成批到训练场来看球队训练，还有球队的积极气氛都在为勒夫加分。弗林格执教时犯了心理学上的错误，他没能阻止球队内部形成小帮派，从而把一些球员推向了自己的对立面。而勒夫则在队中树立了新风气。士气不高的保加利亚籍球星巴拉科夫本来准备离队了，现在又重新找到了状态。勒夫还把被弗林格清理出主力阵容的老将托马斯·贝特霍尔德重新委以重任。勒夫提出的口号是："我们只有团结一心才能成功。"球员们也认同他的这个口号。

"所有的球员都明白，他们必须放弃小我"，博比奇回忆说，"训练也开始变得有乐趣，因为约吉也把自己与球队融合得更紧密。"勒夫重视通过长时间谈话让球员理解他的思路和采取的措施。"我相信，最重要的是让球队对战术进行专业上的理解。"他认为，球员的信任来自他的说服力。勒夫说，他之所以在斯图加特开局取得成绩，也是因为球队在弗林格离职后，必须要证明自己是有能力的，而他做到了让球队承担起这份责任，激发了他们的荣誉感，"让球队有了自我发展的动力"。

在赛季第4轮对阵科隆的比赛开始前，《斯图加特报》问道："态度友好的勒夫先生能取胜第4场比赛保住帅位吗？"问题中似乎另有他指。这也难怪，因为刚出道的勒夫看上去很年轻，与队员很"哥们儿"地以你我相称和聊天，他不大遵守行业规矩，拒绝赛前在媒体上造势，拒绝在电视机镜头前在衣领上佩戴赞助商"南方牛奶"的商标，他看上去没有当家老大的派头，而是更像一个社会服务工，让人觉得他总是有点儿稚嫩，不能管束住那些大牌球星。虽然勒夫也会冒出几句军人般的训话如"我要求所有队员都严守纪律，在这方面我可不会开玩笑"，或者"谁不服从球队整体利益，谁就要立马走人"，但是这些话用他那巴登地区方言说出来更像是吓唬人而不是真的散发出威严。

"好好先生"勒夫真的以4∶0战胜科隆取得了4连胜！他现在有资格来谈论自己的执教风格问题了。"我认为，教练的权威问题和执行力问题与那些表面文章无关。只要教练用成绩说话，用自己的主意和成功战术让人信服，那么他和球员说话不论是你我相称还是您的尊称，都是无所谓的问题。结果才是最重要的。"之后，勒夫继续保持不败势头，分别以1∶1战平多特蒙德和2∶0战胜卡尔斯鲁厄，他在执教风格问题上变得更加自信："我从一开始就反感别人一上来就用模式往我身上套，说我太乖太友善，有些天真。但现在我也不在乎这些了，而且我也不是像他们说的那样。我知道我不是那样，我知道我能毫不妥协地贯彻我的意志。只要我能做到让球队信服我的专业能力和明确的指导，威信自然就建立起来了。"

6轮比赛过后，勒夫拿出的是傲人战绩：5胜1平获得16个积分，得失球比例为17∶3，排名联赛榜首！他让以任性著称的斯图加特球员变得理性，让他们不但取得比赛胜利，而且还踢出华丽漂亮的足球。他的制胜法宝是什么？已经转任瑞士国家队教练并且在对阿塞拜疆的世界杯预选赛中0∶1失利的弗林格不服气地说："这分明是前人栽树，后人乘凉。"但是，勒夫手下的斯图加特到底还有多少弗林格的影子？勒夫回应说："弗林格对足球有卓越的见解，但是在他离职后，有必要唤起球队具备的潜力。"他重新启用老将波施纳和贝特霍尔德,让球队重新萌生出血性,并且在战术上做出调整,从4-4-2变阵为3-5-2。三人后卫线中,贝特霍尔德司职左中卫,施耐德打右中卫,费尔拉特坐镇中间,担任起一个类似自由人的角色。在三后卫的前面,波施纳和索尔多担当防守型中场辅佐二人前面的巴拉科夫,莱格特和哈格纳分飞两翼,而博比奇和埃尔伯组成锋线双刀。阵容的最大亮点当然是名噪一时的"魔力进攻三角"。在这个三角中常有精彩表现的博比奇说:"我不能想象还有比我们3人更完美的配合。"重要的是,勒夫虽然规定好阵型,但是他绝不让队员刻板地遵守阵型,而是让他们发挥自己的创造力。他的信条是:基本阵型必不可少,但是如果球员不能创造性地灵活使用阵型,阵型就只是个没有实际用途的摆设。"只要踢得有章法,任何队员都可以自由发挥。"博比奇事后总结出的"勒夫原则"就是:"教练善于发现我们每个人的能力,根据能力把我们组织在一起,然后给予我们自由发挥的空间。"

斯图加特新帅

俱乐部主席迈尔·福费尔德对勒夫一直心存疑虑,那是因为他也为自己的声誉担心,他怕他用无名之辈当教头的试验演砸了。但是勒夫的成绩明显地摆在那里,迈尔·福费尔德已经无法阻止让这位昔日的助理教练转正了。民意调查表明,90%的斯图加特球迷都希望勒夫正式担任主教练。1996年9月21日,勒夫终于修成正果,俱乐部的球员代表委员会、行政理事会和董事会一致表决通过,任命勒夫为正式主教练。迈尔·福费尔德始终不能百分之百地相信勒夫,他私底下一直钟情于像道姆那样的强势教练,所以他让所有有关人员都参与投票表决,目的是万一新人试验失败,那么责任就人人有份。《巴登日报》大幅标题宣传的"一个无名之辈的惊人崛起"就这样被定格了。

该来的总会来。从比赛成绩看，当时是德甲最佳教练的勒夫，在正式成为主教练后的第一场比赛就尝到败绩。斯图加特主场以0：2输给杜塞尔多夫队。足球记者马丁·黑格勒立即预测，要是接下去再像对杜塞尔多夫队那场比赛那样踢下去，新帅可能很快要有麻烦了："一名新教练早晚要受到人们的认可才行。从现在开始，勒夫将越来越难。不管是谁坐在主教练的位子上，都会有敌人。"其实，从表面手续上看，勒夫还不是主帅，因为他还没有德甲教练资格证书，能拿出证书的是他的助理教练赖纳·阿德里翁。阿德里翁曾作为教练带领路德维希堡晋级德丙和带领翁特哈兴晋级德乙，事实证明他也是勒夫的可靠助手，即使在危机时刻也忠心耿耿。

德国杯冠军与光头教练

勒夫从没想过改变他的执教风格。他把皮鞭雪藏起来，采用怀柔政策，坚持用摆事实讲道理的方式来说服他的球员。他说："你必须让球员们看到，教练告诉他们的，是合理的和好懂的。"他强调，没有互相尊重和信任，就不会有成功的合作。这位新教练在球队中的主要沟通对象是球队的领袖队员费尔拉特、巴拉科夫和博比奇，他们不但在球队中有威信，也能用必胜的执着劲头来感染带动他们的队员。

斯图加特大部分时候都有上佳表演，但也时不时地马失前蹄。在1：3负给杜伊斯堡后，勒夫表示："我们踢得不够聪明，不够老练，我们太情绪化了，缺乏像拜仁那样的冷血绝杀。"在第17轮比赛0：2再负比勒费尔德之后，斯图加特排名跌到了勒沃库森和拜仁之后，勒夫批评球队踢得死气沉沉，萎靡不振。显然，勒夫想要的不是拜仁的那种保守的"冰箱足球"，而是要一种以配合见长的、敢冒险的和有吸引力的足球打法。不过，他也表示，他不是"唯美主义，一切只为了场面打得漂亮"。他的目标再明白不过，那就是取胜，而取胜不能总是依靠艺术足球。

　　冬歇期间，勒夫为调和主力队员费尔拉特和巴拉科夫之间的矛盾而努力，并最终炒掉了从主力沦为板凳队员的前锋弗兰科·福达，同时还勇敢地宣布将提拔一些二线球员进入一队。他的主旨就是建立和谐球队，排除矛盾，让每一位队员都感觉自己很重要。由于勒夫在新旧年度交替之际的种种有力度的措施，外界对他的评价也有所改变。《足球杂志》在1997年1月刊撰文说勒夫"开始成为有分量的人物"。俱乐部主席迈尔·福费尔德也说："约吉太酷了，他不轻易被胜利冲昏头脑，也不会一遇到失败就陷入低谷。"是俱乐部主席开始信任他的教练了吗？勒夫对此持审慎态度："事实就是这样，俱乐部、周围的人和媒体都始终对我持怀疑态度，今天也是如此，我始终处在被考察的阶段之中。"他甚至带点威胁的口吻说："我真的想做成什么的话，就会使出浑身解数来达到我的目的。"

　　勒夫觉察得出，俱乐部始终对他不是那么放心。在下半程比赛首轮2∶2战平不来梅后，对他的批评声音又冒出来，这时守门员沃尔法特站出来说："如果我们的成绩足够好的话，我们的教练就应该留下。"实际上，斯图加特的成绩并不差，联赛排名第4，也打进了德国杯半决赛。不过也许有人会说了，斯图加特德国杯的战绩并不那么光彩夺目，多多少少是靠了些运气，例如淘汰幸运科隆和柏林赫塔都是点球制胜，然后是2∶0淘汰弱旅茨维考，接下来再次凭借着点球决战幸运地淘汰弗赖堡，所以球迷们也没有过多地感到特别兴奋。勒夫仍然坚持指出："斯图加特队已经很多年没有取得像今天这样的好成绩了。"

　　斯图加特的成绩变得越来越出色，在3月斯图加特迎来了黄金月，分别以4∶1大胜汉堡和5∶1大胜科隆，打法也堪称梦幻足球。勒夫变得更加自信："足球也是娱乐产业，球员们在其中扮演各种光鲜、怪诞和传奇般的角色，而对我，人们则挑剔地评价说：'就你是平淡无奇的。'"但是，他的当前战绩表明，他不是靠新人的运气才在赛季一开始交了几把好运的，一个平淡无奇的人也能成为一个好教练。就是这个平淡无奇的教练，创造了几乎是传奇的比赛结果：4∶1击败上赛季德甲冠军多特蒙德。勒夫激动地说："球队比赛时非常兴奋，变得不可预测。"其实并不是不可预测，而是在预料之中的再度获胜，以4∶0在杜塞尔多夫再夺3分。球队踢的是艺术足球爱好者想看到的足球：进攻积极，控球技术精湛，有投入有激情，有严明纪律有精妙战术，当然更有漂亮的进球。斯图加特的球迷们为球队感到狂热，都说斯图加特球队踢的是德甲最漂亮的足球。

即便是从未停止过怀疑勒夫能力的俱乐部主席迈尔·福费尔德也似乎开始相信勒夫了，他说："勒夫与球队走得很近，他说球员能听懂的话，有一种自然而然的威信。他有突出的分析能力，他说出的见解，后来都在比赛中得到证实。他知道，足球应该给人带来快乐，虽然踢球也只是一门职业。他虽然经验还不多，但是他有过一年时间学习和观察，至少通过观察知道了当一个教练不应该去做什么。他是个很聪明的年轻人，一学就会。"至此，关于勒夫的种种说法，例如说他太年轻，太老实，太循规蹈矩和太没有脾气等，都逐渐销声匿迹。

尽管如此，联赛冠军之梦已经不可能实现，在赛季最后几场比赛中，球队体能有所下降，出现意外失分和球员伤病困扰。在第28轮比赛时，斯图加特排名第3，比次席勒沃库森少1分，比榜首拜仁少6分。由于4名绝对主力（费尔拉特、施耐德、索尔多、莱格特）因伤缺阵，在关键的对阵勒沃库森的比赛中，斯图加特1∶2失利。最后，斯图加特赛季排名第4。但是，德国足坛普遍认为，斯图加特的"魔幻进攻三角"是赛季最出色的攻击组合。《踢球者》杂志称赞对斯图加特必须另眼相看，斯图加特队踢的是"魔术足球"。

当然还要提到德国杯。4月中旬，斯图加特半决赛中2∶1淘汰汉堡队。1997年7月14日在柏林举行的德国杯决赛中，斯图加特的对手是升班马科特布斯。这不应该有任何问题，而且万一比赛要靠罚点球决胜，斯图加特还有奥地利国门沃尔法特，他在对柏林赫塔和弗赖堡的比赛中两度在点球大战中发挥出色，是公认的扑救点球高手。决赛中根本轮不到沃尔法特发挥扑点球绝技，斯图加特凭借着巴拉科夫两度妙传和埃尔伯梅开二度，2∶0轻取科特布斯。在爱斯普拉纳德酒店的庆祝活动上，大家高兴之余也有伤感，因为下赛季埃尔伯就铁定要转会拜仁慕尼黑了。对于勒夫来说，这个赛季不仅仅是证明了他自己，同时也是鞭策。当球队在斯图加特市中心广场与两万球迷举行庆祝活动时，勒夫是以光头出场亮相的，因为波施纳把这位成功的年轻主教练的头发全给剃光了。

对于老将贝特霍尔德来说，赛季再度爆发还要感谢教练勒夫，对他来说勒夫是年度最佳教练："我们是德国杯冠军，在赛季相当长的时间里一直处在争夺冠军的球队行列中，最后因为伤病和停赛过多而错失机会。教练给所有人都上了一课，证明他特别是在调教队员的心理状态上有过人之处。"

领导力不足与冬季危机

年轻的斯图加特教练满怀信心地进入他执教的第二个赛季。"我现在认为，当教练比当球员更幸福。教练的任务更复杂和更多面化。教练不可能有休息的时间，他总是受到挑战。"几个月后，勒夫肯定是希望他能少遇到些挑战。在第二个赛季开始时，一切还都那么美好。他刚刚帮助俱乐部拿到了一项冠军头衔，也证明了自己的能力。他降服了球队中难以管教的球员，让状态差的球员重新找回了自信，甚至最后让过分挑剔的俱乐部主席也为之信服了。

种种迹象表明，1997—1998赛季应该和上赛季一样成功。虽然随着埃尔伯的转会，"魔幻进攻三角"不复存在，但是球队引进的新援让人寄予厚望。埃尔伯的角色将由上赛季在罗斯托克发挥出色的乔纳森·阿克波博里取代。中场引进了瑞士中场之星、瑞士籍土耳其裔球员穆拉特·雅金，这位来自瑞士苏黎世草蜢队的天才球员虽然传说性格有些古怪而且跑动不积极，但是对勒夫来说非常适合他的战术设计。勒夫当时还不知道，他引进雅金带来的是一场雪崩式的连锁反应。

赛季一开始，斯图加特战绩喜忧参半，有几场占尽优势的胜利，也有几场表现糟糕的败绩。就像上赛季一样，有些观察者说，勒夫容易被诸如费尔拉特和巴拉科夫这样的老队员干涉教练工作，勒夫则反驳说："我不是独裁者。我允许别人提意见，毕竟我是在与成年人打交道。我听取有经验的老队员的意见，不等于说我就听从他们的话。比赛的阵容、战术和阵型最终还是由教练决定的。"

10月15日斯图加特在慕尼黑客场3∶3战平拜仁，球队能力得到全面展现，人们对勒夫评论的语调又开始变得缓和。《斯图加特日报》开始宣扬以雅金为核心的"新魔幻三角"。比赛中，雅金与巴拉科夫在第15分钟完成踢墙式二过一配合，头球攻门得分，显示出他的水准。但是整体来看，雅金的表现还不尽如人意。

在欧洲联盟杯比赛中，斯图加特接连战胜冰岛韦斯特曼纳队和比利时的埃克伦日耳曼队，首轮过关，但是赢得并不漂亮。特别是对比利时队的比赛，客场以4∶0轻松取胜，但是主场回合在2∶0领先情况下却连丢4球，场面十分难看。勒夫在之后的德甲比赛中进行了人员大调整，哈格纳没有进入出场阵容，阿克波博里只作为替补坐冷板凳。勒夫说："对有些队员需要铁腕才管用。"勒夫的强硬措施果然起了作用，斯图加特又能赢球了，2∶0战胜波鸿队。然后又连续战胜罗斯托克、卡尔斯鲁厄以及在客场击败不来梅。赛季过半后，斯图加特距离榜首凯泽斯劳滕差10分，比第2名不来梅差6分，排名第3。这一成绩应该说是让人满意的。但是12月20日以1∶6的大比分惨败给勒沃库森后，显示出接下来的冬歇将是不平静的。

斯图加特俱乐部内部开始酝酿风波。1998年1月在迪拜的训练营期间，球队的球员代表委员会在五星级酒店——芝加哥海滩度假村开会，其成员费尔拉特、巴拉科夫、博比奇和沃尔法特联名写信给俱乐部董事会，要求俱乐部聘用一名领队，主管球员的各种事务。巴拉科夫希望自己的顾问布科瓦茨担任该职，其他人则希望聘用汉西·穆勒，但是因为顾问与球员本人关系过于密切，俱乐部主席表示反对，并提出了自己的人选——卡尔海因茨·弗尔斯特。

要求聘请球队经理本身就可以看成是对教练不信任的信号。危机还产生于球队大佬巴拉科夫和球队其他队员要彻底孤立雅金。巴拉科夫先是因为不满他的顾问不被考虑成为球队领队人选而退出球员代表委员会，然后又在接受《图片报》采访时威胁说，如果球队没有本质的改变，他就要转会。他要求说："要么就让波施纳和我一起搭档，要么我就离开斯图加特。"这位保加利亚籍球员知道，队中费尔拉特和贝特霍尔德也支持他的要求。他们的火力集中在新加盟球队的雅金身上。勒夫一直力挺雅金，即使雅金的表现并不如意也坚持让他打首发。巴拉科夫抱怨雅金对前场支持太少。现在本来该是勒夫说句硬话的时候了，但是他却开始向球员提出的要求让步。

保加利亚天才型球员巴拉科夫一直是个不好管教的队员。自从夏天他与俱乐部谈判成功签订了一份年薪600万马克的新合同，一举成为德甲年薪最高球员之后，这位保加利亚人就获得了更多的特权。身为球员巨富，巴拉科夫变得更加傲慢，也更招其他球员的忌妒。

队内大佬巴拉科夫容不得别人抢了他的风头，因此主张打艺术足球的新人雅金自然就事先注定成为巴拉科夫的敌人。这位技术全面但是不爱跑动的中场防守型球员有时在场上也想表现一下自己的进攻能力，不愿甘当保加利亚人的配角。这才是队中的核心冲突。巴拉科夫想让波施纳回到自己的老位置打防守中场，但是这样的话把雅金放在哪里？他倒是能胜任自由人的位置，但是这个位置已经被费尔拉特占了。

勒夫在冬歇期结束后，尝试统一解决各方利益冲突。在巴拉科夫和雅金的冲突上，勒夫表现得很矛盾。雅金在赛季后半程共出场10次，但是只有3次是打波施纳的位置。这表明，问题并不是出在雅金在波施纳的位置上表现得不够好，而是斯图加特队由于不断地调整阵容和战术，不再能像上赛季那样形成一套稳定的打法。勒夫不再能够将场上11人塑造成一个稳定和有创造力的集体，也不再能够掌控球队的气氛，他忙碌于修补球队内部不团结造成的裂痕。这也不奇怪，球队成绩开始下滑，教练的威信也开始不断受损。在接连负于多特蒙德和凯泽斯劳滕后，斯图加特在2月17日德国杯半决赛上0∶3输给拜仁。整场比赛拜仁一直压着斯图加特打，斯图加特球员在回到更衣室时互相怒吼，勒夫在一旁看得手足无措。

对一个教练的拆台

俱乐部管理层开始敲响了警钟。球队5连败，欧冠参赛资格遥遥无期，主教练不再能掌控更衣室。俱乐部主席迈尔·福费尔德在一次随德国国家队出行的回程路上，暗示如果想要做出根本性的改变只能聘请一位新教练。《体育图片报》立即发文，称"勒夫命悬一线"。其他报纸杂志也纷纷解读遭到炮轰的勒夫种种被炒的理由：勒夫已经失去了对于球员们的控制，球员们开始不听话和挑战他的权威；球队的踢法不再好看，没有清晰的战术方案；教练引进的新球员要么完全不能融入球队（如阿克波博里和雅金），要么根本不中用（如贝克尔、施潘林和斯托伊科夫斯基）。这还不算，就连勒夫的瘦长身材也成了毒舌评论的佐料，例如《斯图加特日报》的一篇报道称勒夫的肩胛骨是下垂的，根本就"不像头狮子"。

到了1998年3月，斯图加特先是2∶1胜沃尔夫斯堡，俱乐部主席迈尔·福费尔德向媒体表示还没有开始去寻找其他主教练。然后是0∶0战平汉堡和主场0∶3负于拜仁。迈尔·福费尔德开始抱怨球队状态糟糕，无论是态度还是战术都不正确，"现在是教练该拿出对策的时候了"。勒夫表示，球队输球他当然很失望，但是"我们还能依靠自己的力量去争取赢得欧洲优胜者杯"。球队在欧洲优胜者杯赛上刚刚战胜了捷克的布拉格斯拉维亚队，打进了半决赛，半决赛的对手也是一支实力不太强大的莫斯科火车头队。勒夫说，如果联赛能排名第5，并且能打进欧洲优胜者杯决赛，那么本赛季还是让人满意的。但是保险起见，他还是暂时放弃了去参加早就计划好的在瑞士的一个教练培训课程，因为在那样的情况下，请假离开斯图加特太危险，他随时都有可能被斯图加特解雇。

他在接受《法兰克福汇报》的一次采访时表示，教练最大的一部分工作就是心理调整。但是这一认识是如何转化到实践中去的？他能够重新掌控球队吗？据说后卫托马斯·施耐德数年后曾在一次采访中说，当时有"几个傻瓜"曾在俱乐部主席迈尔·福费尔德面前痛哭流涕。这对于树立教练的威信没有任何好处，对勒夫不利的还有当时的报纸杂志总是批评勒夫太软弱和作风不果敢。例如，有报道质疑说，有人看见在对拜仁的比赛前夜，雅金深更半夜还在泡酒吧，而勒夫却睁一只眼闭一只眼，为雅金护短说他只是吃了碗面条和喝了瓶矿泉水。之后甚至将这位瑞士籍土耳其人派上首发，而另外两名球员哈贝尔和波施纳则和雅金一样被看见凌晨两点半还在泡吧，却受到勒夫的停赛惩罚。还有报道质问，为什么勒夫容忍球员博比奇和费尔拉特公开发表言论挑战教练的权威？博比奇曾公开说球队"打法太简单"，费尔拉特在采访中说"球队的问题只是体育上的，但也是教练的责任"。

尽管勒夫对阵容做了调整，下一场对柏林赫塔的比赛依然以0∶3告负，迈尔·福费尔德在终场哨吹响后看都不再看教练一眼，并对着电视机镜头抱怨说："我们居然被一个平庸的对手打得屁滚尿流。"次日，媒体开始对这位运气不佳的教练狂轰滥炸，质问这位与众不同的教练在这个时候还谈什么尊重、礼貌、道德，还谈"在这个失业率高的时代，球员应该付出诚实的劳动"。有报道称，这位教练脾气太好了，容忍了太多不该容忍的事情，虽然他本人是个好人，甚至很讨人喜欢，但是对于教练这个职业来说还不够强硬，太青涩，太软弱，一句话：太友善。《斯图加特日报》还写下了一个毫不留情的评语："这位教练失败了。败给了他自己和他的性格，败给了自大的球星。也败给了俱乐部帝国时代一样的权力结构。剩下的只是一位带有好人弱点的悲剧英雄，他在夏天就不得不去找新的工作了。"

就在对勒夫的批评铺天盖地之时，谣言也越传越盛，几乎所有知名教练都被列入了勒夫的可能接班人名单：阿里·汉，克劳斯·托普穆勒，约瑟夫·海因克斯，费利克斯·马加特，奥特马尔·希斯菲尔德，以及迈尔·福费尔德的中意人选、刚被卡尔斯鲁厄解聘的温弗里德·沙费尔。当迈尔·福费尔德与希斯菲尔德、沙费尔见过面并探讨接任教练的可能性的消息被泄露后，勒夫走人就几乎已成定局。迈尔·福费尔德在公开场合依然坚称"这个赛季我们与勒夫要坚持到底"，但是已经没人相信他的话了。勒夫虽然还是教练，但是已经预感到幕后发生的事情。他表态说："我不为我的未来感到担忧。我已经在足球圈里混了17年了，我知道事情总归是有办法的。"斯图加特在勒夫的手下又打了几场好比赛，在和沙尔克04的客场比赛中4∶3获胜，在莫斯科1∶0获胜从而进入欧洲优胜者杯决赛，但是两周前主场2∶1战胜莫斯科火车头时只有1.5万名观众到场。

决赛中收场

尽管球队风波迭起，但是赛季结束时事实仍然摆在那里：在德甲联赛上排名第4，杀进欧洲优胜者杯决赛！勒夫带上了球队所有球员去莫斯科，目的是希望通过长途旅行促进球员之间的团结。他仍然坚持自己的合作式的领导风格，他在危机时期也不想放弃自己的信念。迈尔·福费尔德依然在找机会炒掉他的这位年轻主教练，他说："我喜欢约吉，喜欢他的诚实和开诚布公。"但是他同时又话中有话地补充说："他现在还很年轻，但是他在我们这里积累了很多经验，他一定能够成为一名出色的教练。"也就是说，他认为勒夫现在还不是个出色的教练。

话音未落，这位"还不出色的教练"又带队2∶0赢了下一场对波鸿的比赛，这样勒夫在一周内赢下了3场重要的比赛。娱乐脱口秀主持人哈拉尔德·施密特在节目中调侃说，约吉很可能要以欧洲优胜者杯冠军的身份被炒鱿鱼了。迈尔·福费尔德一直面临一个问题的困扰，那就是球队一路在赢球，他该以什么样的理由开掉勒夫？

风向似乎一直跟迈尔·福费尔德唱反调，《踢球者》杂志5月4日刊将勒夫评选为4月最佳教练，理由是勒夫一直让斯图加特确保下赛季参加欧洲优胜者杯的资格，并将队伍带进了本赛季欧洲优胜者杯决赛。在赛季的最后一场比赛中，斯图加特1∶0小胜不来梅，确保了欧洲优胜者杯的席位。在联赛最后一场比赛中，球迷们打出横幅力挺勒夫，横幅上写道："我们不要沙费尔"和"勒夫不错，迈尔·福费尔德去卡尔斯鲁厄吧！"恼羞成怒的迈尔·福费尔德回应说："承担责任要比写横幅大字难得多。"

勒夫1997年与斯图加特签订的两年合同还有1年有效期，俱乐部也没有正式通知过他要提前解约，面对种种不利传闻他仍保持绅士风度。他虽然每天都在报纸上看到俱乐部对他的容忍是有期限的，但是他从来没说过一句俱乐部主席的坏话。他对《踢球者》杂志说："我认为，我将履行完到1999年到期的合同。"他想表明一种姿态，即使他不得不走人，他也想在走之前帮助俱乐部取得有史以来的最高成就，或者最起码以胜利者的姿态和道德上的赢家身份离开斯图加特的舞台。

在5月13日斯德哥尔摩欧洲优胜者杯对阵切尔西的决赛前夕，斯图加特队给外界以专注的印象，球员们情绪高昂，充满希望。博比奇说："教练明白怎么排除对球队的干扰因素。"斯图加特在决赛中发挥并不理想，但也能和来自伦敦的球星们抗衡一番。比赛开始时斯图加特非常勇猛，甚至还制造出几次得分机会，但切尔西渐渐控制了比赛，并在第71分钟时由刚换上场17秒的詹弗兰科·佐拉打进决胜一球。切尔西将1∶0的比分保持到比赛结束。勒夫对比赛总结说："如果我们在中场休息前把握住我们制造出的机会，有可能赢得比赛。下半场我们长传高举高打，面对切尔西的稳固防守没有什么机会。"比赛结束后，俱乐部主席迈尔·福费尔德都没进更衣室慰问，这也是勒夫作为斯图加特主教练的最后一场比赛，但此时仍然没有任何人通知过他要提前解约。

总结和教训

媒体对斯图加特炒掉勒夫的反应和评价各种各样。《体育图片报》评论说，很少有教练像勒夫那样几个月来被一点一点地恶意拆台。《体育图片报》说，"勒夫的'死亡原因'是他总是相信人性善良的一面。他有一段时间给德国足坛带来的是最漂亮的和最有魅力的足球，他本该以斯图加特俱乐部历史上最优秀的教练之一被写入历史的。"《斯图加特日报》以"从徒弟成长为师傅的经典故事"为题的报道中，对勒夫的评价明显有点儿不太留面子："球队在充满期望的欣喜兴奋状态下，也像浪潮一样顺便把助理教练冲上了一个高度。勒夫在教练职业上的起飞，要感谢这些球员，按照勒夫的性格特点，他可不敢和这些球员叫板。"

勒夫本人的怨气主要是冲着对他一直不满意的俱乐部主席迈尔·福费尔德，他说："对每一位教练来说，俱乐部领导层背后的支持非常重要。谁都会偶尔犯错误，为此受到些非议也属于正常，但是只有在上级支持他时，他才能重新赢得权威。"但是，勒夫似乎并没有因此受到什么巨大创伤。他说，虽然有过一些摩擦，但是总的来说他在斯图加特度过了一段美好时光，学到了很多东西，特别是学到了这样一条教训，那就是"一名教练必须具有绝对的权威"。让他耿耿于怀的是"好好先生勒夫"的说法。他说："这是一部分媒体和俱乐部的一些人蓄意制造的形象攻击"，目的是为让他尽早离开斯图加特而制造声势。他甚至带点逆反心理地说："我自己非常清楚，我并不是那么和善。"他承认，他对球队发生的一些变化有些认识得太晚了，"我可能犯了这样的错误，就是用太多时间想保护一些球员，特别是在公众面前。我把球队内部的矛盾当成小孩子之间闹别扭，没有认真对待，而是任其发展。我本应该尽早干预。"后来他还曾说过，也许这个主教练的位置对于他来说早了几年。

无论如何，他的执教业绩值得骄傲：在斯图加特两个赛季执教期间，他赢得了德国杯，打进欧洲优胜者杯决赛，连续两次带队赢得欧洲优胜者杯参赛资格。这些成绩是他的继任者沙费尔没有做到的。1998年7月1日上任成为斯图加特主教练的沙费尔，有着"凶猛的狗"之称，但他只干了半个赛季，就因为球队成绩不佳而被炒掉。他上任时强调要打造球队集体意识，但他的实际表现却是以自我为中心，领导乏力，战绩乏善可陈，俱乐部大佬迈尔·福费尔德对他只容忍了5个月就把他赶走了。在又一位德甲教练新人拉尔夫·兰尼克下个赛季履任之前，助理教练阿德里安临时执教，任务是不让球队降级，并同时为下赛季新教练的打法做准备。

据说勒夫听到这个消息耸耸肩说："太大的转变是不大可能的。"斯图加特俱乐部与传统型教练沙费尔的短暂试验本来就不应该有，新教练兰尼克是"理念派"教练，但他将要带来的新理念本来可以继续由同流派的勒夫来实践。不管怎么说，勒夫在斯图加特的结局虽然不快，但他并没有因此而丧失对自己执教能力的自信。同时，斯图加特俱乐部也有人一直看好勒夫，例如后卫施耐德就说："我和约吉相处很好，他的为人是我经历过的教练当中最好的之一，他日后肯定还会有一番作为。"

界外球　巴登-符腾堡来的足球教授

兰尼克以新的足球理念和训练方法名噪一时。这位出生在施瓦本地区巴克南的足球导师在乌尔姆1846俱乐部大胆尝试新的现代打法，帮助这家本来默默无闻的小俱乐部从业余级别联赛晋升到德甲。兰尼克的成功让德国足坛大为震惊，但一些教练同行对他在黄金时间电视足球节目中像上课一样大谈后防四人链而感到不满。出任大俱乐部斯图加特主教练之后，这位"足坛知识分子"终于得到了在大舞台上证明自己的机会。兰尼克的梦想是打造出一家像阿贾克斯那样的足球俱乐部，想培养出一支职业球队，这个球队靠后防四人链，随球转移的区域防守和配合默契的快速进攻让对手感到害怕，同时在俱乐部有计划地陆续培养出一批又一批青少年后备队员为成人队伍补充新鲜血液。兰尼克帮助斯图加特不但避免了降级的命运，并且赢得了下一个赛季打欧洲联盟杯的资格。但是此后斯图加特无论是在体育上还是在经济上都陷入危机。兰尼克过猛的改革热情虽然受到批评，但他逃过了被迈尔·福费尔德炒掉的结局，因为迈尔·福费尔德于2000年10月辞去了俱乐部主席的职务，留下了一个债务成山的俱乐部。但是，兰尼克并没能在俱乐部站住脚，他于2001年1月不得不让位给马加特。

勒夫之后的斯图加特的故事就讲到这里。其实更有意思的是兰尼克之前的历史。兰尼克在斯图加特并不是个陌生的教练，因为在他出任主教练之前，曾自1990年起在斯图加特俱乐部担任了4年少年后备队的教练，与当时的青少年部主任赫尔穆特·格罗斯一道用最现代的方法改造了俱乐部的青训体制。他们二人后来离开了斯图加特，到外面去实践他们的足球革命思想。所以1995年斯图加特聘用了来自瑞士的弗林格也绝不是偶然，因为弗林格的思路和这位德国青年足球知识分子兰尼克的确有几分相似。另外还可以看出，今天勒夫在国家队倡导的足球风格和有"足球教授"之称的兰尼克的理念十分相像。

德国足球队改革派大都是先在巴符州一些小俱乐部小试牛刀，而其中的一个核心人物和理论大师便是赫尔穆特·格罗斯。格罗斯在德国足球圈子里受到关注是他和兰尼克在霍芬海姆时期开始的，当时他是兰尼克的球探和战术顾问。另一位因执教美因茨俱乐部成绩突出而出名的年轻的德甲教练托马斯·图赫尔认为格罗斯是德国足坛最聪明的"大脑"之一。

1981年，34岁的格罗斯在巴符州一个叫盖斯林根的业余球队执教，在那里进行足球改革实验。这位年轻教练厌倦了老式的德国足球打法、盯人防守、自由人和德意志战车精神，认为光靠这些肯定是不够的。格罗斯想尝试的是新理念，例如后防四人链、区域防守和集体围抢。当时一些德国足坛教练如久洛·洛兰特、帕尔·切尔瑙伊和恩斯特·哈佩尔是最早放弃主流的盯人防守而改区域防守的教练。格罗斯说："区域防守是一种很经济的打法，球员可以节省体力，不用跟在对方球员的屁股后面跑。"格罗斯还想走得更远，他的思路是，节省下来的体力应该用来对对手进行密集逼抢。只要逼抢站位得当，就能逼迫对手传球失误，"尽快地去抢到球"。这就是"随球转的区域防守"的基本思路。用格罗斯的话说就是："对手进攻时，我方队员在尽可能远离自家大门的情况下，与拿球的对手形成局部以多打少，让对手不能有空间和时间完成合理的动作，并尽快抢到球发起反攻。"也就是说，区域防守不再只是压缩防守空间让对手犯错误，而是尽快抢下球，快速传球到对方防守的空隙空间，发起快速反攻。这样，组织出色的积极逼抢就成了具有建设性的反攻的前戏。

在盖斯林根尝试了一番以后，格罗斯来到了另一个同级别的业余足球俱乐部基希海姆/特克，在那里又刮起一阵旋风，球队也凭借着他的革命性打法在1986年晋级丙级联赛，并两次获得巴符州冠军。20世纪80年代末，这支地方小球队与欧洲联盟杯赛冠军基辅迪纳摩打了两场测试赛，与国际大牌球星如奥列格·布洛欣和奥列格·普罗塔索夫过招。当时，执教过俄罗斯国家队的教练瓦莱里·洛巴诺夫斯基用近乎科学家的严谨将这支乌克兰球队训练成以足球所在位置为导向打法的高水平球队，冬歇期间他带队到德国，扎营巴符州鲁伊特体育学校，因为乌克兰的冬天太寒冷。1987年2月进行的两队间首场测试赛，格罗斯的球队只以2∶4败下阵来。大约一年后，即1988年1月份两队再次打了一场教练赛，而格罗斯的球队成功与大牌对手打成1∶1平手。

德国球员们对基辅迪纳摩队员的纪律性感到惊讶。当洛巴诺夫斯基在吃完饭喝完最后一口伏特加起身离席时，众队员马上放下刀叉随教练离席，不管是否吃完。同样，这些来自苏维埃共和国的乌克兰球员也惊讶地看到，这样一支德国的地方业余小球队纯熟地掌握了如此先进的足球打法，时不时给洛巴诺夫斯基打造的"精密传球机器"制造出麻烦。

除了格罗斯，另一家业余小俱乐部维多利亚巴克南的年轻教练兰尼克也为乌克兰人的组织精密的足球所折服。兰尼克初识这种乌克兰足球是在1984—1985赛季冬歇期间与基辅迪纳摩的一次训练赛上，当时乌克兰人在冰冻的人造草足球场上7：2给巴克南球队上了一课。兰尼克在场外观察到，洛巴诺夫斯基手下的球员们以足球所在位置为导向进行集体转移，因而总是能给对手制造压力，并且在进攻时很熟练地造成以多打少的局部场面，传切配合准确流畅，看上去不费什么力气就摆脱了对手的防守。

28岁就短暂执教过斯图加特俱乐部业余球队的兰尼克后来在巴符州足协组织的一次教练培训班上认识了格罗斯，这两位现代足球的倡导者一拍即合。他们通过无数次比赛录像分析和战术讨论积累了大量的现代足球打法的知识，除了重点研究荷兰人的打法和洛巴诺夫斯基的战术之外，还仔细研究了AC米兰的打法，而当时AC米兰在阿里戈·萨基的执教下以成熟全面的区域防守打法而成为欧洲足坛霸主。格罗斯说："我为此买了一台昂贵的录像播放机，是当时最先进的，花了3000多马克。但是机器很快就用坏了，因为我们不断反复倒带和快进，以研究阿里戈·萨基和其他一些名教练打法上的所有细节。"在学到的知识基础上，他们二人研究出一套以足球位置为导向的区域防守打法来传授给当地的青少年足球队和业余足球队教练，虽然当时德国足坛对发生在这些小地方的事还没有注意到。

1989年，格罗斯担任了斯图加特俱乐部的青少年培训部协调官，在青少年预备队中引入在后防四人链和以足球位置为导向的区域防守基础上的训练和比赛体系。这一切与西根塔勒在瑞士发动的足球教练培训改革非常相似。但是，这两位人物当时在足坛都还不为人所知，也许这并不是偶然现象。同瑞士人西根塔勒一样，格罗斯也是个十分低调的人，从不会想到去抢镜头。更有趣的是，格罗斯同他的瑞士版同行西根塔勒一样，正式养家糊口的职业都是建筑工程师，专业为桥梁建筑。

兰尼克自愿降低身价，到一个更低级别的业余小俱乐部考博任教，目的是可以放手去尝试他的新足球理念。后来他又回到斯图加特俱乐部成为青少年后备队教练，并开始全面实施格罗斯制定的训练体系和打法。在此期间，实施新足球理念的不再局限于巴符州，北德人沃尔克·冯克从1991年开始了他在弗赖堡俱乐部长达16年的教练生涯。这位自学成才的教练在弗赖堡开始尝试以足球位置为导向的区域防守。后防四人链、足球位置为导向的区域防守和积极逼抢在莱茵-法尔茨州首府美因茨也得到实践。同样是来自施瓦本地区的沃尔夫冈·弗兰克执教美因茨，使其成为首个实践上述现代足球打法的德乙球队。弗兰克是从瑞士引入整套打法的，并且在巴符州找到了更多的灵感。1992—1993赛季他执教温特图尔时，他的巴登地区老乡勒夫正好在那里踢球。更有趣的是，弗兰克在美因茨手下的主力球员于尔根·克洛普也是斯图加特人，后来他自己成为教练后，全面继承和发展了弗兰克的体系。克洛普在2001年成为美因茨教练后，时常与兰尼克进行切磋交流。如果说弗兰克手下的美因茨还是比较机械地模仿阿里戈·萨基的打法，那么到了克洛普手下，美因茨已经变得非常有活力：边后卫和中场积极参与近距离逼抢，抢到球后快速制造反击。后来于尔根·克洛普执教多特蒙德，在那里上演了近乎完美和精确的这种现代打法，并成功夺得2010—2011赛季德甲冠军。

克洛普在美因茨的接班人图赫尔也曾执教美因茨的青少年后备队，他也是施瓦本人"足球知识分子"队伍中的一员。图赫尔曾在乌尔姆兰尼克的执教下踢球，在斯图加特俱乐部的后备部接受过教练培训。他在斯图加特先是执教14~15岁少年队，然后成为斯图加特青少年后备队教练汉西·克莱奇的助理，而克莱奇本人又曾是格罗斯在基希海姆时的助手。图赫尔回忆说："20世纪80年代末90年代初兰尼克和格罗斯在斯图加特建立新的斯图加特培训与打法体制，对当时整个地区都起到了榜样的作用。就这样，在巴符州地区形成了一个催生新足球理念的摇篮，我当时作为青少年教练受到很大影响，收获很多。"图赫尔指出，在兰尼克执教乌尔姆时，区域防守在德国还是一片空白，但现在这套打法已经在德国很普及了，已经不再是一种竞争优势了。

勒夫本人不承认他受到斯图加特及附近进行的这些足球革新理念的影响。当有人问他作为教练新人一直在上述足球流派的圈子里活动是否因此受过影响时，勒夫坚决予以否认。他说绝对没有受到格罗斯等人的影响，因为他的风格与他们不一样。勒夫说，他的足球理念不是在比赛中与球作对，而是与球合作。勒夫说的是否有道理，在此姑且放下不去讨论。无论如何，在德国巴符州地区发生的这一切说明，当时不只是在瑞士，在德国西南部的一些地方也有着值得注意的鼓励足球创新的气氛，而作为足球教练新人，勒夫肯定从中受益匪浅。

第 4 章　前途未卜之旅　在博斯普鲁斯
海峡和阿尔卑斯山之间穿行

如今，勒夫谈起被斯图加特解雇时已经没有什么不愉快。他强调，斯图加特的日子给他留下更多的是正面的回忆。他认为，斯图加特的经历给他带来了去国外执教和积累新经验的可能性。特别是他在离开斯图加特之后立即去了土耳其的伊斯坦布尔，这让他获益匪浅。他说，土耳其的经历无论是对他个人生活还是对他教练生涯的发展都帮助很大。反过来，土耳其人对勒夫的记忆也都是正面的，他在博斯普鲁斯海峡的日子总是表现得十分安静，一点都不土耳其化——也就是说他一点都不吵闹和手舞足蹈。所以，土耳其媒体时不时就传言说这位"离家"的游子又要回德国执教了。

　　2008年欧洲杯半决赛是德国队对土耳其队，比赛前土耳其报纸传言说，一辆载着勒夫私人物品的卡车把东西运到了博斯普鲁斯海峡岸边的一座高级别墅里，因为这位德国教练在欧洲杯之后又要回到费内巴切俱乐部当主教练了。这个传闻也不是完全不可信，因为在此前的两天，勒夫在记者招待会上详细讲述了他在土耳其的正面的经历。半决赛对阵土耳其队对他来说是特殊的比赛，由于他在土耳其的过去，他成了德国与土耳其的友谊使者，希望比赛能够没有摩擦地顺利进行。他说："我在土耳其作为一个外国人的经历非常正面，它对我的一生都有影响。"

　　2009年10月中旬，土耳其国家队教练法提赫·特里姆因为2010年世界杯预选赛未能出线而辞职，土耳其媒体又传言勒夫将出任土耳其国家队主教练，一篇报道的标题就是"一位老朋友就要回来了"。勒夫作为一名有土耳其联赛执教经验的成功教练，自然很符合土耳其国足教练的人选要求，但是传闻毕竟只是传闻。勒夫回应说："我太了解土耳其足坛的情况了，知道这种形势下每天都会提起个新名字，但我并没有接到过问询。"

哈伦·阿斯兰的一桩大手笔交易

在1998年的夏天，土耳其对于刚被斯图加特解聘的勒夫来说还是个陌生的地方。勒夫当时只是不想再找个助理教练的位置，他情愿在德国找个低两个级别的小俱乐部当个能说了算的主教练，但结果是他没有得到德乙或者德丙俱乐部的邀请，而是去了国外的一家豪门俱乐部——伊斯坦布尔费内巴切。

牵线这段"姻缘"的是哈伦·阿斯兰，一位在15岁就随父母移居到德国、住在汉诺威的土耳其人。他到德国之后没能上学，而是要帮家里挣钱。为了维持生计，他什么活儿都干过，在工厂当过工人，开过小餐馆，把不多的业余时间都贡献给了他的最爱——足球。他参加了汉诺威当地土耳其人成立于1975年的业余足球俱乐部达姆拉-根奇。时光荏苒，一晃他边工作边踢球就到了40岁，踢不动球了，他就想到一个主意，把足球当成职业。他于1998年获得了国际足联颁发的球员经纪人证书，成立了一家叫ARP的体育经纪公司，地点设在汉诺威的格奥格大街。他的最大问题是，如何找到第一位客户。阿斯兰最大的优势是他非常熟悉德国和土耳其两国足坛的情况。

1998年夏天，他知道了两件事：一是土耳其伊斯坦布尔的费内巴切足球俱乐部正在寻找一位主教练；二是德国斯图加特队刚解雇了一位教练。他当时心想，为什么不试着打个电话呢？他凭直觉认为一个刚被炒鱿鱼的年轻教练应该还不会马上就找好下家，而费内巴切俱乐部的主席也不会拒绝考虑一位德国人当教练。德国教练在土耳其名声一直不错，前德国国家队主教练尤普·德瓦尔曾在1987年和1988年两度率领土耳其豪门加拉塔萨雷夺得土耳其超级联赛冠军，卡利·费尔德坎普在1993年执教加拉塔萨雷并夺得土耳其超级联赛的冠军，赖纳·霍尔曼紧随其后在1994年与加拉塔萨雷卫冕土超冠军。另一位德国名教练道姆在1995年带领土耳其另一豪门贝西克塔斯夺得土耳其超级联赛冠军。阿斯兰心想，他打个电话，即便不成也没有什么可损失的，但若是成了，那他可是个大赢家。他说："谁能够把教练介绍给费内巴切，那么他在圈子里就是个人物了，至少在土耳其是这样。"

于是阿斯兰就打了个电话，那时他还是个无名之辈，在足球圈子里没有任何资历和人脉。然后一切就像童话一样：他把事情办成了，勒夫与费内巴切签了约。当时勒夫也收到了希腊雅典AEK俱乐部的邀请，但是他更倾向于去有着"土耳其的拜仁"之称的费内巴切。阿斯兰做成了当经纪人之后的第一笔交易，也学到了一个人生真谛：无知者无畏。当然，他还收获了一笔丰厚的佣金。勒夫本人作为教练的收入也跳跃了几个台阶，他执教费内巴切的年薪是300万马克，俱乐部给他一辆奔驰车，并且有专职的司机为他驾驶，还给他提供了一套350平方米的豪华海景别墅。

阿斯兰从此以后与勒夫结下了深厚的友谊。勒夫说，他从一开始就对阿斯兰谈判时的直率、坦诚和认真印象深刻。在成功签约后，阿斯兰还一直帮助勒夫在伊斯坦布尔安家落户和适应当地人的思维方式。阿斯兰的生意伙伴赞扬他为人"坦率可靠"，说他"比大多数德国人更德国"。与阿斯兰面对面谈话，就会感受到他散发出的人格魅力，就会对他的全神贯注和炯炯有神的目光留下深刻印象，会被他的微笑所感染。勒夫为这位德国籍土耳其人的高情商和敏锐的判断力所折服，与阿斯兰至今保持着密切关系，阿斯兰成了勒夫的个人顾问和朋友。如今阿斯兰已经是成功的经纪人，是汉诺威96球队中半数球员和很多土耳其球员的经纪人。勒夫说："我非常欣赏阿斯兰的为人和专业能力，我很高兴有他在我身边，他能够从我的角度替我考虑问题，他是我最好的朋友之一。"阿斯兰也说："约吉和我从一段职场生意关系出发，结果发展了一段真正的朋友关系。"

伊斯坦布尔大冒险

勒夫选择了弗兰克·沃尔穆特作为他的助理教练一起到伊斯坦布尔。沃尔穆特曾经在巴符州的尼伯格担任球员兼教练，后来在泰宁根俱乐部担任球员兼教练后正式退役。和勒夫一样，他也出生于1960年，多年前两人曾在弗赖堡是队友。他们二人一同来到了一个完全陌生的足球世界。在博斯普鲁斯海峡，足球就是宗教。特别是费内巴切俱乐部，每个赛季开赛首场比赛会有2.5万名球迷到场，而俱乐部在整个土耳其至少拥有2500万球迷，即使在土耳其首都安卡拉，大部分足球爱好者也是费内巴切的铁杆球迷。也就是说，大约1/3的土耳其人口都是身穿黄蓝色球衣的费内巴切忠实球迷。作为费内巴切的主教练，勒夫自然就在土耳其成为了这个足球国度的重要人物，甚至不亚于总统和俱乐部主席。勒夫很快就认识到："你一生下来就是费内巴切的球迷，然后终生都是。压力哪里都有，只是这里特别的极端。"在这里，排名第二对球迷来说将会是巨大的失望，特别是在过去几年里费内巴切的同城对手加拉塔萨雷连续包揽了土耳其超级联赛冠军。对于勒夫来说，他的任务就是夺得土耳其超级联赛冠军，并且在同城德比中战胜加拉塔萨雷和贝西克塔斯。

费内巴切俱乐部主席阿齐兹·伊尔迪里姆给勒夫定下了很高的目标，因为他还没有坐稳俱乐部主席的位子。这位野心勃勃的老板想把费内巴切打造成为商业上成功的豪门和联赛的垄断冠军（18次夺冠）[①]，但他本人在2011年因为涉嫌假球案入狱。1998年4月，时年46岁的建筑业巨头伊尔迪里姆以微弱多数的选票当选俱乐部主席，他想用德国教练和数以百万计的私人投资帮助俱乐部取得最大成绩。

勒夫对异域风情、东方的色彩、声音和味道着迷，被大都市伊斯坦

---

① 原书出版时费内巴切夺得18次土耳其顶级联赛冠军，但是2013—2014赛季他们又夺得一次冠军，所以一共拿下了19次冠军。——译者注

布尔以及这个半月旗帜下的国家表现出的对足球的狂热深深吸引。伴随着每场比赛的激情是他在德国的巴符州根本无法体验到的。他说："每一个人，的确是每一个土耳其人都对足球感兴趣。即便是女人也都知道每一位球员穿几号球衣。在夏天，半夜两点还有人在探照灯照射的小场地上踢球。"

到处都能体验到奔放的足球热情。在最初的几场胜利后，他被土耳其人难以置信的好客、热情和真诚征服。他说："那些只在电视上见过我的人，还有那些穷人，他们见到我都热情邀请我吃饭。我一下子就和这些素不相识的人像一家人那样坐到一起吃饭庆祝了。"费内巴切的新教练常常被球迷们举起来抛向空中，而这位性格本来内向的巴登人却意外地很快习惯了这一切，习惯了热情洋溢的球迷上来就给来个满怀熊抱，或者陌生人往他手里塞礼物，骄傲的父亲把孩子推到他怀里让他抱。在斯图加特的公开场合总是表现得很拘谨的勒夫在土耳其敞开了自己的胸怀，这让他更加受到人们的欢迎。他主动与人接近，像当地人那样与人拥抱，亲吻左右脸颊。他是在表演吗？他回答说："我努力做真实的自己。我的行为不是一种策略，我按照自己认为合适的方式和所受的教育那样行事。"他的助手沃尔穆特无法像他那样轻松地适应当地的风俗，表现得明显很拘束，但他证实，勒夫的行为是自然的。他说："约吉是典型的水瓶座。水瓶座不会去有意取悦、讨好别人。他做的一切都是自发的。"

这位在斯图加特一度被贬低的教练对《斯图加特新闻报》说："这里发生的一切让人难以置信。每当我们赢球，人们就把我们当成神一样对待。"一位斯图加特的记者10月份在老家的报纸上写道："人们对他无限的崇拜让他颜面增光。当他在伊斯坦布尔或者布尔萨的小巷闲逛时，他就像摩西持杖分开红海海水那样让人群分成两列为他让路。谁都想摸摸他，都想看看他，他成为了人们的偶像。"当然，经过斯图加特的压抑经历，勒夫在这里得到了慰藉。

但是这里也有着另一面。勒夫回忆说："这里的人们用心而不是用大脑思考。你要么被捧上天堂，要么被贬入地狱，没有中间地带。输了一场球后，事情可能就完全失控了。""如果你输了比赛或者打平"，原本无以复加的热情好客可能转眼就转化为愤怒的指责，"同一只手，之前它可能是举起你，之后可能就是把你拉下马"。勒夫在输了第一场比赛之后，对此就有了亲身体验。道姆曾经对勒夫提出警告："如果你输了一场重要的比赛，那你最好关紧窗户，闭门不出，在家里吃一个星期的罐头。"加拉塔萨雷的前德国教练赖因哈德·扎夫蒂希1995年在连续几场失利之后，都找不到愿意上场的队员了，好几个球员带着哭腔哀求教练不要让他上场，他本人也在当晚趁着月黑风高逃离了土耳其。

勒夫和他的助手在伊斯坦布尔既体验到了无上热情，也领教了土耳其式的疯狂。做客同城对手加拉塔萨雷或者贝西克塔斯的德比大战无异于是一次求生训练。勒夫回忆道："当我们乘大巴到加拉塔萨雷去比赛，就有人朝大巴玻璃上扔石块。我真的感到恐怖。"但是土耳其人却对此司空见惯。所以费内巴切没有自己的大巴，而总是租用不同租车公司的大巴。有一次费内巴切客场比赛失利后返回，球队被困在机场不让出去，因为外面据说有大批愤怒的球迷在等待着球队。但后来发现其实只是几个球迷抗议而已。助手沃尔穆特说："这就是土耳其，人们也经常喜欢夸张。"

除了人们对足球极端的或是负面的狂热，另一个文化震荡就是无处不在的媒体。勒夫作为新教练刚走下飞机，迎接他的就是几百名记者，每个人都想弄到独家新闻。他每周必须出席3次新闻发布会，每次训练都有大批记者到场。当他在业余时间随便到外面逛逛街，很快就有记者和摄影师围了上来。他前脚踏进自己的轿车，后脚就有一溜狗仔队的汽车紧紧跟随。媒体似乎有无限制的爆料需求。伊斯坦布尔的报纸了解勒夫的一切，例如他曾经住过的地方，球队在德国黑森林训练营的情况——简直是疯狂。勒夫不得不认识到，他躲不过这一切。土耳其发行量最大的体育报纸叫作《狂热报》，而在这样的国度里，勒夫明白了一个道理，就是你说了什么其实都无所谓。他说："你只能是当一天教练算一天，这里的所有一切都走极端。"

勒夫的助手沃尔穆特说："记者想怎么写就怎么写。他们总是无中生有地编造出一些转会传闻，诸如耶雷米斯、埃尔伯、扬克尔、苏克、克鲁伊维特、卡伦布已经成功签约等，为此还煞有介事地编造出所谓的采访。报纸经常有所谓的对勒夫的采访，其实根本没这回事。有时他的原话会被篡改和扭曲原本的意思。开始时约吉还试图去纠正，后来他就无所谓了。反正你也不能影响记者怎么写，那就随便吧。"

在赛季开始前的准备期间，费内巴切恰好在预备赛中分别输给了同城冤家加拉塔萨雷和贝西克塔斯。这可不是好的兆头，媒体开始造势，俱乐部主席伊尔迪里姆的敌人也借机煽风点火。不过，即使没有对手的忌妒，俱乐部16个人组成的董事会本身也是够麻烦的。

完美的工作条件

无上限的热情，没有耐心，过高的期望，无下限的失望，雷霆般的怒火——勒夫经历的是一个事事都走极端的国度。他只有在被保安公司严格把守的、俱乐部为他租用的上流社会社区才能得到安静。这套住房在伊斯坦布尔属于亚洲的一端，离游艇港口很近，住房装修豪华，有自己的游泳池。他的邻居是穆斯塔法·多安，一位在德国杜伊斯堡长大的土耳其裔球员，也是费内巴切的球员。他说勒夫是一位好邻居，有一次他晚上开烤肉派对声音很大闹到很晚，勒夫没有抱怨，而是带着一道土豆沙拉上门与大家同乐。但是，第二天训练，勒夫并没有给这位邻居任何特权。多安说，勒夫能够将私事和公事分得很清楚。他说："主教练是一位超级专业的教练，在费内巴切当教练意味着压力，而勒夫始终能够应付自如。我从来没有看见过他失态。"

虽然伊斯坦布尔发生的一切让勒夫还需要去适应，但是俱乐部的工作条件却非常好，可以说几乎是完美的。勒夫向德国媒体介绍说：

"费内巴切有自己的俱乐部大楼，每位球员都有自己的房间，有力量训练室，有桑拿房、涡流浴池、医务室和医疗部。这里的基础设施非常好。"与德甲不同，这里的职业球员不仅仅是与足球打交道，球员们在训练后会一起去吃饭，有人会整天泡在训练场。球员们非常敬业，他们有踢街头足球长大的那种技术，意志非常坚强，非常有纪律性。语言问题也不如当初想象的那么严重。助手沃尔穆特说："你到国外去当教练，最好也要尝试去学习当地的语言。不过我们当时并不需要学习土耳其语。大部分球员都懂英语或德语，而且我们还有一位翻译。"所以，他们只学会了一些简单的土耳其语，如"继续！加油！进攻！"在土耳其语里就是"Devam etmek！Hadi！Saldiri！"

虽然工作条件按照现代标准也可以说是非常完美，训练时也仍然会遇到些文化上的特殊性。例如球员们出于宗教原因，从不裸体洗浴，而是穿着短裤或泳裤。当然，这些对于德国教练来说很新鲜，倒不是什么影响体育成绩的大问题，仅仅是习惯而已，但是土耳其根深蒂固的等级观念就不同了。在这里，不仅仅是教练受特殊尊敬，老队员也是如此。因此球队会缺少一种竞争气氛，年轻些的队员会自动对老队员谦让。还有就是专业训练有很多不足，球员们习惯的是踢节奏慢的技术型足球，那种快速的攻防转换对于他们来说还很陌生。经过观察考核，勒夫发现球队的整体水平很不均衡。所以，在他上任后的前几周就清退了8位他认为能力没有提升空间的队员。这位在斯图加特常被评价为"软弱"的教练强调说："一下子就开掉8位！但是这并没有引起多大抗议，我希望是这样。"

勒夫处理这类问题的方式让助手沃尔穆特十分钦佩。他说："勒夫开掉一个人之前，会让那个人明白他不是针对他个人。"在赛季期间，沃尔穆特不断从主教练那里学到外交艺术是如何发挥作用的。他回忆说，勒夫从来没有拍过桌子，他不与他的批评者针锋相对，而是试图以理服人。"如果有人怒气冲冲地冲着他来，他在谈话中就像斗牛士那样挥动红方巾，直到那位逐渐消了气。然后约吉就开始平静地切入正题，最后一般都能达成妥协。"沃尔穆特说，人们很难从外表上看出勒夫心里是怎么想的和如何感受的，勒夫总是能够不把话说死，虽然他的话听上去很坚决。所以，这位助理教练有时在私下谈话中听到勒夫说几句他内心的真实想法，都会觉得很难得。

不平凡的一年以"平凡"结束

勒夫在清理门户将多位球员扫地出门之后，他手下可用的阵容就变得很精简了。他不能购进太多外籍球员，因为土耳其联赛规定每场比赛一个队上场的外籍球员不能超过4个。优秀的土耳其球员大都在对手那里踢球，而他们如果转会到费内巴切无异于是自杀。勒夫为球队瘦身带来一定的风险，但是勒夫对自己的计划深信不疑，所以下手也非常大胆。虽然球队阵容不够壮大，但是他毕竟有几位高水准的大牌球员可用，例如葡萄牙籍球员迪马斯，罗马尼亚籍球员摩尔多万，以及他从斯图加特带来的得意弟子穆拉特·雅金。

这位德国教练赛季开始前向球迷们承诺，不仅要取得很多场比赛的胜利，而且还要打出漂亮的攻势足球。他的确履行了诺言。球队不但打法漂亮，而且战绩辉煌。几乎总是这样。9月份费内巴切在主场的欧冠比赛中1∶0战胜意大利劲旅帕尔马，球迷们在街头庆祝到第二天凌晨。但是客场比赛以0∶3失利后，球迷们就变得沮丧和愤怒。好在球队在联赛上打得不错，在冬歇期到来之前拿到了半程冠军。俱乐部主席非常兴奋，提出要将勒夫的合同延长到2000年。球迷们欣喜若狂，甚至数千人长途跋涉来到安塔利亚观看球队的冬歇训练。球迷的狂喜和乐观特别体现在勒夫和门将鲁斯图对一所小学的访问中。勒夫回忆道："当我们走进学校礼堂时，学生们纷纷站到座椅上，开始高唱赞歌，校长根本没有办法让孩子们安静下来。"

球迷的陶醉让勒夫反而感到有些不安，他担心球迷的情绪会感染到球队。他说："我必须要适当地给球队泼点冷水，不要让队员们得意忘形高估自己。"不幸的是正如他所预料的，在赛季进入下半程后，球队果然经历了几场苦涩的失败。4月1∶2主场败给同城对手贝西克塔斯简直是球迷们的一场灾难。这场比赛费内巴切运气不佳，先是队员在自家门前小禁区手球犯规被判罚红牌和点球，然后是后防核心队员奥克楚克乌腿骨骨折下场。这场比赛失败后，联赛冠军几乎无望：还剩下8场比赛，费内巴切落后加拉塔萨雷8分，比贝西克塔斯少了5分。

赛季结束时，费内巴切追上了上赛季冠军和本赛季成功卫冕的加拉塔萨雷2分，并取得同样的得失球比例（都是打进84球丢了29球）。但是这个结果对勒夫没有任何帮助。他说："我们最后只获得了第3，这个排名在这里不算什么好成绩，尽管是因为我们的球运不太好。"勒夫其实从一开始就清楚，漂亮足球只是锦上添花而已，对于费内巴切和其他那些有野心的大俱乐部来说，只有冠军才是重要的。

在伊斯坦布尔的美好一年就这样很快过去了。在最后一场比赛开始两个小时之前，翻译跑过来对两位德国教练轻声提醒说，这将是他们指挥的最后一场比赛了。比赛结束的哨声响过之后，他们被通知可以卷铺盖走人了。解聘的通知还是让他们感到吃惊，因为他们1月才延长了合同。但是考虑到土耳其人的习惯，这一切又没什么意外的。勒夫的前任希丁克和莱奥·本哈克分别只在任上干了3个月。在整个1998—1999赛季，土耳其超级联赛的18家俱乐部中总共更换了24名教练，只有两位教练干满了整个赛季，就是加拉塔萨雷的主教练、日后成为土耳其国家队主教练的特里姆和费内巴切的勒夫。所以，能够在生存条件如此恶劣的土耳其超级联赛上干满一年，也算是不容易了。

虽然第3名没有满足俱乐部的极高期望，但是总的来说俱乐部对来自德国的教练团队的工作还是满意的。经纪人阿斯兰今天谈起勒夫在费内巴切的良好声誉，仍然非常兴奋。他说，在勒夫的指导下，费内巴切打出了过去20年里最漂亮的足球，据传俱乐部主席伊尔迪里姆甚至说他在任期间最大的错误就是开除了后来成为德国国家队主教练的勒夫。如果按照伊尔迪里姆的意思，勒夫本来还可以继续留任，但是他的竞争对手公开施压，让他别无选择。

勒夫本人对在土耳其执教的经历评价良好，他说他在那里"既有非常愉快的经历，也有非常糟糕的经历"。他说，他在土耳其学到了什么叫作对于一家俱乐部的认同感，这种对足球的情感让他刻骨铭心。失利后遭遇的刻薄批评也让他学到很多东西。他说："我因此而学会变得厚脸皮了。"他说，他今天知道了自己到底能够承受多少，能够更容易下决心，也学会了利用手中的权力左右局面。也许，他在土耳其形成了他的日后招牌式的"冷酷"风格。他的助手沃尔穆特总结说："谁能够在土耳其经受住考验，那么他就不再是个平庸之辈了。"

卡尔斯鲁厄的理想候选教练

在伊斯坦布尔度过了风雨飘摇的一年，勒夫本希望回到巴登老家放松一下，对过去几年的教练经历好好做些梳理。不过老家的人并没有忘记他。在1998年经过11个德甲赛季降级为德乙的卡尔斯鲁厄队重返德甲受挫后，特别希望勒夫能担任主帅。勒夫依然很年轻，一年的费内巴切冒险也让他不再缺钱，他对来自卡尔斯鲁厄的召唤一开始有些犹豫。卡尔斯鲁厄是舍费尔成为名教头的地方，那里的形势当时特别复杂。能否很快帮助这个债台高筑的球队重返德甲，这很难说。现在更紧急的任务是阻止它迅速下沉到德丙。勒夫一开始对执教邀请表示拒绝，但随后经不住劝说又同意了。他解释说："卡尔斯鲁厄俱乐部主席施密德和基多·布赫瓦尔德的坚持不懈和诚意打动了我。"俱乐部主席施密德也表示很高兴最终赢得了心目中的理想人选。

勒夫在赛季第9轮之后从赖纳·乌尔里希手里接过教鞭时，卡尔斯鲁厄德乙排名第13位。前9轮取胜2场、战平3场、输球4场，只得了9分，比降级区只高出1分。身后有俱乐部主席施密德和体育总监布赫瓦尔德撑腰，勒夫相信自己有能力扭转局面。他在上任时表示："形势很危险，但不是毫无希望。到冬歇期之前我们要与后面的球队拉开距离，然后我们再看。从中长期看，卡尔斯鲁厄仍然是支很有希望的球队。"

但是希望却越来越渺茫，球队成绩不但没有好转，反而进一步直线下滑。勒夫执教后，球队在7场比赛中一场未胜，只得了4分，排名倒数第二，落后安全区外的球队4分。勒夫对球队的分析结果近乎残酷，称球队"个人错误不断""技术上有缺陷""比赛失去控球时表现不好""缺乏自信"，而且"有些队员比赛不卖力"。总之，球队在所有方面都存在严重不足：缺乏斗志，跑动不积极，战术素养不足，技术欠缺。他指出，由于球队缺乏最基本的东西，他必须从最基础的开始做起。

勒夫承认，在现有的条件下，让球队不降级是很困难的。球队面临的危险局面，以及现场观众人数的直线下降，在勒夫看来与俱乐部的管理混乱有直接关系。他说："卡尔斯鲁厄在过去一段时间里有20多名球员来来去去，这不能指望会有一个成熟的、和谐的球队。"球队领军人物走马灯般更换，俱乐部债台越垒越高。体育总监布赫瓦尔德受到尖锐批评。布赫瓦尔德3年前从日本回到德国，差点儿回到老东家斯图加特在勒夫手下继续踢球——如果不是他拒绝了的话——他没有管理球队的经验，能否胜任这个工作也是个问号。不管怎样，他的球员转会政策明显失败了。勒夫指出，只有在冬歇期间购买几名球员加强实力，保级才有希望。

尖刻的问题和唯一的胜利

如此糟糕的局面，令勒夫不得不面对记者的尖锐提问。有些记者的提问十分刻薄："您是足球专家吗？"一家地方小报《海尔布隆之声报》的记者居然直接提出了这样的问题。勒夫只回答了一个字："是！"接下来的提问就是："既然您是专家，为什么会排出卡尔斯鲁厄这么糟糕的首发阵容？"勒夫回答说，球队并不像人们看到的那么糟糕，他说"球队具有排名中游的实力"，并强调球队已经有了一点点进步，队员们会努力把训练中练习的战术运用到实战中来，虽然现在形势困难，但是目前首要的任务是突破自我。当有人问到他自己的未来打算时，勒夫说他不会放弃，那些说他后悔来到卡尔斯鲁厄的传闻没有任何事实根据。他说："每个人都会犯错误，包括我在内。但是说派某某球员上场会更好，那只是马后炮，而且现在公开指责队员也于事无补。"

冬歇期开始后，勒夫逐一找队员进行谈话。他计划开除掉那些"自私"的球员，并宣布将一些球员列入"考验名单"。他呼吁，每个球员都要考虑如何改善自己，这样才能建立一支真正的球队。俱乐部已经没钱去买新的队员，体育总监布赫瓦尔德总算做到了通过租借的方式得到了几名新队员来加强实力，例如瑞典21岁以下青年国家队队员埃里克·埃德曼和瑞士国脚帕特里克·德－纳波利，从而为球队的主力队员施加了些竞争压力。勒夫告诉队员，现在是"残酷的为生存而战"。他说，虽然局面很困难，"但是我绝对相信我们能够走出困境"。

不巧的是，就在决定性的1月初，他因为要参加德国足协在汉内夫举办的教练特殊培训班第一阶段课程，不得不暂时离开卡尔斯鲁厄几周，将教练工作临时交给助手阿尔明·瓦尔茨和马尔科·佩扎尤奥利。尽管如此，他还是严格执行了他精心策划的训练计划，对每一个训练单元进行分析，让球员做好针对下一个对手的准备。但是这一切都不管用，球队成绩依然不见好转，2月28日1∶4输给门兴格拉德巴赫后，球队连续11场未能取得胜利。勒夫感到非常"失望"和"生气"。球队越踢越糟糕，对门兴格拉德巴赫的比赛中，直到第71分钟才第一次攻门，勒夫在球场边看得束手无策。他说："我们是尽力了。"但是，球队积分现在距离安全区9分之多，只有奇迹发生才能逃脱降级德丙的厄运了。

在第17轮比赛1∶2输给积分榜倒数第2的斯图加特踢球者之后，卡尔斯鲁厄降级几乎是板上钉钉。有观察者评论说，卡尔斯鲁厄与倒数第

2的斯图加特踢球者差距是一个联赛级别。平时一向很有风度的勒夫闻听此话非常生气："我不能理解这种观点。我们有一些球员是废物，是不中用的废物，他们不配职业球员这个称号。"

他把一些球员打入冷宫，又尝试了10场比赛，但是只取得了1场胜利（3月19日2：1击败幸运科隆）。在第27轮比赛中主场1：3负于汉诺威96队后，勒夫终于撂挑子不干了。卡尔斯鲁厄此时排名垫底，距离安全区的差距已经是12分。勒夫声明说："我不想再批评自己。我无法挽回颓势，我愿意让位给他人来重新开始。"勒夫在卡尔斯鲁厄执教177天，带队打了18场联赛比赛，只获得1场胜利。他主动放弃了工资补偿，因为他认为以不能再糟的成绩还要工资补偿就太无耻了。他说："当然，我的形象受到了损害。但是也许这一失败对我的个人发展也有好处。"

冬歇租借来的瑞士前锋德-纳波利说："勒夫在卡尔斯鲁厄不太走运。他在战术上做得很好，对队员做了大量工作。"他认为，勒夫在卡尔斯鲁厄的失败实际上对他后来国家队教练的工作是个有益的借鉴："勒夫在这个赛季学到了很多，特别是如何与媒体、俱乐部领导层打交道。"

勒夫不是唯一一个在2000年逃离卡尔斯鲁厄这条沉没的大船的人。俱乐部主席施密德在5月2日的俱乐部全体大会上辞职。俱乐部体育总监布赫瓦尔德对此很恼火，称施密德不应该在这个时候当逃兵。不过，布赫瓦尔德本人也因为一系列的购买球员失误而招致批评。助理教练佩扎尤奥利临时接过教鞭，并马上就取得了下一场比赛的胜利（1：0胜科特布斯），但是也未能阻止球队的降级。

逃往阿达纳

勒夫在卡尔斯鲁厄遭遇了教练生涯中最惨重的失败。他失败的原因是什么？当然，充满敌意的媒体对他进行了无情的攻击，但这真的是像俱乐部主席施密德所说的，是勒夫失败的主要原因吗？可以相当有把握地说，有"喜欢冒险的分析家"之称的勒夫试图让球队踢出高水准的足球，但是球队水平有限，烂泥扶不上墙。让一个为保级而战的球队打出漂亮的攻势足球，这根本行不通。总之，勒夫太固执己见，不愿意对自己的攻势足球理念做出妥协。据说在若干年后勒夫曾说，他或许应该让球队固守在后场，对对手的进攻大搞破坏才对，"有时也应该允许大脚破坏，把球踢到看台上去"。虽然以悲剧收场，但是勒夫还是从他的卡尔斯鲁厄灾难中学到了东西。他说："我学到了一个道理，就是作为一个教练，有时也应该（根据环境）对自己的哲学做些适当的妥协。"

在卡尔斯鲁厄栽的跟头对勒夫是灾难性的，此前的被炒都没能真正损害勒夫的教练名声，而这一次他算是被毁了。他现在虽然有足够的时间集中精力去汉内夫上教练培训班了，但是现在的问题是，没有哪个俱乐部会对他感兴趣了。勒夫在家待业了半年，在这漫长的半年时光里，他有足够的时间去怀疑自己是不是块当教练的材料。到了2000年12月底的时候，终于有一家小俱乐部对他抛了个绣球，虽然不是什么肥差，但赋闲在家的勒夫还是立马就答应了。这家小俱乐部就是地处土耳其偏远地区正面临降级威胁的阿达纳①，一般来说有点身价的教练都不会去那么个小俱乐部，只有对那些急于抓住救命稻草的人来说才有吸引力。

人们可能会认为，勒夫有了在伊斯坦布尔的动荡经历，不会再对到土耳其当教练动心。但是事实并非如此。勒夫只想继续当教练，无论条

---

① 阿达纳是土耳其第四大城，安纳托利亚地区南部古城，现为阿达纳省省会，扼守通往叙利亚和伊拉克的交通要冲，附近有美国设立的因吉尔利克空军基地。该地早在赫梯时代便已建成，一直是小亚细亚地区农业中心之一。罗马帝国和东罗马帝国时期，哈德良和查士丁尼一世均对该城进行过大规模的修建。本地区一度有大量亚美尼亚人世代居住，但由于近现代奥斯曼帝国的大规模屠杀和驱逐，历史悠久的亚美尼亚人社区已不复存在。——译者注

件如何。如果没有更多选择，他甘愿到土耳其靠近叙利亚边境的无名小俱乐部阿达纳。勒夫的打算是，如果他能挽救一个马上要降级的土耳其超级联赛俱乐部，他的身价就会提高，就会有更多俱乐部找上门来。阿达纳俱乐部的老板是乌赞兄弟，他们是有权有势的媒体大亨，住在伊斯坦布尔的别墅里。他们相信勒夫是拯救他们俱乐部的合适人选。

勒夫带上了他在卡尔斯鲁厄的副手瓦尔茨和一位阿斯兰介绍给他的翻译履任。这位翻译叫阿德南·阿克巴巴，出生在柏林，科隆体育学院毕业，担任过一家业余足球俱乐部的教练。在阿达纳，勒夫还见到了另一位德国人，就是守门员斯文·朔伊尔，曾在拜仁慕尼黑做过卡恩的替补。勒夫还说服了他在斯图加特的爱将托马斯·贝特霍尔德跟他去土耳其乡下。

德国救援团到任后先是连败3场，然后平了一场。与安全区还有5分的差距，但是俱乐部老板因为球队战绩不佳，就停止了向队员和教练发薪。守门员朔伊尔甩下了队长袖标，勒夫也威胁要不干了。但是最后勒夫还是飞到了伊斯坦布尔与老板谈判。贝特霍尔德说："勒夫不是那种轻易放弃的人，而且他让人们认识到，不是他的错，而是球队伤病太多，没有可以替换的替补。"但是谈判无果而终，勒夫在3月4日被解雇。

翻译阿克巴巴说："俱乐部老板对他和对球队的期望高得不太现实。头几场比赛虽然没有获胜，但是应该给他更多点时间。"贝特霍尔德言辞更为犀利，他说："我们成为了狡猾而任性的商人的牺牲品，俱乐部乱成一团。"这家俱乐部已经无可救药，终于在赛季结束以排名垫底而降级。

通过阿达纳曲线拯救教练生涯的努力失败了，勒夫又无可奈何地回到了老家。卡尔斯鲁厄给他的前程蒙上了阴影，阿达纳更让他彻底跌入了黑暗的深渊。一家媒体《星期天报》说勒夫是"孤单地陷入了深井"。勒夫说："那些天我的确开始苦恼地思考，下一步该怎么办。我闲在那里，虽然充满斗志，但是没人来理你。"

在蒂罗尔的成功

从1999年到2001年接连经历卡尔斯鲁厄和阿达纳的挫折，勒夫的教练生涯似乎走到了尽头。人们可以想象，当2001年10月奥地利因斯布鲁克发来邀请时，勒夫该是怎样长出了一口气。这依然不是个肥差，奥地利的联赛在国际足坛上名气不大，不是一个会给一位年轻的教练带来什么名声的舞台。另外，他的前任是在奥地利颇受人爱戴的前国脚库尔特·亚拉，这位以聪明著称的教练在过去两个赛季连续为因斯布鲁克夺得奥地利联赛冠军，为勒夫留下了很高的标杆。勒夫面临的是很高的期望，他必须有能力走出前任的成功影子，率领不是他一手组建的球队卫冕联赛冠军。尽管如此，勒夫还是没有考虑太多就决定上任了。毕竟他的前任从这里成功后，拿到了德甲联赛汉堡队的邀请。在短暂的会晤后，勒夫就在10月10日成为位于因斯布鲁克的蒂罗尔俱乐部的主教练了。

一晃已经41岁的勒夫踏上他的第5个主教练岗位时，形势并不看好。蒂罗尔俱乐部的冠军是靠买入高身价球员换来的，俱乐部的财政岌岌可危。俱乐部主席马丁·克舍尔在公开场合否认财政危机，而是宣布他用一种新的"革命性"金融模式（跨境租赁）来清理俱乐部的财政状况。但所谓的革命性模式无非就是贷款，而且就是贷款也出了问题。俱乐部试图通过中间人向设在美国佛罗里达的一家资本公司借贷1800万欧元，还贷期为15年。但是钱却落到了错误的口袋里，那个可疑的中间人在拿到85万欧元中介费后就失踪了。

在欧洲联盟杯客场对阵佛罗伦萨比赛前夕，俱乐部主席克舍尔引咎辞职，一个叫奥特马尔·布鲁克米勒的汽车轮胎商接任。布鲁克米勒之前是俱乐部董事会财务官，他提出要对俱乐部进行财政节约政策。由于没有钱购买新的球员，勒夫要求新任俱乐部主席做出不出卖球员的许诺。当时球队的核心人物是波兰籍前锋拉多斯拉夫·吉莱维奇、两名中后卫米夏埃尔·鲍尔和马尔科·茨维西格以及来自德国的中场马库斯·翁丰格。勒夫希望继续保留曾经效力斯图加特的门将马克·齐格勒，但是他却被卖给了奥地利维也纳队，因为他们就快付不起中场球员帕特里克·耶泽克的工资了。就这样，老将斯坦尼斯拉夫·切奇索夫又回到了首发门将位置。

总的来说，按照奥地利的标准，勒夫拥有一支很不错的队伍，有卫冕的实力。蒂罗尔的球迷们也想当然地认为卫冕是天经地义的。但是，卫冕的前提是球队集中精力打好联赛，不去混欧冠联赛的圈子。在亚拉执教时，蒂罗尔在欧冠资格赛上就被莫斯科火车头队淘汰出局。勒夫手下的蒂罗尔在欧冠资格赛中以0：2和2：2被意甲的佛罗伦萨淘汰。联赛一开始，蒂罗尔两胜一平，开局满足了人们的期望。勒夫为球队的良好气氛和高昂士气所感动。"因为大雾，我们只好在220公里外的林茨降落，改用大巴赶路，在高速公路休息站里吃饭。"勒夫是这样介绍他首次客场到维也纳的比赛的。"开赛前50分钟我们赶到了球场。其他球队会以此为借口罢赛，而我的队员却说，'教练，踢吧，我们肯定会赢'，我们也的确以2：0获胜。"

上半赛季，蒂罗尔以领先第2名9分的优势进入冬歇期，而且还是在少赛两场的情况下。从战绩上看，俱乐部的形势非常好，但是财政情况却每况愈下。俱乐部已经好几周没钱给球员和教练发工资了。到了2002年3月，俱乐部仍然拿不出钱来，有几位球员威胁要立即转会。勒夫努力让球队凝聚在一起。他说："很多人相信，在这样的情况下，球队的成绩会下降，但是我们不受影响依然专心比赛，现在以14分的优势领跑积分榜。"球员们很卖命，教练也没想过要撂挑子。勒夫说球队正在向冠军冲刺，对他来说体育上的成就才是最重要的。他当然不会挨饿，因为他在伊斯坦布尔是挣了些钱的，他有足够的储蓄。对他来说，最重要的是恢复他作为教练的声誉。他说："像一个心理学家那样唤起球员们此时不拼更待何时的激情，这对我来说是件很刺激的事。"

但这时球队的基础条件也显得捉襟见肘。在3月23日主场对奥地利萨尔斯堡的比赛中，因为大雪覆盖草坪，不得不中断比赛。蒂罗尔的蒂沃利体育场是刚建好不到两年的现代化新体育场，草皮具有地热系统，但是由于俱乐部付不起取暖费而被停用。勒夫在1：0结束比赛后说："我们干脆把地热系统设备卖了吧，反正留着也不用。"但是就算卖了地热也换不回1分钱，因为法院破产执行官会把俱乐部的每一分收入都没收。于是产生了非常荒诞的一幕：俱乐部行将宣告破产，球队却已经稳拿赛季冠军。蒂罗尔以领先第2名17分的优势提前6周锁定联赛冠军。赛季结束时，蒂罗尔以领先亚军格拉茨风暴队10分的战绩卫冕。

破产的冠军

俱乐部在竞技层面上完美地结束赛季，但是在财政上开始进行最后的挣扎。蒂罗尔州合作银行在4月初为俱乐部提供了一笔70万欧元的贷款，以帮助其弥补短期现金流缺口，球队得以继续比赛，但是并没有人感到乐观。蒂罗尔州合作银行的行长在看了俱乐部的财政报告后说："现在只有发生奇迹才行。"俱乐部急需1500万欧元，但是俱乐部主席布鲁克米勒和经理罗伯特·霍赫施塔夫尔隐瞒实情，闭口不谈俱乐部的倒闭危险。6月6日，奥地利联赛拒绝为蒂罗尔发放联赛参赛许可证，俱乐部6月17日提出申诉被拒绝。这样，俱乐部只好于几天后以3600万欧元的负债提出破产申请。

冠军教练勒夫百感交集。俱乐部领导层的寡廉鲜耻、无情无义、懒惰、无能，却花言巧语说有更好的办法拯救俱乐部，让他极为失望，也彻底醒悟了。他不再考虑担任6月21日新成立的蒂罗尔州足球俱乐部的主教练。新成立的俱乐部将与由水晶饰品商施华洛世奇赞助的瓦滕斯俱乐部合并，从奥地利丙级联赛重新起步。如果没有这个联合体，新俱乐部就得从更低级别的联赛起步。勒夫看不到在现有的条件下打造一支球队并用两个赛季的时间重返甲级联赛的希望。他本来想保留5名主力队员，但是俱乐部的经济状况不允许。因此，勒夫就不再考虑留任了。他在回答记者关于他的去向的问题时说："我不拒绝任何可能性，但是有一点很清楚，那就是我不会去一个完全陌生的国家和一个小俱乐部。"

后来，因斯布鲁克的俱乐部是这样发展下去的：新成立的蒂罗尔州/瓦滕斯比赛联合体在2002—2003赛季获得西部地区联赛冠军，然后解散。原来的瓦滕斯球队改名瓦克尔队，在乙级联赛中又夺得冠军，成功晋级奥地利甲级联赛。与勒夫的担忧相反，俱乐部做到了以最快的速度重返甲级联赛。这样，蒂罗尔地区在前蒂罗尔俱乐部破产后，又重新拥有了一支奥甲球队。原俱乐部的法律和财务纠纷则持续了更长的时间。原俱乐部经理霍赫施塔夫尔因为涉嫌严重欺骗而被捕，5年后被判刑4年。当年的冠军教练勒夫在2009年从破产清偿程序中得到了他应该得到的10%的工资。他在拿到钱后说了一句："我从没想到还有一天能再得到这笔钱。"

从失业到亿万富翁陷阱

勒夫在2002年夏天再次失业。因为没有如意的执教邀请，勒夫这一次在家赋闲了更长的时间。《踢球者》杂志在2003年1月报道说，在德国几乎被遗忘的勒夫收到了任教阿布扎比和格鲁吉亚国家队的邀请。几个月后，勒夫终于又找到了新东家。在德国，人们几乎没有注意到勒夫在奥地利取得的成绩，但是在奥地利，勒夫的成绩还是很有分量的，只不过是那里的一些有名气的俱乐部一直没有教练位置空缺而已。一直到2003年6月4日，勒夫才收到一份来自奥地利联赛和杯赛双料冠军奥地利维也纳俱乐部的执教邀请，勒夫随即与该俱乐部签下两年的合同，成为德国名教练克里斯托夫·道姆的接班人。

勒夫又面临一个与因斯布鲁克相似的情况：他又接手了一个刚夺得联赛冠军的队伍，俱乐部的管理也处于混乱状态，只不过这次不是财政方面的，问题出在俱乐部的大老板弗兰克·施特罗纳赫身上。这位拥有奥地利和加拿大双重国籍的亿万富翁自1999年起掌控发源于维也纳工人区的奥地利维也纳俱乐部,想把它打造成一支能在欧冠联赛上独树一帜的球队。他在加拿大操控的公司马格纳是俱乐部的赞助商,他本人与俱乐部签下对球队具有绝对领导权的执行合同。施特罗纳赫同时也是奥地利足球联赛主席,还开办了一所培养青少年职业球员的足球学校。名义上他不在维也纳俱乐部出任任何职务,但是对俱乐部的方方面面拥有绝对的控制权。他为俱乐部前后投资了上亿欧元,买进过54名球员,聘用过8位教练,每位教练都干不长,最短的只干了27天,最长的就是勒夫的前任道姆,干了8个月。

作为施特罗纳赫聘用的第9位教练,勒夫面临很多未完成的工作要去做。他说:"这里签有40名球员,有的被出租了,有的又回到俱乐部。我们必须要裁减,要质量而不是数量。我们还要培育出俱乐部的足球哲学,必须让俱乐部有个稳定、持续的发展,形成一个得到球迷认同的球队。"勒夫接手的好像是一团乱麻,他的任务就是要理出个头绪。新引进的球员中,有从对手格拉茨风暴购进的、因此不受维也纳球迷待见的球员伊维卡·瓦斯蒂奇,也有被德甲淘汰的老队员费尔拉特和肖恩·邓迪,还有勒夫在蒂罗尔时的前锋吉莱维奇,来自尼日利亚的后卫拉比尤·阿弗拉比以及挪威籍前锋西居尔·拉什菲尔德。

球队球员年龄偏大,还有很多水准一般的球员,球队气氛也不好,俱乐部的环境也是出了名的"多事之家"。勒夫仍然充满信心:"我们当然想卫冕。"勒夫立即着手工作,希望以最快的速度营造出一种鼓励球队上进的氛围。他用所谓的"争辩对话"的方式与队员们进行直言不讳的对话,希望借此把一些自我感觉良好的有些自大的球员教育成合群的好队员。他说,他面临的任务很有吸引力,虽然周边环境会有一定的"干扰"。但是他对此表示出乐观和信心,相信自己能够掌控住局面。

勒夫的联赛开局并没有让俱乐部大佬施特罗纳赫满意。在新教练的带领下,这支得过22次奥地利联赛冠军的球队在8月份的欧冠资格赛上分别以0:1和0:0一负一平对阵法甲马赛队失利,只能转入欧洲联盟杯去与德甲的多特蒙德争夺首轮出线权。但是维也纳再次两度失利，分别以1∶2和0∶1被多特蒙德淘汰。不过，在奥地利联赛上，维也纳还是打得不错，很长时间一直排名第2，在第19轮甚至登上了榜首。但是，在3月21日0∶2输给积分垫底的克恩滕球队后，矛盾就爆发了。

虽然维也纳与格拉茨风暴以相同积分并列榜首，但是专程从加拿大飞回来的俱乐部老板施特罗纳赫开始对勒夫失去了信心。他说："他有过一年的时间，但是他没有让队伍走得更远。"话里话外，他对上任10个月的勒夫表示出明显的不满。勒夫本来就对这位亿万富翁经常要求他在电话里汇报工作感到不满，他现在更忍受不了这位大佬的刺耳评价。施特罗纳赫还宣布，今后体育总监金特·克隆施泰纳将全面负责球队的工作，训练负责人要在阵容和战术安排上听从克隆施泰纳的。他还说，如果勒夫接受这个条件，他可以做这个训练负责人，如果不同意，他就必须走人。勒夫不愿意降格为听从命令的人，于是施特罗纳赫说："那么我只能解雇你了。"

施特罗纳赫每次来维也纳，都威胁要解雇教练，但这种方法并不管用。历史悠久的维也纳俱乐部赛季只拿了个亚军，冠军由格拉茨风暴夺得。后来，施特罗纳赫掌控下的维也纳在2006年得过一次联赛冠军，之后他退出维也纳俱乐部，另外成立了一家由施瓦嫩施塔特俱乐部改造而成的马格纳维也纳新城俱乐部，这家新俱乐部2008—2009赛季开始踢奥地利甲级联赛，但一直没有突破。

勒夫则保持了秉直和不妥协的个性，但是因此而再一次失业，前景又渺茫起来。他是不是该学会做些妥协呢？"不"，他在多年后回忆说，他很高兴自己当初没有低头。他说这话的时候，已经成为了受欢迎的和成功的德国国家队教练，已经成了一个奢华的教练王国的主宰，此时的他这样说当然就很容易。但是在2003年2月他被炒鱿鱼的时刻，他的业绩并不理想：他只在斯图加特夺得过一次德国杯冠军，打进一次欧洲优胜者杯决赛，两次获得德甲第4。当然还有一次蒂罗尔的奥地利甲级联赛冠军，但是这个小联赛的冠军头衔在教练履历上算不上什么资本，带费内巴切在土耳其联赛排名第3更不算什么傲人的资历。在他的执教履历上写下的是5次被提前解聘和一次从德乙降级，这些加起来不足以让勒夫有向大牌俱乐部推荐自己的资本。

他能拿得出手的只有他的足球理念，他在斯图加特和费内巴切执教期间打出的一些漂亮的甚至是精彩的攻势足球。他的梦想是打造一支球队，这个球队不但能不断取得胜利，能在欧洲顶级比赛上站稳脚跟，还能以稳健和积极的打法让人信服，但是他离这个目标还相差太远。希斯菲尔德带领拜仁在2001年夺得欧洲冠军联赛冠军，或者托普穆勒带领勒沃库森只是在2002年欧洲冠军联赛决赛中才输给皇家马德里，然而他却行走在完全不同的次元。尽管他与当时大部分教练的理念都不相同，但他仍然相信自己的理念和自己的能力。他认为，德国俱乐部在欧洲冠军联赛上尽管成绩不俗，但是并不能成为欧洲足坛的代表，无论是技术上还是战术上都离欧洲最高水平还差得很远。勒夫认为，欧洲排名靠前的5大联赛，例如意大利、英格兰、西班牙和法国的几家顶尖俱乐部在理论和实战上都高出德甲一大截，德国足球应该向他们学习。

界外球　不做井底之蛙和数据库

教练实习现今已成为时髦。几乎所有德甲教练都曾在国外实习过，对此特别热心的例子有米尔科·斯洛姆卡或者兰尼克。德甲冠军教练马加特曾说："显然，大家都去阿森纳的温格那里，然后回来后就觉得自己是小温格了。"他还说："我承认，我自己也到过温格那里，还去过利物浦。然后我回到德国并想想我到底学到了什么？答案是什么都没学到。"但是大部分人与马加特不同，就像勒夫，他对到国外实习取得的经验很珍惜。在没有俱乐部聘用他期间，他就利用这个空闲时间去取经。虽然他现在说，他离开维也纳后，并没有什么大的计划，但是他也没有坐在家里等待机会，而是利用这个机会去进修。

勒夫很早就注意到意大利的青少年足球培训，他得到的认识是："意大利比德国更重视教战术素养。他们非常有系统，有时一练就是几个小时，例如练习让球员站好队形，把球扔给他们，他们绑住绳子进行位置移动。他们因此有着更强的战术意识。"勒夫到荷兰的克尔克拉德和阿贾克斯去实习，在离开蒂罗尔后他又去了南欧学习那里的训练方法。在西班牙的圣塞巴斯蒂安，他向雷纳·德努埃请教，这位教练曾执教法国南特青年队并发现了后来成为世界冠军的迪迪埃·德尚和马塞尔·德塞利。在西班牙毕尔巴鄂，他向海因克斯学习那里的训练方法。他还去了巴塞罗那，当时那里的主教练还是后来成为塞尔维亚国家队主教练的拉多米尔·安蒂奇。勒夫还去了葡萄牙的波尔图俱乐部，那时穆里尼奥在那里执教，但是还没什么名气。波尔图在那个赛季（2002—2003）拿了葡超冠军，一年之后勇夺欧洲冠军杯。所以勒夫能够判断，穆里尼奥的成功是基于什么样的训练方法。

　　勒夫认识到，暂时被迫赋闲对于一个教练来说也不是什么坏事，利用这段时间补课对一个教练的发展很重要。在俱乐部工作时，教练疲于应付联赛的各种工作，没有时间和安静的心态去发展自己。到国外的实习对勒夫很有帮助，他从中学习了很多知识。后来当国家队教练助理时，勒夫也有了大量的机会去系统地学习理论知识。勒夫说："进了国家队教练班子后，我能从日常联赛中脱身，以更宏观的视角去看足坛。"勒夫的座右铭是，选择了教练这个职业，就不能停止学习。他在被任命为国家队主教练后立即表示："在很多领域我有很多东西要学。"勒夫说，经常到那些欧洲顶级俱乐部去学习是十分重要的。他去过一脚触球式足球门派的代表俱乐部阿森纳学习，也去过以快速和力量足球著称的切尔西取经。他说："我向阿森纳的温格和巴塞罗那讨教过，这对我的个人发展十分重要，也使得我对足球的理解更加全面。"

　　勒夫在国外学到的最重要的知识就是：几乎所有顶级俱乐部都针对比赛情景进行不厌其烦的反复训练。切尔西、阿森纳或者曼联都"针对可能在比赛中出现的场景进行快节奏的训练，直到球员练到把这些东西深入到骨髓里。"在巴塞罗那，那里的青少年足球训练营拉马西亚是目前世界上最先进的后备队员培养基地，勒夫对那里的训练过程大为欣赏。他在那里做客时，看到有好几天就是反复进行一项练习：一名后卫一脚20米左右的低平长传到中场，一名中场队员接球，但不是背对球门，然后直接把球快速直塞给锋线，锋线队员接球，做一个假动作后起脚射门。一套动作完成后，马上从头开始重复再做，一练就是上百次。这样，在比赛时，传球就不会过高，而是正好低平到脚下。

勒夫说，他在巴塞罗那学到，对基本技术反复训练有多重要。勒夫在2011—2012赛季又一次来到巴塞罗那参观，看到那里出色的青少年培训工作在一场11岁以下儿童足球比赛中得到充分体现。他说："他们跑得很快，无球跑动很到位，配合默契，总是把球传到队友合适的脚下，所有细节都无可挑剔。非常出色！"

他最佩服阿森纳温格教练的是他善于发现足球天才的直觉。在他那里，仅仅有脚下功夫还不够，人格发展也很重要。勒夫说："温格有一次告诉我，他赢得的所有冠军都是与聪明的球队一起赢得的。他说的聪明指的是对足球的热爱，虚心好学的态度，随时接受新变化的能力。"他说温格善于发现和引导好学的足球苗子，是在培养足球新秀上做得最好的教练。

如今，勒夫自己也成了被追捧的学习榜样。例如他执教蒂罗尔时在他指挥下夺得奥地利联赛冠军的后卫瓦尔特·科格勒就专程到德国国家队实习，以考取欧足联专业教练执照。就像在因斯布鲁克在勒夫手下踢球时一样，他对勒夫非常钦佩。他说："勒夫的鼓动能力，战略上的远视，训练工作的严谨，都给人深刻印象。"

四处奔走取经的人

勒夫的助理教练汉西·弗里克在2011年曾说："我认为，我们的一个强项就是我们站得很高，看得很远，能随时注意足球世界正在发生什么。这就像一个公司，它要去研究和观察市场，去发现发展方向。"德国国家队教练班子里的球探西根塔勒经常出没在非洲杯、南美和法国的青训营，助理教练弗利克常做客英国和西班牙的顶级俱乐部，目的是去发现新动向，去寻找和搜集新的主意和理念。

迄今为止，主要是西根塔勒扮演了勒夫"全球化"的智囊人物。他到世界各地的顶级球队观看比赛和观摩训练，获得了广阔的视野，成为德国国家队整体训练理念的重要一环，用勒夫的话说就是"对我们的整体工作有着不可替代的作用"。西根塔勒的很多建议和点子都成为了国家队训练的一部分。不过西根塔勒强调，仅仅是复制那些成功的样板，对自己的发展是有害的。例如巴塞罗那使用三前锋阵型，别人就不见得也要去模仿。他说，重要的是将别人的经验转化为适合自家球队的方法。

德国国家队取经最多的对象是英超。有时会有些意外的发现。例如2010年4月，德国国家队教练班子为了考察米夏埃尔·巴拉克，全体去英国观看切尔西客场对斯托克城的比赛。结果是切尔西7：0大胜。给德国教练班子印象最深刻的是，切尔西在稳操胜券、比赛已经毫无悬念时，仍然没有放弃给对手制造压力。这正是德国国家队需要的那种比赛精神，勒夫由此提出了德国国家队2010年世界杯的口号：踢足球而不是看比分。

观摩比赛不是唯一的灵感源泉。国家队教练班子还从国外学习了全面培养年轻国家队队员的成功经验。勒夫在2007年夏天强调，很多国外俱乐部不只是在技战术训练上高出德甲一截，在"情感培养"上也是胜出一筹。勒夫说，在阿森纳，针对15到17岁青少年球员的智力发展和社会发展做了大量工作，"例如那里有智力测验、人格培训，球员们得到系统全面的培养，甚至还包括职业规划"。勒夫还根据阿森纳的经验提出了一个口号：每个球员都应该像经营一家公司一样来经营自己。

勒夫还倡议向国外同行学习足协管理经验。例如法国足协早在1988年就开始实行勒夫和他的教练班子大力倡导的项目，即建立一个全国训练中心，所有的国家队都可以在那里进行全天的训练和培训。例如以齐内迪纳·齐达内为代表的1998年世界杯冠军一代球员，就是得益于法国的全国训练中心。但是德国足协对建立一个统一的培训基地表现出犹豫不决，直到2008年德国足协才派出一个代表团去考察设在巴黎西南50公里远的克莱枫丹法国足协"全国技术中心"。

勒夫谏言说："法国人的培训工作非常出色，整个足协有一个非常清晰的思路。"勒夫支持国家队领队奥利弗·比埃尔霍夫向法国人学习。德国足协相当长的一段时间里对这个主意不太感兴趣，因为德国毕竟有22个足球体育学校可以利用，其中最有名的分别设在汉内夫、马兰特和凯撒劳。但是可能迟早会出现一个集中各方面力量的全国性足球培训中心。如今，已经出现了一个雏形，它就是设在杜伊斯堡维岛区的训练基地，那里有四五个训练场地可以利用，还具备了同时能接待70余人的住宿条件，硬件配备也是最先进的，德国足协领导层对这个基地已经表示出兴趣。

数据的真相

在国外考察期间，勒夫不仅积累了大量实际经验，还研究了使用科学与统计方法作为支持的训练的种种好处。对于这位富有创新精神的教练来说，笔记本电脑成了他战术准备和精细规划不可或缺的工具。对自己的特长和对手的能力了解得越多，就能越有针对性地排兵布阵和选择适合抑制对手的战术打法。就在很多国外顶级联赛开始使用数字比赛分析系统时，德国的很多足球俱乐部刚刚把黑板换成可翻页的纸板。在20世纪90年代，市场上出现了越来越多的数字比赛分析系统，软件也日趋成熟。例如，比较有名的是1995年在法国尼斯成立的"体育寰宇程序"公司，它后来成为2001年在德国杜塞尔多夫成立的领导德国市场的"大师级教练"公司的主要股东。德国足协使用的是1996年在伦敦成立的

Opta Sports公司的系统。

沙尔克、柏林赫塔和当时是马特乌斯执教的维也纳快速队都在2001年购买了"大师级教练"公司的比赛分析系统Enterprise。瑞士国家队也在2004年时为备战欧洲杯购买了"大师级教练"公司的产品，只不过这套系统并没有帮助科比·库恩执教的瑞士队走得太远，在小组3场比赛中以两负一平被淘汰。2005年，德国足协开始和杜塞尔多夫的"大师级教练"公司合作，曾在瑞士国家队服务过的分析师克里斯托夫·克莱门斯被西根塔勒聘请到德国国家队。德国国家队教练班子配备了一套可移动的分析系统PosiCap，但是最重要的软件系统还是至今仍在使用其更新版的AmiscoPro。这套系统能通过特殊摄像机记录球员的奔跑路线、定位球和单个球员的强项和弱点。这套系统还能做出有说服力的视频片段，能图形化演示比赛分析，能通过红色标注的热点图展示球员的奔跑路线。

2006年年底，在勒夫助手弗利克的主持下，德国国家队建立了一个全面记录国家队队员和15岁以上青少年国家队队员训练、比赛情况的数据库，里面包括各种统计数字、图表和视频。数据库全面记录了球员各种乳酸盐值、医疗数据，各项能力指标，例如速度、耐力、力量、协调性、能力发展、技战术能力的进步等，总之是全面记录球员的整个发展过程。弗利克说："我们不仅仅是要知道在某个位置上的首发和替换队员的情况，也想知道第3和第4名后备人选的情况。"弗利克是德国足协当中出了名的电脑迷，他以极大的热情完成他的任务，还负责制作特殊的训练DVD教学节目光盘。他说："我认为，我们应该尽快掌握一切信息。足球是最复杂的运动项目。在一场比赛中有22人在场上，每个人都有自己的问题、强项和弱点。所以足球比赛也是最难预测的。"他的结论是，你事先知道得越多，就越能减少那些不可控因素。

自2009年起德国足协的教练们开始能使用这一数据库，他们可以检索所有对于他们有用的信息，信息也随时在更新。勒夫希望能通过这一分析工具来找到很多问题的答案，例如：一个国家青年队队员应该怎样做才能日后成长为国家队队员？对国家队队员的要求是什么？一名前锋应该具备什么样的能力才能成大器？

这些问题表明，一个仅仅记录国家队队员信息的数据库用处不是很大，要想有一个衡量标准，还应该知道在某一个领域的国际最高标准是什么。在这方面有专业公司的数据服务可供使用。例如，勒夫曾告诉德国俱乐部的同行们说，大家都说英超的比赛节奏、速度比德甲快，这不是视觉上的欺骗，而是有数据作为佐证的。例如数据表明，2008—2009赛季英超的前锋平均每场比德甲前锋多跑700到800米，平均每场比德甲前锋多做15个冲刺。所以，为了获得有说服力的数据，德国国家队的教练班子理论上不用非得跑到伦敦去看切尔西的比赛。但是，足球比赛的感情色彩显然不是数字技术所能取代的，也不是所有的足球因素都是可以用数字编码记录的，即使是最有创新能力的教练也不能放弃到现场去直接观摩比赛。

第 5 章　世界杯夺冠使命　革命者克林
　　　　斯曼和他的足球哲学

2004年夏天，欧洲杯小组赛未能出线，"民族英雄"鲁迪·沃勒尔辞职，德国足球彻底跌到了谷底。此前的战绩让人失望，当下的局面让人垂头丧气，看不到美好的未来。先看看过去：在过去的5年里，德国队没有战胜过世界强队，例如英格兰、法国、意大利、巴西、阿根廷或者荷兰。再看看现在：世界排名第10，在体能上与其他国家相比优势也不再明显，国脚们技术水平有限，只有巴拉克一位具有世界水准的球星，在战术上更是落后。未来也很迷茫：新秀寥若晨星，年轻的德国足球运动员在德甲联赛上很少有上场的机会，而且2001年启动的青少年球员促进计划对于职业足球领域来说，还没到收获的时候。这是一个悲惨的夏天，德国足协的"教练寻找委员会"甚至找不出一名合适的人选出任国家队教练。

　　在这个2004年的夏天，德国足坛一片狼藉，而前德国国家队主教练福格茨带着他的儿子贾斯汀在加利福尼亚参加夏令营。福格茨说："我去拜访了克林斯曼，和他谈了整整一个晚上。"福格茨对克林斯曼说出的很多主意感到很兴奋。他谈到国家队时，福格茨问这位他昔日手下的锋线爱将："你能想象你去当国家队教练吗？"克林斯曼回答说："想象是可以想象，但是前提是我必须要进行大刀阔斧的改革。"第二天早上，福格茨给德国足协总干事长霍斯特·施密特打电话，向他解释"于尔根对德国足协有多重要，他的很多足球上的想法值得研究"。施密特被打动了。最后双方达成一致，那就是施密特与德国足协主席迈尔·福费尔德两天后来纽约与克林斯曼碰面谈国家队教练的事。

　　与此同时，克林斯曼则抓紧时间与他的体育营销公司"足球解决方案"的合伙人沃伦·默塞里奥和米克·霍本共同起草了一份条件清单。克林斯曼回忆说："德国足协的两位主管到纽约后发现,我准备得非常非常充分。我给了他们一份关于我的足球理念的方案,大致说明我将如何对待德国国家队教练这份工作。钱不是主要问题,我们在一个小时之内就谈好了这个问题。我主要关心的是工作内容、职权范围、足协对按照我的要求组建教练班子的承诺等。"他说,如果两位足协负责人拒绝考虑他的要求,他肯定就不会接受这个工作。两位负责人没有表示拒绝,他们虽然表现得有些吃惊,但是对克林斯曼开出的条件持很开放的态度,因为他们很高兴终于找到了一位有分量的候选人,一位有能量、有感染力的人。

2004年7月28日,在沃勒尔辞职35天后,克林斯曼在法兰克福接过德国国家队的帅印。这一天,也是克林斯曼40岁生日的前一天。克林斯曼在新闻发布会上对那些还为这个消息感到意外的记者们表示,他的目标是夺得两年后在德国本土举行的世界杯赛冠军。他后来说:"只能有这样一个符合逻辑的目标。"他说,每一个管理者在一开始都会定义一个前景,这是通常的做法。克林斯曼的使命非常明确,这位已经成为美国"新加州人"的德国足球明星用夹杂着英语时髦词汇的句子大胆地说,德国足协必须从束缚中挣脱出来,进行彻彻底底的大改革。他强调说:"原则上,我们应该把足协这个摊子先完全打散。"他指出,德国足协处于瘫痪状态,结构老化臃肿,再不改革就会窒息。他说,改革就是弃旧迎新,只有这样,德国足球才能实现更大的目标。

这位世界与欧洲双料冠军对自己的能力没有一丝怀疑。克林斯曼从斯图加特开始职业足球生涯,在国外好几家俱乐部踢过球(国际米兰、摩纳哥、托特纳姆热刺),退役后与妻子黛比和两个孩子生活在美国加州洛杉矶的南部。他认为自己完全胜任这个岗位,他熟悉年轻球员的需求,懂得与年轻球员打交道,对工作也有非常具体的设想。他指出,教练班子里在各领域都有得力的专家,例如在体能和速度训练上,各大足球俱乐部早已都是这样做的,例如AC米兰、巴萨、切尔西等。

他第一个带来的"专家"就是比埃尔霍夫。这位1996年的欧洲冠军出任德国国家队"领队"一职，取代了前任领队贝恩德·普法夫，并且拥有了比一般领队更多的职权。比埃尔霍夫将具有一个独立在德国足协之外的办公室，不但负责德国国家队的组织与市场工作，还负责德国国家队对媒体和职业联赛的公关工作。这样的一个职位此前在德国足协历史上还从来没有过。从任命比埃尔霍夫就可以看出，克林斯曼一开始就想组建一支不受德国足协约束的国家队，德国国家队教练班子高度自治，而德国足协将只是他们一个关系松散的上级协会。

比埃尔霍夫除了球队管理工作，他的主要任务是为主教练解决后顾之忧，面对媒体和公众舆论充当一个挡箭牌的角色。克林斯曼身边的第二位重要人物就是助理教练。克林斯曼本人没有执教经验，他不只是需要一位忠诚的副手，也需要一位能够独立指导球队训练工作的教练。他没能和贝肯鲍尔推荐的霍尔格·奥西耶克达成一致。在第一次新闻发布会上，有人提到了兰尼克、阿斯盖尔·西于尔文松和勒夫的名字，克林斯曼当时不置可否，但是他心中有数，已经暗自做了决定，那就是在汉内夫教练特训班上讲解后防四人链的那位人物。

不只是个跑龙套的

那个星期三的下午，也就是在法兰克福新闻发布会上记者提及那几个可能的助理教练人选的名字之后不久的一天，勒夫的电话响了，当时勒夫正在家乡的森林中跑步。克林斯曼在电话那头问他愿不愿意当自己的助理教练。勒夫后来说，他当时犹豫了一下，因为他本来已经决定不再干助理教练这个活儿。但是他马上就意识到，这对他来说是个多么难得的机会。于是他马上跑回家，收拾好行李，驱车直奔意大利的科莫。克林斯曼正因为私事在科莫，他也想在那里能够避开记者们，不受干扰地与他未来的助手商讨工作。

星期五的时候，克林斯曼在新闻发布会上宣布他"找到了理想的助手人选"。然后他就讲了勒夫与后防四人链的故事。他说："约吉对我来说不只是个在训练时帮忙摆摆标志筒的跑龙套角色。他将要承担很多责任，我相信将队员们交给他是让人放心的。"克林斯曼说，勒夫将负责训练理论和训练的具体操作，也在带队和训练指导上弥补主教练的经验不足。他说，他与勒夫在足球战术和国家队组织结构革新上看法一致，并强调勒夫在国外的执教经验也很重要，能带来很多专业知识和想法。

据星期六出版的《图片报》报道，斯图加特帮正式成立了。确实，德国足协主席迈尔·福费尔德、克林斯曼和勒夫都曾效力斯图加特。然后自然就有媒体问，迈尔·福费尔德和勒夫能摒弃前嫌吗？人们都还没有忘记在1998年的时候，迈尔·福费尔德作为斯图加特俱乐部主席以不太光彩的方式赶走了时任主教练勒夫。勒夫对这一问题只淡淡地回应，他——与迈尔·福费尔德没有问题，他——不想炒冷饭。他说更重要的话题应该是新任国家队教练和他的新岗位："我不是来跑龙套的。对于我的任命是我的巨大荣誉。我和于尔根都信奉积极进攻的足球哲学。在足球理念上我们高度一致，于尔根也让我绝对相信，我是这个职位的不二人选。我对这个职位也非常认同，作为助手我会保证我的忠诚。"勒夫说，克林斯曼球员时代踢过所有类型的重大比赛，他为德国国家队带来的是深厚的经验，在教练特训班上也是一名出色的学员。他夸赞克林斯曼是一个充满"正能量与活力"的人，特别适合做主教练。勒夫表示，作为助理教练，他会把自己当教练时的经验带进来，也知道教练工作该怎么做。

就这样，一位失业在家、几乎被人们遗忘的教练成为了德国国家队的助理教练。很多偶然因素叠加在一起才促成了这样的结果。勒夫最早是在1999年克林斯曼在斯图加特举行的挂靴告别赛时认识他的，但是决定性的相遇是在汉内夫的教练特训班上。如果勒夫按计划在瑞士就完成了他的教练培训，后来就没有机会让克林斯曼真正认识他，也就不会与德国国家队结缘。勒夫今天回忆起来说："我不相信这只是个巧合。"他认为是当时他在特训班的表现让克林斯曼信服，并最终给他带来了意想不到的机会。他要利用这个机会。于是在他的第一次国家队训练中，一反安静的常态，勒夫在训练场上大喊大叫，非常投入。

足球哲学、足球文化和追求最高最好

"我们的基本出发点是德国足球需要一种新的足球文化"，勒夫在回忆2004年刚参与"克林斯曼足球革命"时说。"总之就是我们要在足球场上采取行动给对手制造压力，而不是被动地对比赛对手的行动进行反应。"他们的目标是让德国国脚们学会踢快节奏、进攻型的足球，掌握攻击性足球，而不是龟缩在自己的半场，伺机进行反击。德国足球长久以来都不是这种踢法，如今他们要赋予德国足球以狂飙突进的活力。克林斯曼将自己的使命概括为："德国足球必须重新回到世界顶峰。"为此，克林斯曼要引入一个新的足球哲学，那就是快节奏，向前攻，上演激情足球。他说，那种简单粗暴的死守式踢法没人爱看，"球迷们在某种意义上就是我们的客户，他们希望看到进攻性的充满激情的足球"。

克林斯曼认为，要想取得远大目标，就必须放弃那种典型的德国式悲观主义。他说"美国文化教会了我不要畏首畏尾"，同时也暗示德国球迷们应该学习这种心态。他说："当然有可能失败，但是我们不能因为害怕失败而失去了行动能力。"他用了一句英文来表述："试试，你就知道了。"（Try and you will see）他呼吁德国球员们要大打攻势足球，要"有侵略性，唯美主义，主动进攻，敢于冒险"（Aggressivität, Agieren, Offensive und Risikobereitschaft）。他说只要按照这样的思路去踢，那么2006年世界杯不管最终结果如何，德国队都会得到各界认可。他说："我们必须开始尝试，即使我们无法预知结果。比教练更重要的是足球文化。"

克林斯曼的足球哲学对德国足球来说意味着一种全新的足球文化，他要让德国国家队演绎这样的足球文化。他要让德国国家队放弃谨小慎微、死气沉沉的打法，他要让球迷们看到一个阳光进取的德国队；他要德国队不要再固守陈腐的"条顿军团式美德"，而是要给德国带来心态开放和宽容的文化。他说："世界杯是一个机会，一个德国创新定义自己的机会，一个创造出新的'品牌'的机会。"他说，什么是"德国的"也要重新定义，例如德国国家队的队员也可以叫奥沃莫耶拉，阿萨莫阿或者诺伊维尔这样的非日耳曼名字，也"可以大胆地向世界展示德国人的骄傲"。也就是说，克林斯曼要改变的不仅仅是足球，而是要让国家队的革命变成一场德国文化上的革命。克林斯曼的"新加州生活态度"给德国足协带来一股清新的风气，德国足协的官员们此前还从未听过有人以这样的词汇来谈论足球。克林斯曼在谈论他的使命的进展情况时，从不吝啬乐观大胆的溢美之词，习惯用"超级"（super）、"绝对"（absolut）这样的字眼，例如他说他的队员表现"非常非常"（sehr，sehr）完美，他对球队的发展"完完全全"（ganz，ganz）满意，等等。

勒夫则无条件地支持克林斯曼，甚至在说话语气上都越来越像克林斯曼。他逐渐投入到克林斯曼的足球革命当中，深信这个宏伟的项目一定会获得成功。在刚加入克林斯曼团队的头几个月里，他是经常这样来谈论国家队的：压力当然"特别特别大"，球员们"完完全全投入"，训练"非常非常刻苦"；他"绝对"适合他的角色，"绝对"喜欢他的工作，他的计划实施情况"绝对"让他感到满意，但是当然这战术上还有"许许多多的"细节工作要做。克林斯曼则夸自己勤奋的助手"超级棒""特别棒"，就差每天都对媒体表扬勒夫了。克林斯曼说，他虽然有当球员的经验，但是还不是很习惯在场外阅读比赛和识别战术细节，但是他有勒夫，他完全信任勒夫。克林斯曼说："勒夫做过主教练，他的战术经验远远在我之上。在战术上我每天都能从他那里学到东西。"

足球战术速成班

勒夫从克林斯曼那里学到的是牢记三个伟大目标,那就是:一是成为世界冠军;二是给德国队甚至是整个德国带来一个全新的正面形象;三是全面提高德国足球的水平。当然,前两个目标能否实现,取决于如何实现第三个目标。第三个目标是长远目标,需要各俱乐部和足协在青少年足球人才培养上做出根本改变,而第一个目标则马上就要采取行动。短期目标的实现主要依靠勒夫这位实干家,他的任务是在为数不多的训练单元中教会球员快速掌握新打法。但如何将2004年欧洲杯上丢人现眼的德国国家队在短短两年时间内打造成一支有世界杯夺冠实力的队伍?而且德国是世界杯东道主,不需要参加预选赛,没有预选赛的锻炼,无法通过友谊赛来真正检验球队的实力和大赛状态,例如克林斯曼和勒夫组合上任后在8月18日首场比赛虽然以3:1战胜奥地利队,但是比赛的结果到底说明德国队有多少实力,谁也不好说。

可以肯定的是,国家队需要新的、年轻的和思想上没有包袱的球员,需要球员们能够在球场上容易掌握和贯彻具体作战方案。勒夫回忆道:"很多东西都是全新的,例如新的体能训练方式,高要求的战术训练,很多球员还从来没有经历过。"克林斯曼在前台向公众讲解德国国家队的新方向,勒夫则在后台负责具体的训练工作。勒夫在战术思想上与克林斯曼别无二致,他早在1996年担任斯图加特主教练时就提倡攻势足球,那时他在阐述自己的战术思想时就经常把"比赛文化""创造性"和"敢于冒险"等词汇挂在嘴边,张口闭口都是"速度""准确"和"纪律"。不过,他一向反对机械化的战术,而是主张踢球要"自发性"和"随机应变"。在伊斯坦布尔时,他反对有"绝对正确的阵型和战术"这样的说法,因为"在最高水平的国际比赛上,阵型与战术体系不是决定性的,一个由高水平的单个队员组成的球队的整体发挥才是重要的"。但是,当时在德国国家队,除了巴拉克,还没有其他世界水平的球员。球员能力上的缺陷只能靠打法体系的改善来弥补,所以勒夫的首要任务是加强基本功训练，让球员们熟悉基本的战术单元。他说，只有掌握了最基本的战术环节，才能谈什么创造性。

勒夫上任后的几个月里，德国国家队的队员们见识了这位诲人不倦的战术导师。勒夫站在讲台上，用磁铁块在白板上反复演示讲解后卫四人链是如何运作的。"我们不要被对手牵着鼻子走，我们要看清楚队友的站位。我们要像链条一样共同进退。默特萨克，拉姆，弗里德里希，你们听懂了吗？要共同进退！"勒夫在公共场合和媒体上也越来越多地以战术指导的身份出现，阐述一些很多人只听过没见过的东西。勒夫喜欢战术专家这个角色，他在讲解战术时常有的一个标志性动作就是双手握拳或者手心卷成空心状，先是右手拇指和食指捏合，然后其他手指向外张开再收拢。"一个球队的整体表现由几方面组成，例如执行一个战术所需要的体能，需要有技术能力，也就是传球到位和准确。对于我们的球队来说，重要的是先有一个清晰的战术目标。"勒夫在阐述基本战术理念时说：只靠争抢、拼搏和苦斗是赢不了球的，靠一个传统的核心队员穿针引线、通过反复横传回传来组织稳健进攻的打法已经过时，新的打法要求队员们不是跟着对手走，而是有一套自己的明确和可靠的战术。为此，要选择一个适合发挥自己战术的阵型。

勒夫倾向于把4-4-2作为基本阵型，他喜欢使用中场菱形站位，因为这种阵型球员容易理解，每位球员都清楚自己的任务和站位要求，不需要站位转移太多。在后卫四人链之前安放一位位置居中的防守型中场，又被称为"6号球员"（源于传统W-M阵型中这个位置的队员通常穿6号球衣），他既是后防线前的"清道夫"，也是在本队拿球时第一个进攻发起者，被认为是攻防快速转换的核心队员。菱形的顶角位置就是攻击型中场，通常是"10号球员"，他承担了很多传统的核心队员的任务，位置处在两名锋线队员之后，负责输送炮弹。另外两名中场球员站位靠边但又向中间靠拢，参与组织进攻。从形式上看，这种阵型有5名队员的主要任务是进攻，但两名边后卫也会参与进攻，他们通常从两翼向前插上，为中场提供更多的传球接应机会，特别是球在本队脚下时更是如此，实际上是每次进攻的参与者。

这样的阵型注定是快速进攻的短传打法，给进攻带来很多可能性。但是它在转攻为守时有一个致命弱点，那就是中场球员太分散，难以快速撤回防守，形成在后卫线前的第一道防线，而且由于边后卫经常性地插上进攻，会给对方制造出边路防守反击的机会。

勒夫此后经常讨论战术问题，但是当时公众的注意力更多是集中在国家队队员的体能问题上，特别是克林斯曼从国外引进来的体能训练大师。

鸭子跳与橡皮筋

2004年9月德国队在柏林对巴西队的友谊赛之前，克林斯曼从美国请来体能训练专家团队，宣布将根据对每一位队员的身体状态诊断后做出相应的训练计划，在世界杯开赛之前将他们的体能调理到最佳状态。耐力、速度和力量是3个主要调整的指标。为此采取的措施中，有些概念对德国足坛人士来说是闻所未闻的，例如什么"身体机能诊断""生物力学跑动分析""协调性与稳定性训练"等，在德国足坛引发了前所未有的讨论。

德国队在体能方面的专家早就有，例如队医穆勒-沃尔法特博士，理疗师克劳斯·埃德或者营养师、主厨萨尔维罗·普格利泽。美国体能专家的到来开启了德国队教练团队的专家时代。美国体能专家小组组长是马克·费斯特根，他的举止做派像是美军的训练教官，是著名的美国凤凰城世界高水平运动员顶级运动训练机构Athletes' Performance的创始人，很多世界级运动员都是那里的常客。这所坐落在美国亚利桑那州的商业性体能训练机构拥有25位专家，在多种体育项目领域内都有专业经验，也在耐力、速度和营养等专业领域有专长。费斯特根和他的同事沙德·福赛思与克雷格·弗里德曼在德国国家队中引进的新的体能训练方法格外引人注目，其中有一项是球员腿上捆上橡皮圈像鸭子一样在场上蹦来蹦去，成为了国家队训练的具有招牌性的经典场景。

很多足坛人士对此直摇头，克林斯曼却知道他想要什么。他要的是最好的专家来给队员以个别的针对性辅导，从球员身体中发掘出最大的潜能。他说："如果我有针对性地提升一个中锋的弹跳力，那么他一年之内可能会多进两三个头球，而且其中一个很可能就是世界杯进球。"他还以自己为例现身说法："如果我不是在20岁时接受过特殊的短跑专家的训练，我可能总是百米12秒而不是11秒。"勒夫也亲身体验到量体裁衣式的个人训练有多么重要，他本人如果接受过这样的专业辅导，也许当年就不只是个德乙联赛的好前锋了。

这些体能专家是从美国来的，这有什么不妥吗？不管怎么说，德甲联赛的头面人物们开始抱怨了。个中原因其实是请外来的专家来念经，这潜台词中不就是在批评德甲各俱乐部训练方法落后、球员没得到正确的护理吗？直到2006年德国世界杯开赛前，对请外来体能专家一事和进国家队必须通过体能测验就没少招来批评的声音。特别是体能测验机制恰巧是在2005年10月对土耳其队的友谊赛之前引进的，而这场比赛输掉了，所以批评者就说，你看，都是体能训练给闹的。

而克林斯曼和勒夫心中有数，他们知道队员带着非常出色的体能参加世界杯，夺冠的机会是有的。当然，体能好不是指球员在场上跑个不停，而是指抢断球之后能迅速提速，快速发起进攻。勒夫说这里的关键就是快速攻入对方的危险区域："我如何才能在对手还没能来得及组织起防御时就攻到了门前射门？"他指出，一味横传是过时的打法，因为对手有充分的时间组织起防线。勒夫推崇的是穆里尼奥执教英超切尔西时的"垂直足球"，就是"拿到球后只用两秒就杀进对方的禁区"。但是，如果对手全部龟缩在自家半场死守，就像拉脱维亚队那样，这种打法就失灵了。总的原则是，抢断球后参与进攻的球员越多，球员无球跑动意识越好，跑位越聪明，就越容易在局部形成以多打少的优势，快速攻占对手禁区，通过配合拉开空当制造杀机。不给对手以喘息机会，抢球后快传，加速加速再加速，就像英超足球那样，这就是克林斯曼和勒夫的足球信条，所以他们才特别重视体能和速度。

带上心理专家去亚洲

2004年12月，德国队出访亚洲，随队同行的是新守门员教练安迪·科普克，他10月份取代了原来的守门员教练塞普·迈尔，因为克林斯曼认为后者太倚重奥利弗·卡恩了。随队出征的还有体育心理学家汉斯-迪特尔·赫尔曼，此举也遭到同行笑话，好像克林斯曼是雇用了一个巫师。事实上，很多国外球队早就开始聘用心理学家了。赫尔曼与每一位球员进行谈话，并表示愿意为球员的个人问题提供心理咨询。他的主要作用还是帮助德国队解决体育运动上的常见心理问题，例如赛前过度紧张，在比赛中失误后遭现场球迷起哄后的心理调整，等等。从心理学的角度，这类问题不需要治疗，但是掌握了一定的心理技术，则有助于球员心理放松。

勒夫自己在这方面颇有经验，他说："我在球员时代就发现潜意识的作用非常大，当时我参加过自我控制训练，对于缓解负面情绪带来很大帮助。"但是这也不是体育心理专家的唯一任务。赫尔曼说，他最主要的目的是为队员提供心理训练，"对球员的头脑进行训练，训练是为了球员的头脑，目的是把球员调整到最佳竞技状态。首先需要训练的是认知能力：训练球员们将注意力聚焦到某一点上，训练对新的情况做出判断和调整，也就是说它关系到自我意识，心理抗压能力，犯错后短时内的自我激励等。"教练也从心理专家那里受益。勒夫说，例如，赫尔曼告诉他，在训话时不要总说"不要"做什么，而是要从正面提出要求和目标。心理辅导员对提高团队意识也很重要，例如有一项经常性训练就是球员围成圈，高呼"我们是一个团队"，已经成为球队的经典训练仪式。

亚洲之行中，赫尔曼还只是刚刚加入教练团队，没有特别引起注意，在3：0战胜日本队的比赛中和在1：3负给韩国队的比赛中，赫尔曼都没出过什么心理学上的好点子。对韩国的比赛也是克林斯曼上任后的首场失利，德国队在韩国首尔的表现不好，运气也不佳，整场比赛韩国人只有3次射门机会，但3个机会都进球了，而德国队获得了19次射门机会。勒夫对媒体说："我们事先就说过，我们是在试验攻击性打法，除了开场后前15分钟，我们的队员们一直在努力向前进攻，我们没有什么好抱怨的。"到泰国比赛时，勒夫向球员们讲起他在温特图尔俱乐部踢球时到越南的一次训练比赛，说他当时喝了一小杯服务员端过来的新鲜眼镜蛇血，"加热过的血，像是在喝茉莉花茶"。德国队最后不用喝蛇血，以5：1毫无悬念地战胜了东道主泰国队。

亚洲之行结束后，德国队教练团队称球队已经领会了进攻型足球的打法，虽然比赛结果还不是很能说明问题。此前，德国队在柏林1：1战平巴西队，在德黑兰3：0胜伊朗队，在莱比锡3：0胜喀麦隆队。亚洲行之后，德国队又在友谊赛中分别以2：2战平阿根廷队和俄罗斯队，1：0胜斯洛文尼亚队，4：1胜北爱尔兰队。这些比赛结果都不足以说明德国队的真实状态。真正检验德国队实力的将是2005年6月的联合会杯，那将是德国世界杯前的一次大阅兵。为了保证联合会杯上不翻船，德国队聘请了一位勒夫在做教练培训时就认识的教官乌尔斯·西根塔勒。在勒夫的推荐下，克林斯曼与西根塔勒谈了几次话，认为这个瑞士人很不错，就聘请他担任德国队的首席球探或者说是侦察官，任务是"刺探"对手情况，了解对手的战术，发现对手的强项和弱点，在此基础上制定比赛的制胜方案与策略。

西根塔勒的主要工作方式是像医生诊断病灶那样寻找对手的主要特点，这一特点往往就是比赛制胜的关键所在。然后，他把对手的主要特点和弱点浓缩成几句话，教练把这几句话在赛前传达给球员。他们认为，一下子给球员太多信息，反而让球员们不知所措，分散注意力。勒夫说，西根塔勒的天赋是把大量信息提炼成关键的几句话，告诉球员对手的一两个弱点是什么，一两个强项又是在哪里，然后球员就能在场上记住这些特点并做出适当的反应。

带上首席球探去联合会杯

联合会杯开赛之前，德国足协新任主席特奥·茨旺齐格说："谁想要赢得世界杯，就应该先拿下联合会杯。"在这个被称为"小世界杯"的联合会杯上，德国队的第一个小组赛对手是大洋洲冠军澳大利亚队。勒夫说："首场比赛获胜对于杯赛全程非常重要。"克林斯曼表示："我们的打法非常明确，那就是向前进攻。"虽然德国队在联合会杯赛上面临很大压力，但克林斯曼表示他不会在打法上保守。对澳大利亚队的比赛踢得并不那么顺手，但是德国队还是4：3拿下首场比赛的胜利。这场比赛德国队暴露出明显的后防线弱点，特别是后卫新人罗伯特·胡特遭到足球记者们的激烈批评，但是喜欢用溢美之词的克林斯曼还是坚决捍卫这名新人，称对他的表现"非常非常满意"。领队比埃尔霍夫解释说："在球队的阵容和打法稳定后，于尔根会对球队提出批评的。但是他目前认为面对外部的批评，他应该保护自己的年轻球员。"

第二场对突尼斯队的比赛，西根塔勒要亲自对球队讲解对手的特点。西根塔勒有点紧张，因为他只看过突尼斯队的一场比赛。这样，他不能像以往那样概括出对手的几个主要特点，而只是简要地说了一下他对突尼斯队的印象。他对球队的建议是：丢球后马上就去反抢，拿到球后直接塞到后卫线的交叉空当，也就是防守队员防御区交叉重叠的地带，因为突尼斯后卫之间的配合有欠默契，会在那里产生空当。他还告诉队员们不用担心对手会有什么意外变阵，因为他们的打法是一成不变的。比赛以德国队3∶0战胜突尼斯队结束，西根塔勒感到很欣慰，特别是前两个进球更让他感到高兴。他回忆说："比赛结束后，有几位球员在走回更衣室的路上跑过来和我拍拍手，说'直接塞到后卫线交叉空当'真管用！如果比赛90分钟后球员这样对你说话，就说明你的工作很棒。"

在小组赛最后一场对阿根廷队比赛之前，西根塔勒提醒队员们需要注意阿根廷队的习惯性打法。阿根廷队紧缩防守空间和攻防转换的方式多年来都是同样的路数，没有做出过改变。有备而来的德国队这场比赛打得不错，2∶2战平，收获各方赞美声。勒夫则有些故意唱反调，赛后表示："我们并不像很多人所说的那样好。"他说，胡特在对澳大利亚队的比赛中显得笨拙，那是因为当时队员之间没有配合，现在球队整体配合得到了改善，弥补了空隙，所以胡特看上去也打得很不错。

在半决赛对阵巴西队之前，勒夫对前几场比赛总结说："进攻队员的无球跑动和快速直传给锋线对我们来说越来越重要。"德国队半决赛的对手巴西队在此前对日本队的比赛中给德国人上了一课，最典型的一幕是罗纳尔迪尼奥助攻罗比尼奥的进球。勒夫夸赞说："他们的跑动是经过设计和反复训练的，这与巴西球员的个人技术没什么关系，我就希望我们的球员能像他们那样踢球。"西根塔勒又出主意说，对付巴西人的有效办法是在他们球过中线之前，本方前锋和中场队员就应该把球拦截下来，然后发动闪电反击。比赛中，德国队果然频频在中场抢断得手，但是在拿到球后却没能形成快速反击，而是把节奏拖慢了下来，例如，有一次库兰伊抢球后把球回传给后面，还有一次弗林斯没有及时插上助攻。结果是德国队顽强拼完了比赛，但却以2∶3败下阵来。在争夺季军的比赛中，德国队在加时赛后4∶3战胜墨西哥队，但整场比赛波动很大，有时进攻出色，有时后防不稳。

批评与反驳

德国队在联合会杯上的表现还不错，但是否已经足够好？德国球迷们被球队的进攻意识和乐观精神所鼓舞，看到了德国队的改革已经初见成效，特别是足球侦探工作效果明显。为了支持西根塔勒的工作，位于杜塞尔多夫的体育软件公司"大师教练"的一个团队也被请进了德国国家队教练班子，分析师克里斯托夫·克莱门斯成为西根塔勒在数据分析上的左膀右臂。数据的基础工作由"科隆小组"承担，小组成员是科隆体育学院足球讲师于尔根·布什曼和他的学生，他们负责收集德国队世界杯对手的所有数据。

对克林斯曼的批评从未销声匿迹。克林斯曼在德国国家队人事、结构和内容上的改革在一开始遭到四面八方的诟病，德国足协、德甲俱乐部和各种专家都有人对克林斯曼不买账。这当然也可以理解，有些足坛老资格专家觉得自己与足球打了一辈子交道，到头来却被一位不知深浅的菜鸟给羞辱了，因此恼羞成怒。他们心想：就你这位从来没做过教练的人，从美国加州空降过来给大家上课，告诉人们什么是足球，凭什么啊？

除此之外，国家队的费用问题也引起争议，例如国家队住豪华酒店而不是住体育学校，包机外出比赛，为专家支付高昂的酬金等，特别是克林斯曼美国德国来回跑的住处问题更是受到非议。拜仁慕尼黑俱乐部主席乌利·赫内斯、"足球皇帝"贝肯鲍尔以及其他一些德国足坛元老批评克林斯曼不常住在德国，而是总往美国加州汉廷顿海滩的家里跑。克林斯曼辩解说，远离德国，他可以更集中精力不受干扰地工作，而且他还有助手勒夫和其他团队成员，他们一直在现场对德甲进行仔细的观察。

一开始没有受到批评潮牵连的勒夫渐渐走到前台为克林斯曼说话，例如在联合会杯半决赛对巴西队的比赛之前他就说："尽管我对前国脚们和专家们都很尊重，但是面对他们居高临下的批评我只能摇头一笑。

我们竭诚欢迎他们来我们国家队亲自看看。保罗·布莱特纳①批评我们是在培养田径运动员，这是荒谬的。我们恰恰不是在这样做。还有人会质疑我们请美国人或者瑞士人来干什么，这是缺乏尊重的。我们德国人不应该这样傲慢。说我们德国人什么都懂，德国是最棒的国家，我们不需要看看国界之外别人在做什么，这是十足的傲慢自大。"

勒夫越是表态站队，就越是和克林斯曼一道受到攻击。虽然勒夫一上任就态度谦逊，总是强调要加强与德甲俱乐部的沟通和与俱乐部教练们的交流，但是人们记得的只是他说过的一些批评性的话，特别是德甲俱乐部的负责人们很反感国家队教练班子说队员们体能不足和训练方法有误。例如拜仁慕尼黑俱乐部主席乌利·赫内斯反击说："我希望在谈论世界杯项目时多用用'我们'二字。我们联赛也是世界杯项目的一部分。每一位德甲教练都希望被看成是世界杯计划的一部分，他们会因此受到感染和鼓舞。但是如果一位德甲教练听到有人说，他的球员还有百分之二三十那么多的潜力没有被挖掘出来，他肯定会感到受到了羞辱，特别是这话从一位叫作勒夫的先生口中说出，这个人在一生中还没赢得过什么重要头衔吧。"这样的批评很伤人，但德国国家队也只能用成绩来反击，可是成绩也不是一两天之内就能显现出来的。联合会杯后，德国队在10月又进行了几场比赛，分别以2∶2战平荷兰队，0∶2负于斯洛伐克队，4∶2战胜南非队，1∶2不敌土耳其队——这样的战绩着实平庸。之后，德国队在汉堡又仅以1∶0小胜中国队。11月12日，2005年年度最后一场比赛中，德国队在巴黎客场挑战法国队，克林斯曼和勒夫大胆变阵，让前腰位置的队长巴拉克更多地位置后撤回防以及从后场推动进攻。结果是德国队后防线因为"双6号"阵型而得到加强，常常形成后防线局部以多打少的局面，后防线整体和门将都更加稳健，但锋线

---

① 保罗·布莱特纳，德国队名宿，先后效力于拜仁慕尼黑、皇家马德里和布伦瑞克，还代表德国夺得1972年欧洲杯冠军和1974年世界杯冠军。在职业生涯初期，布莱特纳的位置是边后卫，但后来改踢中场，他的右脚技术极为出色，远射能力出众，是贝肯鲍尔身前不可忽视的力量。——译者注

却被削弱了，结果是0∶0平局。双方机会都不多，虽然没有输球，但也不是人们想要的结果。

独创技术总监一职

2006年2月，国家队最后一个人事问题也尘埃落定。迄今为止，克林斯曼团队中有助理教练勒夫，球队领队比埃尔霍夫，首席球探西根塔勒，守门员教练安迪·科普克和心理专家赫尔曼，缺的是一位技术总监。克林斯曼上任伊始就提出要设立技术总监一职，目的是保证长久确立国家队的打法和在更广泛的各级别国家队基础上推行国家队训练条例。一开始，前德国国家队主教练福格茨被视为合适人选，后来还提出过国家曲棍球队教练伯恩哈德·彼得斯。德国足协同意设立技术总监，但却把这一职务给了不是克林斯曼所期望的人选——马蒂亚斯·萨默尔①。

克林斯曼对于技术总监一职的设想是什么？勒夫以阿根廷国家队教练何塞·佩克尔曼为例加以说明。佩克尔曼在出任阿根廷国家队主教练之前，从1982年到2004年之间在阿根廷足协长期从事青训工作，给阿根廷俱乐部足球青少年培训工作带来了彻底的革命性改变。在他负责青训工作期间，阿根廷各级别青少年队赢得了3次世青赛冠军。勒夫说："几乎所有的阿根廷国家队球员都曾在佩克尔曼那里接受过基础战术训练，每一位17岁以下青年队队员都知道他应该掌握什么样的技能才能进

---

① 马蒂亚斯·萨默尔是德国自贝肯鲍尔以后最杰出的"自由人"，他在球场上体现出的智慧和力量近乎完美。萨默尔首次向全世界展示自己的足球才华是在1992年欧洲杯上，率领斯图加特队成为德甲新科冠军的萨默尔作为主力踢了5场比赛。1996年夏天，萨默尔出征欧洲杯，最终，德国队在伦敦温布利球场捧起德劳内杯，萨默尔本人在年底荣膺欧洲金球奖，他也是继贝肯鲍尔之后第二位获此殊荣的后防球员。1998年，因为一系列膝伤被迫在多特蒙德退役之后，萨默尔步入执教生涯，率领多特蒙德夺得2001—2002赛季德甲冠军，同年，他还将球队带进了欧洲联盟杯决赛，但最终以2∶3不敌费耶诺德。萨默尔还在2004—2005赛季执教斯图加特，但一年后就离开了俱乐部。——译者注

入21岁以下青年队。在那里，从青少年队到国家队，一级一级从下至上都贯彻一套统一的足球思想。"克林斯曼和勒夫认为，德国正需要这样的机制，这不是一蹴而就的事，而是需要多年连续的工作。围绕国家队的基础建设新方向问题和与之相关的权限和人选问题，自克林斯曼上任后就开始成为一直伴随德国国家队的一个矛盾。

克林斯曼自己提出的人选彼得斯没能被选中，让克林斯曼有些受伤。他认为彼得斯不但是个组织方面的天才，也在"情商训练"和"人格训练"方面经验丰富。彼得斯的理论是，对一名顶尖运动员的培训要涵盖人格的各个方面，甚至包括个人生活领域。他认为，职业运动员应该在各个领域全面发展，不光是在体育上，还包括在智力上全面发展，用更多的自我责任感来促进自己的职业发展。

不管怎么说，没有彼得斯，也可以在视野开拓和人格培养上为"游戏机和iPod（苹果播放器）一代"提供多种多样的可能性。例如，德国国家队为球员们组织了伊斯坦布尔博斯普鲁斯海峡游艇之旅，带领球队在德黑兰参观了萨德阿巴德王宫，在柏林参观了现代艺术博物馆。德国国家队还组织了形式多样的活动，例如邀请其他体育项目的顶级运动员一同训练，举办介绍比赛对手国的文化讲座，请企业家或极限运动登山运动员作报告。这样的活动在克林斯曼主掌德国国家队时成为家常便饭。这些附加的项目并不只是余兴节目，最关键的是德国国家队要培养球员自我职业管理的意识。

克林斯曼称这是一种"新的思维过程"。他想在这方面开个先河，目的是培养出一批成熟的、自觉的联赛职业球员。他说，如今对一个职业球员的竞技能力要求很高，比如要更多的体能，更加出色的技术，掌握更复杂的战术，这些都不是只凭在球队训练中能够完成的，而是靠球员的自觉。用勒夫的话说就是："球员们应该问自己：我如何才能每天都取得一点进步？"他指的不只是体能、技术和战术上，而是还包括体能恢复、营养和生活方式上，国家队队员丝毫都不能放纵自己。总之，德国国家队队员应该有能力过一种职业球员应该有的自觉生活，只有满足这一要求的球员才应该被招进国家队。

不过，要求德国国家队队员在没有国家队比赛的日子里能够不用监督，自觉提高体能，这一原则实际上又与2006年世界杯之前进行的体能测验相矛盾。勒夫说："体能测验结果让我们明确掌握了每一位球员是否在体能上取得了进步。"但这同时也意味着，如果谁没能在这方面取得进步，就不是一位成熟的国家队队员。而且，对球员进行不定期的体能检查或者"暗中监视"球员在俱乐部中的训练情况，这本身也说明对球员不信任，认为他们当中有潜在的"害群之马"。

惨败意大利　克林斯曼备受质疑

德国国家队教练班子中各个层面做出努力，相信成果只是个时间问题。勒夫在2006年2月底说："等我们在世界杯上成功亮相，肯定会得到国人的支持。"不巧的是，几天后德国队在佛罗伦萨以1：4惨败于意大利队，这也是克林斯曼的国家队上演的一场最糟糕的比赛。本场比赛门将是莱曼，四后卫是弗里德里希，默特萨克，胡特和拉姆，中场是弗林斯（防守型中场），巴拉克（进攻型中场），代斯勒和施耐德，锋线上是克洛泽和波多尔斯基。这一阵容，加上后来替补施耐德上场的施魏因斯泰格和替换默特萨克的梅策尔德，本来是德国队最强阵容，但是德国队在场上表现得无精打采，战术不清，回防不积极，后防线混乱，中场缺少秩序，轻易丢球，锋线毫无威胁。开场仅仅7分钟，德国队就连丢两球，以后再也没机会去扭转局面。

德国媒体对克林斯曼和他的助手开始开炮。批评者称球队太年轻，没有经验，克林斯曼一味追求球队年轻化，冒了太大的风险，而且他的打法也太过于追求攻势足球。第二天，克林斯曼在法兰克福德国足协总部的新闻发布会上为自己辩解。克林斯曼说，这一结果并不意外，他仍然相信他的球队，在勒夫的辅佐下，他不会因此而改变原定计划，并相信下一场比赛一定会有所改善。

　　从战术角度来看，德国队后防线的松散表现让人吃惊。本来，根据与法国队比赛得来的正面经验，勒夫改变了以往的菱形中场站位，而是采用双后腰战术，即让巴拉克从原来的在锋线后面的站位撤回到与后腰弗林斯平行的位置。这一策略本来会使得后防更加稳固，但显然球员之间对于阵型这一调整还缺乏默契。勒夫说："意大利队进的第二个球起因是代斯勒在中场的一次传球失误，他不应该在这个时间犯这样的错误，因为我们本来就已经0：1落后了。当意大利球员冲向我们的禁区，视线之内可以直接看到我们的球门，没有一名防守队员盯住他。这对我们的四位后卫本来是个信号，他们本来应该迅速回撤，但是他们却在距离中线后面不远的位置停住了。当对手能够不受逼抢地自由传球，我们的后卫就应该马上回防，这些都是最基本的东西，说明我们在战术上还需要做很多工作。针对后卫线的防守习惯和建设性地发动进攻这些环节，还得要加强训练，球队的集体配合还要更加默契。"

　　勒夫后来回顾这场比赛时说："我们必须承认，这场比赛我们的表现很糟糕。我们踢得太幼稚，组织不好，但这也让我们看到了错误所在，正好可以在世界杯开赛前改变。之前我们在训练进攻上花了很多工夫，我们在这场比赛失利后，决定在后防线上多下功夫。我们必须在进攻和防守之间找到平衡，学会快速从进攻转回防守，特别是前锋和中场队员应该更加注意参与防守，这样才能及时弥补漏洞。就像拿球后集体发动进攻，失球后所有场上队员也都应该立即转为参与防守。这就是说，要学会在大脑中立即进行攻防转换，要尽可能站位互相靠近，尽可能在球还在对方半场时抢断成功。"

　　对意大利队的比赛失利无疑让克林斯曼受到了更为激烈的批评声的困扰。他随后缺席了国际足联在杜塞尔多夫举行的有20多位世界杯参赛球队教练出席的工作会议，再次勾起了人们对他的"老问题"的批评。拜仁俱乐部主席赫内斯说："他应该在德国，而不是在加州晃来晃去，让我们在这里替他干苦力活儿。"克林斯曼让他的助理教练在德国打点日常业务，在外人看来这是挑衅。而勒夫的地位却因此变得越来越重要，他也能够很好地处理对意大利队比赛失利带来的批评。他说："我不觉得我的工作是负担和压力，也能够睡好觉。我一直觉得，在自己的国家参加世界杯是一个无比光荣的任务。"他一如既往地组织训练，期望能够不断改善后防线的能力，同时又不削弱已经逐渐成形的攻击力。

现在，德国国家队面临的主要任务是进攻与防守的协调问题。勒夫表示，他希望在距离世界杯开赛还剩下3个月的时间里，能够全面改善攻守平衡问题，到世界杯开幕时争取让德国国家队的进攻和防守就像一双"旧鞋子"那样合脚。不过，迄今为止的比赛显示，这双鞋对于德国国家队的队员们来说还是大了一号。真理就在球场上，而德国球员的能力显然存在缺陷。

德国国家队亟须为自己正名。在3月22日多特蒙德对阵美国队的友谊赛中，德国队获得了4∶1大胜，球队的表现让人信服，批评者们也暂时闭上了嘴巴。克林斯曼回忆说，如果这场比赛失败，他很可能在世界杯前夕被炒鱿鱼。但是，德国球迷们还不能完全放心。因此，克林斯曼团队在世界杯开赛5周前率队在德国进行了一次友善亲民巡访，与媒体和观众进行了面对面的交流，以赢得人们对他们工作的直观认识和支持。

第 6 章　双教练演绎夏天的童话
　　　　德国队第二主帅是战术负责人

2006年，在那个多雨的5月，德国队的世界杯热身进入关键阶段。5月15日，克林斯曼在柏林公布了世界杯德国队名单。次日，德国队进驻意大利撒丁岛的体能训练营。5月23日，德国队来到日内瓦开始进行战术训练。5月31日，德国队在杜塞尔多夫进行了一次公开训练，大约有4.2万名青少年观摩了训练。6月2日，德国队在勒沃库森进行了对阵哥伦比亚队的最后一场热身赛，以3∶0轻松结束战斗，之前的两场热身赛也没有出现什么意外（7∶0轻取卢森堡队，2∶2战平日本队）。但是，人们仍无法通过这些热身赛来判断德国队的实力到底有多强。直到世界杯开幕，德国队都是个谜，谁也不知道等到动真格的时候，德国队会有怎样的表现。一向乐观的克林斯曼从不怀疑他的路线是正确的。勒夫也深信，德国国家队挑选了合适的队员，并把队员们的体能调整到了最佳状态，能够最大限度地发挥自己的水平。不过，这里还是要谈一下国家队选人和训练营的问题。

让人意外的国家队名单

克林斯曼和勒夫在挑选国家队队员时所采用的一套标准颇为标新立异。他们不仅看体育竞技能力，还看人格能力，比如可靠、公正、有社会交往能力和团队意识。勒夫说："我本人非常反感的有两点，即缺乏专业精神和骄傲自大、目中无人，在队友、球迷或媒体面前要大牌。"他说，球员们"应该知道感恩"，要懂得"谦逊和礼让"。他强调，非主力队员应该服从大局，接受自己在球队中的位置。他说自己其实并不太看重个人能力，他想要的是一个运作良好的集体，一个球员们个性和类型相互适应、相互补充的团队。

最倒霉的球员是卡恩。显然，在没有必要的情况下，国家队教练组采取了让卡恩和莱曼轮换上场的机制，并且在相当长的时间里一直不让他们二人和公众知道到底谁是主力门将。直到4月初，也就是在历经长达近两年的讨论后，才正式决定莱曼是第一守门员。懂行的人早就知道，克林斯曼和勒夫想要的是一个善于通过抛球和大脚发球发起攻势的门将，他必须速度快，发球准确，既能第一个发起进攻，也能作为防守中的最后一道防线，能够有预见性地积极参与比赛。显然，莱曼更能够满足这些条件，而卡恩的特点是在球门线上扑救出色、意志坚定。让人感到惊奇的是，性格火暴的卡恩居然没有闹情绪，而是在世界杯比赛期间表现出对集体的高度服从。

弃用卡恩可能还出于避免球队内部争夺老大的考虑。卡恩是一位争强好胜的球员，在2002年世界杯上左扑右挡，引人注目，奠定了他的"日耳曼超人"地位。采取门将轮流上岗后，卡恩也自然就失去了队长职务，取而代之的是巴拉克。巴拉克是德国队中唯一的具有世界一流水平的球员，他出任队长也就理顺了球队的等级关系。巴拉克被赋予在场上的指挥权，弗林斯、施耐德和梅策尔德则是辅佐巴拉克的"三驾马车"。勒夫非常欣赏梅策尔德，因为司职中后卫的梅策尔德成熟稳重，备受队员爱戴，是后防线的组织者。除了施耐德和梅策尔德，球队中的克洛泽、塞巴斯蒂安·凯尔、阿萨莫阿，弗里德里希和蒂姆·博罗夫斯基也是经得起考验的中坚力量。国家队还注重更新换代，年轻球员如拉姆、施魏因斯泰格、默特萨克和波多尔斯基在队中逐渐站稳了脚跟，也成为主力队员。其他一些队员如舒尔茨、法伦霍斯特、辛基维茨、恩格尔哈特，或者勒夫在不以出产国家队队员出名的比勒费尔德发现的奥沃莫耶拉，则在国家队进进出出，只有马塞尔·扬森一直作为替补队员坐稳了国家队的板凳。

让人感到意外的是，克林斯曼和勒夫突然招进来几位在国外踢球、迄今名不见经传的年轻德国球员，比如在英超阿斯顿维拉踢球的托马斯·希策尔斯佩格，在英超富勒姆踢球的莫里茨·福尔茨和在切尔西做替补后卫的罗伯特·胡特。希策尔斯佩格脚上力大无比，有"铁脚"之誉。身材粗壮高大的胡特被克林斯曼当作20世纪80年代德国足坛铁卫卡尔–海因茨·福斯特的放大版。这两位新人虽然在热身赛中表现并不理想，但还是被留在了世界杯阵容之中。

克林斯曼在介绍他历经一年半终于敲定的世界杯阵容时说："我们的希望在于我们的实力非常全面，在每条线上都有很强的人选。"作为助理教练一直参与考察候选队员的勒夫则提醒说，如果德甲俱乐部的教练们能够多给予年轻球员机会，可供国家队选择的人才应该会更多。他说，他希望今后俱乐部能给新生代更多的上场机会，德甲应该充分利用已经足够多的青训基地，并考虑限制德甲比赛中外籍球员上场的人数。但是这都是未来畅想曲，当下要做的是利用好手头可用的球员资源，并接受有些有希望进德国国家队的球员在俱乐部还打不上主力的现实。德国国家队备选队员的圈子并不小，所以临近世界杯开赛时，每周都有谁谁谁会进国家队的传闻，克林斯曼也经常表态，称某某球员"略胜一筹"或者某某球员"稍逊风骚"。随着大赛在即，克林斯曼的选人圈子也越缩越小。

第一个被淘汰的大牌球员是曾代表德国国家队出场66次的后卫克里斯蒂安·沃恩斯。他对克林斯曼有几次热身赛没有招他进队而恼火，对媒体抱怨克林斯曼只是嘴上说"任人唯贤"。他抱怨的结果是被德国国家队彻底除名，失去了参加本土世界杯的机会。勒夫评论说德国国家队的规矩是不在公开场合批评教练："如果有人不守规矩，我们会坚决处理。很遗憾，我们这样做会失去一个选择球员的机会，但是我们优先考虑的是那些专注于目标、懂得为人处世的球员。"事实上，沃恩斯是一位非常善于打盯人防守的优秀后卫，但是他的弱点是不善于参与进攻，所以不符合德国国家队新的战术要求。还有一位因为打法过时而落选的队员就是效力利物浦的中场迪迪·哈曼，他曾经是国家队主力，但是因为处理球的节奏太慢，也不在克林斯曼考虑范围之内。

2006年5月15日，克林斯曼公布了他的23人世界杯名单，有几位球员遗憾落选。已经转会不来梅的奥沃莫耶拉和两名沙尔克04名将——中场法比安·恩斯特和前锋库兰伊——虽然在德国国家队比赛中表现不错，但仍然没有入选。特别是库兰伊的落选让人感到意外，因为克林斯曼和勒夫在2004年和2005年的国家队比赛中一直把他作为首发前锋。据传克林斯曼班子安排专人对国家队候选队员在俱乐部的表现进行暗中观察，发现库兰伊在俱乐部训练中不够卖力，不能达到克林斯曼提出的敬业标准。

还有一些不被看好的球员幸运地入选，如迈克·汉克、扬森、老将延斯·诺沃特尼和奥利弗·诺伊维尔。最冷门的人选无疑是大卫·奥东科，这位效力多特蒙德队的边翼快马此前几乎无人知晓，更没有人料想到他能进德国国家队。勒夫对此解释说，奥东科在多特蒙德上场机会很多，他们对他进行了15场比赛的长期观察，认为他的惊人速度对德国国家队会是个帮助。

世界杯23人参赛大名单公布后，接下来就是确定主力阵容了。勒夫警告说，没有进入主力阵容的球员不允许因为个人不满而影响整个球队的气氛，所有替补队员，包括2号守门员卡恩和3号守门员蒂莫·希尔德布兰，都要用积极的心态来参加世界杯。

勒夫在世界杯的最后准备阶段训话说："我们只想在赛场上看到互相竞争。但是，我们也必须让每位队员都有被需要的感觉。不管是谁首发，都必须超越自我，只有这样我们才能成为世界冠军。我说的是所有人，从1号球员到23号球员，也包括教练和所有与国家队相关的人员。"

体能训练和战术课程

与以往不同，德国足协高官和他们的贵宾们被挡在了德国国家队训练营之外。这是克林斯曼上任伊始就实行的规矩，以避免球员们在训练时受到干扰。在意大利撒丁岛封闭训练的头5天，球员的家属也被邀请入住，这在德国足协的历史上还是第一次。克林斯曼认为这有助于提升士气。训练营有豪华的游泳池，还有卡丁车游乐场，但是大家也没有度假的感觉。每天的训练都很艰苦，教练班子更是对每一个细节都进行了反复推敲和策划。

在撒丁岛上，克林斯曼说："我们不是巴西人，但是只要我们的身体状态好，就能在球场上游刃有余。"教练团队通过各种能力测试，对每一位球员的长处和弱点都了如指掌，教练班子成员也以身作则，每天亲自参加体能训练。在进驻撒丁岛体能训练营之前，德国国家队进行过4次体能测验，测试的指标主要是乳酸值、力量和灵活性。结果表明，有一半球员在体能上都有进步，另一半则停留在原来的水平。

从拜仁借调到国家队的体能教练奥利弗·施密特莱因说："可以猜测，大约有一半的队员平时加强了体能训练。"在力量、灵活性和稳定性测试中实行的是一套满分为28分的打分系统，开始时球队的平均分数为19分，经过训练后这一分数提高到22分。在撒丁岛，教练班子将训练重点放在耐力上。即使训练的时间只有短短的两周，体能教练也相信，只要训练规划合理，注意安排放松和恢复时间以避免过度疲劳，对于这些经过严格训练和考验的职业运动员来说，耐力仍会有明显提高。

为了弥补控球技术上的不足，体能训练是一方面，另一方面就是战术上精雕细琢。勒夫负责日内瓦的战术训练营工作。勒夫在训练场上操着巴登地区的口音要求队员"表现出最高的纪律性，无论是在对手拿球时还是在我们拿球时"。他和以往一样，仍然带领球员反复操练最基本的战术，以保证在任何比赛情况下球队的4-4-2阵型都不会失灵。像很多其他教练一样，他也觉得中场菱形站位风险太大，因此他把进攻中场的位置往后拉，以加强后防，形成所谓的"双6号"，也就是双后腰。为了弥补因此带来的进攻上的实力减弱，两名边翼中场位置突前，主要负责进攻。弗林斯和巴拉克担当起双后腰，形成球队的战术核心。在对手拿球进攻时，他们二人站位成一条线，形成紧凑的防守；在本队拿球时，巴拉克突前参与进攻。

勒夫当然也希望高强度地进行高级战术的训练，但是他没有那么多时间来完成那么高大上的东西，因为球队在最基本的集体移位和后卫联防上还不是那么得心应手。由于没有时间，勒夫甚至放弃了演练任意球和角球等定位球战术，他只能希望巴拉克和施魏因斯泰格等人在场上不管怎么样能搞定这些场面就是了。

德国国家队提倡，在不确定时，"积极思维"就是万能的武器。球队的心理专家赫尔曼在这方面做出了很大贡献。他给球员们上心理课，教他们如何用大声喊出励志口号激励自己或者如何克服压力增加自信。例如，有这样一堂点球训练课，罚球队员必须对教练和队员高喊："我很有把握！"这样会增强罚球时的自信。当然，必须要真的罚进，才说明这种方法的确奏效了。

哥斯达黎加的教训

在经过几场最后的、不足以验证球队实力的热身赛后，就到了一切都变得严肃起来的6月初。德国队来到柏林，住进了柏林格林瓦尔德区的施洛斯宫殿酒店。酒店和撒丁岛以及日内瓦的球队下榻酒店一样，都是豪华酒店。以前德国国家队选择住宿条件简陋的体育学校，如今这种做法已经被放弃。酒店甚至为国家队专门装修设立了一个贵宾区。队员们不但住宿条件舒适，还立即被卷入了世界杯在即的足球狂热浪潮之中，用克林斯曼的话来说是进入了"正能量场"（positiven Energiefeld）。实际情况也是这样，在世界杯比赛期间，德国队下榻的酒店经常被球迷们包围。这正中教练班子的下怀，因为他们就是想让球迷们的热情来带动和激发队员。为了让普通人有机会一睹国家队的生活状态，教练班子特意聘请了导演宋克·沃特曼在世界杯期间伴随拍摄国家队，并且不管结果如何，都会制作一部德国队在2006世界杯的纪录片。

世界杯进入倒计时。队长巴拉克又成为讨论的话题。他虽然有伤，但是仍然希望在揭幕战中登场。勒夫对此表示理解："当然，每一位球员都想有机会在世界杯揭幕战上登场。"但是，克林斯曼和勒夫最后还是决定不让巴拉克上场。勒夫说："他想冒险，但我们不想冒险。因为我们的整个世界杯赛之旅都需要他。"

6月7日，德国队的最高级别球迷、德国总理安格拉·多罗特娅·默克尔亲自到访德国国家队下榻的酒店，预祝德国队好运。气象学家预测世界杯比赛期间德国天气状况良好、稳定。6月8日，西根塔勒给大家上课，但是出人意料的是，他并没有给球员们讲首场比赛对手哥斯达黎加队的特点，而是放映了一盘DVD，内容是哥斯达黎加的风土人情和悠闲的生活方式，以及中美洲人对什么都无所谓的乐天性格。6月9日星期五18点，世界杯开幕的哨音正式吹响。

德国队首先以左后卫拉姆的一次单刀突袭先下一城，但哥斯达黎加队很快扳回一球。接下来克洛泽连中二元将比分改写成3∶1，但是中美洲人又追回一球，比分成了3∶2。最后还是依靠弗林斯的一个进球，德国队将比分锁定在4∶2，取得开门红。首场比赛表明德国队进攻打得不错，但是防守仍不稳定。西根塔勒很高兴，他说："队员们赛后对我说，他们在比赛中想起我说过的话，说哥斯达黎加人并不把比赛看得太认真，他们不会和我们拼命，所以我们也在比赛时放得开。"赛后，教练班子还是根据第一场比赛的录像给球员们分析比赛，特别是演示了比赛中后卫犯的严重错误。哥斯达黎加队前锋保罗·万乔普的两个进球都是无情地利用了德国队后卫之间的空隙，说明德国队的后防线还需要有很大的改进才行。克林斯曼和勒夫决定调整阵型，将中场改成"扁平四人中场"，也就是说将本来是突前的两翼前卫后撤到与双后腰站成一条平线，以加强防守。这意味着，两名边翼球员需要更加警觉和更多跑动。

调整阵型后，经验丰富的中后场"双驾马车"巴拉克和弗林斯得到了更多的支援。第二场比赛将首发出场的巴拉克一直主张应该加强后防力量。巴拉克和弗林斯是德国队无可争议的中场灵魂人物，他们二人在世界杯中有着突出的表现。

德意志战车启动了

第二场比赛德国队对波兰队。德国队攻势如潮，但就是进不了球。比赛进行到第64分钟，德国队使出了勒夫发掘出来的秘密武器——奥东科，他替换后卫弗里德里希上场，同时波多尔斯基也被诺伊维尔替换下场。不久之后，波兰队球员索博列夫斯基对克洛泽犯规，累计两张黄牌被罚下场。德国队增强了攻势，波兰门将博鲁茨抵挡着对手的狂轰滥炸，还有两次靠球门横梁帮忙才未失手。比赛进入到伤停补时阶段，奥东科的伟大时刻终于到来了。他接过施耐德的传球，开足马力从右路狂奔甩过防守对手下到底线传中，诺伊维尔在球门正中前方接应，起脚射门将球打进。两名替补的配合建功，证明教练换人的正确。更主要的是这个进球证明教练班子选人的英明，当初人们都不理解为什么要招名不见经传的奥东科入队，现在人们终于明白了这匹边线快马作为秘密武器的作用了。

德国队连胜两场，提前小组出线。但是他们也不想在小组赛最后一场对厄瓜多尔队的比赛中丢脸。勒夫提醒说："这支南美球队踢的是最明显的4-4-2阵型，他们配合打得很快，像是由一根绳子穿起来的那样协调一致，把空间压缩得很小，移动、跑位也非常到位。"这场比赛德国队打得并不理想，没能保持快节奏，中场和后场经常脱节，但是对手却意外地软弱，没有形成什么威胁，使得德国队得以轻松地以3∶0拿下比赛。克林斯曼乐观地表示："只要我们发挥到极致，我们就不必害怕世界上任何一个球队。"

1/8决赛对阵瑞典队的比赛前夕，克林斯曼为球员们鼓劲打气。勒夫已经拿出了战术方案，放弃了对厄瓜多尔队一战时的中场菱形站位，再次改为对阵波兰队时采用的"扁平中场"。队长巴拉克此前一再呼吁要加强后防，并因此让教练班子有些不悦，但是最后他的意见还是占了上风。

对瑞典队的比赛是世界杯开赛以来德国队打得最让人信服的一场。节奏快速，配合默契，一对一拼抢占尽优势，全场比赛控球率高达63%。比赛进行到第12分钟时，波多尔斯基就已经打进了两个球，让比赛不再有悬念。勒夫说："我们把对手打得七零八落，赛前制订的方案全部奏效。"本场比赛制胜的关键应该说是巴拉克位置的后撤。比赛中，他对疲于应付的后腰弗林斯给予了很大支持，同时让前三场比赛中表现不稳定的中后卫梅策尔德和默特萨克得到了必要的巩固。勒夫评论说："后卫表现稳定，因为对方进攻球员很少能够直接给他们制造麻烦，他们受到的压力得到了缓解。米夏埃尔（巴拉克）和球队整体结合得很好，他的位置给球队带来了稳定。他如果还是像以前那样站位靠前，就不可能快速回防。现在中场看上去很紧凑，而且表现出很强的纪律性。"对于战术不是很懂的观察者可能还看不出这一战术变化，因为锋线上波多尔斯基和克洛泽打得有声有色，掀起一阵阵旋风，巴拉克也常常助攻到前线，得到了好几次打门机会，可惜他射出的球都被瑞典守门员安德烈斯·伊萨克松给没收了。

提心吊胆的比赛和被KO的半决赛

德国队在1/4决赛的对手是勒夫的偶像何塞·佩克尔曼执教的阿根廷国家队，阿根廷队可是一根难啃的骨头。比赛中，阿根廷队的球员在战术上跑位非常聪明，在场上占据了主动，控球率达58%，并且在第49分钟时率先攻入一球。德国队艰苦应战，发挥了日耳曼战车斗志坚强的传统美德。在比赛进行到第80分钟时，克洛泽将比分扳平。加时赛双方均无建树，最后靠点球一决胜负。德国队门将莱曼从守门员教练科普克手里接过上面写有阿根廷队队员罚球特点的纸条，扑出了两个点球，帮助德国队杀入了半决赛。这一次是德国队的数据库再次发挥作用，科普克纸条上的秘密，就是西根塔勒领导的"科隆小组"经过数据检索后得出的信息。勒夫对莱曼扑住第二个点球后的场景一辈子都不会忘记："我们如此兴奋，激情燃烧，这种感觉在我的足球生涯中还从来没有过。"

不过，胜利的喜悦被赛后出现的一个插曲蒙上了阴影。国际足联在评估了弗林斯在比赛中推搡对手的一个动作后，判定弗林斯是严重侵犯对手，给他追加了停赛一场的处罚。这样，对意大利队的半决赛中，德国队就将缺少了一名核心主力。如果弗林斯当时不缺阵，德国队对意大利队的半决赛结果是不是会改写都无从知道了，但可以肯定的是，没有了弗林斯的德国队在比赛中被克星意大利队全面压制，整场比赛只有43%的控球率，射门比例为2：10，这两个数据说明了一切。不过，比赛直到进入加时赛才决出胜负。比赛进行到第119分钟时，安德烈亚·皮尔洛一记妙传绕过了德国后防线，从后场助攻上来的法比奥·格罗索射门得分，比赛已经定局。皮尔洛在终场哨声吹响前再进一球，只是有数据统计上的意义了。

格罗索的进球让勒夫经历了一次足球的残酷体验。他回忆说："在足球进网的那一瞬间，我惊呆了。我的心似乎被捅了一刀，血液也凝固了。球门网来回晃荡的一幕在我脑海里久久不能散去，几周之后我仍然无法忘记它。"他批评说，德国队应该封住皮尔洛的传球路线，"但是我们没能做到，这一错误导致了意大利队的进球。我们本应该退缩防守争取把比赛拖入点球大战，这样也许我们还有机会。但是我们德国队的性格就是争取在（120分钟）比赛中决出胜负。"这场比赛让勒夫回味了好几个月。他不断反问自己："为什么我们在比赛中不能取得优势？为什么我们无法逼迫意大利人犯错误？"他后来不得不承认："我们在那时已经发挥了最高水平，我们当时没有能力和手段来动摇这支意大利队。"德国队在120分钟比赛中显示出的实力的确不如对手，只有点球大战也许还能让德国队靠运气进入决赛。对于德国足球来说，只能是尽快忘掉这场比赛，将来在新的条件下用新一代球员去重新尝试。

总结：疯狂边缘的快乐足球

在争夺第3名的比赛中，施魏因斯泰格在比赛中打入两个十分漂亮的进球，德国队最后3∶1轻取葡萄牙队，结束了让德国球迷们疯狂的本土世界杯。德国队最后还在柏林勃兰登堡门前举行了盛大的庆祝活动。勒夫后来是这样总结的："足球有时会让人们的情绪激动到疯狂的边缘，这就是足球的魅力所在。你在第93分钟进球战胜波兰队，点球大战淘汰阿根廷队，却在第118分钟被意大利队无情击败，心中顿时产生了巨大的空荡荡的感觉。我无法描述这种感觉，不知道该怎样面对这一现实。短短的几天内一直处在情绪高潮中，想突然平静下来不是那么简单的。"勒夫说，尽管如此，这是一次德国队表现良好的世界杯，对瑞典队的比赛"让人信服"，对阿根廷队的比赛"非常出色"，对意大利队的比赛在"战术上可圈可点"。他说，德国队没有依靠保守踢法加运气一路混进半决赛，而是打出了攻势足球，让观众感到兴奋。

德国队要借世界杯之际把德国足球带上一个新的台阶，要向世界展示一个快乐的德国，想要成为世界冠军。勒夫说，可惜最后一个目标功亏一篑，但是总的来说"德国队的成绩是主要的：他们获得了更多球迷的认同，拉近了与球迷的距离，踢出了赏心悦目的足球。作为东道主的德国把世界杯办成了一次足球盛大节日，世界各国看到的是一个和平的、友好的和欢庆的德国，而且6周的天气也非常不错"。

克林斯曼想要把加利福尼亚的阳光带到德国，从这一点来说他的目标实现了。他说："我想看到人们跳舞和欢笑。我想展现一个多元文化的、多语言的和统一的德国，一个全新的德国，不同的德国，人们也把这一目标当成了自己的目标。"德国足协主席茨旺齐格也为成功举办世界杯感到高兴，他称本届世界杯为德国的社会融合做出了巨大贡献。他说："世界杯表明，足球在社会融合上能做出贡献。不同文化背景的人共同庆祝，土耳其人在他们的餐馆里挂起德国国旗，人们之间的障碍被清除了。"

毫无疑问，乐观主义者和鼓动家克林斯曼扮演了一个决定性的角色，是他引发了席卷德国数周的热潮。这位伟大的鼓动家对德国队的日常细节工作做出过多少贡献还难以衡量。他自己也说过，他的团队请进来很多专家，很多在专业领域比他要强的专家，所以他不想过多干预。例如，体能训练有费斯特根和施密特莱因负责，战术由勒夫负责。克林斯曼在回答《南德意志报》提问时说，他也许根本不是传统意义上的德国国家队主教练，"或许我更像是个项目主管。我把自己的任务定义为让每个团队成员最大限度地发挥自己的专长，我们团队有20~25人，里面有医学专家、理疗专家、运动心理学专家、体能专家，他们在我这里合作得非常好"。他说现在的主教练兼项目主管的任务非常复杂，而他的主要任务就是组织和领导一个由专家组成的团队。

克林斯曼从来就不是个传统意义上的主教练，他更是一个总设计师和动员者。比埃尔霍夫说，克林斯曼的特殊才能就是把他的动力传给别人："他有时只会提出个简单的主意，然后让大家来完善它。"特别善于完善主帅想法的非助理教练勒夫莫属。他对"德国队2006年项目"的贡献在他上任后随着时间的推移越来越清晰，因此理所应当地赢得了"德国队第二主帅"的称号。勒夫说，他与主帅从一开始就相互密切信任，这不是说二人是"哥们儿"，而是说二人是"工作上的绝配"。

没有克林斯曼用巨大热情带来的开始，就不会有"2006年夏天的童话"。如果没有勒夫的严谨与实干，没有他不厌其烦的战术训练，没有他将战术基本功和严格科学方法的结合，德国队的"世界杯项目"同样也不会顺利完成。直到今天，如果有谁还在对克林斯曼/勒夫的角色分工、合作感兴趣，那么——如果你不会为影片里无处不在的梅赛德斯奔驰和阿迪达斯的广告而分心的话——现在就可以：把DVD塞进播放机，再次欣赏一遍宋克·沃特曼拍摄的纪录片电影《德国，一个夏天的童话》。

第二部分　德国国家队教练和他的赛事

第 7 章　克林斯曼的自然接班人
　　　　成为最合适的国家队教练

当于尔根·克林斯曼带领德国国家队开始有起色时，特别是2006年世界杯晋级八强之后，德国足协主席特奥·茨旺齐格觉得国家队主教练除了克林斯曼没有其他人更合适了。但就在这个时候，克林斯曼却放出话来，说他的助理教练勒夫作为他的接班人选最为合适。他说："约吉接过这个担子一点没问题。"但是，德国足坛对勒夫的能力还是不太放心。比埃尔霍夫回忆说："我现在还清楚地记得，当我提出勒夫作为可能的克林斯曼接班人时，德国足协表露出怀疑的态度。不是德国足协不相信勒夫，只不过是足协习惯了大牌球星担任国家队教练，比如贝肯鲍尔、沃勒尔和克林斯曼，等等。"实际上也是，勒夫如果转正为德国国家队主教练，那么他将是继奥托·纳茨和埃里希·里贝克之后，德国足球历史上第3位本人没当过国脚的德国国家队教练。所以并不奇怪，茨旺齐格还是希望克林斯曼继续干下去，而把勒夫接班只当作备选计划。勒夫本人也一再强调，他更想在现在的位置干下去，作为强人背后的副手。

助手转正

　　克林斯曼迟迟不明确表态是走是留，国家队队员们则越来越明显地倾向于让助理教练当他们的主教练。率先提出这一建议的是主力门将延斯·莱曼。他在争夺第3名的比赛结束后找到德国足协主席茨旺齐格为勒夫游说，一旦克林斯曼不想再干了，对战术很在行的勒夫是最佳接班人。足协主席开始认真考虑提拔勒夫。7月11日，克林斯曼发表声明，称自己感到"心力交瘁",想回到加利福尼亚家人的身边。他再次推荐勒夫为最合适的接班人。紧接着,助理教练勒夫、主教练克林斯曼、领队比埃尔霍夫、足协主席茨旺齐格和足协总干事长尼尔斯巴赫在斯图加特开会,决定请勒夫走马上任。在宫殿花园酒店,德国足协与勒夫签下为期两年——也就是到2008年欧洲杯的合同。估计勒夫得到的年薪待遇是200万欧元(德国足协从不公布国家队主教练的工资),远低于克林斯曼。行家估计,克林斯曼作为国家队主教练的年薪应该在350万欧元左右。他们同时还商定,德国国家队将继续按照克林斯曼上任以来的打法发展下去。

2006年7月12日,德国足协在法兰克福总部召开新闻发布会,正式宣布勒夫为德国足协历史上第十任德国国家队教练。首先讲话的是克林斯曼,他以一贯的热情洋溢的方式说他很高兴勒夫能晋升为主帅,认为这是能继续贯彻和发展已经开始的德国足球理念改革的"最合理和最符合逻辑"的方案。克林斯曼赞勒夫在过去两年里证实了他作为教练的实力,他不仅仅是助理教练,而是实际操控训练和战术问题的教练伙伴。克林斯曼说:"我更多的是一个监督者,确保一切正常运转。实际的工作都是勒夫完成的。"

德国足协主席茨旺齐格解释说:"我们足协董事会一致认为,这一任命最能保证将现在的足球哲学进行下去。所以很显然,我们愿意与勒夫携手沿这条道路走下去。"比埃尔霍夫讲话的意思也大抵相同。马上就要卸任的足协第二主席迈尔·福费尔德甚至说,在他的心目中,勒夫早就是最佳人选了。就在这些足协的头面人物表达对勒夫的信任和欣赏时,勒夫只是一言不发坐在旁边,偶尔点点头。最后轮到他讲话时,他以惯常的轻声细语讲话,就像是去小心翼翼地踏进前任留下的脚印。他侧身转向克林斯曼说:"于尔根,你在这个位子上坐了两年,我们共同的目标是世界冠军。我现在要说,我们的目标,包括比埃尔霍夫,科普克(守门员教练),还有足协的诸位领导都会这么想,就是夺得欧洲冠军。"

勒夫讲话时，时而轻轻握拳，试图于轻柔中也展示出力量。作为主教练，他显然还要寻找他自己的风格。过去两年里他在衣着风格上都与克林斯曼相同，二人都穿德国国家队服装赞助商斯坦伯丽衬衫，而今天他则穿了一件深色休闲西装，克林斯曼则穿了件浅色T恤衫。勒夫说，他执教后不会在内容上做出太多改变，他理所当然地会将前任的足球哲学进行到底，也会继续与已经经过考验的教练团队继续合作，也就是说科普克将继续担任守门员教练，西根塔勒继续担任首席球探，赫尔曼还是球队的心理专家，原来的体能教练也将留任。

记者们又开始了新的一轮猜谜，就像两年前勒夫被任命为克林斯曼的副手时一样。当时人们对勒夫还所知不多，现在人们虽然更了解勒夫了，但是似乎仍不能确定勒夫到底是个怎么样的人。这位勒夫究竟是个什么人？无疑，他是个精明的教练，出色的分析家，精于战术，在冷静客观的言辞中偶尔也会犀利尖锐。他在克林斯曼身边从来不像个下属，但是他有当主帅的风范吗？他在公共场合显得内敛，安静放松，给人以轻松自然的印象。但是他真的是这样还是只是做个样子？他给人值得信赖的感觉，但是他今后能让人放心吗？

在记者眼中，这位"记者混合区中的约吉"是一位熟悉的国家队助理教练，他面对媒体始终保持着友好态度和好心情，知无不言，不像他的主帅那样有时会回避。他总是乐于交谈，说话算数，但同时却总有点说不上来的难以揣摩。对于记者来说，勒夫总是有点难以把握，当你想接近他，他总是有点像泥鳅一样从你指缝中溜走了。《南德意志报》的记者报道说："任命了新教练后，德国国家队历史上第一次不是由一个主教练执教，而是由一种哲学来执教。"

就像当年任教斯图加特时一样，这位新国家队主帅由于性格内敛，多少给人以没有棱角和单调乏味的印象，因此他不得不试图去纠正这一印象，为自己辩解。例如，《时代周刊》评价他说："勒夫知道有人批评他软弱，不适合干这一行。他太内向，太谦虚，缺乏个人魅力。"有记者问他："队员们也叫你'约吉'吗？"勒夫回答说："不，他们叫我'教练'。"还有记者问："你相信自己能够取代求胜若渴、善于感染和鼓动队员的克林斯曼吗？"他回答："我以前做主教练时也得鼓动队员。"对于他是否能走出前任影子的问题，他回答道："我会走自己的路，不会去模仿任何人，也不会去模仿克林斯曼。我必须做真实的自己。"有人问："在经过了一届辉煌的世界杯之后，如何面对成绩带来的压力？"勒夫回答："想保持住那样的水平的确不容易，但也是可行的。"对于"会看到一个和克林斯曼一样激情四射的主教练吗？"这一问题，勒夫回答说："欢呼进球时，他跳得的确比我高。"有人问作为教练，谁对他的影响最大，他点了克林斯曼、海因克斯和道姆的名字，并加了一句："但最后我总是自己做出决定。"

《南德意志报》问勒夫"是不是只是小一号的克林斯曼"，《世界报》则问勒夫"是否只是克林斯曼的翻版"。《明镜》周刊则认为，人们早已看出来，勒夫是克林斯曼团队的战略大脑和战术大师。曾把勒夫称为"国家队第二主教练"的《法兰克福汇报》则断定："新主帅很快会让人看到他自己的风格。"

显而易见，德国国家队会有一个平稳的过渡。勒夫是打法生动多变的攻势足球的倡导者，他也主张扁平化领导方式，主张平等开放的沟通方式，希望尽可能保留原来的教练团队。在足球训练上，他主张国家队训练应该是统一指挥下的个性化、针对性训练，并且由各领域专家参与与支持。

同样显而易见，执教的风格也会改变。如果说前任克林斯曼是一个大声喊叫、语出惊人的鼓动家，那么勒夫则是一个和风细雨的、低调的教育家，一个工作细致周到的战略家和勤奋钻研战术的专家。他是一位安静的统帅，事实证明他的麾下将士也很能接受他的这种平和的方式。在作为克林斯曼助手时，他的表现赢得了人们对他专业上的认可和为人上的尊重。现在他独掌帅印后，能否像之前的世界杯教练团队一样不断成长，还是像以前人们说的他"太友善不像个当头儿的人"，人们拭目以待。

汉西成为新约吉

勒夫上任后第一次更衣室训话是8月16日在盖尔森基辛举行的对瑞典队的友谊赛中。勒夫只说了一句："我们要在场上完全控制住比赛。"德国队果然3∶0获胜，勒夫在每进一个球时就握一下拳头。他在赛后说："克林斯曼时代结束了。我们现在踏上了新的旅程。"不过，在新的旅途上，他还需要一位忠诚的助手来辅佐他。在法兰克福的记者招待会上，有记者问勒夫是否找到了一位助手。勒夫诡秘地眨眨眼开玩笑地说："我还没找到，但是我和克林斯曼约好了晚上一起吃饭，也许我可以说服他做我的助手。"全场报以友好的笑声。8月23日，勒夫对外宣布了新助手人选，记者们都不太敢相信，就像两年前克林斯曼像变戏法一样把几乎被人们遗忘的前斯图加特主教练作为助手介绍给公众时一样。这位助手就是汉西·弗里克，时年41岁，在德国足坛上没什么大名气，更从来没进过德国国家队，但在足球专家圈子里，他的能力还是被认可的。勒夫介绍他时说："我想要汉西·弗里克，因为他能带来新的好点子，工作勤勉认真。他符合我们的要求，主张攻势足球，在他的执教生涯中做过很多大胆尝试。"弗里克在首次以德国国家队助理教练的身份讲话时，谦逊的态度中也透着坚决："我要为欧洲杯的成功做出我自己的贡献，我的目标也是勒夫的目标，那就是夺得欧洲杯冠军。"

勒夫这个名字早在1985年夏天就与弗里克产生过关联。当时勒夫的弟弟马库斯到巴符州的丙级联赛俱乐部桑德豪森踢球，接替刚刚转会离开的19岁的中场希望之星汉斯-迪特尔·弗里克，即汉西·弗里克。弗里克转会到拜仁慕尼黑，在那里总共出场104次。职业球员生涯结束后，弗里克先是到第四级联赛俱乐部巴门塔尔当教练，然后在2000年执教也是在第四级联赛俱乐部的霍芬海姆队，把球队带上了德国丙级联赛，但是之后却带队数度冲击德乙未成功。霍芬海姆队的金主就是著名的SAP公司老板、亿万富翁迪特马尔·霍普。在霍芬海姆干了5年半之后，弗里克被解聘，接替他的便是拉尔夫·兰尼克。兰尼克凭借大老板霍普的大手笔投资，带领霍芬海姆成功两级跳，升入德甲。

解聘对弗里克打击很大，他很久都不能释怀。他后来到了奥地利联赛萨尔茨堡红牛队，任乔瓦尼·特拉帕托尼和洛塔尔·马特乌斯教练团队的助理。勒夫发自德国国家队的召唤给弗里克带来职业生涯的一个新机会。弗里克当年曾在桑德豪森通过勒夫的弟弟马库斯与勒夫见过面，但是弗里克说他现在已经不太记得当时的情形了，因为当时的哥哥约吉·勒夫身形瘦长，沉默寡言，不大引人注意，与他健壮且性格外向、爱开玩笑的弟弟马库斯·勒夫形成鲜明对比。

对他升迁为德国国家队助理教练发生重大影响的会面是2004年在霍芬海姆。当时克林斯曼应霍普的邀请到霍芬海姆参观，勒夫跟随他同行，霍芬海姆当时作为异军突起的德甲新军被认为是代表了德国职业足球的未来。勒夫回忆说："这是我自从到国家队工作之后，我们唯一的一次会面。"据说，克林斯曼的朋友霍普在会面时说过一句奇怪的话："那里是一位现任德国队主教练，这里的一位是未来的德国国家队主教练。"他说这话时指的不是勒夫，而是弗里克。但是夸归夸，不久之后他还是炒了弗里克的鱿鱼。

虽然弗里克名气不大，但是在足球行家眼中，他是一位非常优秀、聪明又勇于创新的教练。弗里克曾做过银行职员的职业培训工作，他在2003年在科隆体育学院获得教练资格，与托马斯·多尔成为了当年毕业生中成绩最好的两位学员。虽然他执教的霍芬海姆级别不高，但是他在那里尝试了最现代化的足球打法：积极进攻，讲究短传配合，用后卫四人链防守，讲究整体移位，注重密集逼抢。他曾这样说过："观众应该在比赛中能看出来，哪个队是霍芬海姆。"在训练方面他也有独到之处，他比克林斯曼和勒夫还要早地将橡皮圈绑腿引入稳定性训练。他注重与专家合作，让他的球队尝试各种现代打法。弗里克富有创新精神，在职业球员生涯的最后3年在科隆踢球时，受丹麦籍教练莫滕·奥尔森的启发，发现了当教练的乐趣。弗里克的教练偶像是当时在阿贾克斯执教的路易斯·范加尔。他说："我到霍芬海姆当教练时，范加尔在阿贾克斯正在尝试后卫四人链，他给队友们每人发了一本阐明四人链如何发挥作用的小册子。"

弗里克作为新任德国国家队助理教练除了训练工作，还担任起考察发现新国家队队员和建立球员数据库的任务。有人问他作为新助理教练的感受如何，他说："我是按照自己对足球的理解来工作的。在训练工作上，我不需要进行多大的调整就能够胜任。"弗里克是勒夫的理想副手人选，这不仅仅是因为他的专业能力，还因为他的性格和为人。他和勒夫一样，也是巴登地区人，他的足球起步俱乐部是内卡格蒙德地区的穆肯洛赫。弗里克也是一位内敛和务实的人，勒夫相信他的助手对他会很忠诚，就像他对待克林斯曼一样。

2006年9月2日，国家队新双驾马车进行了他们首度联手指挥的比赛，比赛地点是勒夫的老东家斯图加特，对手是爱尔兰国家队。斯图加特的球迷对勒夫的归来给予了热情友好的欢迎。这场比赛还有一个小插曲：门将延斯·莱曼和前锋克洛泽放弃了过去几十年来一直是国家队球鞋赞助商的阿迪达斯，可以自由选用自己喜欢的品牌。这场比赛中，德国队的表现不是特别精彩，但最后还是1∶0小胜，所进的一球是穿阿迪达斯球鞋的波多尔斯基在第57分钟左脚任意球罚进的。勒夫赛后对记者说，这场比赛的胜利得之不易，但是还是实力的体现，国家队表现也还说得过去。

走出克林斯曼的影子

勒夫上任后的头几周，表现让人看好。在欧洲杯预选赛中，德国队13∶0横扫圣马力诺队，4∶1战胜斯洛伐克队，再加上友谊赛，勒夫上任后5场比赛全胜，得失球率是23∶1，成为德国队历史上起步成绩最好的教练。特别是对斯洛伐克队的比赛打得非常好看，充分体现了攻势足球的打法，传球快速，进攻凌厉。

很快，勒夫作为一个无名之辈和执教业绩乏善可陈的形象就得到改观。他在俱乐部执教时并无多少亮点，能当上德国国家队主教练也不是完全靠实力一路干上来的。他的执教生涯总是有偶然因素在起着作用。但他的升迁也不是天上掉馅饼。他平时也总是注意自我的提高和发展，所以在关键时刻才能脱颖而出。《南德意志报》称勒夫"不只是克林斯曼的影子"，这对于这位总是用心和用脑来牢牢把握机会的国家队教练是个公允的评价。勒夫在11月总结他上任后的成绩时说，两年的助理教练工作对他的发展帮助非常大。他说，以前作为俱乐部教练，他的所思所为都必须是为了实现短期目标。"现在我没有这样的压力。我可以把目光投向未来的发展趋势，而不只是考虑下场比赛该怎样对付对手的左后卫。我到国外很放松地看了很多比赛，我也学会了更好地去分析比赛。我学会了更快地重组魔方，更快地找到有效的解决方案。"他听上去更加自信，但也强调他依然会脚踏实地，因为他"经历过在很短时间内的大起大落"。

11月15日客场对塞浦路斯队的比赛之前，勒夫在小型记者招待会上一边喝着啤酒吃着小点心一边与记者们聊天。大部分在场的记者们对勒夫轻松自如的风格大加赞赏，《法兰克福汇报》记者称勒夫是"不言自明的德国国家队教练"，并写道："克林斯曼辞职4个月后，难以想象除了勒夫还有谁更适合接足球改革家的班。"现在，坐在德国国家队主教练座椅上的不再是来自加州的励志演说家，而是一位有着纯粹专业素养、冷静务实的来自巴登地区的战术家。勒夫称塞浦路斯队是一支善于作战的球队，常有超水平发挥，对付这样一个强悍的对手必须要有耐心，场上组织要"像瑞士钟表一样"的精确才行。他把塞浦路斯队抬高成强队，人们似乎并不买账，而是期望看到一场大比分胜利的比赛。比赛中，塞浦路斯队果然给德国队带来很大的麻烦，比赛以1∶1结束。人们不知道该怎样看待这一结果，不知道是塞浦路斯队过于强大还是德国队不如人们过去看到的那么强大。

不过，人们也没过分在意这个比分。圣诞节期间，一切暂时平静，勒夫终于可以放松一下。这时，勒夫才真正意识到，过去几个月里集中发生了多少来去匆匆的事情。世界杯期间的巨大压力，被任命为德国国家队教练，然后就是立即投入欧洲杯预选赛，一切都挺艰苦。勒夫回忆说："从不能松口气，从不能松懈。真是疯狂！"他透露，他在2006年夏天之后，专门找了一个心理训练专家来指导他如何了解自己的情感，掌控自己的情绪，如何表现自己的情绪。冬歇期间，他得以在家中安静地看看世界杯的纪录片，这时才真正体会到当时都发生了什么："整个国家都疯狂了，从百万球迷露天看球到球队下榻酒店前的人潮汹涌。真是太疯狂了！"

规划完善，取得胜利

2007年2月7日开始了新一年比赛，德国队在友谊赛中3∶1战胜瑞士队。3月24日，德国队打了一场真正检验实力的欧洲杯预选赛硬仗，在布拉格对阵小组赛的主要对手捷克队。捷克队拥有世界一流球员如托马斯·罗西基、扬·科勒和米兰·巴罗什。德国队给自己下的命令是：带着自信打一场控制场面的比赛，取得客场胜利！果然，德国队的表现给人深刻的印象，替代克洛泽出场的库兰伊打进两球，德国队以2∶1获胜。本场比赛的胜利让德国队朝进军2008年欧洲杯迈出一大步，也让人们看到了德国队的实力，勒夫则作为德国国家队主教练顺利通过了"实习期"。

这场比赛是"侦察对手"策略的成功典范。勒夫说，教练班子的一个主要任务就是"发现对手球队的一个特点，然后简明扼要地告诉自己的球员"。勒夫说，每次比赛前，教练班子都会开一个长会，仔细分析对手的技战术特点，并就如何抑制对手的长处和利用对手的弱点制定出本队的比赛战术。在细节上大概是这样的："我会先看一看对手最近一场比赛的DVD录像，但不会一次从头看到尾，而是中间会反复观看一些场景，思考我们的打法应该有哪些改变，然后我把想法写下来。"接下来是和助理教练弗里克一起，对对手的最近一场比赛进行录像分析。在分析得出关于对手的一些主要结论后，他们就和首席球探西根塔勒一起比较一下他们各自的结论和看法，而西根塔勒通常都是作为"侦探"现场去看过这场对手的比赛。勒夫说："之后，我们就共同研究制订出一套作战方案。这一过程通常要持续几天，直到我们有把握地说：我们就按这一方案打比赛。"

以对捷克队的比赛为例，西根塔勒很快就找到了捷克队的软肋，那就是捷克队身高两米的巨人前锋扬·科勒。捷克队的主要打法就是扬·科勒负责在禁区内拿球，然后将球分给后续冲上来的进攻队员。西根塔勒建议："我们不用去专门盯扬·科勒，因为他总是背对球门用身体护球，并试图迫使防守队员对他犯规制造出任意球机会。我们放他一马不去管他，他突然没了对手，肯定会不知所措。"教练班子专门给"双6号"巴拉克和弗林斯放了捷克队的比赛录像，告诉他们罗西基和其他几名进攻队员如何接应扬·科勒的分球。勒夫得意地说："捷克队的这招儿失灵了。"在比赛准备期间，教练班子除了给全队看了捷克队的录像，还专门播放了一些有针对性的录像，例如给后卫队员播放演示了如何遏制科勒-罗西基-巴罗什的进攻三角，给中场和锋线队员则演示了如何突破对方防守的录像资料。

勒夫在比赛结束后总结道："我在教练席上看到了一场节奏非常快的比赛。比赛一开始双方都没有先进行试探，而是立即就投入快节奏的比赛中。我们的防守坚如城墙，中场踢得非常聪明，锋线犀利，直捣对方防线。"勒夫对后卫成功瓦解了围绕扬·科勒的进攻打法感到非常满意，也高兴地看到备战时练习的一些战术配合都成功得到应用。例如第20分钟时德国队发动了一次事先在训练中反复演练直至非常默契的进攻。《时代周刊》的报道说："这时场上比分还是0∶0。德国队突然发动起进攻，队员们的跑动如水银泻地，足球在三条线之间准确可靠地传递，像是一台精密的钟表仪器。球员们穿插跑动，如同被遥控一般，上演出罕见的艺术足球，专家们称这是'一脚触球式足球'，因为参与进攻的每个球员都是一脚触球。"进攻首先由后腰弗林斯发起，经马塞尔·扬森、施魏因斯泰格、扬森、波多尔斯基、扬森、施耐德连续传递，最后又是从后防线插上的扬森沉底传中，可惜球被对方防守队员碰出底线，只获得了一次角球。尽管这次进攻没有破门，但是这就是执迷于足球理念的勒夫想要看到的那种完美到近乎自动化的进攻配合。看到这一幕时，勒夫在场边激动得跳了起来，甚至比之后看到库兰伊分别在第41分钟和第62分钟两次头球破门还兴奋。勒夫觉得最有成就感的事情就是看到场上队员打出训练时练习过的战术，看到场下烦琐细致的工作变成场上魔术般的轻松表现。对于勒夫这位着迷于战术上精雕细琢的足球教练来说，这就叫"纯粹的快乐"。

像勒夫这样的完美主义者，尽管对比赛很满意，但还是认为比赛有不尽如人意的地方，例如他说球队本来应该提前以3∶0锁定胜局，但却在第76分钟让对手进了一球。他还说，比赛中有一些情况下，队员们本应该踢得更直接和反应更快速。总之，勒夫认为2∶1战胜捷克队的比赛是一场好的比赛，但还谈不上非常好，更谈不上完美。他说："我们赛后分析比赛，看到球员们有几次跑位错误，有几次传球失误，而且是在不该失误的时候犯的错误。比赛中有很多情况，我们在战术上都没有把握得很好，我不能美化这些缺点。我们必须还要继续在基本功上下功夫，以降低犯错概率。熟练掌握基本功，这是很关键的。"

项目完成者

勒夫执教德国国家队的首场失利是2007年3月28日在练兵赛中0∶1输给丹麦队，比赛中德国队派出6名新人上场。比赛结果并不重要，之后德国队在欧洲杯预选赛中继续保持不败。8月22日，德国队在伦敦进行了一场事关球队声誉的友谊赛。这场比赛之前，勒夫作为德国国家队教练已经打过11场比赛，其中9场获胜，他认为德国队已经与意大利队、法国队、葡萄牙队和英格兰队等世界级强队处在了同一水平。果然，对英格兰队的比赛，德国队尽管受到了队员伤病困扰，仍以2∶1获胜。勒夫慧眼独具，临时将打边后卫的拉姆调整为打后腰的位置，结果拉姆在这一位置上有出色的发挥。德国队在欧洲杯预选赛D组又取得三连胜，最后于10月13日在都柏林0∶0战平爱尔兰队，提前获得2012年欧洲杯入场券。但是4天之后，德国队在慕尼黑进行了一场比赛，表现出人意料地糟糕——0∶3尴尬败给捷克队，被观众嘘声伺候。观众的嘘声表明，一年来球队傲人战绩带来的资本可能很快就被挥霍一空。这场比赛是勒夫执教德国国家队后在正式比赛中的首尝败果，德国队因此也在欧洲杯预选赛D组排名捷克队之后，以小组第二身份出线。

欧洲杯预选赛轻松过关，大部分比赛打得都有声有色，只有几场比赛不太理想，勒夫上任后的成绩到此为止堪称不俗。对于勒夫本人来说，重要的是他在预选赛中树立起自己的执教风格，终于走出了克林斯曼的影子。不管是记者向谁征求对勒夫的看法，得到的都是正面的评价。曾经作为球员在勒夫执教斯图加特时踢球的托马斯·施耐德说，勒夫在斯图加特执教时就显出绝对的足球专业水准，虽然他那时在对球员训话时还显得不够老练，但是现在作为德国国家队主教练，勒夫的讲话水平已经极大地提高了。德国队后卫延斯·诺沃特尼也说，在2006年世界杯期间，勒夫作为助理教练就已经越来越明确地提出自己的看法和意见。前锋卢卡斯·波多尔斯基甚至说，在2006年世界杯时，他觉得他就"有两名国家队教练"，现在只不过是那位说话嗓门大一点的教练（指克林斯曼）已经辞职了。德国足协主席茨旺齐格说："有种说法是，勒夫对克林斯曼的成功做出过很大贡献。现在人们看到了就是这么回事。"

勒夫本人始终保持谦虚，说他与2006年相比没有改变多少。他一直都是直接与球队打交道，负责战术上的工作。所以对球员来说，他们今天的主教练和昔日的助理教练是同一个人，没什么不同。不同的当然是这位低调的战术专家今天成为了媒体的焦点。勒夫说，他从不担心克林斯曼给他留下了一个很高的比较标准。他说："国家队教练总是被拿来比来比去，我根本不在乎我被拿来与前任相比较，我也不怕与克林斯曼去比。"

更关键的问题其实是，是否要和克林斯曼去比较。弗赖堡大学社会学教授乌尔里希·布吕克林在知识分子期刊《利维坦》上撰文探讨"克林斯曼现象"，说克林斯曼不可能完成勒夫正在完成的工作。他说，克林斯曼的世界里永远是"项目"，靠的是永不终止的"开启新时代的激情期望"，总需要注入新的动力，不会去注重日常工作的细节和对细节的完善。勒夫也认为，克林斯曼是短期内迅速实现一个目标的理想人选，例如为德国国家队引入美国体能教练，实行体能测试，招募一个来自瑞士的首席球探，等等。但是现在是实现"长远的目标"。他说，他现在的任务就是巩固和实现已经开启的足球改革项目。显然，与"项目发起人"克林斯曼相比，他更适合做一个有耐心和兢兢业业的"项目经理"。

超酷的约吉

德国国家队领队比埃尔霍夫说，有了勒夫，德国国家队已经在未来之路上整装待发，这一合作将持续到欧洲杯之后。他说："球队听教练的话，步调一致。即使欧洲杯成绩不理想，也不会改变这一切。"比埃尔霍夫的责任还包括马上检验勒夫为德国国家队带来的改变。负责媒体公关的比埃尔霍夫对记者说年纪渐长的守门员延斯·莱曼在欧洲杯结束后要告老还乡了。勒夫对此淡淡地评价了一句："在具体的足球问题上，比埃尔霍夫相对来说没什么影响力。"这本来是挺狠的一句话，但是勒夫在说这话时故意坏笑，缓解了气氛。由此看出，勒夫已经变得更机敏，更自信，更灵活，从昔日的出言谨慎的助手正在转变成国家队的一位明星。勒夫已经彻底摆脱了让他感到不舒服的"好好先生勒夫"的形象。他仍然非常有礼貌，但不再是软弱，而是轻松随意。是不是勒夫故意要把他的老实和不自信隐藏在轻松随意的面具之后？

不管怎么说，勒夫开始显示出得体的自信。他说话越来越坚定有力，其中有一句是："你只有自己相信自己，才能有威信和成就。"经过很多挫折和自我怀疑，勒夫已经成长为一名足坛老手。现在，他的训练初显成效，成功之路开始敞开，他还怕什么呢？比埃尔霍夫说："他没有尝试去模仿克林斯曼，而是以自己的方式带领球队发展。"这个"自己的方式"，就是从昔日的安静沉稳变得越来越"酷"。

在一次《明镜》周刊采访中，"酷哥约吉"告诉记者，他不会轻易生气激动，他会愿赌服输。他说，在2006年世界杯与阿根廷队点球大战时，他曾打赌说"胜算在60%以上"。但是，当时在点球大战中，人们看到在场边的勒夫用身体的表现发出了紧张的讯号，他双唇紧咬，目光凝重，表情僵硬，不像是个胸有成竹的人。但是，勒夫开始有意在公众面前营造出"酷"的形象。在2008年欧洲杯开赛前夕，勒夫在记者招待会上回答各种重大严肃问题时显出异乎寻常的冷静，冷静到给人近乎怪异的感觉。他说虽然大赛在即气氛越来越紧张，但他根本没有感受到内心有丝毫不安，他根本不会用大赛提前出局的忧虑来折磨自己，他甚至睡得越来越好。"老实说，我没有觉得自己面临特别大的压力。我期待比赛哨声吹响的那一刻。老实地说，对大赛的期待和兴奋远远超过紧张。"他还故作轻松地说根本没有体会到作为主教练第一次带队参加国际大赛的那份压力，毕竟他在作为克林斯曼的副手时，就已经习惯了承担责任。

衣着考究、面霜涂抹精细、浓密的黑发梳理得一丝不苟的勒夫就是用他那无可无不可的方式，把哪怕是些许的不安和紧张都遮掩得严严实实，人们看不清他滴水不漏的话语背后到底是怎样的内心世界。名人八卦杂志《布瑞吉特》的记者写道："有谁想尝试抓住他，都会抓了个空。他展示的都是足球专业知识，都是谦逊和认真，但是真正的人们能理解和解读的勒夫，却根本不在那里。"

就是这位难以揣度的勒夫，这位比埃尔霍夫先是为了表示严肃而只称他为"约阿希姆"，但后来还是又改口叫"约吉"的德国国家队教练，在德国开始成为受人爱戴的人物，甚至是非常爱戴。这其实并不那么想当然，因为他迄今为止除了带国家队获得了欧洲杯资格，还没有做出更大的成绩。当然，他调教下的国家队大打勇敢的攻势足球，场面上要比他前任带领的德国国家队好看得多，但是这能解释为什么他在全德国赢得的一片好感吗？

看看媒体都是怎么称呼他的：《时代周刊》称他是"足球教授"，《法兰克福评论报》称他是"德国国家队向前挺进教练"，《柏林日报》称他是"最高比赛指挥官"；《法兰克福汇报》称勒夫是一位"打造出完美球队的雕刻家"，《南德意志报》则说勒夫成长为"国民教官"，《世界报》赞美他"举止洒脱，目光深邃"，《明星》杂志一言以蔽之："德国相信这个男人"，勒夫成了国民偶像。一个叫"蜂鸟"的流行乐队在2012年欧洲杯开幕时将一首流行老歌改编成勒夫的赞歌，歌中唱道："是的，我们有了一个偶像，他就是约吉·勒夫。谁是我们的足球英雄？他就是约吉·勒夫。"毫无疑问，勒夫成了偶像，谁能将欧洲杯奖杯捧回德国？除了约吉还能有谁？！《图片报》写道："他已经是最酷的人，但他能成为欧洲冠军吗？"

仅凭"酷"就能成为欧洲冠军吗？勒夫用他一贯的随意口吻回答说："我不知道自己是否酷。但如果说'酷'指的是有活力和有执行力，那么我就是。"有活力？有执行力？这不是说2006年的克林斯曼吗？《时代周刊》杂志的记者怀疑，勒夫在比赛不顺利时，能否像克林斯曼一样为受挫的球员鼓劲。能想象这位虽然很"酷"但仍显几分羞怯的国家队主帅也是一位铁腕危机管理者吗？《时代周刊》记者问勒夫在更衣室是如何训话的，勒夫举例回答说："你知道，你能行！或者——释放出藏在你身体里的猛兽！"但是，人们不免还是会将信将疑地问：这样释放出来的小怪兽能吓住对手吗？

界外球 约吉的酷——享受生活，追求时尚和乐于冒险

难以琢磨的"超酷"勒夫，人们对他究竟有多少了解？他的内在驱动力是什么？什么才让他真正感到高兴？让我们先从体育娱乐媒体喜欢的话题开始。娱乐媒体喜欢以"明星小档案"的方式公布明星们的个人数据和喜好。勒夫当然也列在其中，例如：

婚姻：已婚

星座：水瓶座

爱好：旅行，阅读（特别是晚上为了转移注意力和放松），当然还有体育运动

音乐品味：会随时间有所改变，喜欢的歌星或乐队有惠特妮·休斯顿，席琳·迪翁，灯塔一家，艾米·麦克唐纳，乌多·约根斯，赫伯特·格伦纳迈尔，泽维尔·奈杜（主要是喜欢他的那首《这条路》，原名Dieser Weg，在2006年世界杯时成为热门歌曲）。喜欢的音乐种类有轻摇滚、意大利音乐、古巴音乐和拉美音乐，听什么要看心情（勒夫显然不是个音乐迷，他iPod上的歌曲都是他的教女夏琳代他录入的）。

喜欢的颜色：蓝色

喜欢的演员：杰克·尼科尔森、黛米·摩尔，是他在任斯图加特教练时说的；卡洛琳·赫弗斯，是他2014年说的

喜欢的食品：土耳其前餐

喜欢的饮料：矿泉水，意大利红酒

弱点：所有与技术有关的东西

勒夫至今还拒绝上脸书和推特，他说他想要安静。

众所周知，勒夫很欣赏德国总理默克尔，并和她有着密切联系，每

年会有一两次在一起吃饭。但是勒夫从来没有表明过什么政治立场，只有在不得不表态时，才挤出几句。例如，在2012年波兰和乌克兰欧洲杯时，勒夫表态说，人权是人类最高权利，"我们提倡人权、言论自由和主张维护季莫申科女士的权利"[1]。在2014年世界杯前夕，勒夫表示："我在巴西看到了很多贫困问题，那里的人们有权上街游行。"他表示，他很理解世界杯引发的巴西街头抗议运动，也理解为什么国际足联的角色遭到批评。他说："国际足联用钱所干的事情，腐败的巴西政府的所作所为，也许现在在全世界范围内公开谈论这个问题是有好处的。"这些话听上去很保守，更像是应景的话，而不是真的出于关切。这是一个典型的不想惹是生非的人的谨慎说话方式，所以毫不奇怪，勒夫从不为八卦小报添加谈资佐料。他虽然是个公众人物，但只是以德国国家队主教练的身份。他对个人私生活的事情守口如瓶，从不对体育以外的事件发表看法，他坚守自己的领地。他曾说过："我避免涉足一切我本职工作以外的领域。我可能会参加一些慈善活动，但不会参加政治脱口秀节目。每个人都应该待在属于他的地方。我要保持我的可信度。"他始终拒绝参加德国著名电视主持人如凯尔纳、贝克曼或迈布丽特·伊尔纳的访谈节目。他只破例参加过一次《想挑战吗》电视节目。那是2007年4月在弗赖堡，节目的高潮是勒夫与装扮成女皇的主持人托马斯·戈特沙尔克跳了一小段舞。

想写勒夫的人，很难在这个人身上发现什么生活上的"猛料"。但是不管怎么说，勒夫毕竟还是有些小小的"恶习"。另外值得一书的还有他对时装的偏好，对极限体育运动的爱好。在这些爱好上，勒夫显然真的是更"酷"。

---

[1] 因为不满乌克兰前总理季莫申科在狱中遭受不公正待遇，欧盟委员会带头，以德国为代表的欧盟27个成员国都表示声称要抵制本届欧洲杯，但最终并未实现。——译者注

烟民勒夫

勒夫抽烟，这是经《图片报》爆料后，时不时成为德国公众话题的一件事。2006年7月底，《图片报》大标题刊登了一篇图文报道，照片上是46岁的勒夫在撒丁岛塞尔沃港度假时的场景：他裸露着几乎是无毛的上身，头顶一个美军风格的太阳帽，鼻子上架了一副昂贵的太阳镜，耳朵上塞着iPod耳机，右手腕戴着手表，嘴上叼着一根香烟。图片的标题是：约阿希姆很酷。图片下面还配上评论说：你能想象约吉的前任贝尔蒂·福格茨或者尤普·德瓦尔也这么酷吗？

喜欢享乐的勒夫是个烟民。娱乐记者们发现勒夫的习惯是午餐后喝上一两杯意大利浓缩咖啡，抽上一支金色或轻型万宝路香烟。晚上他会喝一杯红酒，最好是意大利的铁挪尼洛或者西班牙的里奥哈，再辅以一支香烟。在出席完记者招待会或者参加完一场艰苦的谈判后，勒夫会来一杯意大利浓缩咖啡加一块蛋糕，或者一块巧克力，有时候是一份冰激凌。然后可能再要一杯浓缩咖啡，之后到门外去抽一支烟。有时他还会多抽几支。抽烟前他会很有礼貌地问周围的人他是否可以吸烟。

他说："我也只是个人，有强项也有弱点。我有时也会抽烟，晚上也会来杯葡萄酒。"他也承认，他也有着榜样的作用，但他认为他的榜样作用首先应该体现在国家队的工作上。他说："工作上，我会努力示范注意力集中，热情乐观，有上进心和谦逊。我想成为一个好的上进榜样。"他不认为吸烟对公众来说是个什么大问题，他说他甚至可以在一定程度上接受球员有节制地吸烟。很多人都知道，2006年世界杯英雄、中场大将施耐德偶尔也会抽上支万宝路。勒夫说，施耐德"并没有因为抽烟而表现不好"。

勒夫有时也会戒烟一段时间，然后他又重新开始抽烟。他在2008年欧洲杯前曾说："我要是想戒烟的话，是会戒掉的。但是我是故意有段时间不吸烟。欧洲杯后我会尝试直到年底前不再吸烟。"勒夫虽然抽烟，但是他还是很重视自己的健康。他很注意饮食结构，很少吃肉，但吃很多蔬菜和水果。他每天跑步一个小时或者从事一项其他运动。他参与了麦德龙集团的提倡运动与营养的"对你有好处"公益活动，活动的口号是："你知道一种健康生活的方式，对你是有好处的。"身材颀长、看上去很运动型的勒夫还参与制作了积极进行预防检体检的公益广告，广告的口号是："不要听从你的直觉。"不过，勒夫显然并不适合做戒烟的广告。作为一个好人，勒夫显然需要做些公益慈善活动来救赎自己的小小恶习。因此，他积极参与了联合国SOS儿童村活动和在坦桑尼亚的孤儿院救助活动。自2000年开始，他还担任了由汉内夫教练特训班第一期学员发起的青少年足球基金会副会长一职，该基金会设有一个青少年足球网站，并扶持一个叫作"街头足球世界"的全球性足球公益项目网络。

时尚典范

勒夫正式接手德国国家队时年龄已经奔向50，但他的长相依然很年轻。直到今天，他依然满头乌发，没有染色，梳理得十分整齐。他的发式通常是前面留些刘海，后面略长，以前这种发式叫"蘑菇头""披头士发型"等，现在它有个更时髦的名称叫作"纹理裁切"。他的发式总是一成不变，以至于有人怀疑他是不是戴了假发套。柏林的名人理发师乌多·华尔兹辟谣说："绝对不是，如果是的话我能看出来。假发的发丝会有些生硬。勒夫是个爱面子的人，他显然是使用很好的喷雾发胶。"

爱面子？肯定是有一点。勒夫在长相上被称为德国足坛上的保罗·麦卡特尼①，他没有戴假发。但是他喜欢去理发店，而且总是去同一家找同一个理发师。勒夫说，他在发型上没更多选择，因为他的头发

---

① 保罗·麦卡特尼是英国著名的披头士乐队成员。——译者注

总是向前生长。他说："我很想把头发向后梳，但是做不到。所以我从记事开始就保持一种发型，只是长短有区别而已。"除非他留短发或者剃光头，就像1997年率斯图加特夺得足协杯冠军之后被剃光头，但他绝对不会第二次剃光头了。他的发型在下大雨比赛时可能会很麻烦，就像2014年世界杯对美国队的比赛中下起倾盆大雨，勒夫的头发都粘在了额头上。

勒夫是个很注重外表的人。他不喜欢留起3天不刮的小胡子，所以他坚持每天都刮胡须。他喜欢涂面霜，这也是因为他属于干性皮肤。他偶尔也会喷点卡尔·拉格斐香水或者阿玛尼香水。他曾对《世界报》女记者达格玛·冯·陶贝透露，阿玛尼香水的特点是香味很快挥发散去，但是香水留下的痕迹还在。勒夫一直很注重时尚。他在1988年为弗赖堡的一家时装店做了第一个时尚广告，他当时没有要报酬，而是要了一套西装。2006年德国世界杯时，勒夫成为引领时尚的潮人，他当时和克林斯曼一同穿着赞助商斯坦伯丽的高档男士衬衫抛头露面。斯坦伯丽总裁格尔德·施特雷勒说，当时这算是打破禁忌，因为当时教练们或是穿着笔挺的西装或是穿着运动装出镜。克林斯曼和勒夫双双穿着紧身白色衬衣露面，成为着装最为扎眼的教练，当时就引起轰动。施特雷勒说，克林斯曼对穿什么都无所谓，是讲究时尚的勒夫说服克林斯曼穿衬衫出场的。勒夫自己回忆说："我和于尔根想以统一的着装出场，就像球员们要穿统一的队服，我们教练也要着装统一，今天汉西·弗里克也是这么做的。"

就这样，这种衣领较大，正面左右各有一条标志性纵向缝合线的紧身白衬衫就成了"约吉衬衫"，并且再次出现在2008年欧洲杯上，成为当年的热销款式。人们不禁会问，这是不是斯坦伯丽老板施特雷勒设计的营销方案？施特雷勒无辜地说："我们幸运的是有克林斯曼和勒夫这两位有鲜明时尚风格、注重自己着装的德国国家队教练。"勒夫选择服装时，虽然会听听斯坦伯丽老板女儿、蓝色系列的创意设计师维多利亚的建议，但最终是自己决定穿什么。后来勒夫还常穿斯坦伯丽出品的蓝色V领羊羔绒毛衫，也同样书写了一段佳话。

在日常生活中，勒夫喜欢穿黑色、蓝色或灰色等暗色服装。他的代表性装束是黑色紧身西裤，脚上穿低鞋帮皮靴，上身穿套头衫，再配上素雅的围巾。无论是衣领敞开的衬衫搭配路易威登牛仔裤还是高档西装，勒夫都追求穿在身上非常贴身的那种效果。冬天，勒夫的招牌装束是高领羊毛衫配围巾，围巾的颜色有时是米色，有时是白色。他说："我对潮湿阴冷和多风的天气很敏感，不注意保暖身体就会稍微变得僵硬。"

就这样，勒夫从德国国家队教练成为时尚潮男，有人称他是"球场边的时装男"。《法兰克福汇报》在2007年10月的一篇报道中干脆称他为"着装最有品位的男明星"。报道说，勒夫的服装在每一个细节上都非常适合他，他很懂得把时装穿出自己的风格，"例如围在脖子上的小真丝围巾，勒夫佩戴的方式非常休闲随意，而不是那种老爸爸的方式。他把丝巾打成系羊绒围巾的样子，成为他标志性的饰物"。《南德意志报》也对勒夫的围巾研究了一番："围巾成了德国国家队主教练勒夫的经典装束，也让男人系围巾又成为有品位的时髦。勒夫的围巾打法非常有技巧，给人的感觉是他只是把围巾随意套在了脖子上。但实际上并不这么简单，他把围巾先围住脖子一圈，再在前面打个散结，这需要一定的打结技巧。"

不管是真丝小围巾还是羊绒长围巾，在脖子上缠绕一圈然后前面打个结，勒夫穿衣服的细节都非常考究。《图片报》甚至大胆猜测，德国国家队教练的时尚风范引起了越来越多妇女对足球发生兴趣，让她们觉得足球也很"性感"。对勒夫着装的过分关注和解读让勒夫逐渐感到厌烦，自2008年夏天以后，他几乎不再回答有关着装的问题。但他一如既往地穿着得体优雅，不管是官方场合穿赞助商的斯坦伯丽西装还是私下穿波士西装。

喜爱极限体育运动

在训练场边，勒夫穿的是运动装。平时做运动，他当然也是穿运动装。他经常在森林中跑步，或者到健身房的跑步机上跑一跑，有时还参加业余比赛。例如2005年4月，勒夫在弗赖堡参加了半程马拉松比赛，用时2小时7分钟。夏天他会骑登山车穿越黑森林，在德国国家队主持训练时也会和队员们每天运动一小时。勒夫不是个肌肉男，他不喜欢力量训练，他是那种身材修长而健康的类型。只有在私人休假时，他才会稍微放松下自己，把节奏慢下来。他夏天休假时常去的地方是意大利的撒丁岛或者托斯卡纳、德国最北部的叙尔特岛或者希腊北部霍尔基迪基的达奈海滩。以前他有更多时间的时候，他会到更远的地方走走，这一方面是他的好奇心很强，喜欢看看不同文化的生活方式，另一方面也是他喜欢冒险的体验。

他喜欢的各种冒险体验中，首先要提一下登山活动。2003年，他和一位朋友一起攀登了海拔近6000米高的乞力马扎罗山，这是他人生中登过的最高峰。他说："我们选择了一条困难的路线。我们一路攀登了5天，最后一晚上我已经到了身体和精神的极限。我们白天走12个小时，中间只做短暂的休息，冒着零下30度的严寒，并且在黑暗中跨越岩石。我数度想回头，但是有一种东西在驱动着我。在到达顶峰前的最后一晚上，我头脑中产生了很多奇怪的想法，我以前根本无法想象。太阳出来时，我们终于到达了顶峰。我顿时产生了非常幸福的感觉，觉得世界上没有任何做不到的事情。"

认识自己，考验意志，达到极限，超越极限，体验自由，勒夫喜欢这种在身体和精神上的高峰体验。"我想感受极限，体验非常态下的情景。"他想一生中至少还要再挑战自己，再攀登一次这样的高峰。他说："我不必像登山家赖因霍尔德·梅斯纳那样去攀登死亡区，但我想达到个人的极限。南美是个理想的目标。我想有一天背着双肩背包做一次三到四周的穿越智利和秘鲁的安第斯山脉旅行，就是为了体验极限。"等他不再做德国国家队主教练后，他就会有更多的时间，但现在他只能在冬天时攀登他家门口的海拔1500米的费尔德贝格山过过瘾。

勒夫说自己是爱冒险的人，所以不奇怪他为什么爱登山。他说的爱冒险既包括了攀登高峰，也包括偶尔到赌场玩一玩俄罗斯轮盘赌。他也会偶尔在高速公路上踩足油门过过瘾，为此还因为超过限速30公里时速以上而两次被吊销驾照。他最喜欢的冒险是飞行。他说："我童年的梦想是当个飞行员。我喜欢飞行。"勒夫喜欢乘小飞机。他说："高空中无拘无束的感觉真棒。我几乎尝试了所有的飞行体验，例如直升机、滑翔伞和超轻型小飞机。"他曾有一次计划和前体操男子世界冠军埃伯哈德·京格做一次双人跳伞，但由于天气不好而作罢，但勒夫表示他早晚要补上一次。

那么，勒夫喜欢冒险是否也和他那充满风险的教练工作有联系呢？因为做足球教练也要冒失败的风险，也要接受可能是完全不同的结果。足球教练本来就是个很容易就被炒鱿鱼的工作，而勒夫身为教练仍然敢冒险尝试大胆进攻的战术，足以证明勒夫是个富有冒险精神的人。

第 8 章 登山之旅
　　　　 对理论派教练的能力考验

勒夫刚上任德国国家队主教练时曾经明确表示夺冠欧洲杯是他的目标，在欧洲杯开始前几个月，勒夫想把话说得留有余地："我不能许诺一定夺冠，但我可以像欧洲冠军一样备战。"他说重要的是，德国国家队要表现出志在必得的勇气和气势。这说明，他实际上已经在为可能的失败做铺垫。在做客《今日体育演播厅》电视节目时，勒夫戏谑地说："我们想赢得前6场比赛，之后我们再看吧。"有些观众立刻会心地笑了起来。因为如果从小组赛开始赢得6场比赛的话，德国队就是冠军了。

勒夫没有想过失败后辞职的事情。他说："我不去朝这方面想，这样我才能够专注于比赛。我坚信我的足球理念是正确的。也就是说，即使有人提出批评或者比赛输了，我作为主教练也不会动摇。我只知道我做了所有应该做的事情，这让我放心和放松。"德国球迷们对勒夫的工作也很信任，德国电视二台的民意调查显示，76%的球迷认为勒夫的工作做得不错，甚至非常好。

德国国家队教练的工作之中，最受关注的无疑是大赛之前的阵容选人问题。在勒夫任德国队主教练的第一个年头里，他一共使用过35名球员，这一数字同比超过了以往任何教练。鲁迪·沃勒尔在他的第一年执教期间共用过6名新人，而勒夫则尝试过13名新手。德国世界杯之后，国家队可用的人选明显增多。勒夫表示，他现在有更多可供选择的球员。他特别看好的是斯图加特的塔什彻和赫迪拉，以及勒沃库森的卡斯特罗。在预选赛期间，还涌现出一些其他的新人，如特罗霍夫斯基、罗尔费斯、弗里茨、基斯林和戈麦斯。在此期间，德国国家队将阿萨莫阿、恩斯特、凯尔和胡特清理出队，但由于新人辈出，国家队的可选阵容还是非常可观。

随着欧洲杯开赛越来越临近，可以看出勒夫还是倾向于使用久经考验的队员，即使这些队员在俱乐部里已经沦为替补或者状态不佳，如莱曼、梅策尔德、弗里德里希、弗林斯，或者状态有所下滑的施魏因斯泰格、波多尔斯基和克洛泽等拜仁慕尼黑球员。勒夫表示："世界杯时的主力队员，正常情况下会继续出现在欧洲杯的阵容里。"这意味着，2008年欧洲杯的主力阵容将建立在2006年世界杯主力阵容的基础上，然后再个别补充和调整。挑选德国国家队队员的标准也与世界杯时没有根本的变化：除了能力，还要看性格，特别是杯赛所需要的美德，例如意志力、耐力和遭遇失败后能够及时调整的心理素质。

楚格峰上宣布国家队名单

德国国家队教练班子在一次工作会议上决定，把即将在奥地利和瑞士举行的欧洲杯命名为"登山之旅"，因为奥地利和瑞士是阿尔卑斯山跨越的国家，这一名字也颇为适合征服过乞力马扎罗山的登山爱好者勒夫。德国国家队心理专家赫尔曼对于冠名解释说："我们的用意是：欧洲杯之旅将会有艰难坎坷。我们会有个大本营，可能还会遭遇到不测风云，每个人都需要努力。最重要的是，我们的最终目的是登上顶峰。"勒夫也说，这一命名就是要强调，只要我们意志坚定，就能够克服一切困难。德国国家队的目标是结束过去12年里在欧洲杯上毫无建树的历史，勒夫说这次要赢的是"历史上最困难的一次欧洲杯"。德国国家队领队比埃尔霍夫最得意的是为国家队进行了一次成功的形象营销，国家队身穿登山服的形象在各大媒体上闪耀亮相。

2008年5月16日，勒夫在阿尔卑斯山德国境内最高峰、海拔2962米的楚格峰上的环景厅里公布了德国国家队26人大名单。在助理教练的建议下，勒夫多带了3名队员进入训练营，而其他落选的球员事先已经得到了通知。在公关上总是不犯错误的教练班子事先就与备选球员商定了在哪一段时间内会有电话通知，以避免以语音留言的方式通告对方落选的尴尬。

实际上根本不用费那么大的劲来宣布早已尘埃落定的结果。勒夫从2006年的世界杯阵容中挑选了15人，其中的核心队员是弗林斯、梅策尔德、克洛泽、弗里德里希、莱曼，当然还有巴拉克。世界杯时代的年轻队员拉姆、施魏因斯泰格、波多尔斯基、默特萨克和扬森也再次入选，他们此间已经代表国家队出场了很多次。阵容中还有几位地位不稳的队员如诺伊维尔、博罗夫斯基和奥东科，他们的入选并不是想当然的事。除去三名门将和重新归队的库兰伊，勒夫这一次在用人上让人感到保守得有些意外，他只招进了8名新人：弗里茨、罗尔费斯、戈麦斯、韦斯特曼、特罗霍夫斯基、琼斯、马林和黑尔默斯。

勒夫曾对柏林的《日报》表示，他善于发现和起用新人，但是临战前他显然还是没有那么大的勇气。他是不是不太相信年轻队员在考验球员心理素质的大赛中能够有稳定的发挥？不管怎样，他最后还是更情愿相信久经考验的老队员，即使有些队员并不在最好的状态。在马洛卡岛训练营结束后，勒夫宣布了最后23人的欧洲杯正式名单，被送回家的是3位新人琼斯、马林和黑尔默斯，可见勒夫选人时还是更看重经验。

对这3位球员来说，在已经看见欧洲杯大门的时候被赶回家肯定是一次心理创伤。勒夫解释说，他还是非常照顾球员心理的，并以库兰伊为例回忆说："当他在2006年世界杯开赛前被通知没能入选德国国家队时，他备受打击，感到世界崩溃了。"他说，虽然会让有的人流眼泪，但是他作为教练在这个时候必须下决心和不为感情所动。"在事关成功时，我不能表现出同情心。"他用登山来打比喻：国家队教练就像是登山队领队，当发现有人不适合去登顶时，就必须把他留在大本营里。

完美的训练营

5月19日，德国队来到西班牙马洛卡岛进行为期3周的训练，然后进驻瑞士德欣的欧洲杯营地进行了最后的磨合。为了缓和备战的紧张气氛，在进驻欧洲杯营地的头4天，队员的太太们或女友们被允许来探班，与球员们共同下榻希尔顿酒店。自克林斯曼以来，大赛之前，集训前几天太太女友团探班已经成为国家队的一项固定节目。

训练的每一天和每一项内容都是经过严密细致的规划的，助理教练弗里克充分发挥他的特长，将训练内容安排得极为丰富多彩。球队的营养计划也是精心定制的，对于下榻酒店的硬件环境也进行了改造。球员的床垫都是专门从德国用飞机运送过来的，床垫的硬度可以用遥控器来按个人需要调节。在酒店大厅安装了一个大屏幕和翻动演示板，还安装了一个桌上足球游戏桌。对球员的业余生活安排可谓无微不至，但为了保证球员们能够专注于训练，训练营地与外界完全隔绝，不受干扰。有人对此措施提出批评，勒夫回应说："我们的任务是让球迷们在比赛期间高兴，而不是在训练时激动不已。我们要在绝对无干扰的条件下进行严肃的训练。"

训练内容当然包括如今人们所熟知的体能训练。体能训练中采用了心率测量仪和呼吸肌训练仪。技战术训练当然是主要内容：跑位配合、以射门结束的传递配合、后卫和前场的战术熟练配合等。与世界杯不同，欧洲杯没有预热和找感觉的时间，小组赛的每个对手都很强大，所以勒夫特别重视提前做好相应的心理准备，从而帮助队员应对各种可能出现的不利局面。具体来说就是训练球员在比分落后时不产生心理恐慌，在突然有人被红牌罚下以少打多时按照既定应急方案沉着应战。勒夫希望对所有的可能场面都有应对方案，反过来也希望尽量能够给对手制造出更多困惑。他与助手弗里克在战术上精雕细琢，制定出一系列富于变化的打法。虽然反复演练推敲，勒夫仍然不满意。他说："我每天晚上上床时都会问自己，还有哪些细节被漏掉了，今天的训练如何，是不是完成了所有的任务，总之我的思想整天都在围着大赛转。"

　　为了放松自己，教练班子也每天做些运动。在马洛卡，勒夫和助理教练弗里克每天早上7点钟在酒店的健身房碰面，在跑步机上跑跑步或者骑一骑旋转自行车，在阿斯科纳训练营时他们每天在晚餐前会踢会儿足球、跑跑步或者骑自行车。他们说，这样做是为了暂时忘记工作，清空大脑。欧洲杯时，勒夫行李里带上了两三本书，其中一本是历史书，一本是保罗·科艾略的小说，为的是晚上能转移一下注意力。

　　德国队总计进行了19次大赛前的训练和两场热身赛，一次是2：2战平白俄罗斯队，一次是2：1胜塞尔维亚队。勒夫对2：2战平白俄罗斯队的结果表现出意料之外的放松，本来这样的结果应该让人对国家队的状态产生怀疑。那场比赛时，勒夫因为感冒面色有些不好，比赛中后卫出现了几次低级的失误。转播比赛的电视解说员莫妮卡·利尔豪斯问勒夫是不是他和球员们应该拿下这场比赛。勒夫说，在2：0领先后被扳平，他当然很失望，球队当然还要在有些地方进行改进，但是球员们在这场比赛中显得很疲劳。勒夫许诺，到欧洲杯开幕前，他一定会让队员达到最佳状态。勒夫用自我批评和友好的态度来回应批评，可以说是将批评扼杀在了萌芽状态，以至于利尔豪斯都没有再继续追问。随后对塞尔维亚队的比赛中，德国队发挥正常，对手只有3次打门，而德国队后卫们只有一次表现不稳。这场比赛中，巴拉克在后防的表现和前场的助攻都让勒夫非常满意。

克拉根福特历险

　　欧洲杯小组赛首场对阵波兰队的比赛开哨之前，人们看到的是一个在场边神情紧张的勒夫。从他脸上绷紧的表情可以看出，他还不知道自己精心准备的作战方案能否奏效。德国队的首发阵容里没有施魏因斯泰格，取而代之的是训练中表现出色的波多尔斯基。后防线有一次表现不够稳定但都没有造成什么不良后果。在进攻上德国队有几次精彩表现，比赛进行到第20分钟时德国队先进一球，以1：0领先，教练席开始放松。这一进球也是按照事先演练的打法实现的：拉姆传球给戈麦斯，戈麦斯再直传给克洛泽，克洛泽向禁区内直塞给跟进的波多尔斯基破门得分。下半场德国队如法炮制，波多尔斯基接应克洛泽传球后再下一城。这时勒夫再也按捺不住激动高高跃起欢呼。勒夫在比赛前说："我们现在有能力掌握比赛的主动权，而不是被动地给出反应。"比赛的过程证实了勒夫的说法。赛后，勒夫终于放下心来，松了一口气。

　　第二场比赛的对手是克罗地亚队，比赛地点是与首场一样，也是在奥地利的克拉根福特。比赛一开始，勒夫就把西装搭在了教练席的凉棚顶上。他显得有些紧张，但仍然故作镇静。后来他又穿着高档白衬衫，把西装搭在胳膊上，在场边显得不知所措。在这两个状态的中间其实发生了不少事：德国队先是0：1落后，勒夫表情很失望，穿着白衬衫在场边跑来跑去，并绝望地挥舞手臂；接着德国队又失一球以0：2落后，勒夫表情僵硬，低头去系鞋带。在波多尔斯基扳回一球后，勒夫又表现得非常坚决，脸上再次显露出专注和意志坚定的表情。不久后勒夫换上最后一个"武器"库兰伊，同时把手指向天为自己鼓劲。但是这些都没管用，德国队在比赛临近结束时，施魏因斯泰格吃到红牌被罚下场，于是1：2的比分保持到了终场。

　　在随后的新闻发布会上，勒夫表情失望，说话的语调也不那么有力了。在有人提出尖锐的批评问题时，勒夫的舌头在两颊内打转。有媒体评论说，德国队被打垮了，整体配合根本未能发挥作用。拉姆在3年后回顾这场比赛时直言不讳地说在那场比赛中，队员们自私自利，是"一堆内讧的乌合之众"。他批评说，当时场上队员乱作一团，大家相互指责，缺少能够把球队团结起来的组织者。他的指责显然指向队中的核心队员巴拉克和弗林斯。赛后，勒夫针对球队的糟糕表现只是简单地说："场上的沟通还有不少值得改善的地方，每个球员都在按照自己的方式去作战，前锋、中场和后卫都各自为战，不成一体。"球队的气氛也受到影响。巴拉克和弗林斯给年轻队员脸色看。勒夫认识到，他自己也犯了错误。例如在第46分钟时用奥东科替换扬森下场，在需要主动进攻给对手施压时，不应该换上擅长打防守反击的球员。

在败给克罗地亚队的当晚，国脚们的太太和孩子到酒店探班，这是事先安排好的，教练班子也不想因为比赛失利就临时改变主意。大家都玩得很放松，只有巴拉克很生气，他觉得应该马上开会分析讨论刚刚过去的灾难性比赛。这位国家队队长对几位队友的表现很不满意，并在比赛中把这种不满表现了出来。但是，球队中的年轻队员对于耍队长威风的巴拉克有些抵触和逆反情绪。勒夫说，他在比赛后对队员的互相指责只是稍微有所察觉。但是这个"稍微"也足够让他采取行动去找巴拉克和莱曼谈话。他对二人要求说："你们应该坐在一起好好谈谈，开一个没有教练在场的会，开诚布公地谈谈自己的看法，不要公开地互相指责，对谁都毫无裨益。"球队就真的开了一次会，但是拉姆后来说，当时并没有达成一致意见。有些队员不掩饰对别的球员的不喜欢，但是也没有公开地说出口。其实是在接下来的比赛中战胜对手奥地利的决心才把球员们临时团结起来。

勒夫本人也开始和队员们进行个别谈话。他和因为吃到红牌被媒体猛烈抨击的施魏因斯泰格谈话，也与他自己的私人朋友阿斯兰和埃特尔谈话，以便在如此困难的时候能够得到一些安慰。

被赶出教练区

第三场对奥地利队的比赛无论如何必须要获胜。勒夫的头脑中也开始想到辞职的可能。如果像2000年和2004年那样，德国队在欧洲杯小组赛中就被淘汰，勒夫保住国家队帅位的可能性就很小。但是当他第二天早上醒来时，他对自己说："当然，我们一定要打败奥地利队。我们何必要带着奇怪的念头去维也纳比赛？我们肯定会拿下这场比赛，不管过程是怎样的。"这时候也有传言说，德国足协技术总监萨默尔已经在组织下一任国家队教练班子的"影子内阁"了，但德国足协主席茨旺齐格则明确表态："不管发生什么，勒夫都会留任国家队教练。"

陷入批评的勒夫在新闻发布会上表现得镇定和自信："如果我在比赛前就想好在比赛失利后应该怎么做，那么这无异于在开车上路前就想好一旦出了事故该去哪家医院。"勒夫表示，他仍然坚信他做的工作是正确的，不会因为一场比赛失利和随之而来的批评与指责就改弦更张。让勒夫感到非常恼火的是，只输掉一场比赛，赞歌突然就变成了炮轰，一切就都被否定，连几天前还被赞美的东西现在就变成了错误。勒夫说："现在形势变得不那么简单了，但是也只是一个挑战，一个人陷入有压力的状态，那也未尝不是件好事。球队对克罗地亚队的比赛输了，并因此招致批评，这会让球队下一场比赛更有动力。"有人和巴拉克一样，批评国家队让太太团到球队酒店探班的做法。勒夫回应说："这些事是事先就安排好的，不管是输球还是赢球我们都要信守承诺，输球了也要允许放松一下，甚至在有压力时更应该如此。"

在最后一轮之前B组的出线形势是这样的：德国队必须至少要战平东道主奥地利队才能够小组出线。德国队在输给克罗地亚队之后，对这场比赛志在必得。勒夫给人的感觉甚至是他喜欢这种刺激。他说："我感觉到了责任感和压力，这不是挺好吗？在足球里有这样的极端情形，我在平时生活里也喜欢挑战极端条件。"征服过乞力马扎罗山和喜欢高山滑翔的勒夫说："我喜欢冒险，喜欢挑战极限。"

对奥地利队的比赛是一场挑战，但并不是一场养眼的比赛。德国队踢出的不是艺术足球，而是一场刺刀见红的搏杀。勒夫和奥地利队主教练约瑟夫·希克斯贝格尔在教练区连吼带跳，驱动着队员往前冲。第四巡边员达米尔·斯科米纳不得不一再走过来对勒夫发出警告："退回去！退回去！"勒夫被这位巡边员惹恼了，赛后讽刺他是"鹦鹉"。当忠于职守的"鹦鹉"去把奥地利队主教练拦回教练席时，勒夫看不下去了。勒夫回忆当时的情景："我走过去对他说，请放开我们，让我们去做分内工作。"勒夫说，他当时绝没有侮辱巡边员的意思。斯科米纳立刻与主裁判取得联系，主裁判对德国队和奥地利队的两位主教练立即出示了红牌，两位教练从第40分钟起就被赶到了观众席上。勒夫一直认为，这一处罚很不公平。

助理教练弗里克在场边继续指挥。下半场开始后第4分钟，巴拉克主罚任意球，德国队终于打进制胜一球。愤怒、郁闷和绝望中的巴拉克一记大力猛射，将球轰进对方大门。爆发中的巴拉克用狂野坚定的目光，目送足球钻进球门死角。人们难以想象，如果没有巴拉克这位队长和球队的顶梁柱冲锋陷阵并督促着队员们往前冲，国家队会是怎么样的。巴拉克总是在看起来毫无希望的时候，用舍我其谁的英雄气概和顽强的意志力，凭一己之力打破僵局。

勒夫赛后称这场险胜是一次"非正常状态"下的比赛，要求队员具有很高的韧性。虽然比赛场面不太好看，赢得也不太让人信服，但是这毕竟是艰苦拼搏得来的1∶0。勒夫总结道："比赛事关小组能否出线。如果小组赛被淘汰，那么对于德国足球来说将是巨大的耻辱。所以比赛结束后，我心中的石头落了地。当然，我对球队的表现不满意。我和队员们说'嘿，伙计们，这两场比赛的踢法让我很不满意！'我们必须要有所改变，不然我们在淘汰赛阶段毫无机会。"

磨砂玻璃后面的国家队主教练

1/4决赛是德国队对阵葡萄牙队，勒夫因为对助理裁判行为不端被欧足联纪律委员会处以剥夺一场现场指挥权的处罚，只得在观众席上观看比赛。处罚令还禁止勒夫在比赛前和比赛期间进入球队更衣室、球员通道和指挥区，也就是说他不允许在比赛开始前和比赛进行当中与球员有直接接触。按照欧足联规定，判罚不得上诉修改，勒夫只好认罚，表现出泰然自若的样子。勒夫说："我本来可以生两天气，可是生气也改变不了结果。"德国足协主席茨旺齐格甚至认为坏事变成了好事："这一判决会激发球队的斗志。他们还想在杯赛中走得更远，即使半决赛勒夫坐在看台上。"助理教练弗里克独自担当起场内指挥的大权，勒夫不能与他有任何联系，无论是纸条、信使或手机联系都不可以。

看上去比43岁年轻得多的弗里克只好走上前台。此前，人们只是在比赛半场中间的采访时看到他露面。人们在中场休息采访中看到的是一个目光羞怯地避开镜头的金发碧眼男人，他似乎还不适应对着镜头解释为什么换人或者为什么还不换人。弗里克一再表示："我不是一个喜欢站在前排的人。"由于他的低调，专业足球记者们也搞不太清楚弗里克具体在国家队教练班子里起的作用和担任的角色。在首次比赛战胜波兰队后的新闻例会上，弗里克必须要面对记者的提问。德国电视一台记者利用这一机会直接问他："您总是在幕后工作，公众除了在德国国家队有比赛时的新闻会上见到您，就几乎感觉不到您的存在。您能够举两三个具体例子来说明您除了管理球员数据库和观察对手，平时还为国家队做些什么吗？"弗里克的回答显得很无助，他说他"在一个团队中工作，每个成员都有自己的任务，但每个人也都有自己的自由，所以我很高兴在这个团队工作，至于谁管什么和外界怎么看，是次要的"。

弗里克的回答显然不能让人们更了解他的工作性质，但毫无疑问，他在教练班子中非常被看重，特别是勒夫本人称他是"绝对的专家"和"理想的工作搭档"。

现在是这位备受器重但不引人注意的专家自己走到前台的时候了。

现在弗里克不必像他在霍芬海姆执教时那样，摆出一副大权在握的主教练姿态。因为对比赛的各种可能，勒夫在条件允许的情况下，事先和他已经准备好了应对方案，例如一个队员被红牌罚下场时应该怎么办，或者在盯不住葡萄牙头号球星克里斯蒂亚诺·罗纳尔多（C罗）时又应该怎么办，或者谁来主罚点球等。勒夫还在开赛之前亲自宣布，施魏因斯泰格的上场机会要得到保证。勒夫后来回忆说："对波兰队比赛时施魏因斯泰格不在首发阵容里，这让他极为失望。这一回他真的失望透顶，在心理上很难接受这件事。所以我必须使他重塑信心，对他进行正确引导。但是对克罗地亚队的比赛情况不同：我们要做的不是安慰和鼓励他，而是明确无误地告诉他，他的行为损害了整个球队。对奥地利队的比赛结束后，我宣布他是首发队员，因为我知道我们需要他，我们在他打的那个位置上需要新人。"

战术上也要做出改变。巴拉克早在对克罗地亚队的比赛结束后就要求加强防守。在从维也纳飞回德国队驻地阿斯科纳时，勒夫与球队首席球探西根塔勒进行商谈后，制订出如下计划：在中后场让希策尔斯佩格和罗尔费斯紧缩中场防守，不给对手以施展的空间；在拿球后不是急于打冒险的进攻，而是通过双后腰从容组织起攻势；巴拉克位置突前，扩大进攻行动圈，给对手制造更大威胁；波多尔斯基和施魏因斯泰格作为左右两翼的前卫走外线给对方施压；克洛泽则担纲中锋牵扯对方防守队员，从而为冲上来的队友制造出空当。这样，德国队就从4-4-2变阵为4-5-1。本来，勒夫不太喜欢锋线只有一个人接应，但是由于前几场比赛中前锋戈麦斯发挥很不理想，勒夫也没有双锋阵容可用。

在瑞士巴塞尔举行的对葡萄牙队的比赛中，德国队发挥得并没有预期的那么理想，但是比赛场面还是很赏心悦目。变阵之后的德国队打得很流畅，波多尔斯基在新位置上打得积极主动，让人耳目一新，施魏因斯泰格脚法细腻，发挥出色。第22分钟德国队打出了最精彩一幕：波多尔斯基从左翼发起攻势，接连与罗尔费斯和巴拉克打出二过一配合后，瞄了一眼队友位置，向禁区内一脚直塞，施魏因斯泰格将球铲进大门，德国队1：0领先。这一球很好地演示了新阵型带来的新的进攻套路。在右翼活动的施魏因斯泰格看准机会，横向杀进禁区，在本来传统上属于中锋的位置将球铲进。之后德国队又进两球，都是在施魏因斯泰格踢出任意球之后，分别由克洛泽和巴拉克头球破门。虽然葡萄牙队最后追回两球，将比分改写成2：3，但是这并没有真正威胁到德国队获胜。胜利不仅得益于德国队的及时改阵，也是因为比赛前进行了大量任意球练习，将此前本来鲜有威胁的任意球战术变成了一把利剑。

赛后，记者们纷纷追问是谁出的变阵的主意。是巴拉克的催促起了作用还是西根塔勒出的点子？或者是以精于战术著称的勒夫本人？弗里克不仅代替勒夫对比赛进行了临场指挥，还在赛后的记者会上代替勒夫出面。他对这一问题的回答显得有些躲躲闪闪："我们是一个团队，谁出的主意都无所谓。"勒夫在晚些时候则给予了明确回答。勒夫面带自豪地承认在使用施魏因斯泰格的问题上，他本人的主意占了上风。他说："有时你能够预感，一位球员将会在下一场比赛中有出色的发挥。"他还将变阵记在自己的功劳簿上："想出一个新的策略并赢得比赛，会带来一种空前的满足感。我们作为教练需要的就是这样的时刻。"有记者问是不是巴拉克最先提出的建议，勒夫回答说："我只是通知了他。队长是一位重要的交流对象，但是战术路线的改变，采用什么样的阵型，由主教练来决定。而且，变阵也不是像有些记者写的像一场革命那么伟大，而是一种修改。在对奥地利队和克罗地亚队时，我们看出我们还不能像以往几场比赛那样将4-4-2阵型发挥到极致。不管阵型如何，其战术方向都是快速、直截了当地向前进攻，而不是随便将球踢到哪里。一切都跟以前一样，只是空间站位发生了变化。有时候，你不得不想其他办法来解决问题。"

前德国国家队队员伯恩特·施耐德在《世界报》上评论说："一位好教练的标志是，他能够偶尔放弃原来的足球理念，对一些改变战术的建议保持开放态度。勒夫正是这样，当有人提出建设性意见时，他会聆听。他在与队长协商后，改变了打法。"队中的后卫梅策尔德也明确表示，变阵也不是偶尔为之："如果你把欧洲杯看成是一次足球展会，那么本届展会中的新技术就是各个球队都很注重加强中场。"在这一届欧洲杯上，大部分球队都采用了4-5-1或者4-2-3-1阵型。也就是说，德国队的改变阵型根本不是战术上的革命，而是迟来的调整，这一调整在欧洲五大联赛上早就发生了。

不管怎样，勒夫又重新找回了对足球比赛的乐趣："尽管面临压力，对我来说足球首先是一场精彩的游戏。一届杯赛最美好的经历就是上演了几场赏心悦目的伟大比赛。"只不过勒夫没能够在场边指挥这场赏心悦目的比赛，而是躲在封闭的VIP包厢内。电视摄像师偶尔将镜头对准包厢的磨砂玻璃，捕捉到勒夫为比赛加油的模糊身影。

欧足联的体贴表现得也有点怪异，他们为了让勒夫缓解紧张，特意在包厢里准备了有镇静作用的撷草草药和阿司匹林，但是勒夫没有动它们，而是在自以为躲开了观察时，点上了香烟喷云吐雾。虽然只能看出个大概身影，但是作为一个公众人物这样做合适吗？社民党议员洛塔尔·宾丁批评说："勒夫先生有榜样的作用，对公众具有影响力，他应该意识到自己的责任，应该考虑到青少年的健康问题。"但是媒体的反应却空前正面，其中以《每日镜报》的标题最为语出惊人："亲爱的勒夫，谢谢您表现出的弱点，这样您显得更可爱。"勒夫的行为虽然政治上不正确，但却有人情味儿，让他在公众面前赢得了更多的好感而不是批评。在半决赛对土耳其队的比赛，勒夫又可以回到教练席，也就不能再抽烟了。他在回答这方面的问题时说："不让我吸烟一点问题没有。我在比赛进行当中根本想不起来要抽烟。"半决赛也是在巴塞尔举行，勒夫的任务是考虑如何打败以塞尔贝特利烟草出名的土耳其队。

碾过土耳其，决战维也纳

本届欧洲杯中，土耳其队大放异彩，他们拿球稳，脚下功夫好，而且斗志昂扬，士气旺盛。其主教练特里姆备战期间聘请了美国体能教练，使土耳其队在欧洲杯上体能出众，3次在比赛的最后一刻反败为胜。勒夫赛前表示："土耳其队是个极为难对付的对手。他们有在技术上非常优秀的球员。如果他们连赢下两三场比赛，他们就变得充满狂热的期望，对自己的能力深信不疑。土耳其人有着让人敬佩的性格，他们特别自信，能够随时回击对手，遭遇这样的对手，比赛很难准备。对付葡萄牙队，你可以针对他们明确清晰的打法特点进行相应的准备。而土耳其队的打法非常情绪化，他们善于即兴发挥，让人难以捉摸，而且他们斗志坚强，直到比赛最后一秒都会制造出危险。"

勒夫说，土耳其队当然也有它的弱点，例如定位球防守欠佳，因此可以通过观看比赛录像找出弱点并进行有针对性的训练。勒夫总结说："对付葡萄牙队是要找对合适的战术结构和策略，对付土耳其队则是要考虑比赛的情绪化，一切战略都要与激情和斗志挂钩。"

德国队使用了上一场比赛对葡萄牙队的相同阵型在巴塞尔迎战土耳其队。开赛之前，德国队放映了一段德国国内露天集体看球的盛大场面来激励球员，告诉球员有数百万德国球迷支持他们，热血球迷不只是土耳其才有，德国也有。

比赛果然充满激情，双方都没有显示出清晰可辨的战术打法，取而代之的是狂野的争夺战。土耳其队先声夺人，善于盘带的球员在争夺激烈的中场展开配合，而德国队一开始显得注意力不够集中，被动地跟着球跑，后卫也出现过几次失误，很难组织起像样的进攻。比赛进行了22分钟后，身穿印有半月标志红色球衣的土耳其队先下一城，也是理所应当。不过身穿印有黑色雄鹰标志白色球衫的德国队运气不错，几分钟后就由施魏因斯泰格利用第一次攻门的机会将球打进，双方以1∶1进入中场休息。

比赛进行到第79分钟，德国队由拉姆传球，克洛泽头球破门，教练席上也松了一口气。但是仅仅7分钟后，勒夫就又急得抓耳挠腮：土耳其队在加拉塔萨雷踢球的球星萨布里用一个假动作戏耍了一下拉姆，把球传给在费内巴切俱乐部的球星塞米赫，后者将球一捅，球穿过门将莱曼的两腿入网。就在人们都认为比赛要打加时赛时，受着强烈将功补过愿望的驱动，愤怒的拉姆在最后一分钟单刀长驱直入，打进制胜一球。

德国队可以说赢得有些侥幸。比赛扣人心弦，心理素质不过硬的球迷可能都不敢看下去。勒夫说："这是一场惊心动魄的比赛，由始至终充满着悬念。土耳其人与我们打了一场硬仗，比赛直到快结束都胜负未卜。"拉姆的进球让勒夫终生难忘："我们在比分打成2：2时，心理上都开始准备打加时赛了，进了这个球，这时候我突然意识到，我们打进决赛了。比赛终场哨声吹响后，我走进更衣室，想一个人静静待几分钟，享受一下这个时刻。我当时心中充满了狂喜。"当然，如果能够在6月29日维也纳举行的决赛中战胜西班牙队，那么勒夫就将欣喜若狂了。

对Tiqui-taca足球毫无机会

欧洲杯决赛开始之前，德国队就很清楚，要想战胜掌握完美短传技术的西班牙队，必须要有超水平发挥才行。西班牙队在半决赛中以3：0的绝对优势战胜了强大的俄罗斯队。西班牙队的足球艺术家们一旦拿住球，你就很难从他们的脚下把球抢下来。西班牙队即使在压力之下，也能够准确地传球，倒脚速度之快，制造出得分机会也是必然的。这就是所谓的西班牙式"Tiqui-taca"（Tiki-taka，西班牙文是Tiqui-taca）足球。它是由"全能足球"演变而成的足球战术，其特点是短距离传送和频繁跑动，核心理念是保持控球权，以减低后方防守球员的压力。此战术有别于传统的足球布阵理念，倾向于区域组织。西班牙国家足球队及巴塞罗那足球俱乐部是两支最为著名的应用Tiki-taka战术体系的球队，巴萨主要是在约翰·克鲁伊夫时期至蒂托·比拉诺瓦时期采用这种战术。虽然"Tiki-taka"一词早已存在于西班牙足球界，有可能是由主教练哈维尔·克莱门特所创造，但更普遍的说法则是2006年世界杯期间西班牙电视六台的体育记者安德烈斯·蒙特斯创造了该词并发扬光大。在该届世界杯西班牙队对突尼斯队的比赛中，蒙特斯这样描述西班牙队的传球方式："我们正在tiki-taka，tiki-taka。"而"tiki-taka"可能是拟声词，模仿了密集式短传时发出的足球碰撞声；也可能源于西班牙一种同样名为"tiki-taka"的杂耍器具。

比赛开始后不久就显示，德国队面对西班牙队没有什么办法，整场比赛都未能打出自己的节奏。比赛的前15分钟两队在场面上还算平分秋色，但之后德国队就只有招架之功而无还手之力了。比赛进行到第33分钟，托雷斯利用了一次拉姆和门将莱曼的配合失误，将球打进德国队大门。勒夫想给德国队增添新的活力，在第58分钟时派上库兰伊作为第二名前锋上场，随后又用戈麦斯换下克洛泽。西班牙队尽情发挥，而德国队整场比赛都没能制造出什么像样的得分机会，0∶1的比分对德国队来说甚至算是幸运的。

西班牙人欢庆夺冠，而德国队垂着头离开了场地。不管怎么说德国队也算是亚军，但是似乎没人对这一结果感到高兴。德国队情绪低落，勒夫也因为比赛明显一边倒而感到沮丧，但他努力保持着大将风度，在向西班牙队主教练路易斯·阿拉贡内斯表示祝贺后，他走过去安慰自己的球员，对每一位都拍拍肩，说些鼓励和安慰的话。德国队告别晚餐在维也纳凤凰俱乐部举行，勒夫带上了太太丹妮拉一同出席。晚餐后，球队又聚在一起举行告别晚会，勒夫整个晚上都试图活跃气氛，他请DJ播放乌多·于尔根斯的歌曲《请配上白色奶油》，然后请太太一起跳舞。晚会持续到第二天凌晨，大家也一点点想开了：2006年世界杯我们是第三名，如今欧洲杯上我们是第二名，那么两年后的南非世界杯也该是第一名了吧。

第二天，德国人为国家队在柏林勃兰登堡门前接风洗尘，数千名球迷们前来向德国国脚们致敬欢呼。这个主意是领队比埃尔霍夫出的，但遭到了德国足协的技术总监萨默尔的批评。萨默尔认为，在决赛失利后举行庆祝活动会释放出错误信号，特别是可能会影响年轻国脚们的取胜意志。他认为，根本不应该庆祝自己获得了所谓"欧洲亚军"，应该只是短暂露个面，对球迷们表示一下感谢就足矣了。

随着时间的推移，决赛失利的挫败感渐渐淡出，取而代之的是已经获得的成绩，是球队所带来的欣慰。但是，对西班牙队比赛中所表现出来的明显差距还会时不时让勒夫感到难过。让勒夫难过的不是失败本身，而是失败的方式。勒夫分析说："西班牙队的最大优势就是他们即使在压力之下，也能够打出自己的水准，在传球准确度、接球和带球上都无可挑剔。他们在比赛中表现得完美无缺，这是因为他们每一位球员都有过硬的基本功。所以他们对所有的球队来说都有一定优势。"

西班牙球队的优势绝不是偶然，而是早就有先兆。它是西班牙人近二三十年以来坚持狠抓青少年足球培训的结果。德国队球员没有经过西班牙球员接受过的那种常年培训，技术能力也就有限。决赛中，德国队全面处于下风，找不出任何抗衡西班牙人的办法。德国队不想也不允许坐视这种落后。勒夫发誓要报仇："下次比赛我们要抓住西班牙公牛的角。"

总结本届欧洲杯，德国队的表现其实还是相当不错的。在上届世界杯最后四强中，德国队是唯一一支在欧洲杯上又杀进四强的队伍，甚至挺进决赛，这在高水平的欧洲杯上并非容易。这说明德国队是一支相当有实力的球队。勒夫说，德国队在过去两年里稳步提高，"但是还要做出很多改进，还要在打法上更加熟练"。值得肯定的是，德国队打法更富于变化，现在可以打4-4-2和4-5-1，将来会让对手更加难以捉摸。勒夫批评自己在战术上不够灵活，说在半决赛对阵土耳其队时本应该采用4-4-2阵型而不是4-5-1阵型，那样在比赛中就可以给对手制造出更多压力，从而避免踢一场提心吊胆的比赛。但是勒夫认为，对西班牙队的比赛谈不上什么比赛失误，因为即使换一种打法，也改变不了技不如人的事实。

虽然欧洲杯上德国队不是发挥最好，但是总的来说还是让方方面面感到满意，特别是勒夫的表现让他的批评者们也感到信服。例如《南德意志报》就说："勒夫已经从一位战术理论型教练发展成为杯赛教练。他不再机械地执行事先拟订的计划，而是根据场上形势灵活地做出调整并敢于做出决定。"

界外球　广告策略与形象管理

　　勒夫将四后卫阵型塑造成为德国队熟练掌握的标准阵型。他自己的事情上则有一个"三人链"，即多年来管理他个人事务的顾问罗兰·埃特尔与哈伦·阿斯兰以及律师克里斯托夫·希克哈特。他们为勒夫解除了后顾之忧，代他谈判，为他个人生活的方方面面出主意，为他起草各种合同。埃特尔负责维护勒夫的公众形象，例如挑选可以采访勒夫的记者。阿斯兰更像是一个志同道合的"哥们儿"，希克哈特则掌控各种合同上的细节。在某些领域，三人的作用有些重叠，例如在广告合同上，由埃特尔和阿斯兰共同来管理。

　　罗兰·埃特尔是塑造勒夫形象的关键人物。和勒夫一样，埃特尔也是一位施瓦本人，1958年出生于路德维希堡，曾任《斯图加特报》体育编辑，后来成为斯图加特足球俱乐部的新闻发言人。他曾经是克林斯曼在斯图加特踢球时的顾问，他与勒夫相识于1995年，那一年勒夫到斯图加特担任助理教练。他与克林斯曼、勒夫都是好朋友，他说自己不是职业经理人，当顾问不是为了钱，而是想做点事情。他认为自己的主要任务是让他的客户在公共场合展示出一个良好的形象。作为一个形象设计师，他必须相信自己所做的都是对的，才能够有可信度。埃特尔不想为他的客户戴上面具，不想在形象展示上做过多的人工修饰。

　　当埃特尔谈论勒夫时，你很难分辨哪些是真实的勒夫，哪些是形象塑造下的勒夫。例如他说勒夫从来不傲慢待人，因为他有一颗善良的心；勒夫从没有花心思去设计什么远大的职业计划，而是做任何工作都全身心投入，只知道埋头做事，必要时甚至愿意到德乙执教；勒夫总是很放松和冷静，即使是在很紧张和面对尖锐批评时也能够保持平静和坦然的心态。埃特尔称赞勒夫是"一位绝对有积极思维的人，有幽默感，心理平衡，尊重每一个人"。总之，按照埃特尔的说法，勒夫是一位十分理想的客户，形象设计其实都没有必要了。

　　勒夫的公众形象随着时间的推移发生了变化，这不是偶然的。勒夫早期的"好好先生"形象并不怎么耀眼夺目，可能也是因为那时候他没有埃特尔帮他进行形象设计。勒夫在斯图加特执教时给人的印象是实事求是、很严肃、有时还害羞甚至显得忧郁，但是始终态度友好。《斯图加特报》记者霍尔格·盖尔曾经想写一篇刻画勒夫的短文，但是却无从下笔。他懊恼地说："你想写这种人，简直是不可能完成的使命。"勒夫担任德国国家队助理教练时，《法兰克福汇报》称勒夫是"一位不引人注意的、热衷于比赛战术的人"，用《南德意志报》的话来说，勒夫的"魅力就是那块战术讲解板"。勒夫认为用自己的情绪去影响周围的人有点失礼，但也因此显得有点单调沉闷。

2006年秋天，科隆体育市场调研所主任哈特穆特·察斯特罗曾经这样评论勒夫的形象："勒夫不是一位鼓动家，不像克林斯曼那样引人注目。但是他给人感觉很真实，很可靠。他适合做投资或者保险方面的代言广告。"在担任德国国家队主教练的头两年里，勒夫谢绝了所有的广告邀请，直到2008年欧洲杯之后才有选择性地做广告代言。埃特尔为勒夫设计出一份14页的树立形象的战略计划。有人不无道理地猜测，勒夫以前被认为缺乏个性，现在这一缺点被当成"酷"而被人们接受，应该是形象战略起了作用。

这一猜测有多少道理，当然是见仁见智。埃特尔的主打策略是强调勒夫与生俱来的"让人难以置信的沉着冷静"。勒夫年轻时代的朋友沃尔夫冈·凯勒说，尽管勒夫已经改变得太多，但是他的姿态和说话方式并不是刻意表现给人看的。社会心理学家罗尔夫·范迪克则在2014年年初说，在他眼里，勒夫"显得有些刻板，给人不太真实的印象"。范迪克认为，一位真正的好的领导者"应该具有人格魅力，讲话能够让人们信服和受到鼓舞。我发现勒夫嘴里说的常常和他的表情、肢体语言并不般配。有意思的是，并没有人提醒他这一点"。

范迪克的判断适用于重大比赛前夕勒夫在新闻发布会和采访中的表现。例如，当勒夫声称——他总是这样说——他"完全深度放松"时，他的身体却是僵硬的，并习惯性地面部紧绷，从牙缝中挤出一口气，发出"咝咝"的声音，这说明他的表情和他所说的有很大差别。

不管怎么说，这些小节上的疑点并不妨碍勒夫成为德国民众喜爱的人物。德国FORSA民意调查所"2008年最受喜爱的德国人"民调中，勒夫排名高居榜首。奇怪的是，勒夫在广告片段中的表现远比在新闻发布会上或者接受采访时更出彩，给人的感觉好像是：与为他量身定做的广告形象相比，国家队主教练的公众代言角色依然让他感到陌生。为勒夫策划的广告造势运动的要旨是：应该表现出勒夫是可信的，是真实的和可靠的；他在工作上非常严谨和有能力，能够鼓舞斗志和严明纪律；他不但事业上成功，在个人生活上也讲究时尚；他始终态度谦逊、自然、给人好感。既然有这么多优点，那么应该有很多产品适合用勒夫的形象做广告，但是勒夫的顾问仍然拒绝了很多广告合同。阿斯兰说："不能只看钱，必须要仔细看看广告的产品是否适合运动员的性格品德。"后来，他们决定接受3家公司的广告合同：德国财产咨询公司、途易旅游公司和拜尔斯道夫化工公司旗下的妮维雅品牌。据说，这三家的广告合同能够给勒夫带来每年150万欧元左右的收入。

2008年11月，勒夫开始为途易旅游公司代言。途易的广告策划师称："德国人将来不仅在足球问题上相信这个男人，在去哪儿度假的问题上也将是这样。"勒夫是这样介绍自己的度假偏好的："我是一个兴趣多样的度假者。有时候喜欢参加提供多种体育活动的俱乐部式度假，有时候追求身体和精神上都具有挑战性的冒险式度假，有时候喜欢都市文化之旅。"

2011年1月，他去泰国，在两家豪华酒店拍摄45秒钟的广告片。第一个场景是：勒夫以一个度假者的身份出现，驾驶一辆高尔夫球场地车穿过酒店花园，然后是打开客房的阳台门，脱下西装，看看前方的大海，做了一次深呼吸，以显示这是一次在梦幻地方的纯粹放松之旅。场景二是勒夫客串两个角色，一个是作为经理人的约吉，一个是热爱生活的约吉。手持手机和笔记本电脑的"经理人约吉"在海滩上与"热爱生活的约吉"展开对话。这位生活艺术家约吉在镜头中探索生活的意义：

"一万天睡觉，九千天工作，五千天等待。对我来说生活有时候也就是学会放手。"然后约吉以一个漂亮的姿势跃入游泳池。这个广告要传达的信息是：经理人约吉工作繁忙，希望在度假中尽情享受什么都不做的乐趣。真正的约吉则表示："在泰国经历的夕阳西下景象或者和朋友攀越大山的时光比我在办公室里的时光更让我难忘。"他在休假问题上绝不做半点妥协，有谁会怀疑他这一点呢？

那么人们真的会去模仿他吗？是的，他还拍了另外一个广告短片，内容是他在毛里求斯度假，做什么都被一个6岁儿童模仿，无论是在游泳池边按摩，还是在海滩上跑步，或者是开着高尔夫球车。约吉问那个孩童在做什么，男孩回答说："爸爸告诉我，我们应该像约吉·勒夫那样度假一次！"当然，那就可以去找途易，途易提供适合所有人的全方位旅游服务。接下来的镜头是勒夫走进度假酒店，不停地有人给他提供各种服务，例如服务员不请自来地端上一杯饮料到阳台，服务生送一个水果盘进房间，勒夫一从海水里上岸就有人递来一条毛巾。勒夫到服务台说："你们做的这一切真是体贴，但是别为我专门提供精品烤香肠了。"服务台小姐微笑地问道："先生，您是说哪一种精品烤香肠？"

如果说途易为每一位客人提供的是精品服务，那么妮维雅则为讲究时尚和潮流的现代男人提供了精品面霜。妮维雅是德国的传统品牌，自1911年起就成为市场上的经典品牌。在电视广告上，面容整洁的勒夫向观众们解释他在旅行时化妆包里都装的是什么东西，以及他的浴室里放的都是哪些护肤品。他在镜头前说，他在冬天皮肤干燥，因此喜欢用保湿霜；他还说他每天早上花上15到20分钟梳洗打扮。2008年以后，把国家队带上一个新台阶的勒夫终于在电视广告上频频出镜，妮维雅面霜和勒夫就像明星主持人戈特沙尔克与小熊橡皮糖一样密切联系在一起。

勒夫对于他与妮维雅的合作评论道："我百分之百认同妮维雅。我们兄弟四个可以说是在妮维雅蓝色罐罐陪伴下长大的，就是那个妮维雅手霜，我们在什么场合下都涂它，例如在露天游泳时用它来当防晒霜。"现在，身为国家队教练，每一场国家队比赛同时也是勒夫表现自己的舞台，他当然不仅要穿着得体，还要精心保养，也就是说使用妮维雅的面霜、洗发水和润肤露。

从2009年4月起，勒夫在由德特勒夫·布克执导的妮维雅广告中变成了一位护肤讲座上的教练，广告用足球术语来宣传护肤用品，例如说无论在两性"争夺"中，还是在电影院中的"突然进攻"，抑或是工作上的"加时赛"，都要以完美的仪容仪表"出场"。在2010年世界杯时，德国商店举行了一次妮维雅促销活动，勒夫为此做了一个26秒的广告。广告中，勒夫的身后背景是购物中心，他则介绍自己从2万多种商品中选择了哪11种护肤品上场。这些广告都拍得很完美，很可信，很适合勒夫。勒夫在广告中显得很机智，很平易近人，很有风度，当然也是仪表整洁。但是这一切又都显得有点做作，因为勒夫还会是别的样子吗？

在2014年世界杯年，市场研究机构"名人表现"的一份调查说，勒夫在广告中扮演的"智慧的爱心家长"形象传达得非常成功，例如他和德国国家队一起拍摄的商业银行的广告。但是，人们想要通过这些广告去了解真实的勒夫，那就有点缘木求鱼了。《明镜》周刊曾经在巴西世界杯开始前讽刺比埃尔霍夫为德国队做的市场宣传太俗气，把国家队弄成了家居广告风格。而勒夫的广告则代表了一种流行的广告趋势，那就是把有血有肉的人变成了外表上毫无瑕疵的整形术作品。以前足球明星做广告，他们是在为一个产品在做宣传，现在则是广告背后已经看不出真实的球星本来面目。当然，我们现在仍然还有像托马斯·穆勒或者施魏因斯泰格这样的性格鲜明的球员，但是你很难清晰描述勒夫的性格，他像广告中涂了厚厚一层面霜的人物一样，让人难以洞悉其本色风采。

只有德国国家队比赛时现场直播镜头偶尔给勒夫一个不经意的大特写时，我们才能够看一眼一个真实自然的勒夫。在你死我活的戏剧性淘汰赛中，像勒夫这样的绝对讲究卫生的皮肤护理专家也会成为身体排泄物的牺牲品。人们在直播镜头中看到勒夫用鼻子去嗅考究西服的某一部位，或者用手去抓腋下以试试防汗剂是否还起作用。这位注重打扮、追求完美外表形象的妮维雅代言人必须注意，不要因为过度紧张失去控制，让自己成为笑柄。还有另外一类教练，他们代表的是对衣着不拘小节的一类男人，他们在这方面就轻松得多。例如克罗地亚队教练斯拉文·比利奇，他像个摇滚歌星一样穿着皱巴巴的西装，领带也不打严实，衬衣垂到裤腰外面，在场边又蹦又跳。或者那个狂野的土耳其教练特里姆，穿着透着大片汗渍的衬衫上镜。勒夫则即使在下雨天的比赛中，也像是在穿着性感湿身男装在服装表演T台上走秀。

虽然偶尔失态，比赛场边上的勒夫和助理教练弗里克在形象上是非常和谐的一对。勒夫和弗里克曾经一同为德国财产咨询公司做过一个广告，但这一已经停播的广告没有大面积播放，因此大部分德国观众对它并不熟悉。在这个广告中，勒夫和他的助理教练要体现的是该公司严肃可靠的专业顾问形象。广告中有这样一句话："只有共同努力才能够取得伟大成就。所以勒夫和弗里克最看重的是团队精神，就像您的财产顾问伙伴——德国财产咨询公司一样。"弗里克对单独一个人做广告并不感兴趣。他说："作为德国国家队的助理教练，我也成了公众人物，也对某一类受众产生着一定的影响力。但是，和勒夫一起配合我感到很愉快，在广告中搭档也是如此。"

第 9 章　一支球队的诞生
　　　　依靠年轻人的活力提高成绩

2008年欧洲杯之后，德国国家队开始了更新换代。上了年纪的老队员，像莱曼和有着"德国的巴西球员"美誉的伯恩特·施耐德都从国家队退役，还有一批队员被清理出国家队或者进入"待考验名单"。中后卫梅策尔德由于不断的伤病困扰水准大幅下滑，要想恢复到昔日状态已经不大可能。巴拉克的心腹弗林斯以前一直入选国家队，现在也成为有争议的球员。年轻球员们跃跃欲试，想得到属于他们的机会。勒夫想把一些非主力队员，像特罗霍夫斯基、希策尔斯佩格和罗尔费斯等人培养成为主力阵容后备人选。同时，勒夫也宣布将继续寻找和试用新人。试用新人和尝试新阵容的期限定在2009年年底之前，到那时必须要确定一个新的能够打世界杯的固定阵容。

德国国家队的人员调整当然会招来不满的声音。勒夫说将来挑选国家队队员的唯一标准是看能力和成绩，但是这话听起来也让人颇为困惑。因为如果真是这样，那就意味着刚刚过去的欧洲杯上，挑选队员的标准并非只看的是能力和成绩了。总之，"能力和成绩原则"后来引起过不少争议。特别是围绕队长巴拉克的左膀右臂弗林斯，争论持续了好几个月，直到2010年1月勒夫才最后拍板，决定将这位曾经的国家队中场主力请出国家队。

队员的调整也不可避免地带来国家队等级关系上的变化。巴拉克本人也成为被攻击的对象。世界杯预选赛的过程中，德国队人事冲突不断，最后德国队有了很多新面孔。国家队内的角色重新分配，这其实也是勒夫本人有意使然，甚至是他一手策划的。在欧洲杯结束后不久，勒夫就要求拉姆和施魏因斯泰格"现在应该成长为领军人物"。

世界杯预选赛起步磕磕绊绊

世界杯预选赛开始后，德国队开局以6：0胜列支敦士登队，赢得毫无悬念。接下来在赫尔辛基只以3：3战平芬兰队。电视转播节目主持人克纳在直播间采访勒夫时，不客气地称德国队这场比赛的表现"乏善可陈"。勒夫先是忍住没说话，只是脸上有些不悦。克纳不依不饶，在勒夫解释德国队为什么"乱了阵脚"时，又追问道："请允许我斗胆问一句：哪里还有什么'阵脚'？"勒夫再度沉默，但是明显看得出他已经忍无可忍了。勒夫对这类近乎尖刻的指责一向都很敏感，但就这场比赛来说，他其实应该老实地承认德国队在世界杯预选赛的起步的确不是那么干净利索。不过，德国队接下来分别以2：1和1：0战胜俄罗斯队和威尔士队，两场比赛踢得也让人信服，德国队因此是D组第一名，直接拿到世界杯入场券的机会大增。

2008年的收官之战有些令人扫兴，德国队在柏林以1：2败给了英格兰队。2009年的开局之战也同样让人郁闷，德国队在杜塞尔多夫以0：1负于挪威队。在对英格兰队的比赛中，拉姆、巴拉克和弗林斯缺阵，两名本来是打中后卫的队员康佩尔和弗里德里希改打边后卫，德国队没能打出清晰的线路，进攻时没有给对手形成什么压力。两名后腰琼斯和罗尔费斯没能担负起组织进攻的责任，德国队似乎离开巴拉克和弗林斯这样的大将就玩不转了。对挪威队的比赛，勒夫派上新人，比如韦斯特曼、贝克、塔什彻和黑尔墨斯，"老队员"拉姆以及弗林斯和巴拉克重新披挂上阵，但德国队未见什么起色。相反，对挪威队的这场比赛是勒夫上任以来德国队踢得最糟糕的一场比赛。勒夫用一贯的巴登人的不紧不慢谈论这场比赛，说他只是对球队的表现"有些不满"。但是，德国足协主席茨旺齐格对于德国国家队的沉闷表现十分恼火，称德国足球的"形象可能都会因此而受损"，并要求国家队主教练对形势进行"仔细分析"。作为主教练，勒夫当然是要仔细分析，他说德国队在这样的友谊赛中表现得不够专注。

德国队在接下来的两场世界杯预选赛中表现得很专注，分别以4：0战胜列支敦士登队和以2：0胜威尔士队。2009年5月底和6月初，德国队出访亚洲，在上海只以1：1打平中国队，然后在迪拜7：2横扫阿联酋队。亚洲之行不无争议，因为它并没有什么体育价值，只是德国职业联盟的一次宣传之旅，德国足协以此换来的是德国职业联盟同意让队员们参加冬季体能测试和拍摄世界杯宣传片。不管怎么说，此行也是借机让几位未来之星进入国家队找找感觉，同时也可以观察他们，勒夫也在旅行期间有时间和一些"问题球员"进行长时间的个别谈话。

8月中旬，德国队飞到遥远的阿塞拜疆首都巴库去打一场世界杯预选赛。前德国国家队主教练福格茨执教的阿塞拜疆队踢得很卖力，德国队表现一般，但是最后还是依靠施魏因斯泰格和克洛泽的两个进球轻松取胜。

勒夫决定改变打法

德国队在2008年欧洲杯上对阵葡萄牙队时偶试单前锋阵型，后来在对土耳其队和西班牙队的比赛中都保留了这个阵型。但是由于德国队对土耳其队的比赛发挥得并不让人满意，对西班牙队的比赛更是没有任何机会，勒夫在欧洲杯后就又回归4-4-2阵型，例如在巴库与阿塞拜疆队比赛时就是巴拉克和希策尔斯佩格打"双6号"，前锋是克洛泽和戈麦斯搭档。但是，由于德国队并没有因此踢得令人信服，打法体系问题就重新被提出来。9月初时，德国队教练组在拜尔斯布隆的天使酒店闭门开了3天会，对过去一段时间的比赛进行了系统的分析、评估和讨论。最后，教练组宣布用4-3-3阵型替代4-4-2阵型。变阵的目的是用施魏因斯泰格和波多尔斯基（或者来自门兴格拉德巴赫的善于盘带的年轻队员马林）来加强边路突破。中场突前的人选首先考虑的是在不来梅踢球的希望之星梅苏特·厄齐尔。新阵型首先在科隆和汉诺威体育学院的训练场上进行了试验，然后又在对南非队的友谊赛上演练了一次，两员小将厄齐尔和马林第一次在国家队的比赛中首发。

勒夫嘴里说到的4-3-3阵型，其实有他自己别具一格的理解。它其实不是荷兰足球首创的那种双边锋的经典4-3-3，而是设置3名攻击型中场的打法，也就是德国队已经尝试过的4-5-1或者4-2-3-1。叫法上的混乱是出于形象上的考虑，因为有三名前锋的阵型听上去更大胆，更符合勒夫的足球理念。但是不管给阵型起什么名字，勒夫的明确目的就是释放出打进攻足球的信号，因为过去一段时间里德国队打得"不太和谐"。克洛泽成了这种设一名真正前锋的新阵型的牺牲品，当时路易斯·范加尔也在拜仁慕尼黑尝试被叫作4-3-3阵型但其实是4-5-1的新阵型，在那里是将戈麦斯作为中锋，里贝里和罗本担纲两翼，克洛泽于是沦为板凳队员。出于同样原因，克洛泽在德国国家队也失去了他多年独占的首发位置。

戈麦斯和厄齐尔在对南非队的友谊赛中各进一球，变阵宣告成功。新阵型的目的是给德国队带来活力，事实上也做到了这一点。与4-4-2阵型相比，4-5-1阵型的优势是非常灵活，更容易在中场形成人数优势，从而实现对中场的有效控制。中场的5名队员也让后防线更密集紧凑，更容易切断对手的直传。如果是对手拿球，位置靠前的中场队员变身为防守队员，与双后腰形成处于后卫线前方的第二条四人链，阵型也就相应地变成4-4-1-1。在进攻上，由于站位比较紧密，也很容易在球所到之处形成人数上的优势。两翼的进攻队员可以交替冲到锋线位置，给对手带来站位上的困扰。如果两翼一起突前，就形成了4-3-3打法。

4-2-3-1阵型的最大优点就是空间分配上的优化。当球队处于守势时，双后腰中的任何一个都可与其他两名后卫形成一个防守三角来封堵拿球的对方球员。同样，在进攻时，不用跑太多路就可以形成一个传切三角，在狭小的空间里能够更快地进行短传配合。这一阵型还有一个特点就是能够即兴变化，只要有足够多的练习，就能够很快打出各种位置变化。

教练班子在公开场合并不说是进行了阵型改革，而只是说增加了一个战术选项。队长巴拉克一向主张加强后防线，他特别支持新的阵型。5名中场使得战术结构更清晰，进攻更灵活，这很快就在主场再战阿塞拜疆队的比赛上得到验证。戈麦斯再度担任中锋，施魏因斯泰格和波多尔斯基分占两翼。上半场比赛踢得还不是很流畅，巴拉克依靠着一个点球让德国队取得了1∶0领先。下半场德国队打出精彩纷呈的进攻，替换戈麦斯上场的克洛泽宝刀不老连中两元，最后波多尔斯基锦上添花，以4∶0拿下比赛。

人造草足球场接受考验

　　2009年10月，世界杯预选赛对阵俄罗斯队的关键一役将在莫斯科打响。胡斯·希丁克调教下的俄罗斯队奔跑积极，配合默契，如果本场比赛德国队输给俄罗斯队，那么极有可能排小组第二，不得不去打两场附加赛才能够获得世界杯参赛资格。因为比赛将在人造草皮上进行，德国队就在美因茨进行了有针对性的训练，以适应这种场地。勒夫赛前说：“人造草皮不能是踢不好球的借口。”他要求队员们把莫斯科一战当成决赛来打，志在必得。

　　比赛中，克洛泽在第34分钟打进一球。当时，厄齐尔以漂亮的盘带杀进禁区后，与波多尔斯基打了个二过一，然后做了个射门的假动作骗过对方防守队员，将球闪电般传给门前接应的克洛泽。比赛进行的时间越长，俄罗斯队给德国队制造的压力也越来越大。比赛进行到第70分钟时，德国队后卫博阿滕累计两次黄牌被红牌罚下，俄罗斯队以多打少。勒夫用弗里德里希换下厄齐尔以加强后卫线。幸亏德国队门将阿德勒发挥出色，屡屡化险为夷，将1∶0的比分保持到了终场。德国队运气不错，而俄罗斯队则临门一脚还差些火候，所以比赛结果也是实力的如实反映，德国队战术运用得当。这样，德国队拿到了南非世界杯的入场券。

《法兰克福评论报》分析说："勒夫将克林斯曼的看重场面的足球改造成运筹帷幄以结果为导向的足球。"总之，德国队表现越来越好，勒夫的受欢迎度也越来越高。《图片报》文章的标题甚至是："约吉，我们爱你！"勒夫越来越受到球迷们的爱戴，也是因为他在场边的表现越来越有激情。在与俄罗斯队比赛的90分钟里，勒夫的表情随着比赛的跌宕起伏而变化丰富，在紧张的场面出现时他身体不停地或摇摆或张弛。即使在1∶0领先之后，他也仍然一直没有放松，而是随着场上的形势变化而做激动或沮丧状。在此前的欧洲杯上，勒夫就逐渐从一个"很酷的约吉"变成了一个在场边激情四射的热血教练：他不再像以前那样儒雅含蓄，而是肢体语言丰富，嘴里大声地训斥吆喝。

剩下的最后一场预选赛只是走个过场，德国队在汉堡以1∶1战平芬兰队之后，以4分优势力压俄罗斯队、小组第一的身份出线。整个10场世界杯预选赛中，德国队8胜2平，7场比赛没有失球，得失球比例是26∶5，成绩堪称骄人。

一位守门员的离世

2009年接近尾声，德国队还计划打两场测试比赛，即11月14日在科隆对阵智利队和4天之后在盖尔森基辛对阵科特迪瓦队。但是对智利队的比赛临时取消，因为11月10日，来自汉诺威的德国队门将罗伯特·恩克卧轨自杀身亡。这一消息震惊了整个德国，在德国足球史上还从没有发生过这样的悲剧。

勒夫是在2009年年初才将恩克任命为德国国家队主力门将的，希望以此结束国家队门将人选问题上的不断争议。恩克连续三次在世界杯预选赛上出场，最后一次是8月12日对阿塞拜疆队，之后就没再参加过国家队比赛，官方当时给出的原因是"细菌感染"，而在他去世之后人们才获悉，真正的原因其实是他患有抑郁症。人们当然开始猜测，他的自尽是不是与国家队主力门将的竞争压力太大有关。在国家队守门员这个位置上，表现越来越好的阿德勒是恩克的有力竞争者。

勒夫与队中心理学家赫尔曼商议如何在队员面前对这一悲剧事件表态。赫尔曼建议，应该在表达悲痛的同时鼓励大家以积极的心态去面对悲剧。勒夫向球队讲话说："我们无法压抑感情和痛苦，但是悲痛总会结束，我们必须在这个时候特别想起与罗伯特共同度过的美好时光。"11月15日在汉诺威体育场为恩克举行了追思仪式，国家队队员们在回程的车上沉默不语，大家心里都非常难过。

第二天，德国国家队又在杜塞尔多夫恢复训练。勒夫专门召开了一次记者会，表达了对恩克的悼念和追思。他说恩克"不仅仅是一位出色的守门员，也是一位非同寻常的好人。对于他来说，公平和团队精神不仅仅是嘴上说说的口号。他对队友宽容体谅，随时会鼓励和帮助队友"。勒夫说，当然不能永久沉浸在悲伤之中，生者还要继续前行。他说："我们生活在一个竞争激烈的社会之中，职业足球上的竞争压力不可避免。球队中对不同位置的竞争也是重要的，将来也会是这样。"勒夫同时还说，现在的任务就是"更勇敢地去展现人性的一面，随时准备好去倾听。"

两天之后，在盖尔森基辛对科特迪瓦队的比赛如期进行，比赛开始前全场为恩克默哀，大屏幕上播放恩克生前的画面，球员席位中间摆放了恩克的球衣，球员们戴上了悼念的黑色臂章。比赛以2∶2结束，波多尔斯基在比赛中打进2球，每打进一球后，他都伸手指向天空，表示此球献给天上的恩克。

恩克事件在勒夫脑海中停留了很长时间。在南非世界杯结束后，勒夫曾经说过："恩克是球队的重要组成部分，我们作为朋友也特别怀念他。"他表示，他希望恩克事件能够让人们今后更加注意倾听球员的心声。他说，足球是一项在竞争社会中的竞争激烈的运动，这一点将来也不会改变。虽然勒夫从人性角度表示，如果恩克生前公开他的抑郁症病情，不会影响到他在国家队的位置，但是另一方面，国家队人选上的竞争如此激烈，不受影响大概是很难做到的。

南非世界杯的初选大名单

在2008年和2009年的友谊赛中，勒夫陆续试用过不少新人。勒夫选拔新人的标准是战术适应能力强、技术好、有一定的奔跑速度。新人当中逐渐挑选出一些中意的人选，他们将与那些地位稳固的主力队员共同组成世界杯参赛阵容。很多新人都是来自霍芬海姆和斯图加特，或者曾在那里培训过，例如马尔文·康佩尔、托比亚斯·魏斯、塞尔达尔·塔什彻、萨米·赫迪拉、卡考、克里斯蒂安·特雷施、克里斯蒂安·根特纳和安德烈斯·贝克。其他新人来自于德甲各球队，例如马塞尔·舍费尔、帕特里克·黑尔默斯、马尔科·马林、萨沙·里特、热罗姆·博阿滕、勒内·阿德勒和梅苏特·厄齐尔。稍后又加入了一些其他德甲年轻球员，如丹尼斯·奥戈、托尼·克罗斯、托马斯·穆勒和曼努埃尔·诺伊尔。

德国国家队的后备竞争人选圈子越来越大，勒夫在2009年夏天时曾表示对此感到欣慰。"德国足坛人才储备状况越来越好。我看到有很多很优秀的队员正在朝着国家队的方向努力。与2006年世界杯时相比，这批队员的优势是他们在自己的俱乐部中也是主力队员。"他主要指的是几名顶尖的新生代球员，如热罗姆·博阿滕（汉堡队）、萨米·赫迪拉（斯图加特队）和梅苏特·厄齐尔（不来梅队）。这几名球员都是在瑞典举行的21岁以下欧洲青年锦标赛的冠军队成员，他们都是广受瞩目的希望之星。赫迪拉和博阿滕是传统上注重青训工作的俱乐部比如斯图加特或柏林赫塔培养出来的，而厄齐尔则是在2000年到2005年在德国丙级联赛俱乐部埃森学会了踢球，然后在沙尔克04开始职业球员生涯。这3名球员的成长都或多或少说明，自2001年起在德甲推广的青少年培训中心机制开始开花结果。同时，他们的职业球员之路还表明，德国年轻一代球员的质量越来越受到好评，他们表现出自信，在很年轻的时候就开始争取在欧洲顶级联赛中获得一席之地。勒夫说，这些新秀不但有天赋，还非常具有职业精神和进取精神。"他们非常自信，但并不傲慢，他们表现得很谦虚。"他还说："拥有这样一批年轻一代球员，是每个教练的骄傲，他们给国家队吹来了一股清新的风气。"

2010年4月中旬，德国队教练组再次聚首拜尔斯布隆的五星级天使酒店开了3天会，会上决定了德国队世界杯队伍的大名单人选。5月6日，德国国家队在斯图加特奔驰汽车博物馆召开了新闻发布会，宣布了大名单。勒夫一上来先来了个预防性道歉，称无论怎样决定，都不可能让每个人都满意，这是不可避免的。

名单上总共有27名队员，其中7人来自德甲联赛冠军拜仁慕尼黑，参加2006年世界杯的阵容中只留下了8人。几名国家队的新人作为备选球员，至少有机会在接下来一周对阵马耳他队的热身赛代替缺席的主力队员登场。缺席的主力队员有要代表切尔西打英格兰足总杯决赛的巴拉克，还有要参加德国足协杯决赛的不来梅和拜仁这两支球队的球员。来自拜仁的球员还要在5月22日参加欧冠联赛的决赛，因此他们到国家队报到的时间将会更晚。德国国家队定于5月15日到意大利的西西里岛进行世界杯赛前的最后备战训练。

勒夫不点名地解释了为什么不带沙尔克04队前锋库兰伊去南非。他说，他要做的不是挑选当前最好的球员，而是要组建一支最好的德国国家队。他对记者们说，他敲定的国家队名单是他多年持续细致观察和分析德国球员的结果。他说，他对入选的队员绝对信任。除了阿德勒和罗尔费斯因为伤病没能入选这一届德国国家队，对于熟悉德国足坛的记者们来说，整个大名单没有什么意外人选。

南非世界杯队伍的人选遵循的原则清晰可辨。勒夫弃用了富有经验的老队员比如弗林斯、库兰伊和希策尔斯佩格，而更倾向于使用代表国家队出场次数还不多的年轻队员。守门员诺伊尔或者中场赫迪拉在入选世界杯名单前只踢过3场国家队比赛，托马斯·穆勒和霍尔格·巴德斯图伯则只踢过1场。队伍中有6人是2009年的欧洲21岁以下青年锦标赛的冠军队成员，球队平均年龄只有25岁。勒夫器重那些虽然还不太成熟但经过良好训练的球员，也就是说才华比经验更加重要。实际上情况也是，历史上还没有哪一届德国国家队像现在这样拥有这么多盘带技术好的技术型球员，这些球员年轻而有活力，更适合勒夫的以战术配合见长的打法。

巴拉克依然是球队的灵魂，是中场的组织者，也是队中唯一一位世界级球员。拉姆和施魏因斯泰格在巴拉克左右形成中场核心。拉姆擅长打边后卫，左右边翼都能胜任，过去几年里的发挥一直保持高水准，并且在气质上也越来越成熟，在球队中越来越有威信。施魏因斯泰格无论是在技术上还是在性格上都趋于成熟，在拜仁的中场防守中起到了不可或缺的作用。前锋克洛泽虽然在拜仁状态不佳，但勒夫仍然对他百分之百信任，力排众议带上了克洛泽，而后者当然也每每以大赛上的出色发挥给予教练回报。

以上就是德国国家队中轴线上的人选，本来还应该有一名守门员。但是勒夫不想在宣布大名单时就确定主力一号人选。阿德勒因伤退出后，勒夫不出所料招进了有经验的汉斯－约尔格·布特作为替代。另外两名守门员是蒂姆·维泽和曼努埃尔·诺伊尔。来自沙尔克04的诺伊尔反应速度快，是典型的能够积极参与比赛的现代型守门员，他被认为是主力门将的合适人选。诺伊尔在比赛中沉着冷静，技术非常好，预见能力出众，能够通过准确的大脚发球或者手抛球闪电般地从球门位置发起一次进攻。

如果说有什么意外的话，只有名单中的两名后卫，他们是来自汉堡的丹尼斯·奥戈和来自拜仁的霍尔格·巴德斯图伯。巴德斯图伯作为后卫踢球非常冷静，思路清晰，战术素养非常好。奥戈则技术非常好，具有德国21岁以下国家队的比赛经验。后卫线中，来自柏林赫塔的弗里德里希视野开阔，比赛态度严谨，组织能力强；来自不来梅的默特萨克则一对一争抢能力强，传球准确到位。他们两位是后防线经验最为丰富的球员，能够在压力之下不乱阵脚，是勒夫在后防线上的定心丸。两名边后卫分别是来自汉堡的左后卫韦斯特曼和右后卫博阿滕。韦斯特曼是一名全能型后卫，技术出色，头球好，善于助攻；博阿滕则略显经验不足，但被认为是德国足坛的希望之星，有希望将来成长为德国后卫线的主力。中后卫的备选球员是来自斯图加特的塔什彻，他的特点是在任何时候都发挥稳定，不出大错。另一名边后卫是来自汉堡的扬森，以踢球卖力和跑动积极见长。来自霍芬海姆的后卫贝克再次被招进国家队，他也属于那种比赛中非常投入的队员类型。

勒夫对中场的两名新人情有独钟。勒夫称来自斯图加特的赫迪拉作为防守型中场有着"惊人的潜力"，其组织能力能够"给比赛带来均衡"。赫迪拉身体素质好，动作优雅，战术理解能力强，他是21岁以下欧洲青年锦标赛的冠军队成员，他的发展前途无量，势头超过老队员如弗林斯、希策尔斯佩格和罗尔费斯。勒夫称赞来自不来梅的足球艺术家厄齐尔是一位"简洁的足球大师"，能够"在最恰当的时刻将最关键的球传给前锋"，并说"队中能够有这么年轻就如此出色的球员是一件很幸福的事情"。来自斯图加特的中场后备队员特雷施、来自汉堡的右前卫特罗霍夫斯基以及来自拜仁的中场技术型球员托尼·克罗斯也得到了勒夫的信任。来自不来梅的马林则被勒夫当作典型的秘密武器型替换队员，这位善于盘带的小个子队员一替换上场马上就能进入状态，掀起一股旋风。

在前锋线上，除了常青树克洛泽，就是来自拜仁的马里奥·戈麦斯。戈麦斯是一名传统型的禁区内强力中锋，虽然状态不佳，但毕竟没有他人可以替代。勒夫最后还招进了来自斯图加特的前锋卡考。卡考是善于打配合进攻的球员，与突前中锋如克洛泽和戈麦斯配合的话有一定威胁。来自拜仁的年轻球员托马斯·穆勒奔跑能力强，经常能够长途奔袭杀进禁区得分。穆勒将在勒夫的世界杯阵容中司职右前卫，而左前卫则留给了问题球员、来自科隆的波多尔斯基。虽然波多尔斯基在德甲联赛中发挥不太理想，但是勒夫仍无限信任他的"波尔蒂"。勒夫说波多尔斯基一旦调动出潜能，以他的机动能力和临门一脚技术，他就是一支"火箭"。来自勒沃库森的前锋斯特凡·基斯林也进入了国家队，这位跑动能力非常强的前锋虽然在2009—2010赛季是德甲联赛上的德国籍最佳射手（打进21球），但他只是在紧急情况下才会上场的备选队员。

"筛选期"与伤员陆续退出

2010年5月15日，勒夫带领只有15名球员报到的德国国家队到意大利西西里岛进行世界杯赛前的最后集训。按照已经形成的惯例，球员的太太或者女友在头几天可以探班同住。集训计划制订得非常缜密，勒夫说"没有什么是拍拍脑袋就决定的，这让我感到很放心"。勒夫把在西西里的集训称之为"筛选期"，因为他要在这段时间里为每一名球员安排有针对性的训练，到6月1日时将从27人大名单中挑选出最后的23人国家队世界杯正式阵容。

不过勒夫这一次不需要做出太艰难的决定，因为大名单中有几位球员突然出现伤病而自动退出。最让人震惊的是队长巴拉克因伤缺席世界杯，德国电视一台甚至专门制作了一期焦点节目来报道此事。巴拉克为切尔西出战英格兰足总杯决赛时，被德国国家队队友热罗姆·博阿滕的哥哥、朴茨茅斯中场凯文—普林斯·博阿滕恶意犯规，造成脚腕骨折和十字韧带撕裂。有评论者立即惊呼，德国队在世界杯上夺冠的概率现在等于零了。但是勒夫的表现出人意料地镇静，他表示不会增补一名队员，也不会在战术打法上做出改变。

因伤缺席的还有特雷施（脚踝关节受伤）和韦斯特曼（左脚骨折）。这样，勒夫实际上只需要从大名单中淘汰一人。6月1日晚，勒夫在南蒂罗尔的德国国家队第二个训练营宣布，来自霍芬海姆的安德烈斯·贝克无缘世界杯阵容。

一位门将去世，阿德勒、罗尔费斯和巴拉克再加上特雷施和韦斯特曼缺阵，德国队在大赛之前失去了好几位球员。特雷施和韦斯特曼虽然不是主力队员，但是如果再出现伤病情况，那么德国队在防守中场的位置将出现人员不整的状况。对此，勒夫表现出一如既往的不慌不忙，即使巴拉克缺阵也不能改变他的作战方案。他说："米夏埃尔当然是贯彻我们的战术计划的最佳人选，而且以他的人格魅力和经验，是很难找到人替代他的。还有几位队员也是这样。但是，我们不会因此而改变我们的基本阵型，不会改变我们的踢法。不管有没有巴拉克，我的战术思想都是非常明确的。"勒夫依然保持着乐观主义精神。而且，一位有经验的老队员的缺席客观上也正好给了年轻队员机会，他们正好有机会出场来证实自己的能力。

　　世界杯备战进入紧锣密鼓的收官阶段。训练不仅包括体能和战术，还要对球员进行心理上的激励。来自不来梅的球员因为在足协杯决赛中输给了拜仁，需要对他们鼓劲打气；来自拜仁的球员虽然赢得了德国足协杯，但是在欧冠决赛中却输给了国际米兰；来自柏林赫塔的弗里德里希因为球队降级，也在心理上严重受挫；还有就是两名前锋的老问题，波多尔斯基在科隆的状态一直没有起色，克洛泽在整个赛季一直坐冷板凳，两个人都需要重新树立起信心。

　　距离世界杯开赛的日子越来越近，勒夫能否在这么短的时间内把德国国家队带入大赛状态，人们拭目以待。人们不知道克洛泽和波多尔斯基能否及时找回状态，也不知道四后卫的阵型能否在短时间内达到和谐默契。当然，人们最关心的还是：没有了巴拉克，谁能够成为德国队的场上灵魂。拉姆被任命为新队长，但是在勒夫眼中，球队真正的领头羊和精神领袖则是施魏因斯泰格。勒夫以前一直犹豫是否将施魏因斯泰格从边后卫的位置调到中后场。在拜仁慕尼黑，施魏因斯泰格被主教练路易斯·范加尔安排在后腰的位置，他在这个位置上表现十分抢眼。被放在德国国家队后腰位置后，施魏因斯泰格拿球稳定，善于接应，无处不在地指挥和控制着比赛，成为凝聚球队的核心人物。德国国家队在世界杯上的表现如何，在很大程度上将取决于施魏因斯泰格和赫迪拉形成的双后腰能否发挥作用。人们关注的另外一名球员就是厄齐尔。世界杯上，这位天才球员能够在中前场有创造性的发挥吗？最后，人们也格外关注像托马斯·穆勒和托尼·克罗斯这样有望成为主力队员的新秀能否顶得住大赛的巨大压力。

在南蒂罗尔的勤奋备战中，德国队的年轻国脚们表现出强烈的进取心和高度集中的注意力。同样重要的是，队员们也表现出良好的体能。德甲各俱乐部纷纷采取了由克林斯曼提倡的专家指导下的体能训练，虽然克林斯曼在刚开始这样做时还曾招致德甲俱乐部同行们的取笑。

勒夫对球员们进行了数次耐力和冲刺能力的测试，并为每位球员布置了训练功课。勒夫深信，本届世界杯上，耐力和冲刺速度将起到决定性的作用。德国国家队的教练组经过对国际足球比赛的大量分析和讨论，得出结论，认为南非世界杯将是一次足球在速度与节奏上的大比拼。南非世界杯的另一个挑战是比赛地点海拔高度的差别、比赛场地之间的长途奔波和近乎冬季的气候。助理教练弗里克在世界杯小组赛期间曾经告诉记者："因为温差太大，我们建议每位球员随时都要多穿点，防止感冒，洗完澡后马上把头发吹干。"两位教练自己也以身作则，行李中装进了厚厚的毛衣。

教练组相信，德国队在体能上已经进入最佳状态，球员们能够在关键时刻通过拼速度来赢得先机。但是，他们达到了夺冠的水准了吗？他们能够在完美执行战术的同时打出赏心悦目的足球吗？如果他们能够做到这两点，那么就将是对在决策上越来越大胆的勒夫的肯定。

欧洲杯对于勒夫来说是一个重大转折点。欧洲杯之前，他只选了5名没有大赛经验的新队员，而这一次他招进11名新队员外加3名新守门员。2008年欧洲杯阵容中只有9人留队，其中7人是也参加过2006年世界杯的"老将"。这样，南非世界杯阵容中既包括了久经考验的老队员，也有急于想证明自己的年轻新球员。勒夫两年前就宣布要在德国国家队人选组成上来个乾坤大挪移，即从依赖经验丰富的老队员转向起用有才华的、初生牛犊不怕虎的年轻球员。勒夫将希望寄托在无论是技术还是战术素养都比上一届球员高出一个层次的年轻职业球员身上。人们也有理由期望，在南非世界杯上，德国队在策略与战术上将有所提高，因为他们尝试了好几套阵型，能够针对比赛情况进行灵活调整。勒夫利用了欧洲杯过后到世界杯之前的两年时间，在阵型和打法套路上对球员进行了超强度训练，让他们一直练到纯熟掌握。再加上新队员们大都在技术上很有天赋，可以预期德国队将在世界杯上战术更成熟，配合更默契，场面更精彩。

从世界杯预选赛结束到动身去南非这段时间很短，德国队没有太多的机会去检验自己的真正实力。对阿根廷队的热身赛是唯一的一场对阵强队的比赛，德国队以0∶1失利，说明不了什么问题；3∶0战胜马耳他队更因为是非主力队员上场，结果也不说明任何问题。5月29日对匈牙利队的热身赛，德国队3∶0获胜，比赛中德国队组织得非常好，配合默契流畅。虽然有几次机会被浪费，但勒夫非常满意，特别是赫迪拉、厄齐尔、克罗斯和巴德斯图伯几位年轻球员在技战术上表现成熟，证明勒夫的眼光不错。6月3日，德国队在法兰克福与波黑队进行了热身赛。比赛中，德国先失一球，但是很快就扳回来。最后德国以3∶1逆转对手，3个球都进得非常漂亮，还制造出众多门前得分机会，无论是赫迪拉和施魏因斯泰格在中后场还是厄齐尔在中前场都有着过硬的表现，卡考和穆勒作为替换队员在锋线上也以令人信服的表现让德国队对世界杯充满想象。

这一届德国国家队被德国足坛专业人士普遍看好。在南非布鲁斯顿驻地进行了最后一次训练之后，队长拉姆满怀信心："这是我参加过的德国国家队中最棒的一届，比2006年世界杯和2008年欧洲杯时都要强。"勒夫只是简单但是同样充满信心地表示："我感觉不错，非常乐观。"

第 10 章　南非世界杯上的众多"小明星"
　　　　 不拿冠军也高兴的艺术

在2010年南非世界杯集训尚未开始的前几周，勒夫就受够了：为什么人们总是喋喋不休地谈论夺冠和"第四颗星"（如果德国队本届杯赛上第四次捧得世界杯即可在球衣胸前绣上四颗星星）？更重要的难道不是把球踢好吗？所以勒夫干脆就闭口不谈夺冠一事，而只是谈论他对于球队的期望和能够对球队抱有哪些期望，例如快乐足球、战术素养和比赛文化等，他说德国队要"在打法上赏心悦目，能够激发观众的情绪，而不只满足于不输球"。他不能许诺世界杯夺冠，但是他相信自己的球员们有能力给每一个对手带来麻烦。他还重视球员们在场外的表现和形象，他希望德国队能给人好印象，能够得到人们积极的评价和喜爱。

不过，德国队到南非的目的不只是去当一支道德模范球队和展示新的德国足球文化，而是作为一支有实力夺冠的球队登上世界杯舞台。在大赛上一贯严谨和专注的勒夫也不愿意让自己的球队为了追求场面漂亮而输掉比赛，而是尽可能杀进决赛。当然，要想冲进决赛，就得首先解决掉小组赛的对手澳大利亚队、塞尔维亚队和加纳队。勒夫分析到，三个小组赛对手都不能等闲视之。澳大利亚队场上组织得好，队员们身体强壮，斗志顽强，永不服输；塞尔维亚队的球员个人技术出色，踢得十分狡猾，传球刁钻迅速；加纳队以2009年的20岁以下世青赛冠军队成员为班底，身体素质出众，个性奔放，奔跑能力强，不知疲倦。这是一个充满困难的小组，但困难也是可以克服的。

勒夫继续采取已经试验过多次的4-2-3-1阵型。6月13日在对澳大利亚队的首场小组比赛中，守门员诺伊尔前面的后防线是拉姆、默特萨克、弗里德里希和巴德斯图伯。施魏因斯泰格和赫迪拉构成"双6号"后腰，承担起从后场组织发动进攻的任务。以短传见长的厄齐尔以"伪10号"的身份在前锋克洛泽身后，起到指挥进攻的作用。波多尔斯基和托马斯·穆勒作为边翼前卫，被要求与边后卫多形成二人配合，在边路给对手施压。

在南非德班举行的这场比赛打得如教科书一般。德国队气势恢宏，以4∶0的大比分轻松解决了战斗，比赛中的一些进攻路数如同是在沙盘上精心推演过。4个进球分别是由波多尔斯基接托马斯·穆勒传球射进，拉姆传中克洛泽抢点射进，波多尔斯基传托马斯·穆勒射进和替换克洛泽上场的卡考与厄齐尔配合将球打进。特别是厄齐尔作为进攻组织者表现得格外惊艳，他的传球像尖刀一样不断划破澳大利亚队的防线。德国队打了一场近乎完美的比赛，节奏流畅，完全实现了主教练的意图。赛后有记者问勒夫是否还认为缺少了巴拉克影响很大，勒夫外交家般地笑而不答。荷兰队场上组织者韦斯利·斯内德评论这场球说，没有了巴拉克的德国队踢得更好了，因为德国队在没有巴拉克的情况下节奏更欢快。

再次不敌巴尔干球队

就像欧洲杯一样，德国队再次遭遇一个来自前南斯拉夫共和国的球队的有力阻击，这一次是塞尔维亚队让德国队栽了跟头。德国队在比赛中完全找不到感觉似的，前场组织不起来进攻，后防线中后卫组合默特萨克和弗里德里希漏洞频出，左后卫巴德斯图伯大部分情况下只能看见对手的脚后跟。德国队还自毁长城：比赛进行到第37分钟时，已经黄牌在身的克洛泽再一次无谓犯规，从而累计两张黄牌被罚下场。此后不久，塞尔维亚队就攻进一球。德国队不为所动，在以少打多的情况下逐渐稳住了阵脚开始频频反攻。下半场，德国队制造出很多机会，但总是临门一脚的运气欠佳。比赛第60分钟时，德国队好不容易得到一个点球机会，但还是被波多尔斯基射失了。勒夫在场边抓耳挠腮，还把水瓶摔在地上。

人们还从来没有见过勒夫的情绪如此失去控制。以前勒夫是"酷约吉"，从来都是不动声色。从2008年欧洲杯开始，勒夫的表情和肢体语言渐渐成为比赛形势的晴雨表，对塞尔维亚队的这场灾难性比赛更是让勒夫当众抓狂。勒夫看到的赛场上发生的一切让他难以置信，他感到无能为力，绝望，抑郁。看到德国队徒劳的奔跑和一次次无功而返的进攻，他变得越来越愤怒，越来越暴躁。德国有一位叫尤利娅·普罗布斯特的表情阅读女专家根据特写镜头上勒夫的嘴形读出勒夫默念的话，然后整理出来发表在互联网上。其中有一句是："狗屎，这样下去可不行。"看到波多尔斯基射飞点球，勒夫极度失望地转过身去，满脸无奈，可以看出他竭力克制自己不爆发出来。但是他的怒火越烧越旺，等到比赛终场哨声一响，他终于像火山一样喷发了。他狂野地把一个矿泉水瓶子摔到地上，瓶子里的水瞬间四处喷射，那画面似乎是在讽刺德国队与喷射的矿泉水相比，简直就是死水一潭。

随后举行的新闻发布会上，50岁的勒夫闷闷不乐，脸上的表情仍然能够看出残余的震惊痕迹。他对于前锋克洛泽的红牌表态说："我必须说，在波斯尼亚人的半场里，你不应该这么莽撞。"在评论对手的表现时，勒夫说："我感觉，克罗地亚人本来还有几次明显的得分机会。"可见，失望和绝望中的勒夫已经把对手的地理位置全给搞乱了。

这场糟糕的比赛之后，勒夫可能想大发雷霆一次。但是他想表现出克制，不想在摔瓶子之后再失态。发脾气从来不是勒夫的做派。他有过一次踹更衣室的门，打过一次甩手不干了的手势，还有一次是在球员传了一脚蹩脚的横传时他嘴里嘟囔了一句："我的天啊，这球真够烂的！"更多的失态就没有过，特别是像对塞尔维亚队的比赛中表现的那样，更是破天荒头一次。

不过，对于德国球迷来说，勒夫的失控并不是什么大不了的事情。

人们甚至觉得，他压抑太久后的爆发反而让他显得更有人情味儿。如果勒夫不发发脾气，谁会有机会窥视到他的总是克制的、时尚的和超酷的光鲜外表下是怎样的真情实感呢？这一次他算是暴露了他的真实感受，而且情感的爆发也不说明他缺乏掌控局面的能力，而恰恰说明他不再有故作镇静的必要。他变得更加自信，不再需要戴上一副面具。有谁能够强压怒火不发泄出来，而是在黄金电视时间在千百万电视观众的注视下姿态优雅地发一通脾气，那不成为大众情人才怪呢。

　　除了发脾气，勒夫是不是还可以做得更好一些？他是不是应该早点把力不从心的巴德斯图伯换下场，而不是等到第77分钟才这样做？另外，把托马斯·穆勒和厄齐尔换下场也不太合理。他换上场的替补队员如马林、卡考和戈麦斯都没能出彩。事后的比赛录像分析也表明，德国队其实表现得并没有那么差，因为德国队很早就以少打多，在这样的情况下甚至还一度控制了比赛，只不过运气不好罢了。但是比赛结果当然不理想，勒夫鼓励球员们不要泄气，要相信自己的实力，要振作起来下次再来："我们还是能够依靠自己的力量打进16强。"

　　两年前欧洲杯的一幕似乎再现。德国队又是在输给了一支前南斯拉夫共和国的球队之后，下一场面对的是有某种主场优势的弱队，形成背水一战之势，瑞士欧洲杯上是东道主奥地利队，南非世界杯上是非洲球队加纳队。勒夫在比赛之前特意安排了一场身体对抗激烈的橄榄球训练，为可能到来的苦战做心理上的准备。但是，就像欧洲杯一样，实际的比赛却远没有想象的那么激烈，而是平淡乏味，德国队踢得也不怎么好看，拉姆甚至两次救险才避免了再次"翻船"。但是同两年前一样，德国队拥有一位意志坚强的一锤定音者，只不过这一回不是巴拉克，而是厄齐尔。在比赛进行到第60分钟时，厄齐尔一记怒射将比分改写成1∶0。这一比分保持到终场，德国队小组出线。这场比赛亮点不多，勒夫也不想做过多的深入分析。他说："大家看到了，我们的年轻球员们处于巨大压力之下。但是，这样的比赛也必须拿下。"重要的是，德国队赢下了这场比赛，小组赛出线，杀入了1/8决赛。勒夫表示，他仍然相信球队的能力。但是勒夫也认识到，球队在某些地方还有待改善，特别是后防线的组织，还远远算不上完美。

德国猎豹猎杀英格兰雄狮

对加纳队的比赛让人提心吊胆，但是获胜也是理所当然的。下一轮的对手才是真正的巨人，有"三狮军团"之称的英格兰队，他们也被称为是阿尔比恩的骄傲①。

这个对手正符合勒夫的心意。德国与英格兰的大战总是足球上的经典比赛，对德国队来说是一场真正刺激的挑战。勒夫在《踢球者》杂志世界杯特刊的采访中称自己是个"好斗教练"，说他喜欢最紧张的极端场面，越是紧张就越是能够排除外界干扰并且专注于最终的目标，即赢得比赛，赢得挑战。他在2010年世界杯前的多次采访中都说过他喜欢有挑战的局面："压力越大，比赛越重要，我就越喜欢我的工作。我喜欢险峻的竞争对抗情形，我在这个时候感到最惬意。信不信由你，我喜欢这样的刺激。一决雌雄的比赛最让我兴奋，这才是我想要的，我生性如此。"无论是2006年世界杯对阿根廷队还是2008年欧洲杯对葡萄牙队，抑或是2010年世界杯预选赛对俄罗斯队或者是现在对英格兰队，勒夫每到这样的时刻都热血沸腾，他作为教练就是为了这样的比赛而生的。要么赢家通吃，要么满盘皆输！

英德大战在布隆方丹②举行。在去赛场的路上，德国队在大巴里一

①　在英国诞生的神话中，海神波塞冬之子——巨人阿尔比恩是那个时代的大力神，他勇猛无惧，为世人所敬佩。阿尔比恩在一座岛屿上建立了自己的国家，并让自己的族群逐渐繁衍开来，后代为了纪念这位领袖，就将他们居住的岛屿命名为Albion，这便是英伦三岛。——译者注

②　布隆方丹是南非的司法首都，奥兰治自然邦首府。布隆方丹一词，原意为"花之根源"。——译者注

路播放德国嘻哈歌手Bushido的歌曲《风中的火炬》给自己助威，只有勒夫对这首歌不那么买账。比赛体育场的所在地点在当地人的语言塞索托语里又叫作曼加翁，意为"猎豹广场"。这个名字倒也非常适合德国队，德国队的年轻队员们在比赛哨声一吹响后，就像猎豹一样对英格兰雄狮展开了追逐。

"三狮军团"有韦恩·鲁尼这样的世界一流前锋，还有约翰·特里和弗兰克·兰帕德这样身体强壮且技术高超的防守队员。勒夫看出法比奥·卡佩罗率领的英格兰队在战术组织上有一个致命弱点。英格兰队采取的是经典4-4-2阵型，有两名"6号"后腰。勒夫的主意是：用快速的推进将英格兰队逼向窘境，英格兰队由于阵型的原因，回防的速度慢，难以快速组织好防线。勒夫的主意能否奏效，他事先当然无从知道。比赛一开始，身穿蓝色羔羊毛套头衫和灰色西装的勒夫显得十分紧张。他似乎沉浸在了幻觉之中，不自觉地用手去掏鼻孔，甚至没有注意到身边的助理教练弗里克在跟他说话。比赛进行到第20分钟，德国队先进一球取得领先，勒夫才有所放松。德国队的年轻球员们的精彩表现让勒夫感到振奋，他们跑动敏捷，线路清晰熟练，一次又一次找到英格兰队防守中的空当。施魏因斯泰格放眼大局，组织进攻，厄齐尔施展妙传魔术，托马斯·穆勒不知疲倦地左冲右突，已经33岁的克洛泽身手矫健如同年轻人。勒夫在场边看得心花怒放，不断地跳起来庆贺。

德国队的第一个进球是守门员诺伊尔和前锋克洛泽策划后的结果。诺伊尔大力向前场发球门球，将球远而准地踢到英格兰队两名中后卫的站位空隙，早已埋伏在那里的克洛泽先声夺人，一个倒地捅射，将足球穿过了门将大卫·詹姆斯送入大门。后来，波多尔斯基在接过穆勒的传球后又打进一球，德国队2∶0领先。英格兰队很快回过神来，先是追上一球，然后紧接着差点又进一球将比分扳平。但是英格兰队运气不佳，这是一记本应该算进的球，但是却被裁判们误判为没有进球。此球其实是弹在球门横梁上后完全越过了球门线，但是德国队门将诺伊尔闪电般又将球打出球门，动作之快，以至于裁判都没有看清。有的德国球迷幸灾乐祸地说，这是对1966年温布利世界杯决赛英格兰队凭借门线争议进球击败德国队夺冠的报应。德国队发挥得如鱼得水，完全控制住了场上的局面，他们的表现让人们瞠目结舌，特别是穆勒真的像是在场上驰骋的猎豹。比赛进行到第67分钟，德国队在英格兰队罚任意球后抢到球权立即发起闪电般的反击，足球经过穆勒传给施魏因斯泰格再交还给穆勒，穆勒沉着冷静地将球打进对方球门死角。仅仅3分钟后，克洛泽一记长传给从左路插上的厄齐尔，厄齐尔横传给冲进禁区的穆勒，穆勒起脚怒射将比分改写成4∶1。

勒夫说他的球队打了一场"了不起的比赛"，对这一评价人们是心服口服。给人深刻印象的是德国队踢得流畅顺利，赢得轻松自如。他们所有的准备和事先的演练都起了作用：例如不犯规地抢断球后立即发起反攻；例如利用杰拉德和兰帕德还没来得及回防时中场留下的反击空当；例如进攻时三名、四名甚至五名队员一起迅速压上并通过精确的传球和演练好的线路兵临城下；例如克洛泽后撤吸引防守他的后卫特里，从而在对方禁区里制造出空当。每一位球员都圆满完成了自己的任务，特别值得一提的是挥洒自如和异常冷静的年轻球员托马斯·穆勒，勒夫称他的表现"不可复制"。勒夫还对送出无数妙传的进攻组织者厄齐尔大加赞赏，称他是"天才"。

比赛完美证明，勒夫使用新人而放弃有经验老将的决定是正确的。他在世界杯期间对记者们说："只要年轻球员们确实有实力，他们基本上有更大的成功机会。在现今的国际杯赛上，经验是次要的。"

勒夫还说，年轻球员的体能承受能力更强，甚至可以在比赛期间加大训练量，"他们的体力恢复能力更强，而年纪长一点的球员就没这么简单了"。勒夫的信条是，球队的平均年龄越年轻，成功的机会越大。当然，他们还必须要有进取心和必胜的意志力。勒夫说："能力是最重要的，然后是体能承受能力和斗志，这些都显然比经验更重要。"小组赛中就被淘汰出局的意大利队证明了勒夫的观点是正确的。勒夫说意大利队经验老到，善于控制比赛，但是缺乏狠劲儿，也做不到在90分钟里保持快节奏踢球。意大利队踢的是极简主义足球，只期望在什么时候能打进关键一球了事，所以他们提前回家也是理所当然。

龙卷风碾过蓝白条球衣

勒夫还从没有像现在这样对他的球队感到满意过。在对英格兰队的比赛中，他的计划和战术全部得到了完美实现。1/4决赛的对手是阿根廷队，勒夫提前给人们打预防针，他说："我们当然想再往前走一步，但是我们如果对阿根廷队输掉了，也是可以接受的。"当然，可以接受的只能是那种输球不输人的、虽败犹荣的一场比赛。

问题是，有必要对身披蓝白条纹球衣的阿根廷队感到畏惧吗？当然，阿根廷队拥有世界足球先生梅西，必须要限制他的发挥才行，同时也不能忘记他的队友。南美球队的技术都非常好，特别是阿根廷队员的身体也非常结实、硬朗。对付阿根廷队，还要注意不要被对方粗野的踢法所激怒。德国队首席球探西根塔勒经过数个月的分析得出结论说，阿根廷队设两名前锋和一名后腰，后防线经常组织得不好，整体防御上经常犯错，进攻队员不爱跑动，不喜欢后撤回防。勒夫一针见血地指出："这是一支前后场脱节的球队。只要我们加快进攻节奏，就能够在他们的防线之中制造出漏洞。"

勒夫对球员们说："相比对手，你们更年轻，速度更快，更有耐力。"他找出所有证据为球队打气，还使出简单有效的励志招数，在酒店悬挂了一版《图片报》，上面印有德国球迷庆祝的照片，大幅标题是："Wir glauben an euch！"（我们相信你们！）他还给球员们播放了德国国内球迷数十万人街头看球庆祝的视频短片，画面震撼感人，是对球员们绝好的激励。虽然勒夫在公开场合试图打消人们过高的期望，但是他要的是一场胜利，要看到球队打一场漂亮仗，就像事先设计好的那样。

7月3日在开普敦的比赛中，德国队果然打得十分漂亮。年轻的德国队队员充满活力，跑得总是比对手快一拍，有时候给人的感觉是德国队在球场上比阿根廷队多了两三个人似的。德国队频频在抢断成功后发起快速反击，阿根廷队门前险象环生。开场仅仅3分钟，穆勒就在施魏因斯泰格主罚出任意球后头球破门得分。不过，虽然德国队此后一直压着阿根廷队打，但是直到第68分钟德国队才由克洛泽打进第2个球。仅仅6分钟后，施魏因斯泰格连续过人后传球，助攻到门前的后卫弗里德里希接应射门得分，德国队已经稳操胜券。最后克洛泽锦上添花，他在厄齐尔的梦幻般传球后凌空抽射，将最后的比分锁定在4∶0。

这场比赛，勒夫再次穿起他的幸运蓝色毛衣，在场边为德国队的盛大表演而手舞足蹈地叫好。阿根廷队主教练迭戈·马拉多纳在赛后泄气地说："德国队打得更有灵感，球权控制得更好。"勒夫评论说，他的队员们斗志旺盛，特别是在下半场给了对手很大压力，进的几个球都很漂亮。他说："德国队通过赛前集训有了长足进步，他们现在有能力充分执行训练过的战术。也许这也是教练的一个功劳，那就是我们试着让队员去相信，我们对他们的高标准、严要求是有道理的。这样他们才能够按照你说的去做，才会理解你话的意义。我们拍摄了训练过程，然后把录像放给球员们看，大家一起分析。虽然我们无法具体练习某一种最完美的踢法，但是足球比赛中有一些机制和过程是反复出现的。训练时，有时候球员们对主教练的意图贯彻得很好，这部分也反映在比赛中，就像对英格兰队那样。"

勒夫仍然还有不满意的地方，他说永远也不会有一场十全十美的比赛："总是会有不足的地方，例如我们在上半场和下半场开始不久都有几个不该被抢断的球。"这样说当然有些吹毛求疵了，因为这场比赛是1972年德国队欧洲杯传奇以来踢得最精彩的一场比赛。有人会说，该庆祝的时候就该放心大胆地庆祝，不要去鸡蛋里挑骨头。但是勒夫就是这样，他是一个近乎苛刻的完美主义者。但是对于到更衣室里来祝贺的德国总理默克尔来说，甚至对德国球迷以外的足球批评家来说，不管勒夫怎么看，他们是对这场比赛百分之百满意的，被德国队气势磅礴的表现和让人眼花缭乱的打法倾倒。法国的《巴黎人报》惊叹说："德国队是在另外一个星球上踢球。"这一形容差不多是对的，只是它忘了这个星球上还住着西班牙人。西班牙人无论是作为国家队还是俱乐部都在过去几年里统治了世界，而且他们也打进了半决赛。在2008年欧洲杯决赛中，德国队对西班牙队毫无办法。现在报仇的机会来了，也是德国队证明自己最大的潜力有多少的时候了。

再次败给西班牙

比西班牙队更难对付的球队大概还不存在。同英格兰队和阿根廷队一样，该队拥有个人技术杰出的球员。哈维·埃尔南德斯和安德烈斯·伊涅斯塔是世界最棒的中场组合。不仅如此，整个西班牙队都在技术上无可挑剔，在战术上也炉火纯青。勒夫对于控球如行云流水一般的西班牙队钦佩至极："没有一支球队能够像西班牙队那样节奏流畅，进攻有力，战术组织完善。"德国队首席球探西根塔勒分析道："西班牙队在场上秩序完美，你很难找到办法打乱他们的阵脚。他们非常自信，但是并不狂妄。他们非常清楚自己的实力。"西班牙队犹如一部长期磨合出来而且润滑得很好的机器，他们对于任何球队来说都是一道最难通过的关隘。其实西班牙队的打法一点都不神秘，所有的对手都知道他们的特点，但是这又顶什么用呢？

勒夫在半决赛开始之前为自己的队员们打气："我们拥有足够的自信。我们知道，我们拥有足够的力量和创造力。只要我们能够成功地干扰西班牙人的进攻，我们还是有足够的机会的。"对付西班牙队的办法是切断西班牙队的传球路线，利用他们的每一个传球失误来发起闪电反攻。按照德国队的计划，为了封堵西班牙的传球路线，给西班牙的战术核心组织者施加压力，比赛中要加强对双后腰施魏因斯泰格和赫迪拉的支持，例如厄齐尔应该更多参与防守。此外，德国队的整个中场站位也要更靠后，这样有可能让西班牙人一次次传球接力无功而返，他们会逐渐感到疲惫。

除了细节上略有不同，德国队打西班牙队的指导战术与前几场比赛并无太大区别。也许勒夫自己也有点怀疑，这样做能否奏效。反正为了保险起见，他还是不忘在着装上试试运气，又穿起了给他屡屡带来好运的蓝色V领羊毛衫。只要勒夫穿上这件幸运衫，德国队总是能进4个球。对澳大利亚队，对英格兰队和对阿根廷队都是如此。勒夫认真地说："我不能洗这件羊毛衫。"大概他觉得羊毛衫上浸染过的胜利汗水能够给他带来好运吧。凑巧的是，对塞尔维亚队的比赛勒夫穿的是黑色针织毛线背心，里面是白衬衫，那场比赛德国队输得很丢人；对加纳队的比赛那天很冷，勒夫穿的是双排扣西装外套，脖子上还围了条厚围巾，那场比赛德国队磕磕绊绊险胜。对西班牙队的比赛自然更需要蓝毛衣魔法，这一回甚至是双料的，勒夫和助理教练弗里克都穿上了蓝色羊毛衫。为了激励球员，教练组又给大家放了一段录像，这一回是德国队全体教练班子成员向队员们说的几句鼓劲的话。在比赛哨声吹响前，德国队体能教练沙德·福赛思向全体队员高喊："Power！"（力量！），队员高声回答："Within！"（在这里！），然后是奏国歌，之后是队员们勾肩搭背围成一圈喊话，互相鼓励，然后比赛就开始了。

可惜的是，2010年7月7日在德班举行的这场半决赛上，德国队抢到球就快速配合直捣对方禁区的策略没能够奏效。德国队速度没有打出来，西班牙队也不买账。比赛刚开始时场面上看上去还平分秋色，但是很快西班牙队就占了上风。德国队踢得越来越保守和草率，有时候甚至显得笨手笨脚。快速反击的战术连影子都看不到。德国队攻防转换脱节，打不出速度和节奏。而西班牙队马不停蹄地将球传来倒去，其传球准确流畅，宛如闭着眼睛盲传一样默契熟练，德国队球员们只能喘息着跟在后面跑，越跑越疲倦，好不容易抢到球转眼就又丢了。这是一场让勒夫的球队看清自己能力局限性的比赛。让德国队难过的是，奔跑能力强的托马斯·穆勒因为累计黄牌停赛不能上场，替换他的特罗霍夫斯基总是把节奏给拖慢下来，后来替换他上场的托尼·克罗斯脚下也显得格外沉重。整场比赛德国队只有5次攻门，其中只有两次打正，而算得上是破门机会的只有第69分钟时克罗斯的一脚打门。第73分钟时，西班牙队在浪费了众多机会后，终于打破僵局。这一球是这样进的：哈维左路罚出角球，身材结实的后防指挥卡莱斯·普约尔在无人看守的情况下冲上来，大力将球冲顶进球网内。这一进球其实不是典型的西班牙队精雕细琢式的进球，所以勒夫对于这一毫无技术含量的进球十分恼火。至少，虽然西班牙队占尽优势，但是德国队毕竟能凭借运气与对手周旋到接近比赛尾声。德国队因为一次定位球防守的站位失误而输掉了比赛，结果就显得格外苦涩。

勒夫赛后表示："这场半决赛让我想起2008年的欧洲杯决赛。那时我们也没什么机会，被对手压着打。他们这一次又踢了一场漂亮足球，我必须向他们致敬。我们没能够做到打乱他们的比赛节奏。"西班牙队成功抑制了以长传为主的德国队，他们就像骄傲的斗牛士那样，让德国公牛每每扑空，最后由普约尔冷血地刺上致命一剑。

西班牙队的打法充满着自信，每每让对手感到束手无策。他们不急于早点进球，而是依靠完美的集体配合快速倒脚，用滴水不漏的传球层层逼近，压得对手喘不过气来，渐渐完全控制了比赛。德国队几乎连一对一拼抢的机会都捞不到，好不容易抢到球，又没有勇气快速摆脱对手向前发动进攻。勒夫沮丧地说："我们抢到球就很高兴，但是两三秒后球就又丢了。然后西班牙就又大兵压境了。西班牙人不仅善于进攻，防守也分分秒秒都做得很好。他们一旦失球，就立即紧逼反抢。"正是因为西班牙人攻防均无懈可击，德国队拿球后几秒钟就丢球，这让德国队有什么办法呢？

至少在1/4决赛中惜败给西班牙队的巴拉圭队在某种程度上让人看到，该用什么样的办法给西班牙人带来麻烦。在那场比赛中，巴拉圭队用良好的后场组织粉碎了西班牙队的一次次进攻，险些拔掉西班牙队的牙齿。巴拉圭队凶猛逼抢加上德国队的快速攻防转换，这或许是克服西班牙队的法宝。世界杯结束之后的几个月，勒夫仍然在绞尽脑汁寻找今后对付西班牙队的办法。他的信条是：不应该被西班牙队的控球率给折磨死。他说："作为西班牙队的对手，我们必须首先接受抢不到球这个事实。在这个认识的基础上，我们就可以制订相应的作战方案：尽管让西班牙人去控制球，我们静待对方出现一两次失误，然后就猛扑上去。但是作为对手，我们首先要有这个耐心和坚强的神经。"

就像2006年在德国本土举行的世界杯上一样，德国队在南非也只能争夺第3名来给自己一个安慰。德国队重新振作起来，在与拥有后来获得世界杯金球奖的前锋迭戈·弗兰的乌拉圭队比赛时，在1∶2落后的情况下反败为胜，最后以3∶2赢得了比赛。这场比赛德国队虽然打得不是最好，但是表现还是可圈可点，也算是在世界杯上有了个体面的结局，并且赢得全世界对德国足球的刮目相看。与2006年不同，德国队这一届世界杯上不仅打得激情澎湃，而且有几场比赛在战术上也接近完美。

世界杯总结：没有冠军，但皆大欢喜

勒夫在总结南非世界杯时说："我们虽然没能够赢得冠军，但是我们感到欣慰的是，我们在南非的表现征服了世界各地的球迷。我们为此感到骄傲和荣幸。"德国队在世界杯上对英格兰队和阿根廷队的比赛最精彩，他们在场上踢得飘逸灵动，以前很少在德国队身上看到这样的风格。"我们的节奏之快让人难以置信，同时在技术上也不走样。"勒夫满意地回顾说，"我们的打法以漂亮的快速传球为特点，战术组织有效，后防线配合默契。有些队员的无球跑动也非常有创造性。"世界球迷在南非世界杯上看到了一个由足球艺术家组成的德国队，他们给对手带来很大压力，在有些时候以熟练的配合、闪电般的速度和外科手术般的精确将对手瓦解。总之，德国队表现出色，是勒夫执教以来最强悍的

德国队。可见，2004年播下的种子已经开始成长，即使还谈不上最终的收获。另外，这一届德国队也是一个具有多元文化特色的球队，23人中有11名球员在更年轻的时候原本可能代表别的国家踢球。他们对外展现出友好团结的团队精神，身体力行地展示了尊重和宽容的价值观。

德国队排除了赛前的一些事件带来的干扰和队员伤病带来的困扰，用漂亮的足球激发了球迷们的热情。有几位球员通过世界杯迅速成长，年轻的球员们证明了他们自己能够在最高水平上与世界上任何对手争锋。

勒夫说，施魏因斯泰格在攻防转换的枢纽位置上节奏把握得非常好，达到了世界级水平，他还勇于承担责任，展示出优秀的性格；厄齐尔的无球跑动与意识堪称上乘；初生牛犊不怕虎的托马斯·穆勒表现出惊人的放松，以5个进球和3次助攻成为世界杯最佳射手；门将诺伊尔令人信服地表现出现代型守门员的特质；后腰赫迪拉不声不响地完美执行了战术；队长拉姆也打出了他的最高水准；后卫弗里德里希也有着超乎人们预期的发挥；中卫默特萨克虽然在组织进攻上有时候还不太稳定，但是他在世界杯的中后卫当中大脚直传的准确度上得到了93分，傲视群雄。

西根塔勒说，所有这一切都不是运气或者是偶然，而是精心策划的结果："如果像国家队教练那样有目的、有计划和有策略地工作，取得进步是自然而然的。就像学习其他东西，例如学习语言那样，在足球上也是如此。"施魏因斯泰格也说："自从勒夫成为我们的主教练，我们变得越来越强大了。"勒夫作为主帅带队进行了56场国家队比赛，他像一个"温柔的独裁者"一样把战术章法植入球队，平均每场比赛得分2.33分，是迄今为止成绩最好的德国国家队主教练。他率领的德国国家队在所有大赛上都名列前三，成绩之稳定有目共睹。球队在融合了很多年轻队员的情况下，在技战术上取得稳定、长足的进步，在南非是勒夫执教以来在整体表现上最好的一次。勒夫对来自各方的正面评价感到高兴："我们打法积极大胆，赢得了人们的好感。"

南非世界杯上，德国队在所有重要参数上，比如传球速度、抢断成功率、攻防转换速度等，都处于领先地位。勒夫说："我们是所有参赛球队中犯规次数最少的。我们在一对一对抗中成功率最高，从发起进攻到完成射门所需要的时间最短。触球的时间也保持在最高水平。2005年时，我们的队员从拿球到传球出去所需要的时间平均是2.8秒，比赛节奏很慢，综合起来造成很多时间上的损失。2008年欧洲杯上我们的这一数据是1.8秒，2010年我们把它降到了1.1秒。对英格兰队和阿根廷队的比赛我们的这一数据更是惊人，只有0.9秒。只有西班牙队的数据要略好于我们。在跑动能力上我们与西班牙队、乌拉圭队共同处于领先地位，我们的队员平均每场比赛的跑动距离为12.8公里。"

球员能力的持续提高让勒夫对未来充满信心。西班牙队也是经过多年磨炼之后才开始在大赛上夺冠的。勒夫评价世界冠军西班牙队时说，西班牙队球员，包括哈维和伊涅斯塔这样的大牌，都一直保持谦逊，脚踏实地坚持训练。勒夫认为，这样的长年坚韧不拔的精神，才是成功的关键。勒夫也满怀希望，相信他的球队经过多年刻苦练习，终究会像西班牙人那样成功。德国队已经打下了坚实的基础，不需要再大刀阔斧地改革。再过两年或者四年，这支球队将会成熟，达到成绩的顶峰。勒夫说："接下来的几年将会有很大收获。我的直觉告诉我，我们的球队有能力在2012年或者2014年拿下一个冠军头衔。"

但是光凭直觉是不够的，还必须要为此目标而努力工作。除了西班牙队，德国队已经赶超了很多世界强队，现在就是要更上一层楼。西根塔勒的分析指出，球员的个人能力将来又会变得十分重要。场上的组织，特别是后防线的组织上，各个球队都已经做得非常好。但是在处理球的技术和一对一对抗能力上，很多球队都还有着明显的缺点。他说："我的印象是，过去几年里，各个球队更重视集体配合问题而忽视了个人能力。球队的整体跑位都很出色，但是对个人技术则不够重视。"将来，哪个球队拥有个人能力突出的、敢于单打独斗的球员，就将占有优势。也就是说，盘带技术的提高将是未来足球培训和训练的一个重要目标。

规划、嘉奖和泪水

南非世界杯过后，勒夫和他的球队开始享受稍微有些滞后的荣誉和嘉奖。这一年虽然没有夺得冠军头衔，但仍然是德国队光荣的一年，到了年底各种荣誉纷至沓来。足球的影响力远远超出了足球本身：10月，德国联邦总统克里斯蒂安·伍尔夫为勒夫颁发了联邦十字功勋奖章，同时勒夫与德国国家队集体获得银月桂叶奖章①。联邦总统说，德国国家足球队取得了优异的成绩，"国家队的人员组成也是德国社会多元化的反映"，它在某种意义上"体现了一种新的爱国主义"。勒夫在获奖感言中说，他把个人获奖和给德国队的荣誉看成是对德国国家队身体力行尊重、宽容和团队精神等基本价值的肯定。他甚至对铺天盖地的荣誉感到不适应，他表示："我们不是刻意去营造榜样与模范的形象的，我们的确是出于信仰才真心这样去做的。"

如果说他们获得这些荣誉应该说是"有心栽花"后的实至名归，那么勒夫就"无心插柳"却被法国体育杂志《队报》评选为"2010年年度最佳主教练"。最让人想不到的奖励则是勒夫和他的教练团队被授予"斑比评审团荣誉奖"。斑比奖是由德国布尔达传媒集团每年颁发的媒体和电视奖项。颁奖典礼上，厄齐尔代表评审团为勒夫颁奖，他那怯生生的讲话赢得了大家的好感。年底，德国国家足球队被评为"德国最佳国家体育代表队"，算是为德国队的2010年画上了圆满的句号。

圣诞节时，围绕着德国国家队的喧嚣终于散去，勒夫又回到了老家弗赖堡享受一段不受打扰的安静日子。当他在家里回顾即将过去的成绩斐然且起伏跌宕的一年，重新看一看那些重大比赛的录像时，他不由自主地情绪激动，感慨万千。他说："当我回顾一下这一年发生的事情，

---

① 银月桂叶奖章是德国最高级别的体育奖项，用于表彰在体育领域获得杰出成就的个人或团体。银月桂叶奖章为一个银质的月桂叶徽章（女性为胸针），应佩戴于西装或套裙的左襟。——译者注

从西西里岛到南蒂罗尔再到南非，我不由得心潮澎湃，甚至流下激动的泪水。"勒夫有足够的理由打开一瓶西班牙里奥哈红葡萄酒，点上一支香烟来犒劳自己。但是他下了一个新年决心："新的一年我要戒烟。再戒一次。"当然，他不知道这次戒烟能够戒多久。"我这次可是下定了决心要戒掉吸烟的习惯。"

对于勒夫来说，这一年可以说是圆满结束，没什么好抱怨的。他本来做梦都没想到会当上德国国家队主教练。如果不是当年克林斯曼给他打了个电话让他去当了两年助理教练，也不会有他的今天。他用了4年的时间奠定了他作为德国国家队主教练无可争议的地位，没有什么比这一结果更好的了。

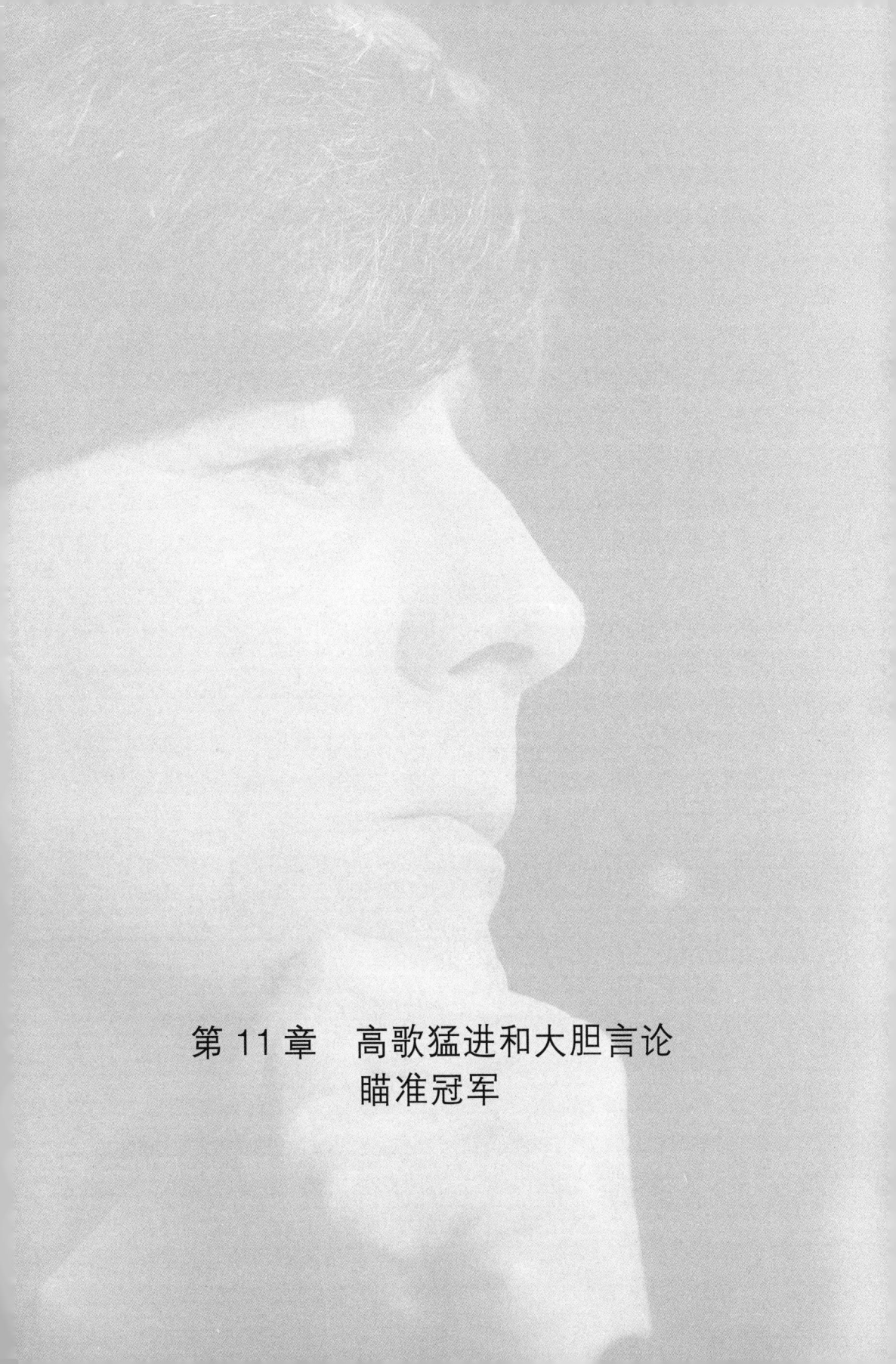

第 11 章　高歌猛进和大胆言论
　　　　瞄准冠军

德国队在2012年欧洲杯预选赛中继续保持着优异战绩，这一届欧洲杯将在波兰与乌克兰举行。德国队在布鲁塞尔1∶0胜比利时队，在科隆6∶1胜阿塞拜疆队，在柏林3∶0胜土耳其队，在阿斯塔纳3∶0胜哈萨克斯坦队，4场比赛打进13球仅丢1球，堪称完美无瑕。德国队不可能打得比这更出色了，勒夫非常满意。德国队成功地将世界杯上赢得世界尊敬的高质量足球无缝延续到欧洲杯预选赛。刚经过高强度的世界杯大赛之后，能够继续踢出精彩的比赛，绝非易事。

欧洲杯预选赛的高潮是2010年10月8日在柏林奥林匹克体育场对土耳其队的比赛。7.4万名观众中大部分都是土耳其人，因此这场比赛被戏称为土耳其队的"客场主场比赛"。勒夫称土耳其队是德国所在的小组中水平最高的对手，他们技战术俱佳，会"非常危险"。但是勒夫并不特别担心，即使德国队在阵容上出现了伤病困扰。施魏因斯泰格因伤缺阵，他的位置由托尼·克罗斯代替。左后卫也出现空缺，勒夫选择了被视为万能武器的韦斯特曼去打这个位置。德国队一开始没能进入状态，但是逐渐找到了感觉，下半场德国队有更出色的发挥，让人想起南非世界杯上的一些经典场面。土耳其队没有预期的那么强大，最后德国队3∶0获胜（克洛泽进一球，厄齐尔打进两球）。厄齐尔打进2∶0的一球是他接拉姆的直线传球后冷静射进的，进球后他没有高调庆贺，以避免惹恼他的土耳其同胞。虽然厄齐尔身披德国战袍，但是土耳其人还是更愿意把他当成"他们的"国家队队员。

厄齐尔的身份问题因为这一场比赛让德国队的多民族背景成为特别受关注的焦点。也是出于这个原因，德国队最著名的"粉丝"——德国女总理默克尔赛后立即跑到德国队更衣室里与厄齐尔聊天，结果正好赶上厄齐尔赤裸着上身。默克尔说："今天对于厄齐尔来说是困难的一天。但是他顶着巨大的压力，面对嘘声表现得非常得体。"后来有人问勒夫，是不是默克尔借国家队比赛的机会自我炒作，勒夫回答得十分得体："她与球员们很正常地交流，没有任何刻意表演的成分。她从2006年世界杯以来成为我们国家队的铁杆球迷，这对我们大家都是一种美好的鼓励。"

厄齐尔的表现证明，德国足协在移民融合问题上起到了表率作用，特别值得肯定。德国足协提出"德国足协不分身份来源"的口号，并专门任命居尔·克什金勒为融合事务专员，巴西裔的球员卡考也被任命为足球融合大使。

下一代

对土耳其队的比赛还表明，德国的足球人才储备为国家队提供了很多可用的后备队员，即使是像施魏因斯泰格这样的主力队员缺阵，勒夫也不用急得睡不好觉。代替施魏因斯泰格出场的年仅20岁的托尼·克罗斯表现得中规中矩。克罗斯已经成为国家队第二套阵容人选，在8月德国队对丹麦队（比分2：2）的热身赛中，德国国家队就是派的第二套阵容上场的。这些第二梯队的队员如马林、塔什彻、舍费尔、特雷施、根特纳、黑尔默斯和里特已经不再仅仅是主力阵容的替代人选。在2010年年底对以防守见长的瑞典队的友谊赛上，勒夫派出了在德甲赛场上表现出色的多特蒙德和美因茨两个球队的球员上场，比如马茨·胡梅尔斯、马塞尔·施梅尔策、凯文·格罗斯克罗伊茨、马里奥·格策以及刘易斯·霍尔特比和安德烈·许尔勒。这场比赛创造了德国国家足球队最年轻的首发纪录，平均年龄只有23岁217天。

勒夫对与瑞典队比赛的结果并不感兴趣，对他来说还有更重要的：

"我看到我们的球员很卖力，我对这些年轻球员特别满意。我们全面控制了这场比赛，几乎没给对手什么机会。"年轻的多特蒙德和美因茨球员在绝大部分时间里表现出色：胡梅尔斯作为中后卫表现出大将风度，施梅尔策在左后卫的位置发挥良好，两名技术型球员霍尔特比和格策给人留下了深刻印象。勒夫展望未来说："针对2012年和2014年的大赛，队中的竞争将更加激烈。"

勒夫继续贯彻他在世界杯前制定的用人路线，那就是能力和技术优先于经验。"我才不管你是不是只有18岁，只踢过10场德甲比赛，就像格策那样。我只看一个球员是否有能力和是否可用。"他对于新一代国家队球员做出如下评价："我看到胡梅尔斯非常自信，比他的年龄要成熟得多，也表现出优异的性格品质。许尔勒是一位速度快、技术动作大胆的球员。霍尔特比技术非常出众，有点像厄齐尔，善于传出出其不意的致命球，贴身护球好，视野开阔。这里要特别说说格策：他才18岁，他在国家队的训练当中有种舍我其谁的霸气，我还从来没有见过哪位新入选国家队的球员有如此的自信。他的表现仿佛他已经在国家队踢了两三年球。他非常自信，控球稳当，鬼点子多。他给我留下深刻印象。他无疑是过去几年里德国涌现出的最有天赋的球员之一。其他队员也各有才华，但是在世界杯上打阿根廷队、巴西队和西班牙队毕竟不是与德甲在一个水平的比赛。也许再过三四年，赫迪拉或者罗伊斯将成为国家队的顶梁柱。"

众多有天赋的球员如雨后春笋般出现，其背后有着多方面的原因。2000年德国足球灾难年之后，德国足协和各足球俱乐部加强了青少年的培训工作，建立了诸多青少年足球培训机构，如后备球员能力中心，青少年训练基地，引入德国少年足球联赛，提高教练培训质量等。勒夫认为，还有一个重要原因就是球员成长过程中"衔接得更好"。以前，职业球员生涯的头几年往往都被浪费掉了，因为球员离开青年A队后，还要等待很久才能够拥有在德甲上场的机会，而在这些等待的年头里，球员的天赋往往就被荒废了。如今，越来越多的德甲俱乐部愿意给年轻球员更早上场证明自己的机会，也就是说，"从青少年后备役到正式职业球员生涯的衔接"的状况得到了改善。职业足球俱乐部的思维转型让德国国家队直接受益，德国不但有了众多的年轻球员，这些年轻球员在质量上也更好，无论是在基本功训练、踢球速度和战术理解上都比若干年前的同龄球员要好得多。现在的唯一问题就是，这些天分极高的年轻球员如何才能够在国家队站住脚，因为入选国家队的竞争越来越激烈，而德国国家队的阵容人数不会因此而扩大。

新一代的天才球员们还必须在赛场上去证明自己，去证明自己属于世界上最优秀的球员，能够经得起与英格兰队、阿根廷队这样的一流球队过招的考验。已经参加过世界杯的年轻球员已经经受了考验。现在与2006年世界杯之前天才球员短缺的时代不同了，现在新人要想挤进国家队非常困难，他们必须要有能力挤掉厄齐尔、赫迪拉、巴德斯图伯和托马斯·穆勒这样的球员，而这些球员还远没有达到他们的巅峰状态。为了提高球队内部的竞争，国家队也对年轻球员的竞争上岗意识表示欢迎。勒夫提醒说："已经在球队站住脚的球员不要形成错觉，以为他们可以多年占据国家队的位置而不用担心有人与他们竞争。"事实上也是，即使国家队的一些主力队员本身还十分年轻，他们也有可能被更年轻的球员威胁到他们在国家队中的地位。勒夫从上届世界杯得出的经验就是："年轻球员更愿意冒险，即使是在大赛中也更能够自由发挥。"

2010年世界杯的德国队平均年龄为25岁，比2008年参加欧洲杯的那支德国队年轻了3岁。勒夫没有特别的理由不会在年龄结构上去做太大的调整。让更年轻的球员进入球队的目的更多是给现有的主力队员以竞争上的压力。勒夫曾经说过，如果一名19岁的球员对一名23岁的队员形成压力，那么对一个教练来说其实再好不过了。有更多的球员可供选择当然更好，但是勒夫也因此必须要在竞争更加激烈的球员之间进行调解。沦为替补队员的球员如特罗霍夫斯基、塔什彻和罗尔费斯处境将会更加困难，因为在他们的位置上，勒夫有更多的后备人选。只有在左边卫和前锋的位置上，后备力量还不够多。自从拉姆在右后卫的位置上与穆勒形成天衣无缝的组合以后，勒夫在左路就不得不时常即兴决定人选。在锋线位置，他只有克洛泽、戈麦斯、波多尔斯基、穆勒、卡考和基斯林可用，储备实力并不雄厚，并且在可预见的未来也难有大的改观。因为在21岁以下、20岁以下和19岁以下国家青年队中，可用的左边卫和前锋并不多。锋线的阵容变化不会太大，但是有一位队员则完全被人遗忘，那就是前任队长巴拉克。一次负伤让他错过2010年世界杯，之后他转会到勒沃库森踢球，但一直找不回状态，这位昔日的国家队领头羊就这样再也没有参加过德国国家队的比赛，勒夫显然已经不再考虑这位曾经的德国仅有的世界级球员。

在理想与现实之间

有些足球评论员认为，像巴拉克这样意志坚定的球员在关键时刻仍然会帮国家队的大忙。例如对西班牙队的半决赛，德国队因为托马斯·穆勒缺阵而实力大减，但是如果当时有巴拉克在场上，也许他能够鞭策队员在最后的关头向前压上。有一点是可以肯定的，连续两届在世界杯上拿第三名和欧洲杯上拿一次亚军后，德国队早晚要拿一次冠军。但是，在前两次的世界杯上，德国队在关键的比赛中总是显得缺了那么一点狠劲。勒夫说，他很清楚，一切最后都要以是否捧杯来衡量。他似乎是在安慰自己似的补充说："但是，我们夺冠的机会越来越大。"

只是获得一个"冠军"对于勒夫来说并不是太有吸引力。他不厌其烦地宣传他的足球理念：好看的、诚实的和有激情的进攻足球。他说："我既追求奖杯，也追求让人感到兴奋。一支球队的发展，它的表现和打法对我来说非常重要。通过打破坏球来拿个冠军，这对我来说没什么意思，我也不会因此而感到满足。"

好吧，这些话我们听过很多遍了，但是我们还要等待多久才能拿个冠军呢？我们是看了几场精彩的比赛，如果一个国家队教练干了8年，多打几场好球也是应该的。例如,多特蒙德俱乐部并没有花掉太多的时间就完成了改变。于尔根·克洛普在2009年就任多特蒙德主教练,他只用了3年时间就打造出一支德甲冠军,而且球队在打法上完全可以与德国国家队媲美。勒夫也称赞多特蒙德的做法:"去年就可以看出,多特蒙德队是在拿球后到射门平均所用时间最短的德甲球队。以前他们经常打平,现在他们开始赢球了。"多特蒙德是不是能够成为德国国家队的榜样?

至少国家队开始有越来越多的多特蒙德队员。将来德国国家队是不是可以主要以多特蒙德球员和拜仁球员为主组成?如果是这样,就有点像西班牙队,国家队主要是由巴塞罗那的球员组成,因为他们的打法是国家队的主流打法。勒夫曾经这样评价西班牙队:"因为巴塞罗那的球员影响了西班牙国家队的打法,所以西班牙队目前能有这样高的水准。西班牙国家队和巴塞罗那打法相同。"在西甲联赛上,巴塞罗那在2010年11月底以5∶0狂扫老对手皇家马德里。勒夫称这场比赛"近乎完美,过去几年里我还没有看过比它更好看的比赛。两强相遇,其中一强能够以如此大的优势主宰比赛,几乎每一次进攻都能制得分机会,可以说是很了不起"。此后不久,在德甲赛场上,多特蒙德依靠出色的防守反击3∶1大胜拜仁,从中得到的启示不是再清楚不过了吗?

眼下,理想和现实之间还相差很远。要想打造一支打法漂亮、能够战胜西班牙队的冠军球队,还有很长的路要走。2011年伊始,德国队在欧洲杯预选赛上4∶0战胜哈萨克斯坦队,结果虽然让人满意,但是比赛并非那么养眼。年初的两场友谊赛也不是那么让人激动。在1∶1战平意大利队的友谊赛中,主力队员出场的德国队开局不错,但是很快就松懈下去;对澳大利亚队的友谊赛德国队以1∶2失利,不过德国队悉数以年轻的替补队员上场,这场在门兴格拉德巴赫举行的比赛结束后,德国国家队遭到了球迷们的嘘声和喝倒彩。但是勒夫对此并不在意,他说自己能够理解球迷的感受,但是这一场比赛的失利并不重要。他说:"我很多年来一直就听到有人质问这种友谊赛的意义。2005年、2007

年、2009年和现在的2011年都出现过球队表现不佳的热身赛。今后在2013年或者2015年也都会出现这种情况，因为这些年份是没有大赛的年份。这些中间年份就是用来尝试的，用来考验哪些队员有去打大赛的实力。人们可能第一眼看不出来，但是这样的测试比赛并不是毫无意义的，而是对球员的发展非常重要。"

高标准的突破

距离2012年欧洲杯还有一年时间，德国国家队的形势是这样的：诺伊尔、厄齐尔、拉姆、施魏因斯泰格、托马斯·穆勒和赫迪拉组成了球队核心，他们的地位不可撼动；还有一批多年的"老板凳"，如特罗霍夫斯基、扬森、马林、塔什彻、基斯林、贝克或者韦斯特曼逐渐淡出国家队，取代他们的是一批上升中的新队员，如胡梅尔斯、格策、拉尔斯·本德、凯文·格罗斯克罗伊茨、施梅尔策、许尔勒、霍尔特比、马尔科·罗伊斯和贝内迪克特·赫韦德斯。那些在过去几年里不能取得突破的球员，现在面临着被淘汰的局面。显然，勒夫是有意更多地使用年轻的新队员。"如果我们有19岁的队员，他在俱乐部已经是顶梁柱并且还有上升空间，这就是一种突破性改变。"勒夫认为，今天那些最优秀的年龄在十八九岁的球员，在思维上比上一代球员更成熟，目标更加明确："他们知道自己想要的是什么，并会为实现目标去努力。他们一进国家队，马上就争取在训练和比赛中表现出自己的能力，他们愿意学习，喜欢接受国家队的考验。"

这些年轻新秀仍然需要在俱乐部证明自己能够稳定保持在一个高水平上，就像赫迪拉和厄齐尔一样。"我很好奇，我想看看多特蒙德的球员们在下赛季欧冠上的表现，想看看许尔勒在勒沃库森如何作为，然后才能够看出来谁适合参加欧洲杯。有个别球员不能随行非常有可能。"勒夫指出，从德甲到国际顶尖水平需要一个很大的跳跃，只有那些在上届世界杯中经受过严峻考验的主力队员和能够在欧冠赛场上保持高水平竞技状态的球员才有希望入选国家队。作为一个有着最高目标要求的国家队主教练，他不可能把入队的门槛降低。他说："如果德国队对西班牙队的比赛，那么水准是非常高的，大概只有欧冠顶级对决才能与之相提并论。我们国家队就是要在这一水平上行动，我对队员的要求非常高。我知道，我们的球队该有多高的水平才能打败西班牙队。不是所有的年轻球员都能够满足这一要求。我们的目标只有一个，就是拿冠军。我们要成为欧洲第一！"这是勒夫迄今为止最明确的表态。

选赛获得最高积分后的小结

在2010—2011赛季，德国队最后的3场比赛赢得很艰苦。对乌拉圭队的友谊赛以2：1获胜，结果还算满意。这场比赛中，许尔勒的表现对波多尔斯基构成了最大的威胁。许尔勒脚法出众，速度很快，比赛非常努力，在左路打得生龙活虎，还凭借着一记吊射将比分从戈麦斯进球后的1：0改写为2：0。但是6月3日在维也纳对奥地利队的比赛上，德国队的表现却出现起伏，最后侥幸靠戈麦斯的两个进球才以2：1获胜。德国队在这场比赛中显得草率、马虎和疲劳，球员们缺乏激情，频频失误，而斗志高昂的奥地利队甚至一度控制了比赛。德国队的表现也体现在勒夫在场边的表演上：整整90分钟，勒夫不停地在场边吼叫挥拳，挥动胳膊督促队员往前冲，时不时双手绝望地抱住头或者不屑地甩手。不过比赛结束后，勒夫又恢复了平静，称"球员们在经过了一个漫长的赛季后已经筋疲力尽，我最后还是要夸一夸我的队员们"。

对阿塞拜疆队的比赛虽然对手没有构成什么真正的危险，但是德国队的3：1胜利赢得也不是那么有强者风范。这场比赛德国队场上队员的平均年龄只有23岁29天，是德国队史上最年轻的阵容。在巴库拿下对福格茨执教的阿塞拜疆队的比赛后，勒夫对这场虽然平淡但获胜在情理之中的比赛还算满意。鉴于比赛的客观条件并不理想，勒夫甚至在赛前就表示只要取胜就算完成任务。他说："今天是德甲赛季结束后的第24天，这期间我们打了3场国家队比赛，而且都赢了。我知道这几场比赛的时机不是特别好，我们的球员已经到了体能的极限。所以毫不奇怪，我们队踢得不是很有动力，有些球员也没有展现出他们的力量。考虑到这些因素，我们甚至应该为球队的成绩感到骄傲。现在队员们该是去休假的时候了。"

不管怎么说，德国队欧洲杯预选赛成绩傲人，7场全胜，得到了最多的可能分数21分（得失球之比为22：3），领跑A组。欧洲杯入场券实际上早已在握，并且也将打破一项德国队纪录：再胜一场的话，将追平1982年世界杯预选赛时连胜8场的纪录。球队的配合默契程度也表明，德国队可以准备去打欧洲杯了。勒夫说："球队总是能够让我放心，让我感到这是一支真正的团队，球队之中大家互相帮助，互相尊重。新入选德国国家队的球员也很好地融进了队伍，国家队的团队精神有了长足的发展。这是球队的一个内在的优势，我们可以继续信赖它。"但是，球队的技术实力现状又如何呢？

2011年夏天，勒夫不得不清醒地看到，在世界杯后提出的高标准球队只有在对土耳其队的比赛中达到了。5场测试赛中1胜3平1负，除了对乌拉圭队的比赛，其他4场都差强人意。欧洲杯预选赛虽然成绩上无可挑剔，但是能力分析结果表明，球队还需要很大改进才行。突出的问题有场上组织差，传球准确率不高，对奥地利队的比赛中斗志低迷。总之，德国队没有达到南非世界杯时表现出的高水准，更不用说继续发展了；而且球队只是偶尔表现出在像欧洲杯这样的大赛上所需要的强大的心理素质。观察家们无法预测德国队经过集中训练后还会达到什么状态，但是通过世界杯后的12场比赛，人们不敢轻易说，德国队再次遭遇西班牙队的话，会有把握取胜。

但是，在8月10日，德国队出人意料地大放异彩，在18年后再次战胜了巴西队，这也是两国足球交战史上德国队的第4场胜利。这场比赛德国队打出了一些亮点，也让球迷们开始放心。当然，因为是一场友谊赛，巴西队球员们似乎踢得也不是特别上心，而且巴西队此前在美洲杯上的表现也让人失望，人们已经看不到以前的巴西队的影子。不管怎么样，德国队的表现让人信服，有些场面甚至堪称精彩。在皇家马德里踢球的厄齐尔和赫迪拉没有上场，德国队采取了不常用的4–1–4–1阵型，施魏因斯泰格打6号后腰，托马斯·穆勒和波多尔斯基打突前边路，格策和托尼·克罗斯打突前中场，马里奥·戈麦斯一人担当箭头。勒夫的这一阵型活跃了全场的进攻组织，也让德国队占尽场上优势。托尼·克罗斯在前场分球上表现突出，年轻的格策则表现出像巴西人那样的球技风格。最后，德国队凭施魏因斯泰格（点球）和格策、许尔勒的进球，以3∶2意外地战胜了巴西队。勒夫赛后非常兴奋，因为这也是在一连串乏味的友谊赛中，德国队踢得最让人信服的一场。他说："只要看看年轻的球员们是带着怎样的兴趣和乐趣来踢球，就可以看出，这样的比赛会促进年轻队员的成长。友谊赛常常会受到非议，但是我们在比赛中表现出的巨大活力和激情，是让大家都感到高兴的。我们在下半场加快了节奏，得到的回报就是漂亮的进球。这是一场高水平的友谊赛。"

　　这场比赛中最精彩的一幕是托尼·克罗斯和格策在第67分钟联合上演的：克罗斯将球塞到巴西队防守队员的空当处，多特蒙德少年从对方防守队员中杀出，抢先拿到球，向右蹚过最后一道防线——巴西队的门将儒利奥·塞萨尔，以一个漂亮的小角度拨射将足球送进大门。勒夫好像预感到格策将在比赛中爆发，他在赛前就对格策大加赞赏："他有天才的球感。在他的这个年龄，他已经走得很远，比赛中表现非常突出。"赛后，勒夫又评论说："格策的方向感非常好。他总是能找到问题的解决办法。就是这些看上去简单的事情让他非常强大。"

　　把这场比赛作为依据，再考虑到格策和许尔勒这样的后进天才，德国队有理由看好未来。果然，在接下来的欧洲杯预选赛中，德国队6∶2大胜奥地利队。这也是德国队连续8场在正规赛事上获胜，也让德国队提前拿到了欧洲杯入场券。这场比赛中，格策和许尔勒都是后来作为替补上场，两人各进一球。

勒夫可以满意了。他说，有越来越多的年轻球员成为德国国脚，让他"感觉非常好"。他说："现在我完全可以让厄齐尔和赫迪拉待在家里了。"他一直想让球队拥有更多的高质量球员，他将继续尝试将年轻球员引进国家队。勒夫作为一名习惯于前瞻性计划的教练，在对巴西队的比赛前几周就曾经认真地考虑过下一代国家队球员的问题。他与各年龄组德国青少年国家队的教练们进行了一次会晤，询问在17到19岁这个年龄组有哪些球员有希望来一次大飞跃。2012年欧洲杯预选赛还没结束，勒夫已经开始为2016年的欧洲杯寻觅潜在的队员。

德国队在分别以3：1做客伊斯坦布尔战胜土耳其队和坐镇杜塞尔多夫战胜比利时队之后，结束了欧洲杯预选赛。预选赛成绩一目了然，德国队10场全胜，获得了最高的30个积分，得失球率为34：7，以绝对的霸气出线。预选赛之初，德国队虽然也连续获胜，但是踢得并不让人满意，但后来状态逐渐提升。在2011年下半年，德国队不仅在比赛战绩上无可挑剔，也打出了几场气势磅礴的攻势足球，证明了自己有能力以最快的速度和节奏，打出技术上和战术上的高水平比赛。勒夫非常高兴地表示："我们在打法上更稳健，体系上更纯熟，心理上更自信。"

南非世界杯后德国队的年轻化努力终于开始收获硕果。基斯林、扬森、塔什彻、特罗霍夫斯基、马林、韦斯特曼和贝克最终被请出国家队，而穆勒、赫迪拉、巴德斯图伯和诺伊尔则在国家队站稳了脚跟。胡梅尔斯、格策和许尔勒也成为当然人选。候补队员则有赫韦德斯、罗伊斯、伊尔卡伊·京多安、罗恩-罗伯托·齐勒尔和拉尔斯·本德、斯文·本德孪生兄弟。总之，德国队的顶尖队员越来越多。如今，不管是厄齐尔、波多尔斯基还是格策或是许尔勒上场，德国队都能够保证上场阵容的质量，在各个位置上都很平衡。所以，勒夫宣布立刻不再使用"主力队员"一词，因为他现在拥有远不止11个人的具有主力队员水准的球员，可以有更多的变阵可能性供选择。

准备好挑战西班牙队

德国队以11月的两场友谊赛结束了2011年的比赛。在基辅对阵乌克兰队，勒夫大胆尝试了三后卫打法，结果以失败告终，德国队先1∶3落后，最后勉强打成3∶3平。不过这并没有引起惊慌，因为仅仅4天之后，德国队在汉堡又以3∶0战胜荷兰队。这是德国队在2011年3∶2击败巴西队、6∶2大胜奥地利队和3∶1战胜土耳其队之后的第4场漂亮仗。不仅勒夫对德国队的表现兴高采烈，其他教练同行也不吝惜溢美之词。荷兰队主教练贝尔特·范马尔韦克说："德国队一向擅长快速攻防转换，但是现在他们也会踢足球了。"另一位荷兰籍明星教练胡斯·希丁克说："德国队不再仅仅是一支让对手感到尊敬的球队。大家都喜欢看他们的比赛，他们踢得非常耐看和精彩。"西班牙队的世界冠军主教练维森特·德尔·博斯克对于勒夫的工作更是给予了高度评价，称赞他"很了不起"。

12月初举行了2012年波兰和乌克兰欧洲杯小组赛分组抽签仪式，德国队被抽到了所谓的"死亡小组"，与葡萄牙队、荷兰队和丹麦队同分在一组。勒夫一点儿都不害怕："这将是一个非常困难的小组，但是大家都觉得我们能够出线。"《踢球者》杂志早就把德国队列为夺冠热门，在年底还为德国队预支了奖项，把"无冕之王"勒夫评为2011年足坛"年度人物"，颁奖理由是"勒夫成功地把众多有天赋的球员打造成一支国家队，这支球队掀起讲究配合的攻势足球新风，激发了国内球迷的热情，重新赢得了世界各地球迷的尊敬和认可"。勒夫本人也受到空前的认可。根据民意调查机构lmas的一项民意调查，勒夫在"最受喜爱的德国人"排行榜上名列第3，在他之前只有电视节目主持人金特·尧赫和前德国总理赫尔穆特·施密特。然而半年以前，德国队在一场表现糟糕的比赛中侥幸地以2∶1赢了奥地利队之后，勒夫还饱受批评。但是半年之后，人们显然完全忘记了那场比赛，可见在足球世界里，毁和誉来得都是那么快。

勒夫在新年来临之际表示："我们还从来没有像现在这样渴望一个冠军头衔，我们都非常非常渴望。"不过，在2012年3月与德国足球杂志《11朋友》做的一次采访上，勒夫又把话往回收了收："就是不夺冠，也不是世界的末日。即使我们没能拿到世界冠军，我们的球队也将会有很好的表现，我也将会为他们感到骄傲。我们做好了准备去迎接最大的挑战，去战胜过去几年里统治了世界足坛的西班牙队。我们必须在技术上超过他们，光凭好勇斗狠我们是赢不了他们的。我们必须要在足球踢法上高出一筹，如果我们不想依靠运气取胜的话，虽然靠运气有时候也能够赢一场球。"

足球踢法上高出一筹，也就意味着在战术打法上富于变化。过去的几年表明，德国队不再仅仅靠快速攻防转换和防守反击来取得胜利。德国队在站位和传球准确性上都有大幅度提高，打破对手龟缩自己半场死守的手段就是：重新解释第2个"6号"的作用，即不再使用"双6号"后腰，而是设置一个经典的"6号"后腰，把第2个"6号"作为攻击型中场放到突前的位置，让他成为锋线的连接人。勒夫给这一由双后腰变来的突前中场赋予了一个新名词，叫作"衔接球员"。德国队最适合这个位置的就是克罗斯。

第 12 章　过度自信导致失败
　　　　　欧洲杯后勒夫遭遇问责

在奔赴2012年欧洲杯赛场之前，德国队只于2012年2月29日在不来梅和法国队进行了一场测试赛，以1∶2告负。5月11日到18日在意大利撒丁岛的第一次集训，德国队人员不整，27人的大名单中只有11人报到。其他16人还需要代表各自俱乐部去参加赛季末的各种决赛。甚至勒夫本人也迟到了，因为他要在5月12日在柏林观看拜仁对多特蒙德的德国足协杯决赛，目的是考察他的国家队主力队员的表现。拜仁的球员还要在一周后在安联球场主场进行对切尔西的欧洲冠军杯决赛。

拜仁的球员心中带着点球大战输给切尔西的苦涩来到法国南部拉图雷特与球队会合。更让人担忧的是主力队员克洛泽、默特萨克和施魏因斯泰格状态低迷。勒夫根据自己3届大赛的经验，乐观地相信这些问题都会及时得到解决。毕竟，他的教练班子有专家团队帮他排忧解难，有二十几位专家来专门调理、照顾球员的身心状况。最不同寻常的训练节目是瑜伽和运动技能学专家埃夫蒂米奥斯·孔波迪埃塔斯的大脑潜能激发练习。就是球员晚上睡觉也在专家的照料之内，他们专门为球员买来特制的被子，这种被子能够防止球员睡觉时出汗，这样能够加速球员的体力恢复。余兴节目也丰富多彩，例如一级方程式赛车手尼科·罗斯伯格和迈克尔·舒马赫带着两辆奔驰A系列新车来到德国队训练营，与一些球员们在18公里长的"普罗旺斯省"赛道驾车驰骋了几个回合。

训练场上球员们当然非常刻苦。训练的一个重点项目是在对方禁区附近丢球的情况下快速回防。助理教练弗里克说，一个高端的训练内容是尽可能早的逼抢，力争把对手卡死在对方的1/3场地之内。为此，他们在一个只有20米×30米的小场地上反复练习抢断球和抢下球后通过盘带和短传来护球。战术训练中，特别强调了对球员战术灵活性的要求，训练围绕中场的3名队员来进行，这3名队员被要求保持一个"流畅的三角形"，就是保持从进攻到防守或者反过来的流畅转换。这使得厄齐尔或者格策有时候也客串一下施魏因斯泰格的角色，或者倒过来。为了保持攻击力不被削弱，在战术上放弃了那种前场队员总是回防的策略，教练组称，后防队员必须有能力在必要时单兵作战，而且德国队门将诺伊尔也擅长积极参与比赛，他有能力随时出击化解对方的长传球。由于训练时间并不多，德国队这一次又是没有在定位球战术训练上花太多时间。

5月28日，也就是主要由替补队员上场的德国队在巴塞尔以3∶5输给瑞士队的测试赛两天后，勒夫宣布了他的参加欧洲杯的正式队员名单。名单中有8名拜仁的球员：诺伊尔、巴德斯图伯、拉姆、博阿滕、施魏因斯泰格、克罗斯、穆勒和戈麦斯。多特蒙德的球员占了4名：施梅尔策、胡梅尔斯、京多安和格策。名单之中自然少不了效力皇家马德里的赫迪拉和厄齐尔。入选的球员还包括：来自勒沃库森的许尔勒和拉尔斯·本德、来自阿森纳的默特萨克、来自沙尔克04的赫韦德斯、来自门兴格拉德巴赫的罗伊斯、来自拉齐奥的克洛泽和来自科隆的波多尔斯基。替补门将是来自不来梅队的蒂姆·维泽和来自汉诺威96的齐勒尔。27人大名单中落选的4人是：沙尔克球员朱利安·德拉克斯勒、门兴格拉德巴赫球员马克-安德烈·特尔施特根、多特蒙德的斯文·本德和斯图加特的卡考。

5月31日在莱比锡进行了结果不说明什么问题的最后一场测试赛，德国队以2∶0击败以色列队。然后，德国队住进位于波兰但泽的橄榄树村酒店。酒店是德国队领队比埃尔霍夫挑选的，勒夫表示满意，称酒店让人十分惬意。他说，酒店的环境非常适合球队养精蓄锐，为国家队在艰苦工作的同时提供了放松的可能。勒夫还给每位球员送了一个来自印度的手环，称这是幸运手环，能够带来正能量。酒店大堂还树立了一个看上去有点刻板的"励志柱"，上面贴满了各种口号，例如"我们就是团队精神。我们就是热情奔放。我们就是快乐足球。我们就是必胜意志。我们准备好了"。

"生褥疮"的前锋进了球

德国队的第一场比赛并不轻松。与可以在小组赛上先与弱队热身的2010年世界杯不同，2012年欧洲杯的首场比赛就是在乌克兰利沃夫对阵拥有着世界足球先生克里斯蒂亚诺·罗纳尔多的葡萄牙队。这场比赛德国队打得十分艰苦。上半场德国队虽然控球占据优势，但是找不到破解葡萄牙队密集防守的好办法。值得欣慰的是，此前一直是德国队短板的后卫线在比赛中发挥非常稳定。下半场德国队进攻仍然难以奏效，反而是葡萄牙人几次威胁到守门员诺伊尔。比赛进行到第73分钟，勒夫本来准备要换下的前锋马里奥·戈麦斯接赫迪拉传中球后头球破门，但4分钟后戈麦斯浪费了一个穆勒给他的绝妙传球。剩下的比赛时间里，葡萄牙队加强了进攻，有几次有威胁的进攻，但最终德国队把1∶0的比分苦苦支撑到终场，幸运地拿下了这场优势并不明显的比赛。

第二场小组赛对荷兰队的比赛，德国队上半场攻防密集有效。戈麦斯在上一场比赛中因为跑动不积极受到电视评球专家、前德国队国脚穆罕默德·绍尔的讽刺批评（绍尔说："我现在有点害怕，担心他躺得太久生褥疮，需要给他翻翻身。"）。但是在对荷兰队的比赛中，戈麦斯包揽了德国队的两个进球。他的第一个进球是接到施魏因斯泰格的精确传球后，背对球门一个华丽的转身拉球找出空当，将球直线打进，比分变成1∶0。第38分钟，又是施魏因斯泰格喂球，戈麦斯将球推射入网。两球领先并没有让德国队变得轻松稳健，特别是下半场荷兰队加强攻势，德国队疲于应付。第74分钟，罗宾·范佩西为橙衣军团扳回一球，比赛一度再生悬念，但是队长拉姆率领德国队最终将2∶1保持到终场。

足球评论家们称德国队有了新的质变，他们现在踢得非常从容冷静，发挥稳定，不再像一年前那样踢得意气用事，大起大落。勒夫教会了他的球员在拿球的同时就做好一旦丢球就立即转攻为守的心理准备。表现非常抢眼的后卫胡梅尔斯是这样表述这一足球理念的："我们在进攻时不投入太多的球员，而是更加注重后防线的增援。"

对荷兰队的比赛中，除了戈麦斯的两个进球，还有一幕让电视观众会心一笑。显然是处于非常放松状态的勒夫在场边和球童开了个玩笑：他偷偷走到球童背后，突然抢走球童腋下夹着的足球，然后友好地拍拍被吓了一跳的球童的肩膀表示安慰。不过，电视观众看到的这一幕并不是直播，而是在比赛哨声吹响之前发生的，是电视转播导演在直播中即兴穿插了这一镜头。

小组赛获胜和魔术手

小组赛最后一场是对阵丹麦队，德国队一上来就展开凌厉攻势，开场19分钟便由波多尔斯基打进一球以1：0领先。但是此前没有任何机会的丹麦队在失球5分钟后，就通过一次狡猾的战术角球将比分扳平。此后，善于防守的丹麦队就不再给德国队更多的机会。同时进行的同组另一场比赛中，葡萄牙队在第74分钟时由C罗打进一球将比分改写成2：1，德国队这边也明显感觉到了压力，因为这意味着德国队如果输给丹麦队，就会被淘汰出局。幸运的是，因为博阿滕累计两张黄牌停赛而得以首发的右后卫拉尔斯·本德在第80分钟防守反击中打进一球，德国队以2：1获胜。

德国队以三战全胜小组第一出线，进入欧洲杯8强。不过，这一成绩从表面上看还不错，但是实际上并非如此。因此，自然有得理不饶人的记者开始刨根问底。有记者问勒夫是不是从浪漫主义者变成了现实主义者，勒夫尖锐地回答："您这样问，等于是在说，我们已经放弃了讲究配合的足球。我不认为是这样。"对于比赛中没有打出风卷残云式的进攻，勒夫解释说，那是因为对手采取了守势："对手退缩得非常靠后。即使像荷兰队这样的球队都打得非常保守。在锦标赛中就是这样，在有威胁的进攻和稳固的防守之间找到适当的平衡非常重要。"勒夫补充说，进攻能力仍然是他挑选队员时的一个重点，并且还给记者讲了一句足球上的新哲理："不是传球决定跑动路线，而是跑动路线决定传球。"也就是说，即使像厄齐尔这样的传球天才，也只有在队员跑位正确时才能够充分发挥水平。他强调，德国队还要在无球跑动上加强训练。在这场比赛中发挥最好、跑动最积极、发挥远比不在状态的施魏因斯泰格要好的赫迪拉说："我们在球队整体战术上应该打得更聪明和理智才行。"

勒夫对小组赛总结说："我很清楚问题出在哪里，对如何解决这些问题也心中有数。"他如何心中有数，体现在1/4决赛对希腊队的比赛中。罗伊斯、许尔勒和克洛泽代替穆勒、波多尔斯基和戈麦斯首发出场。他们3人将加快进攻时的配合节奏。在连续3场比赛获胜后调整首发阵容，这也算是个非同寻常的决定。但是这一决定奏效了。虽然希腊队采取了紧缩死守，德国队仍然一开始就频频给对手制造压力。许尔勒在左，罗伊斯在右，克洛泽在中间，厄齐尔负责为他们3人输送炮弹，这一阵型的确给希腊队的防线造成了混乱，德国队好几次都险些破门。比赛进行到第39分钟，德国队终于理所应当地攻破大门：拉姆在左路从后场突击到前场，在距离球门18米处用胸部停好厄齐尔的传球，射门得分。

不过，下半场开场10分钟后，希腊队利用德国队一次失误发起防守反击，乔治斯·萨马拉斯为希腊队将比分扳平，比赛又从头开始。德国队很快调整好心态，赫迪拉在第61分钟时一记凌空抽射将比分改写为2：1。仅仅7分钟后，克洛泽头球将比分改写成3：1，罗伊斯紧接着再下一城比分变成4：1。比赛快结束时，博阿滕禁区内手球犯规，希腊队迪米特里奥斯·萨尔平吉迪斯点球命中，又扳回一球，但并未改变最后德国队以4∶2获胜的结局。

新的阵容积极大胆，靠实力赢得了一场比赛。勒夫通过这一变阵再次证明了他有一只"魔术手"。他想提高攻击力的战术设计在比赛中全部实现。他说："希腊队只有一次机会，但进了两个球，他们只是在踢破坏球。我们的球员打出了很多机会，所进的球都是必然的。"

美中不足的是，勒夫的首发阵容在开赛前数小时就被泄露出来。勒夫评论说："我无法解释是怎么发生的。球员们会与他们的顾问谈论这些事，也许是在这个环节出了问题。这不符合我的愿望，过早地就把底牌摆到桌面上，这样不太好。"这是一个不愉快的插曲，而且在小组头两场比赛之前，就出现过"内鬼"事件，不过幸好泄密没有对比赛造成什么负面影响。球队下榻酒店附近的训练场地的四周还都用帆布拦了起来，以防止外人窥视。既然保密工作做得不好，还不如干脆就不要搞得那么神秘。

半决赛教练决策失误

半决赛对阵意大利队之前，勒夫透露出自信："我们非常清楚我们的实力。我们有一支非常非常强大的队伍，绝对有能力战胜意大利队。"打败意大利队总是一件特别的事情。德国队与意大利队在世界杯和欧洲杯上迄今为止遭遇过7次，德国队没能赢过对方一场。最近一次遭遇是2006年世界杯半决赛，德国队那时候输了。勒夫决心要改写这一历史。勒夫不仅相信他在欧洲杯开始后戴着的印度手环会带来好运，也相信他在用人上一直有一只幸运之手。他这一次又调整了首发阵容：放弃了上一场比赛发挥不错的罗伊斯、克洛泽和许尔勒，重新起用波多尔斯基和戈麦斯，并且还让克罗斯第一次出现在首发阵容之中。

德国电视一台的专家评论员绍尔认为这一决定还算可以。波多尔斯基是有经验的老队员，意大利人对戈麦斯也有些畏惧。但是比赛开始后，波多尔斯基几乎没起到什么作用，戈麦斯也几乎被盯死，根本拿不到球。克罗斯的任务本来是要防守意大利中场指挥官安德烈亚·皮尔洛，破坏皮尔洛的非常具有威力的中远距离传球。克罗斯也做出了很多努力来干扰皮尔洛，但是他没能够做到让皮尔洛哑火。而且因为克罗斯站位靠中间，这样就与厄齐尔的位置有些重叠，造成了德国中场右路孤立无援。

意大利队在战术上主导了比赛。意大利队频频从左路发动攻击，而德国队在这一边给对手留下了很大的行动空间。在马里奥·巴洛特利第一个进球之前，安东尼奥·卡萨诺就有过一次灵巧的过人突破，防守他的胡梅尔斯表现得很笨拙。巴洛特利打进第二个球时，没有德国队员真正在注意他：拉姆错误地估计了形势，对里卡多·蒙托利沃的一记长传没有准备，来不及对巴洛特利的射门进行阻击。这两个球分别是在第20分钟和第36分钟时进的，德国队在这两个进球之间还是做了很多的努力，但是收获不大。上半场比赛德国队就以0∶2落后，巴洛特利进球后赤裸上身秀肌肉庆祝的镜头给人深刻的印象。

上半场比赛中，勒夫在场边十分着急。他随手甩掉一个瓶子，瓶子差点飞进场内。他还因为紧张不时咬自己的手指甲。他表现得惊慌和不知所措。下半场，勒夫终于下决心让克洛泽替换戈麦斯，并让罗伊斯替换波多尔斯基。下半场德国队果然打得更加快速和更加果断，意大利队防线频频告急。下半场进行到第20分钟时，意大利队主教练切萨雷·普兰德利换上两人加强防守，德国队的进攻开始失灵，而意大利队则逐渐重新占据上风。虽然厄齐尔凭借着一记点球将比分改写成1∶2，但是这一进球来得太晚，德国队大势已去。赛后，不带任何感情色彩的中立观察者都会得出结论，那就是战术聪明的意大利队胜之无愧。比分接近的结果甚至不能反映出比赛的真正场面，因为德国队有好几个时间段都是被意大利队牵着鼻子走，意大利队本来能以更大的比分提前结束这场战斗。

在赛后的新闻发布会上，勒夫显得十分平静。这是他迄今为止最糟糕的一次比赛失利，而且主要原因是他在用人和战术上犯了错误。勒夫本来最注重进攻和战术上抢占主动权，但这场比赛却在战术上过于保守和拘谨。他对于这场比赛的指挥方式充满着矛盾。一方面他的排兵布阵显示出他对意大利人的踢法感到畏惧，另一方面他又表现出对自己战术能力的过度自信。当他对克罗斯的使用没能奏效时，事实证明他并没有第二套备选方案。

勒夫言简意赅地总结说："我们在后防线上有两次注意力不集中。"他说，所进的两个球不是个别队员犯错造成的，两个球落后之后，再追赶回来是很困难的。他说，如果要他重新选择，他仍然会派波多尔斯基和戈麦斯首发，因为二人在训练中显示出很好的状态，而且他们二人也是前两场比赛胜利的功臣。对于克罗斯的使用，勒夫解释说："我想让托尼加强中场。意大利队中场有皮尔洛和达尼埃莱·德罗西这样强大的球员，我想对他们进行遏制。"勒夫表现得很清醒，但是坚持不肯在口头上认错。此前，整个欧洲都还在夸奖勒夫快速有力的打法。现在只一场比赛失利后，一切就要改弦更张吗？勒夫回答说："我们不应该犯一次失败后就怀疑一切的错误。我现在不会否定所有的一切。"勒夫表示，他将在两年后再去尝试："我们球队有很大潜能，而且他们还很年轻，还会发展，他们会成熟的。"

老套的批评

勒夫的德国国家队执教生涯最苦涩的败局在欧洲杯后仍在产生影响。他不仅要面对自己和别人的失望，还要应对不愉快的尖锐问题。飞回德国后在法兰克福机场一下飞机，就有《图片报》记者提问："您有没有考虑辞去国家队主教练的职务？"勒夫对于这一问题颇为意外，一时不知道该如何回答是好。他最后还是回答说："总的来说，我的合同尚未到期，我不会去考虑这些问题。我们一路走过来一直都做得非常非常不错。但是现在是需要隔开一些距离，才能够看清楚这个工作新的吸引力是什么。"接下来，勒夫从公共视线中消失了几周，但是他的批评者们并未就此善罢甘休。批评已经不只是针对他在对意大利队一战中的用人和战术问题。有批评者指出，虽然勒夫自己说他只派状态最好的球员上场，但是实际上他还是用了明显不在状态的施魏因斯泰格。还有人又把老问题抛出来，声称德国队现在缺少传统上的那种领头羊角色。这一说法立即得到附和，有人还添油加醋地说，现在的国家队队员都被宠坏了，没有了德国队以前的那种意志和激情，即那种被称为"德意志美德"的东西，而没有这种美德，拿冠军是休想。也有人旧调重弹，又声称有些队员对德国没有认同感，并举出证据说，有的具有移民背景的球员在演奏德国国歌时不跟着一起唱。所有的问题汇总成一个最大的问题，那就是：勒夫还是一位合适的国家队教练吗？还能相信这位每次都在快到终点时掉链子的教练会为德国队赢得一个冠军头衔吗？

直到2012年8月中旬对阿根廷队的一场友谊赛之前，也就是在欧洲杯半决赛被淘汰的46天之后，勒夫才正式表态。他请了一些媒体的代表在法兰克福体育场门前的一个白色帐篷里出席他的新闻发布会，花了半个小时发表了一次显然是经过精心准备的讲话。他讲话时态度严肃坚决，言辞犀利，有时语气很尖锐，对常见的种种批评给予了坚决的反驳。他说："我认为这些批评于事无补，而且这种老套的批评让我感到很厌烦。我说起这些就很难受。您大概不会相信，数百万的人在家里或者是在街头露天看我们的比赛直播，而我们都是一群不想赢球的货色。一个球员不跟着唱国歌绝对不能够因此证明他水平有问题和不想好好踢球。"勒夫说，他今后也不会要求队员一定要一起高唱国歌。针对球队缺乏核心、领头羊的问题，他以嘲讽的口气说："很多球队倒是有传统意义上的领头羊，但是他们比我们更早就回家了。"

对于就事论事针对足球本身的批评，勒夫表示"他非常理解和愿意虚心接受。"但是勒夫还是不肯完全承认他在半决赛中犯了错误。他说，有人说他在战术上太过于跟着意大利队的打法走，他不能认同这一指责。他说："我有一个明确的战术,我也百分之百相信它是正确的。我弃用上一场比赛中打得很成功的阵容,我知道这会冒什么样的风险。只是在事后我们才知道,这一变阵是失败了。"但是勒夫最后还是承认:"我们没有用自己最应手的武器去作战,没有按照我们的想法来打比赛。"

不可能再让勒夫说出更多的自我批评的话了。他为自己的选择进行了激烈的辩护。他说,没有理由推翻一切重来。他只承认最多需要对他的长远计划做一些小的修改。他指出,把2012年的欧洲杯与2010年的世界杯相比,应该看到德国队有了积极正面的发展:更多的进球机会,更多的射门,更多的控球时间,给对手更少的进球机会。他说,唯一不足的是在把握射门得分机会上的表现有所下滑,但是总的来说,"从世界一流到世界最强还差一小步"。

有一个问题,勒夫始终没有涉及,那就是球队内部的气氛。其实在欧洲杯期间,尽管有酒店大厅内的"励志柱"和幸运手环,球队的团队精神并不像对外宣称的那么完美无瑕。这还不仅仅是因为"内鬼"事件。9月底施魏因斯泰格在接受《南德意志报》的采访时本来要谈的是拜仁,但是却无意间透露出国家队的内部气氛。他说:"我们拜仁真的非常具有团结精神。例如场上我们进了一个球,坐在场边板凳上的替补队员也都会跳起来欢呼。这可能是与欧洲杯期间的国家队有点区别。那时候并不是所有的队员都跟着欢呼。"看来,在这个问题上,勒夫将来至少需要做些修补工作,他必须想办法将球队中可能出现的等级之争扼杀在萌芽状态,以防止球队内部拉帮结派搞分裂。

第 13 章　仅仅世界杯预选赛出线是不够的
一场败兴的平局

2014年巴西世界杯预选赛在2012年9月份拉开序幕，德国队首战法罗群岛队，毫无悬念地以3∶0获胜。第二场在维也纳的客场比赛经过艰苦的奋战以2∶1侥幸战胜奥地利队，并因此遭到批评。《踢球者》杂志的报道标题是"无计可施，无可奈何，群龙无首"。这家足球专业杂志很少以如此尖锐的语调来批评国家队。文章说，在足球上追求美学理想无疑是好的，"但是脚下功夫也很重要。把逼抢和尽早干扰对手当成是技术风格，听上去未免有点尴尬，但是即使这是一种风格，也是由奥地利人体现出来的。现在这一代德国国脚们得到了太多的信任和预支的信赖，他们现在是要动真格的时候了"。

10月12日，德国队6∶1大胜爱尔兰队。4天之后德国队在柏林奥林匹克体育场戏耍了瑞典队，比赛到第56分钟时已经取得了4∶0领先。但是德国队只在前60分钟控制了比赛和打出了世界一流水平。兹拉坦·伊布拉希莫维奇扳回一球后，德国队莫名其妙地全线崩溃，接连被灌进3球，最后差点被反超，打成了4∶4。就像对意大利队那场比赛一样，场边的勒夫显得十分无助，不断地咬着指甲。当比分变成4∶2时，勒夫用格策换下穆勒，用波多尔斯基换下罗伊斯，而不是加强防守。这场比赛之后过了很长时间，勒夫才承认："也许当时应该换两名防守队员上去，以保住4∶2的比分。"但是当时他没有意识到换人所带来的危险，他说："人们往往是在事后才变得聪明。"他的换人没有阻止德国队越打越被动，整个球队似乎都瘫痪了，有的队员根本就站在原地不跑动了。赛后的报道标题自然少不了讽刺挖苦，例如"勒夫的球队开始很英雄，后来很狗熊""开始很炫，后来很烂""我说约吉啊，这也太差劲了""你还能够取得胜利吧？还是已经输得够丢人现眼了？"《南德意志报》的报道最简单最损"很靓，很傻"。

这场比赛可以载入史册了，勒夫本人赛后十分沮丧："我已经被震惊到不知道该说些什么，比赛结束后队员们回到更衣室里，一片寂静。"他对记者说："我们以这种方式被打乱了阵脚，我是无论如何也没有料到。我们最后打得一团糟。我们绝不会允许再发生这样的事情。我们必须学会在比分领先的情况下，把比赛坚决认真地打到结束。当我们注意力非常集中的时候，我们能够打出非常高的水平。但是只要稍不留意，就会发生这样的事情。我们将永远记住今天的教训。"

　　德国队2012年的最后一场比赛是11月中旬在阿姆斯特丹与荷兰队的一场友谊赛，双方0∶0战平。这场平淡的比赛抹不去对瑞典队比赛时的大崩溃和2012年欧洲杯半决赛中巴洛特利打进第二球后裸胸庆祝的姿势留下的耻辱记忆。在已经成为保留节目的新旧年度之交的采访中，勒夫坦白地承认，这两场比赛的无情画面经常出现在他的脑海里："有很多个夜晚，那些画面从我的潜意识中冒出来，我吓得从噩梦中惊醒。在梦里再一次梦到这样的比赛，简直是太恐怖了。"他现在终于承认，他在对意大利队的比赛中犯了用人上的错误："以今天的眼光回头看，我想当时应该用另外一套阵容来对付意大利。"在欧洲杯之后的头两三个月里，也许勒夫还没有足够的勇气来轻松地面对批评者。他说4∶4战平瑞典队的比赛"当然不是惊艳之作。我的球员打得太疯狂，激动之中忘了给自己亮一亮警示的黄灯。我们现在必须踢得更聪明和理性一点，我们不必每场比赛都要踢得光芒四射"。

　　展望2014年巴西世界杯，勒夫相信他的球队"走在正确的道路上"，而2012年只是交学费的一年。现在是德国国家队所有成员吸取各方面教训、整装待发的时候了。勒夫说："大家都看到了，我们球队在对手退缩半场密集防守或者在比赛中突然改变打法时，还会不适应。我们必须在这方面下点功夫。我们也应该学会，在高水平发挥后，不要松懈，而是要继续施压。我们也在考虑，在比赛进入艰苦阶段时应该如何表现自己。失败也有着积极的一面，有时候必须让你痛，你才能学到东西。"

德国队以2月6日在巴黎2：1胜法国队的一场友谊赛开始了2013年。3月22日德国队在世界杯预选赛中3：0轻松战胜哈萨克斯坦队。剩下的两场预选赛也没有遇到任何障碍：3：0击败奥地利队；10月15日最后一轮预选赛中客场5：3胜瑞典队。德国队以9胜1平的绝对优势打完了2014年世界杯预选赛，比同组第2名的瑞典队高出8分，净胜球多了26个。谁还会再想起4：4战平瑞典队的那场比赛？当然，总有爱吹毛求疵的人提醒说，客场在索尔纳对瑞典队的比赛对手进了3个球，而且还一度以0：2落后，伊布拉希莫维奇根本就没有上场。6月初，德国队在做客华盛顿的测试赛中以3：4输给克林斯曼执教的美国队，8月中在凯撒斯劳滕3：3战平巴拉圭队，批评者们因此又像当初4：4打平瑞典队那样，对勒夫发起了攻击。他们称勒夫让球队打得太冒险，缺乏攻守平衡，后防线依然不稳固，这种状态不改变，根本不可能拿到世界杯冠军。不管这些批评有没有道理，至少人们有一定的道理怀疑勒夫的球队在遇到真正的强队时，实际能力到底有多强。

预防体力损耗与"混居"小组

2013年6月份的美洲之行，德国队首战以4：2战胜厄瓜多尔队。某种程度上这是一次对此后不久在巴西举行的联合会杯的替代活动，因为德国队在欧洲杯上半决赛出局，没有资格参加联合会杯①。联合会杯

---

① 虽然联合会杯在1997年才被FIFA确立为正式国际大赛事，并在之后得到国际足联主席布拉特的重点推广，但事实上早在1980年，它的雏形就已经诞生：为纪念乌拉圭成功举办第一届世界杯，1980年距离首届世界杯举办50年后，曾获得过世界杯冠军的各支球队齐聚乌拉圭进行了一次被称为"小世界杯"的世界冠军金杯足球赛。由此得到灵感的国际足联随后便开始着手安排一项由各大洲冠军球队参加的锦标赛，以缓解全世界球迷对于4年一度世界杯的等待之苦。1997年联合会杯被国际足联列入正式竞赛日程，在沙特的利雅德举行，最终巴西队获得了冠军。从2005年起，联合会杯的赛制改为4年一届，而东道主则被规定为第二年要举办世界杯的国家。——译者注

上，2014年世界杯东道主巴西队表现耀眼，决赛中以3：0完胜世界冠军西班牙队。

德国队的首席球探西根塔勒当然亲赴巴西观看了这届联合会杯，并进行了仔细的分析。他警告说："我在联合会杯上看到，几乎没有哪一支球队能够打出力量型足球。"不仅仅是对手，那里的气候条件对欧洲球员来说也是个巨大的挑战。西根塔勒在《南德意志报》说："如果我们分组运气差，必须要到马瑙斯去打比赛，而且比赛时间还是在中午的话，那么我们将不用去想还能够按我们习惯了的方式去踢球。"西根塔勒认为，很多比赛地点高温潮湿的气候对南美球队很有利："比赛会让球员体力消耗很大，然后核心问题就是：应该如何迅速恢复体力？那些对于这种天气更适应的球队就可能会占有优势。"因为比赛场地分布在国土面积很大的巴西各地，球员们还要应对气候的突然变化和旅途的疲劳。

德国国家队在11月份进行了2013年度最后两场比赛，分别在米兰1：1战平意大利队和在伦敦1：0战胜英格兰队。12月份，2014年巴西世界杯进行小组赛分组抽签，德国队被分到了G组，同组对手为美国队、葡萄牙队和加纳队。小组赛德国队3场比赛都是在巴西东北部，地点分别为福塔莱萨、累西腓和萨尔瓦多，均属于热带雨林气候。尽管巴西那时候处于冬季，但是天气还是会特别炎热、潮湿。另一个可能的困难是比赛的时间太早，被安排在13点到16点之间（欧洲中部时间为18点到21点）。这样，德国队必须做好在气温30℃以上和空气相对湿度超过80%的条件下去比赛，还要考虑到进行长途旅行。勒夫警告说，这将是一次"消耗体力的世界杯"，一次"最大限度挑战毅力的世界杯"。不过，德国足协为可能的严重体力损耗做了充分准备。将有40名专家陪同德国队出行到巴西，他们的任务就是让球员在一场炎热气候下的比赛后能够迅速恢复体力。一个有效的秘方就是"负荷操纵"，即在负荷和减压之间找到正确的平衡。自2001年起就担任德国队队医的蒂姆·迈尔提出一项方案，就是采取冰水浴来帮助恢复体力。这一方法还可以像勒夫希望的那样，可以在训练中使用，以提高对球员的刺激。

尽管德国队拥有一支一流的专家队伍来照顾球员的身体，勒夫对于极端气候条件的担忧仍然大于对对手的担忧。一开始，勒夫想把球队的驻地安排在距离圣保罗不远的巴西南部城市伊图，因为那里的气候相对温和。但是勒夫去巴西亲自体验了一下大城市的混乱，而且德国队的小组赛都在东北部举行，他就改变了主意。他想找一个气候尽可能舒适一点儿又不用长途舟车劳顿去参加比赛的地方安营扎寨。最后，德国队选定了在大西洋岸边的小镇圣安德烈的一个在建酒店。这个地方北面距离巴西巴伊亚州海滨度假胜地塞古罗港和该城市机场大约30公里。这家叫作巴伊亚营地的尚未完工的豪华酒店，由德国一家房地产公司投资修建。德国足协负责营地安排的球队领队比埃尔霍夫认为这家乡村运动型酒店作为营地十分完美，他得到承诺，酒店包括训练场和新闻中心将按时完工。酒店本身只能乘渡船到达，勒夫对此很满意，因为他挑选营地的标准一向是安静，有助于恢复体力的设施齐全、有一个能够与外界隔离开来的训练球场，距离机场比较近。

巴伊亚营地还有一个很特别之处，那就是德国队历史上第一次球员们分组"混居"，而不是有各自分开的单人间。这样安排的目的是促进球队团结，避免来自不同俱乐部的球员们产生矛盾，并且让上场机会不大的球员更好地融入球队。

教练组希望从一开始就避免2012年欧洲杯时拜仁和多特蒙德球员之间以及主力和替补队员之间的矛盾。勒夫指定了4位"房管"——队长拉姆、副队长施魏因斯泰格、默特萨克和克洛泽，他们的任务是组成尽可能背景不同的"居住小组"。

德国队的世界杯备战按计划进行。2014年3月5日，德国队在斯图加特对阵智利队。格策在第16分钟打进一球，之后比赛陷入僵局。智利队的三人后卫链和密集紧缩防守，让德国队无计可施。智利队在各方面都占据优势，只是临门一脚功夫欠佳。德国队打得很盲目。有一次博阿滕大脚胡乱解围，勒夫气得直跳脚。他不愿意看到他的球队有这样的表现。不过这也不能怪博阿滕不能建设性地处理球，因为整个球队都在90分钟里打得没有章法。

1∶0的比分可以说是很幸运，因为它不是场上实力真正的体现。勒夫赛后说："我们没有能力占据主动。"他说，智利队的表现并没有让他吃惊。但是为什么他的球队在场上显得束手无策呢？为什么他不采取措施改变场上局势呢？《法兰克福汇报》评论说："他没有B计划，两年来德国队并没有长进。"

渴望冠军

《南德意志报》特刊2014年1月刊登了一组名人提问名人回答的特辑。电视节目主持人弗兰克·普拉斯贝格问了勒夫一个狡猾的问题："足球夺冠的意义是不是被高估了？"勒夫意外地给予了明确的答复："不。冠军对教练和球迷来说都是最重要的。只有夺冠才能够让人产生彻底的满足感。"随后勒夫又对此话加上了条件限定："对于作为教练的我，除了捧杯，还有其他的满足感，例如当球队或者球员有进步的时候。2004年时，德国队距离世界一流球队还差得很远，国家队处于低谷。那时我们说，我们要改变我们的打法，我们应该不只是在斗志上，而且是在技术能力上也能够给对手制造麻烦。现在，创造性、技术与战术灵活多变已经成为德国队的美德，这让我感到非常知足。"这就是勒夫。

2014年5月初，勒夫与《明星》周刊做了一次很长的专访。采访记者阿尔诺·卢伊克说，德国球迷要求勒夫将大力神奖杯带回德国。勒夫回答说："我知道，人们渴望夺冠。我当然想满足球迷们的愿望。我们都有这样的好胜心。我们有机会夺得冠军，其他一些球队也有同样的机会，但是我这样说人们肯定不爱听。"勒夫仍然一如既往地拒绝使用"必须"二字来谈论夺冠。他表示，夺冠当然是他人生的辉煌顶点，但是他的幸福感不依赖于是否夺冠。他的生活中更重要的是家庭、友谊和价值。而且他原则上也不是一定要把住国家队教练的这把交椅不放。

勒夫说，期望与压力本来就是他工作的基本组成部分。"作为教练你总是背水一战。比赛胜利了你就被当成是救世主，是全民的幸运大神；如果比赛输了，你就是国家的头号敌人。"他自信地表示，他一定会在2014年7月13日欧洲中部时间晚上9点站在里约热内卢世界杯决赛马拉卡纳球场的赛场边上。也许决赛中还能再次遭遇意大利队。"在世界杯上我们还没能战胜过意大利队。打败意大利队的这一天总会到来的，我百分之百相信。如果能在决赛中打败意大利队，那就完美了。"

世界杯备战小插曲不断

随着世界杯的临近，公众对德国国家队的阵容有越来越多的猜测。国家队的伤病困扰很严重。德国队阵容依然威武雄壮，但是好几位顶梁柱队员因为伤病初愈，与他们的巅峰状态还相距甚远，例如克洛泽、赫迪拉、戈麦斯和施魏因斯泰格。京多安已经没有可能在世界杯前彻底痊愈。在这样困难的情况下，勒夫在组建临时性的30人的大名单阵容时，做出了一些让人有些摸不着头脑的决定。例如，他明确表示不相信戈麦斯能够及时恢复健康："他到现在已经受伤7个月了，从去年9月到现在只上场了280分钟。所以我认为他在身体上不能适应巴西的比赛环境。"

对赫迪拉勒夫则是充分信任，虽然赫迪拉十字韧带拉伤痊愈后还没有机会在皇家马德里上场打比赛。"我们对他的前景看好，这要感谢他的坚强意志、严格的纪律性和执着精神。他是那种对全队都很重要的队员，在场上和场下都是如此。我们当然希望我们能够引导他适应世界杯比赛天生具有的强度。"不过，赫迪拉无法参加国家队的第一阶段集训，因为他要随皇家马德里参加欧冠决赛。勒夫强调，赫迪拉即使没有完全恢复，也对全队有着"剩余价值"："健康对巴西世界杯特别重要，但是个人魅力、经验和自信也是国际大赛所需要的，这些赫迪拉都具备。"

他不准备用身体状况良好的勒沃库森中锋基斯林，这在意料之中，因为自2010年以来，勒夫就不再考虑基斯林。大名单中没有门兴格拉德巴赫的马克斯·克鲁泽倒是颇让人感到意外，因为克鲁泽毕竟在2013年为国家队出场6次，勒夫也曾经夸奖他踢球聪明狡猾，跑位合理，射门技术佳。勒夫解释说，因为现在国家队有很多类似的球员，如托马斯·穆勒、罗伊斯或者格策。勒夫还挑选了两位此前名不见经传的来自奥格斯堡的边路球员安德烈·哈恩和在意甲桑普多利亚踢球的后卫施科德兰·穆斯塔菲。

他在介绍另外4名新队员——埃里克·杜尔姆、凯文·福兰德、莱昂·格雷茨卡和马克斯·迈尔时说："国家队的大门总是会留一条缝。我们通过国家青年队和德甲联赛注意到这几名球员，他们赢得了在国家队表现自己的机会。"

就像2012年欧洲杯时一样，拜仁和多特蒙德的球员要去参加在柏林奥林匹克体育场举行的德国足协杯决赛。5月13日在汉堡举行的对阵波兰队的友谊赛中，勒夫不得不临时招进斯图加特队的安东尼奥·吕迪格和弗赖堡队的奥利弗·佐尔格。这几位年轻球员在场上表现颇为勇猛，但是比赛以0∶0收场，也没能说明这些球员的实力。这场比赛结束之后，勒夫从德国国家队名单里划掉了来自沙尔克04的迈尔和格雷茨卡以及奥格斯堡的哈恩和汉堡的扬森。门兴格拉德巴赫的中场队员克里斯托夫·克拉默则作为新人被招进国家队。勒夫将带着27人的国家队阵容在5月21日奔赴南蒂罗尔训练营，在那里将主要就世界杯的战术进行精雕细琢式的训练。教练组想出来一个特别的训练招数，就是让20岁以下德国国家青年队当陪练进行了3场比赛，20岁以下国家队主教练弗兰克·沃尔穆特说，他们的任务就是在战术上模仿德国队潜在的世界杯对手。

集训的条件很不理想。天气不好，很多球员比如拉姆、施魏因斯泰格和赫迪拉距离打世界杯的状态还相差很远，必须要对他们进行"开小灶"调理，守门员诺伊尔因为代表拜仁在德国足协杯决赛中肩膀受伤而在球队下榻的酒店接受治疗。国家队特意请来了滑雪运动员赫尔曼·迈尔为球队做报告，受到队员们的特别欢迎。迈尔讲到，他在比赛前很少有身体状态最佳的时候，因此每次比赛对他来说都是一个挑战，他必须在不利的条件下以相对最理想的状态发挥自己的潜力。来自勒沃库森的拉尔斯·本德在训练中右大腿肌肉意外拉伤，迈尔的励志故事显然也帮不了他的忙，他不得不退出国家队，憾别世界杯之梦。

屋漏偏逢连夜雨，德国队后卫凯文·格罗斯克罗伊茨以负面新闻在媒体上惹出风波。这位多特蒙德球员在德国足协杯决赛输球后，由于心理受挫，在柏林的一家酒店里撒野，在酒店大厅里撒了泡尿。多特蒙德俱乐部对他进行了罚款处罚，德国国家队则希望尽快息事宁人。勒夫说："比埃尔霍夫和我一起与凯文进行了一次严肃的谈话。德国国家队队员是严格意义上的榜样，在场外也不例外。我们提醒了他这一点，也明确告诉他下不为例。"勒夫表示，不应该把这位队员一棍子打死，况且他已经表示了道歉，他还年轻，有时还容易冲动。

在南蒂罗尔的集训似乎受到了魔咒困扰，在此期间还发生了一次严重的交通事故。F1一级方程式赛车手尼科·罗斯伯格和德国房车赛车手帕斯卡·韦尔兰访问了德国队训练营，并按照德国队总赞助商奔驰汽车公司的营销方案，计划为奔驰的新型大马力C系列AMG跑车做一次广告拍摄。他们带上国家队的赫韦德斯和德拉克斯勒来到一个封闭的赛车道。罗斯伯格和赫韦德斯驾车在前，韦尔兰和德拉克斯勒紧随其后。罗斯伯格在事故发生后回忆说，当时他看到赛道上突然出现了一位妇女，慌乱之中急踩刹车。跟在后面的韦尔兰不得不紧急绕开，却撞到了道边的栏杆和一位在此地度假的德国人，韦尔兰和这位度假者都因此受了重伤被立即送进医院。

本来这是一次口号为"足球运动员遇见赛车手"的市场营销活动。

比埃尔霍夫后来承认说，这一活动因为这场事故而变成了一场灾难。无独有偶，就在事故发生前不久，勒夫因为屡次驾车超速而被吊销半年的驾驶执照。比埃尔霍夫开始还开玩笑地说："我们将与我们的总赞助商商量，给约吉配一部限制车速的汽车。"勒夫本人对此表示真诚道歉，表示以后坚决改正。但他私下里又小声嘟囔说，事情并没有那么严重，他不过是在夜深人静时在空旷的高速公路上开了快车，"我绝对没有想给他人造成危险"。

2014年5月31日，德国队离开南蒂罗尔帕塞尔河谷的训练营，到门兴格拉德巴赫打了一场对喀麦隆队的热身赛。这是一场已经很认真的测试赛了，因为除了诺伊尔仍然因为肩伤而缺席并由罗曼·魏登费勒替代上场，其他国家队主力队员都到齐了。喀麦隆队踢得非常认真卖力，结果两队2∶2战平。德国队虽然有几次惊艳表演，但给人的整体印象仍然差强人意。

勒夫本人似乎也没有进入状态。他在赛前说了一些奇怪的话，让人匪夷所思。例如他说施梅尔策和施魏因斯泰格状态良好完全可以上场，但事实上二人状态根本不好，也没有出现在出场队员名单上。他还说守门员教练员带诺伊尔去慕尼黑为下一场对亚美尼亚队的比赛进行训练，实际上守门员教练科普克根本没有去慕尼黑，诺伊尔也没有恢复到可以参加训练的状态。

与喀麦隆队的比赛后次日，勒夫出人意料地将穆斯塔菲、福兰德和施梅尔策从德国国家队的大名单中划掉。显然，他更想起用在多特蒙德代替因伤缺阵的施梅尔策的杜尔姆，杜尔姆利用了这一机会，在多特蒙德队左后卫的位置上发挥很好。勒夫认为福兰德还不够成熟，但是他放弃福兰德以后，实际上他就只带着一名不在状态的前锋克洛泽去巴西。

6月6日，在飞往巴西之前，德国队在美因茨与亚美尼亚队打了一场测试赛。亚美尼亚队虽然顽强抵抗，但是由于实力相差不止一个档次，德国队轻松以6∶1取胜。这本来是一场赛完即忘的比赛，但是在下半场开赛之前却传出惊人的消息：几周以来一直状态不错的罗伊斯，在上半场的一次一对一的对抗中左脚扭伤而不得不下场。半场休息后传来诊断消息，国家队的新希望之星罗伊斯不得不因脚腕骨韧带撕裂而无缘世界杯。勒夫对记者说："在我们的世界杯战术计划中，罗伊斯本来扮演一个重要的中心角色。"这样，勒夫又召回穆斯塔菲。勒夫对有些感到吃惊的记者解释说："我们不是要找一个一对一替代罗伊斯的人。国家队在锋线后面的位置有足够的出色人选，因此我们情愿选择一位后防线的候补球员。"

6号位置的拉姆和"伪9号"

登上飞往巴西队航班的球员有：守门员曼努埃尔·诺伊尔、罗曼·魏登费勒、罗恩–罗伯托·齐勒尔；后卫热罗姆·博阿滕、菲利普·拉姆、埃里克·杜尔姆、凯文·格罗斯克罗伊茨、马茨·胡梅尔斯、马蒂亚斯·金特尔、贝内迪克特·赫韦德斯、佩尔·默特萨克和施科德兰·穆斯塔菲；中场朱利安·德拉克斯勒、马里奥·格策、托尼·克罗斯、托马斯·穆勒、巴斯蒂安·施魏因斯泰格、克里斯托夫·克拉默、萨米·赫迪拉、梅苏特·厄齐尔、卢卡斯·波多尔斯基和安德烈·许尔勒；前锋则只有一个，那就是米洛斯拉夫·克洛泽。勒夫这次没有发幸运手环，取而代之的是德国国家队队医迈尔在航班起飞前发给大家带有柠檬香味的腕带，作用是驱赶世界杯驻地的蚊子。

勒夫在离开德国前对记者说："球队是在掌声之中离开德国的，带着这种正面的情感上飞机真好。"但是勒夫脸上的表情显得并不是特别有兴致。动身前数周发生的一些插曲让他显得若有所思和有些紧张，他看上去很严肃，甚至有点心不在焉。《踢球者》杂志分析说，勒夫看上去更像是觉得世界杯是一个负担而不是一个挑战。还有很多人甚至认为勒夫将是踏上最后一次指挥德国国家队参加大赛的征途。批评者们在过去几周里对他的批判毫不留情，球迷们对国家队的信心降到了勒夫上任以来的谷底，虽然拉姆一再强调，他认为没有哪支国家队比德国队更好。虽然人们对德国队表示怀疑，但是这并不会降低人们对国家队的期望，只要不夺冠，那么勒夫就等于是失败了。勒夫不想听到这一切。他在《踢球者》世界杯专刊的采访中说："只有当上了世界冠军才会高高兴兴回家，这当然可以理解。"但是他对德国球迷的过分期望仍然不以为然。在世界杯开赛之际出版的一期《明镜》周刊的采访中勒夫表示："公众的感觉是，我们已经到了能够夺冠的时候了，该轮到我们了。"但是这种说法让他感到很烦躁，他反问道："什么叫该轮到我们了？"他不再有耐心去迎合过高的期望，也不再对这样的问题表态，不再就他的国家队人选和战术思想发表评论。他说，他不想带着这些问题去巴西。他开玩笑地说："如果包袱太重，是要付超重费的。"

但是有了之前的一系列插曲，媒体根本不再需要勒夫本人来提供讨论的素材。德国国家队的伤病和状态问题还不算什么大不了的问题，而且这也不是勒夫的错。但是勒夫在测试赛中坚持重用明显不在状态的厄齐尔，人们自然会提出疑问。勒夫受质疑最多的是他坚持只带一名真正的中锋去巴西，而可用的候选人并不少，例如基斯林、克鲁泽、戈麦斯、福兰德或者皮埃尔-米切尔·拉索加。

但是勒夫的战术主导思想是不用一个"真正的"前锋，而是用一个"伪9号"上场，即用攻击型中场球员轮番客串中锋。勒夫对他的放弃传统中锋的战术解释说："世界足球在顶级水平上已经有了决定性的发展，谁真正认识了这一趋势并且迎头赶上，才会有机会成功。"在最前线，可能首先是身材矮小灵活的球员决定比赛胜负："很多球队的防线现在都像是堡垒，他们全都是高大强壮的队员。要想突破这样的屏障，有一些身材矮小灵活、动作敏捷的球员会更好。这样的队员有着特别的技术能力，场上方向感强，反应速度快。"勒夫说，向禁区高举高打起不了什么作用，而是应该用技术型球员突破，就是所谓的"伪9号"。而且，其实克洛泽也不是队里唯一具有前锋素质的球员，像格策、厄齐尔、许尔勒、穆勒和波多尔斯基都可以轮番上前冲锋。不过《踢球者》

杂志评论说，不用传统的中锋的试验并不能让人自动得出结论说，用这种打法在世界杯上能够走得很远。

勒夫还必须要证明，"伪9号"是世界足球的未来。同时，他也要为"伪9号"找到合适的候选人。是快速敏捷的格策还是奔跑能力强、门球嗅觉灵敏的托马斯·穆勒？但是如果把这种假前锋的打法与具体某个队员挂钩来讨论，是不是在理解上有问题？难道不正是这一位置的灵活性才是该战术的秘诀吗？譬如厄齐尔，当他作为"伪10号"在前锋后面行动时，在一定场合下，他是不是也变成了"伪9号"？

有关后防线人员问题的讨论也同样激烈。中后卫的人选问题相对简单，因为默特萨克早已在勒夫眼中成为后防线的主心骨，是铁定首发。第二个中后卫将是博阿滕或者是胡梅尔斯中的一位，这也毫无疑问。双后腰的首选是赫迪拉和施魏因斯泰格，这也是勒夫的既定方针，只是二人在世界杯开赛前身体状态都不好。所以先只让二人当中的一个上场，也是可以理解的。那么拉姆就可以回到他上赛季在拜仁时喜欢打的后腰位置。但是这样的话，右后卫由谁来担当？勒夫曾说过，可能的话，他最想克隆出一个拉姆。沙尔克04的赫韦德斯曾经多次代替拉姆打这个位置。左后卫的位置似乎是非杜尔姆莫属，特别是他的俱乐部队友施梅尔策未能进入世界杯最后的23人阵容。总之，德国队后卫经常表现得不稳定，经常被对手打进球，所以后防线还需要加强。

勒夫希望防守型中场要更加灵活多变。他在《明镜》周刊的采访中说："我不想在中场安排一个单纯的只防守不参加进攻的防守型球员。我希望有富于变化的球员，他们能够偶尔交换下位置，偶尔能够攻击到最前沿，拿球稳，处理球速度快。赫迪拉在防守领域也是一个技术非常出色的球员，非常有活力，在抢断球上他也一样的出众。"

在努力提高德国队的战术变化和灵活性的同时，当然还不能忘了最基本的东西。教练班子经过分析讨论得出结论，2010年南非世界杯上，德国队的攻防转换速度非常快，但之后却渐渐慢了下来。勒夫指出："快速地转守为攻，只在几秒内就杀入对方禁区，这在过去一段时间里我们见得不多了。"勒夫说，特别是在巴西，攻防转换的节奏将非常重要，因为在那样的极端气候下，不可能打90分钟的控制球比赛；防守组织得好的球队，必须在场地的最后1/3区域打出多种进攻线路，这样才可能获得射门机会；前场丢球后也不一定总是要马上就反抢，而是可以回撤，吸引对方出击，然后伺机打防守反击。

勒夫直到开赛之前也没有公开他在第一场世界杯比赛中的首发阵容和阵型。不管他如何排兵布阵，他都无法忽略人们对他的悖论式的期望：一方面是虽然预选赛轻松出线但人们仍不敢相信德国队有夺冠实力；另一方面是人们要求勒夫这回一定要捧得金杯，不然就是彻底的失败。

第 14 章 马拉卡纳决赛的胜利
美梦成真

2014年世界杯开始之前，如果有人问克洛泽、克罗斯、魏登费勒、许尔勒、格策和穆斯塔菲有什么共同之处，球迷们一定会一脸茫然。世界杯后，人们知道了，原来他们6个人是室友，共同分享德国队下榻酒店"巴伊亚营地"的球员4个集体房间中的一间。最有意思的一间无疑是施魏因斯泰格担任寝室长的房间，里面有3对来自3家敌对俱乐部的球员：来自拜仁的施魏因斯泰格和诺伊尔、来自多特蒙德的格罗斯克罗伊茨和金特尔以及来自沙尔克04的德拉克斯勒和赫韦德斯。他们努力去创造和谐的"同居生活"，显然也做得不错，其他3组也是如此。反正教练组觉得非常兴奋，他们看到采取集体房间的方法对于建立团队精神起到了积极的促进作用。由于"同居小组"的混合组成非常多样化，一个球队里常见的搞小团体的现象就这样被巧妙地化解了。每个小组里都随时进行着各种即兴的交谈，无形中促进了共同的归属感。助理教练弗里克高兴地说："我们无论是在场上还是场下都有着更多交流，球队自己给自己当上了教练。"

主教练当然要一如既往地宣讲基本纪律和原则。勒夫对球员们说，他没有指定任何人是"主力队员"，他招进来的是"23名世界杯参加者，每一个人都要随时做好上阵的准备"。勒夫的用意很明显，那就是尽可能减少上场队员和替补队员之间的隔阂。教练组还强调，球员在与媒体打交道时要遵守一定的行为准则。坚决要避免的是2012年欧洲杯时发生的"内鬼"事件再度发生，防止在比赛开场哨声响起前《图片报》就已经将德国国家队的首发阵容公之于众的事件再次发生。在球队下榻的酒店，所有球员必须上交个人手机，对允许在社交网站脸书和推特上发表什么内容也有明确规定。

训练之外，有很多放松和娱乐的项目。摄影师们最爱捕捉的一个镜头是勒夫在海边跑步，而大部分球员则更喜欢在游泳池周围懒散地躺卧。偶尔懒散一下是允许的，不过很多业余活动也都是有针对性地设计成为有助于实现宏伟目标的一部分，例如6月10日，极限帆船冲浪运动员迈克·霍恩在酒店门前的大海上带领德国队队员们体验了一次帆船冲浪。他先是就团队精神和必胜信念做了一次动员演讲，给德国队队员留下了深刻印象。然后霍恩带着大家登上橡皮艇，再从橡皮艇登上他的35米长的帆船，球员们两人一组操纵摇杆，协力扬起3个巨大的帆。帆被充分展开后，显露出一行德国队（也是其赞助商之一奔驰公司）的世界杯口号：准备好了。

德国队所在的G组是公认的死亡之组。小组赛不会那么简单，但是出线应该不成问题。最难对付的对手应当是加纳队。勒夫对加纳队的评价很高，该队拥有在沙尔克04踢球的凯文－普林斯·博阿滕，是目前非洲最强的球队。前德国队主帅于尔根·克林斯曼执教的美国队将以出色的奔跑能力和斗志挡在德国队面前。勒夫当然不愿意与昔日的顶头上司过招，但是他表示："不管结果如何，都不会影响我们的友谊。"

德国队的首场小组比赛是在6月16日对阵葡萄牙队。葡萄牙队是一支配合默契、技术优秀的球队，该队的现任世界足球先生克里斯蒂亚诺·罗纳尔多时刻会给对手带来危险。显然，德国队必须毫无保留，争取对葡萄牙队的首战中能够以欢庆胜利的姿态走出球场，这对于德国队在世界杯上的走势将具有重要的意义。

小组赛：精彩亮相，无奈，最后很酷

在巴伊亚州萨尔瓦多市举行的首场小组赛中，德国队的出场阵容带有着典型的勒夫烙印，那便是在用人上和战术上都有别出心裁之处。在前锋的位置上，勒夫没有派上克洛泽，而是用穆勒作为"伪9号"。如果说这还在情理之中的话，那么左前卫的用人安排则颇让人吃惊：勒夫在这个位置上用的是格策，而不是大家预测的波多尔斯基或者许尔勒。赫迪拉和拉姆构成双后腰，施魏因斯泰格因为状态还没有恢复而没有上场。勒夫显然决定将拉姆作为固定的防守型中场，而另外一名后腰则由打"6号"位置出身的赫迪拉或者施魏因斯泰格当中的一人担任。默特萨克和胡梅尔斯组成中后卫，两名来自多特蒙德的边后卫杜尔姆和格罗斯克罗伊茨则作为替补队员先是坐冷板凳。一左一右的边后卫是赫韦德斯和热罗姆·博阿滕。这样，整条后卫线都是由打中后卫出身的队员担任。

对德国队来说，这场比赛打得十分轻松。在第12分钟时主裁判判罚葡萄牙队后卫若昂·佩雷拉禁区内对格策犯规，判罚了点球，穆勒操刀主罚，他稳稳地将球打进球门左下角，开启了德国队的进球模式。第2个进球是胡梅尔斯在克罗斯发出角球后头球顶进的。对这场比赛的报道频频提到，勒夫在助理教练弗里克的建议下，加强了对任意球的训练。上半场比赛结束之前，穆勒一记低平球抽射破门将比分扩大到3∶0。比赛至此大局已定，因为葡萄牙队变得畏首畏尾，几乎不能对德国队大门造成什么威胁。一代天骄克里斯蒂亚诺·罗纳尔多几乎没有发挥任何作用，博阿滕的防守彻底让他熄火。在第78分钟，穆勒在混乱中一记抢点射门将比分锁定在4∶0。

勒夫终于可以满意了。赛前饱受批评、指责的种种措施都被证明是正确的，特别是派格策首发上场的这着棋正确无比，是格策制造了一次点球机会由穆勒主罚得分。《图片报》的醒目标题称穆勒是"一鸣惊人"。关于"伪9号"的争论顷刻间烟消云散。德国电视一台足球专家评论员穆罕默德·绍尔早就不屑于讨论这个问题，他说："穆勒不是'伪9号'，他是狂野的13号！他极具天赋，在门前非常有威胁，踢法不拘一格，他是世界级水准！"现在，全世界都羡慕德国拥有托马斯·穆勒这位已经在两届世界杯上打进了8个球的球员。勒夫也为穆勒感到骄傲："托马斯在前面打得非常好。"勒夫满意地评论说："我们的站位非常紧凑，几乎没有给对手什么机会。我们的进攻节奏也打得很快。下半场我们改变了打法，变成以控制球为主，伺机打快速反击。"

勒夫用大胆的战术堵住了批评者的嘴巴，首战之后他一定有理由暗自窃喜。他似乎找到了理想的世界杯阵型，因此第2场在福塔莱萨对加纳队的比赛，德国队保留了上一场的出场阵容。但是比赛的场面却与上一场完全不同。德国队打不出节奏，横传过多，缺乏活力和威慑力，队员们显得懒惰疲惫。由拉姆、赫迪拉和克罗斯组成的中场三角没能够组织起像样的进攻，对加纳队没有形成什么真正的威胁，加纳队的后卫们总是能够很从容地组织起防线。相反，加纳队经常杀进德国队禁区，出现在门将诺伊尔面前。上半场加纳队无疑占据了场上的主动，显然他们更能够适应比赛当地30℃的高温和60%的空气相对湿度。

下半场穆斯塔菲替换博阿滕上场。这不是战术换人，而是因为博阿滕肌肉伤病又出现了问题。德国队依然没有起色，穆斯塔菲在右路的防守也不让人放心。但是在第51分钟时，格策接穆勒传球打进一球。进球的方式颇为奇怪，是球先碰到他的头上，再反弹到膝盖上弹进大门，不过这倒符合德国队在这场比赛中的表现。一球领先之后，德国队本应该踢得更稳健些，但是加纳队只用了3分钟就将比分扳平：右后卫哈里森·阿弗尔助攻到前场后长传球到禁区，安德烈·阿尤趁德国队后卫穆斯塔菲走神之际力压对手头球攻破德国队大门，比分变成1：1。比赛进行到第63分钟，加纳队利用拉姆的传球失误发动犀利的反击将比分反超为2：1！勒夫立即让克洛泽替换格策上场，并让施魏因斯泰格换下状态不佳的赫迪拉。

勒夫再次证明了他有只幸运之手。克洛泽上场后第一次触球就将由克罗斯发出再经过赫韦德斯一蹭的角球冲顶进网，比分变成2：2。这位老将再次证明了他的价值。进球之后克洛泽再次表演了一个他的经典空翻动作。本来他由于上了年纪，身体柔韧性不如从前，被禁止再做这个动作，而且他这一次空翻的质量完成得不那么利索，暴露出他的确上了年纪。第84分钟，穆勒接克罗斯传球差点打进制胜一球，但是他稍微有一些犹豫，球被对方后卫夸杜沃·阿萨莫阿从脚下铲飞。

这场比赛的教训是什么？虽然经过精心准备，勒夫的战术计划没有得到实现。勒夫显得有些无可奈何："这场比赛不知道怎么就打成了这样，跟我们的原计划大相径庭。"德国队不但在战术体系上失灵，几名队员的表现也明显有失水准。替换上场的穆斯塔菲在右后卫的位置上成为不安定因素，拉姆也在"6号"位置上令人吃惊地暴露出不足，出现了好几次不应该有的失误。整个德国队的对抗能力在比赛中都显得偏弱。拉姆承认说："我们踢得不够凶狠，给对手留下了太大的空当。"默特萨克也表示："也许是我们犯了太多的这样或那样的错误。"不过，至少克洛泽和施魏因斯泰格证明了他们有能力给德国队带来活力。

2∶2的比分给德国队带来了小组赛就可能被淘汰出局的危险。对美国队的最后一场小组比赛必须要获胜，这样才能排除步西班牙队和英格兰队的后尘早早就被赶回家的风险。对于勒夫来说，对美国队的比赛有了决赛的性质，但是他没有把紧张写在脸上。德国电视二台的解说员卡特琳·穆勒－霍恩施泰因在德国队驻地的现场报道中大为惊叹，她困惑地说："我最佩服的是国家队主教练勒夫。我问我自己：这个男人究竟有多酷啊？"

这个男人到底有多酷，看看他在累西腓球场大雨中的表现就知道了。勒夫浑身浇得像个落汤鸡一样站在球场边，他那像假发一样浓密的蘑菇头不见了，头发一缕一缕地粘在脸上，被雨水浸透的深蓝色衬衣给他平添了几分男子汉的大无畏气质。当上半场比赛结束的哨声吹响时，勒夫坚决地用手把凌乱的头发往后捋了捋，就像一个西部片中的英雄人物。互联网上立即纷纷热评。足球杂志《11个朋友》的编辑在推特上评论道："嗯，勒夫向更衣室走去：浑身透湿，果敢坚决，很性感。"

当勒夫在比赛中用黑红黄颜色的毛巾擦干头发时，让人联想起他为男士香水做广告的镜头。下半场勒夫吹干了头发并换上了干净的衬衫回到场边，很多观众甚至感到有些失望。但是没过多久又下起雨来，勒夫又变成了湿身的性感英雄。

这场比赛本身没什么好过多评论的。上半场虽然双方都很努力，但是场面显得平淡无奇，以0：0结束半场。德国队控制了比赛，美国队打不出什么有威胁的进攻。第55分钟时，穆勒打进一球，德国队1：0领先，这一比分一直保持到终场。而小组另一场比赛葡萄牙队2：1胜加纳队，这样德国队和美国队分别以小组第一和第二的身份出线。

对美国队的比赛，德国队打出的是4-3-3阵型。德国队在后场防守严密，但是在进攻上传球准确率较低，最后一脚传球总是有所偏差，带球突破也不太成功。赛后，记者们将矛头对准了左后卫赫韦德斯，认为他是德国队防守的弱点。勒夫告诉队员说，你们不必对所有的评论都感兴趣，有些人就喜欢对这里的一切指手画脚。他说："赫韦德斯的防守任务完成得很好，他很不容易。"他指出，赫韦德斯在助攻上有欠缺，这他早就知道。但是他并不需要助攻能力强的边后卫，因为德国队的进攻实力已经很强。他特别表扬了施魏因斯泰格。施魏因斯泰格第一次首发出场，担当起中场的攻防转换枢纽。前场由打进制胜一球的穆勒组织进攻。勒夫说，穆勒总是让对手难以估计和防范。他说："穆勒的跑动范围非常非常大，跑动路线也非常聪明，他总是会突然地出现在对方禁区里。"勒夫说，穆勒的威胁堪与梅西或者内马尔媲美。

勒夫说，尽管有这样那样的批评或者表扬，"我们大家都知道我们能够踢得更好"。勒夫还没有看到一个在所有方面都完美无缺的德国队，但是他对球队给予了总体的正面评价："我们已经给了大家说得过去的交代。"

足球杂志《11个朋友》的总编辑菲利普·科斯特大胆预测："德国队如果配合默契，如果运气好，如果有合适的领军人物脱颖而出，如果能够克服大赛期间的危机，那么他们就能够夺得冠军。我说的就是现在这支参加2014年世界杯的德国国家队。"

意志的胜利

菲利普·科斯特大概没有想到，德国队的危机就在眼前。德国队1/8决赛的对手是H组的小组第二名，这个对手就是阿尔及利亚队。比赛地点是阿雷格里港。从表面上看，来自北非的阿尔及利亚队是个轻量级对手，即使他们在小组赛中对比利时队、韩国队和俄罗斯队的比赛中有着上佳表现。对于德国队来说，战胜国际足联世界排名第22位的阿尔及利亚队是必须完成的使命，德国队的优势看上去非常明显。德国《焦点》周刊的在线版说，如果输给了阿尔及利亚队，勒夫就保不住国家队的帅位了。

阿尔及利亚队在与德国队的比赛中表现出异乎寻常的强大，这也是因为德国队在场上的表现十分混乱。这是勒夫执教德国国家队生涯中最困难的比赛之一。德国队首发阵容中缺少了因为发烧而留在酒店的中后卫胡梅尔斯。勒夫让博阿滕与默特萨克搭档打中后卫，穆斯塔菲和赫韦德斯分别镇守左右两闸。穆斯塔菲明显能力不足，队友们渐渐不再传球给他，因为把球给他的风险太大。赫韦德斯在左路的表现也好不了多少。不仅是他们俩，德国队其他队员也浑浑噩噩不知所以，拉姆打得毫无生气，施魏因斯泰格和克罗斯对比赛很少有积极贡献，格策在前场几乎是消失了。后卫不稳，中场拖沓，前场哑火，德国队场面非常难看。勒夫用了7名拜仁队员形成拜仁集团，但是于事无补，德国队的整体配合依然糟糕。而阿尔及利亚队则简单有效地制造出机会，在抢到球后两三脚短传，然后一个长传打两边，就对德国队形成了威胁。幸亏德国队有门将诺伊尔像自由人那样大胆及时地出击，才弥补了后防线的漏洞，并且在球门线上以一个世界一流的扑救动作化解了阿尔及利亚队的一个极具威胁的射门。

下半场许尔勒替换格策上场，表现明显好转，但是孤掌难鸣，难以改变整体颓势。德国队虽然在控球率上占优，但是形成不了什么威胁。

比赛进行到第70分钟时，穆斯塔菲左大腿肌肉拉伤被换下场，形势才开始好转。替换上场的赫迪拉和施魏因斯泰格形成双后腰，拉姆改踢他的老位置右后卫。德国队经过调整阵型，马上就有了起色，但是仍然未能得分，双方以0：0结束90分钟比赛，进入加时赛。

加时赛开始后两分钟，许尔勒用左脚脚后跟打进了一球，德国队终于得到了解脱。这是诺伊尔的精彩表现之外，德国队在这场比赛中唯一的一次惊艳表现。在比赛进行到第119分钟时，厄齐尔将比分改写成2：0。但是阿尔及利亚队的阿布德莫梅内·贾布马上又扳回一球，使得比赛的最后几秒钟仍然充满悬念。裁判的终场哨声终于吹响后，场外的德国队人员长出了一口气。勒夫的球员们跌跌撞撞打进了8强，险些就翻了船。

德国队上下所有人都松了一口气，但是大家都不能真正高兴起来。德国电视二台记者博里斯·比希勒赛后的采访一时造成轰动效应。记者问："为什么比赛踢得不太让人满意？"疲惫不堪、受尽刺激的默特萨克回答说："这是问的什么问题？不管怎么样，我们进了8强。能够打进16强的球队都不是来玩杂耍的。您还想怎么样？您希望我们有个成功的世界杯，还是希望我们被淘汰？"勒夫在比赛开始后的最初一段时间不停地在场边顿足扼腕，后来竟像泄气的足球蔫坐在板凳上。在赛后的新闻发布会上，他也不得不听记者的风凉话。一位记者问看上去心情不错的德国国家队主教练："是我看错了，或者是您看上去根本没什么不满意？"勒夫反问道："我真的要对进入8强而感到失望吗？非常地失望？"紧接着他用一贯的冷静客观对比赛进行了分析："这是一场不管怎么困难只要能打赢就好的比赛。最后我们是依靠意志力取得了胜利。我们在上半场遭遇了很大困难，丢球太多。下半场和加时赛我们场面占优。我们本应该在常规比赛时间内结束战斗。我们有过很多机会。赫迪拉和许尔勒上场后给球队带来很大推动。所有的队员在打加时赛时都筋疲力尽了。在大赛中就是会有这样的比赛，你必须咬牙坚持下来。"

总是挑毛病的记者

批评者们对于这场比赛的批评明显更为尖锐。有人说，下一场1/4的决赛对刚刚以绝对优势淘汰尼日利亚队的法国队，将是一场艰苦的比赛。也许会太艰苦了？《图片报》下结论说："这样打下去，我们在本周五1/4决赛中会被强大的法国队打回老家！"持这一观点的不止这一家媒体。《踢球者》杂志说："我们只希望勒夫能够回到正道上来，不再固执己见。"对阿尔及利亚队的比赛，勒夫是在不得已的情况下才换下穆斯塔菲的。此举却带来了改观，让拉姆回到他擅长的右后卫位置，赫迪拉和施魏因斯泰格组成双后腰，这也是几乎所有球迷和专家都希望看到的阵容配置。

勒夫上一场比赛的用人策略在一定程度上可以理解。因为赫迪拉和施魏因斯泰格身体状态不佳，同时让两个人上场会有一定风险。但是用穆斯塔菲的试验让人难以理解。他本来已经把这位在意甲桑普多利亚打中后卫的球员从国家队世界杯正选阵容中清理出去，但是最后因为罗伊斯受伤，又带上了他，并且还让他作为右后卫首发上场，这些举动看上去不像是长期计划的结果。对穆斯塔菲的使用更像是勒夫在用人问题上喜欢玩点心跳的癖好所致，就像2006年世界杯招进奥东科。如果不是穆斯塔菲受伤，勒夫可能出于倔强坚持使用穆斯塔菲，并且希望这一试验后来可能会成功。

同样难以理解的是，勒夫在出发前称所有的23名队员都同样重要，但是他实际上并没有去尝试在排兵布阵上更多的可能性。

像杜尔姆、克拉默、金特尔或者格罗斯克罗伊茨眼巴巴地坐在板凳上，他们上场的机会很渺茫。这可以从对阿尔及利亚队的比赛结束后勒夫一段费解的话中管窥一二："我们在本届世界杯上能够派上用场的也就是十四五名球员。当然我能够感受到，会有个别球员感到很失望。但是大家都没有松懈。"问题是，如果勒夫认为他们还不够强，为什么还带上杜尔姆或者格罗斯克罗伊茨来到巴西？《踢球者》杂志评论说：

"勒夫现在显然是在为1/4决赛的可能失败做铺垫，请大家嘴下留情，意思是说，球员水平就这样，我又能怎么办？"

　　勒夫手下的球员不想他们已经取得的成绩被贬低得一无是处。穆勒对记者说："我现在有种感觉，就是我们好像必须要对进入1/4决赛而道歉似的。我们拼死拼活赢得了胜利，这本来不是挺好的吗？"穆勒对记者喜欢夸大其词的倾向很不满："如果我们踢得像跳芭蕾那样精细，有人就会说我们的球队缺少男子汉的大气。"

　　反正事情有点滑稽。德国队不是刚刚打进8强了吗？带队的这位主教练不仅仅是历任德国国家队教练中成绩最好的，也是成绩最稳定的。这位教练带队参加的每一届大赛，都至少进了半决赛。就是这位教练，他把克林斯曼启动的足球改革坚决进行到底，为德国队带来现代的打法；就是这位教练，他把艺术足球理想在众多比赛场次中完美体现了出来。《明镜》周刊记者亚历山大·奥桑不解地问道，就是这样一位成绩卓著的教练，全德国都在热烈讨论，如果下一场比赛输了，这位教练是不是该走人。

　　德国的记者们乐此不疲地搜集可能对勒夫不利的各种素材和佐证。记者奥桑在巴西混在同行中听到过五花八门的对勒夫的批评指责，他一一记录下来："他的手表戴在错误的一边。他染发了。他穿老土的V领毛衣。他不务正业，为妮维雅做广告代言。他的声音不好听，说话的声音与他的外表不相配。他整天就知道喝意大利浓缩咖啡。他太倔强，太傲慢，太土老帽儿。他不会做决定。看看他身边的货色：弗里克、比埃尔霍夫。他用4名中后卫。他太器重克洛泽。他让克洛泽上场太少。格策、厄齐尔、克罗斯，瞧他用的这些人。他死板，没有表情。他根本不训练。他的打法太像西班牙队。他从远处看像是一个乐高积木堆起来的小人。他的打法太不像西班牙队。他不喜欢多特蒙德。他就听拉姆的。他毁坏了拉姆的名声。他不真实。"

　　对勒夫的各种批评，最有道理的是说他在2010年对西班牙队和2012年对意大利队的比赛中由于太惧怕对手而打法过于谨小慎微，以及在4∶4战平瑞典队的那场比赛中没有找到应对办法。除了这些中肯的批评，其他的批评就是鸡蛋里挑骨头了，好像勒夫怎么做都不能够让大家满意。有人会说德国国家队踢得太过于强调美感，还有人会说国家队其实毫无美感可言。如果战绩不错，那就是球队踢得好；如果踢输了，那就全是教练的错。是啊，勒夫在人人都是"业余国家队教练"的德国，工作的确不好干。在1/4决赛对阵法国队之前，很多记者甚至都替勒夫写好了退位声明。

力克法国队

勒夫也感觉到了，他现在必须改变他迄今的战略。在与他的教练班子经过长时间的协商讨论后，他在对法国队的比赛中派出了一个在关键位置都经过重新调整的阵容。拉姆又回到他习惯的右后卫位置。身体状况得到恢复的胡梅尔斯接替后防线主心骨、中后卫默特萨克的位置，另一名中后卫是博阿滕。中场由施魏因斯泰格和侧重进攻的赫迪拉和克罗斯组成。克洛泽第一次首发担任前锋。这也是一个绝大部分德国球迷希望看到的首发阵容。

胡梅尔斯在比赛的第13分钟就接到克罗斯发出的角球后率先头球破门。此后德国队基本上发挥不错。拉姆在右后卫打得很活跃，中场打得还说得过去，但是克洛泽在锋线上作用不大。胡梅尔斯在后防线上表现极佳，几乎把所有的球都给挡了回去。偶尔法国队会突破防线，但是德国队有一个发挥出世界一流水平的守门员诺伊尔。

下半场法国队加强了攻势，但是德国队站位很好，法国队很难得到射门机会。勒夫在场边的表情透露，他更想看到他的队员们发起更多的进攻。第69分钟，他用许尔勒换下疲惫的克洛泽。比赛最后阶段，双方都有机会，但是皆无建树。在伤停补时阶段，诺伊尔一个漂亮的扑救扑住了本泽马的一次有威胁的射门。

总的来说，德国队算是险胜，但是赢得合情合理，整体表现积极。面对法国队的频频进攻，德国队防守稳健，斗志坚强。胡梅尔斯表现得自信，颇有大将风度，敢争善抢，这场比赛可以说奠定了他在国家队中的领军地位。让人欣慰的是，没能上场的默特萨克并没有闹情绪。勒夫赛前向默特萨克进行了解释，告诉他法国人速度较快，他希望用身体更灵活的中后卫来防守。默特萨克接受了这一解释，也显示出良好的团队意识。总之，对法国队的比赛算不上精彩，但是赢得让人信服。德国队在这场比赛中表现出明显的自信和夺冠野心。这场比赛之后，球队上下都松了一口气，因为至少实现了最低目标，并显示还能有更大的提高。勒夫向外界证明，他和球队之间的关系没有受到干扰，他的权威仍然得到队员们的认可。

"美丽的约吉"让巴西哭泣

德国队将于半决赛中在贝洛奥里藏特迎战东道主巴西队，勒夫称这一对决"棒极了，很有悬念，很精彩"。德国队被认为胜算更大。因为巴西队表现并不理想，而是一路磕磕绊绊才打进半决赛。巴西队头号明星内马尔因为在对哥伦比亚队的比赛中，被对手卡米洛·祖尼加野蛮恶意犯规而造成腰椎骨裂憾别本届世界杯舞台。但是勒夫警告说，打一个没有内马尔的巴西队比打有内马尔的巴西队更难。他指出，巴西队队长蒂亚戈·席尔瓦虽然累计黄牌停赛，但是替补他的拜仁中后卫丹特同样不可小觑。勒夫不用特别动员，球队自然会全神贯注地投入比赛。大家都为连续第4次杀入世界杯半决赛而感到兴奋，但是同时并不满足，而是要像教练所要求的那样，要再接再厉，挺进决赛。施魏因斯泰格和拉姆这一代德国国脚已经打了足够多的半决赛。拉姆在打完对法国队的比赛后表示："太棒了，我们又进了半决赛。这是我们的目标。但是我们肯定想走得更远。"

勒夫的首发阵容同上一场对法国队一样：守门员诺伊尔；后卫线拉姆、博阿滕、胡梅尔斯、赫韦德斯；中场施魏因斯泰格、赫迪拉、克罗斯、穆勒、厄齐尔；单中锋克洛泽。比赛刚开始时，巴西队气势如虹，预示着将要有一场实力不相上下的恶战。但是局面很快就发生了变化。第11分钟时克罗斯发出角球，无人看守的穆勒只轻松动了下脚，比分就变成了1∶0。这是一次很奇怪的马虎大意导致的失球。谁会想到巴西人只去注意防守埋伏在球门近门柱的胡梅尔斯？巴西队在此前的几场比赛中打得虽然不好，但是至少在体能上不输对手，在比赛中能够做到四处狂奔乱突。但是丢掉一球后，巴西队就被打懵了，再也找不到感觉。他们开始表现得乱了方寸，陷入了集体恐慌。德国队则专注地展开配合，技术稳健，节奏多样，打法灵活，表现出力量与智慧的结合，自信而有效率。不知所措的巴西队全线瘫痪，场上组织毫无秩序可言，被德国队一刀刀分割瓦解，开始接连丢球。在第23分钟和第26分钟之间，巴西队三度城门失守。先是克洛泽打进一球，将他在4届世界杯上的累计进球数提高到16个，创造了历届世界杯个人进球总数最多的纪录。然后是克罗斯两度破门，比分变成4∶0。

　　看台上的观众先是无比惊愕，然后是茫然无措，最后有上千人痛哭流涕。巴西的观众没有看到他们预期的足球盛宴，而是目睹了巴西足球的沉沦。球场上发生的一切看起来那么超现实。当赫迪拉在第29分钟打进第5个球时，连德国观众都开始对巴西队感到同情。之后，德国队放慢了节奏，似乎担心进球达到两位数会让东道主蒙羞。下半场开始后巴西队一度攻到德国队门前，但是德国队后防线组织得很好。替换克洛泽上场的许尔勒又打进两球，比赛接近尾声时厄齐尔差点把比分提高到8∶0。巴西队的中场奥斯卡最终打进一个挽回点颜面的进球。最后这场神奇的半决赛以德国队7∶1战胜巴西队收场。

　　这是一场让人震惊的比赛。到底发生了什么？怎么可能会是这样？这是一个奇迹吗？是德国队真的那么强大，在这一天不管对手是谁都能打他个落花流水吗？或者是巴西队本来就外强中干，在过高期待的压力下精神崩溃，不堪一击？勒夫又对这场比赛有何影响？也许它根本不是个奇迹，而是教练英明用兵决策、领导有方和精心准备的逻辑结果？

巴西的一家报纸评论说："德国队组织出色，战术纪律性强，踢得坚决果断。"另一家巴西报纸说："用蒂亚戈·席尔瓦和内马尔的缺阵来解释失败是说不通的。我们看到的是拿过5次世界杯冠军的球队经历了它的辉煌历史中最惨痛的一次失败。"这场比赛是自从1950年世界杯决赛上巴西队输给乌拉圭队之后历史上的第二场噩梦。在那场被称为"马拉加纳惨案"的历史性比赛中，夺冠最大热门、东道主巴西队主场1∶2输给乌拉圭队，在家门口痛失世界杯。

"'美丽的比赛'（葡萄牙语jogo bonito）现在变成了'美丽的约吉'（Jogi bonito）"，瑞士的《五天工作周》①玩起了文字游戏。柏林的《日报》②发表了一篇也许是最值得注意的评论。该评论称，巴西队被"约吉足球"彻底羞辱了一番，"斯科拉里的球队回防速度慢并因此留下很大空当，这正是勒夫制定的战术突破口。德国队根本不用去寻找空当，他们打到哪里，哪里就有大片空当。德国国家队主教练的最大功绩是打破了德国人因循守旧的习惯。有些人认为勒夫不会当教练，但是就是这位教练，他在球场上指挥上演了一场集战略、平衡、优雅和精彩于一身的足球大戏"。"约吉足球"是这届世界杯的亮点，接下来就要看决赛中能否造就最后的辉煌了。

赛后的新闻发布会上，充满自信的勒夫有了玩低调的资格，试图给人们的狂热降降温。他对这场比赛简短地发表评论说："今天对于我们来说非常重要的是，我们要用沉着冷静和不慌不忙去应对巴西人的激情和狂热，当然我们还需要展示勇气和我们的长处。这些我们都很好地做到了。过早地进球让我们掌握了主动。巴西队显然在我们打进两球后

---

① 《五天工作周》是瑞士巴塞尔的报纸，每周五出版纸质版，网上同步更新。——译者注

② 《日报》是德国一家全国性报纸，报社位于柏林。——译者注

就震惊了，再也找不到应对的办法。我们于是非常冷血地利用了对手的慌乱。我们的所有队员都打得非常好，精力非常集中。我们当然为打进决赛和取得这场难以置信的胜利而高兴。但是我们也要正确看待这场比赛。我们不应该夸大这场比赛的结果。我们知道，巴西队只是今天不在状态。我们必须保持谦逊。"

穆勒也以相同的口吻在德国电视二台的采访中说："我们不要为此而狂妄自大。在球队被捧上天的时候，我们要注意不被传染。我们现在要再次加把劲，放手一搏，我们要争取捧回奖杯。"

决战击败潘帕斯雄鹰

决战面对阿根廷队，勒夫本想继续使用前两场对法国队和巴西队获胜的首发阵容。但是在热身时赫迪拉告诉教练他的脚踝骨有问题，弗里克立即到更衣室通知勒夫。勒夫后来回忆说："弗里克走了进来，情况不同寻常，他是喊着我的名字进来的，因为一般情况下他不会这么喊。我立刻预感到出了什么事情，我们必须立即又要做出什么决策。这时他告诉我，'赫迪拉！'"经过短暂讨论，教练组决定让克拉默代替赫迪拉上场。

德国队没有受到临阵换人的困扰，比赛一开场就争取主动，阿根廷队则寻找快速反击的机会。南美人在打防守反击时非常有威胁，冈萨洛·伊瓜因浪费了几次非常好的机会：他在克罗斯头球回传失误后抢先拿到球射门，但是起脚太急躁而射偏；不久之后他又在接埃塞基耶尔·拉韦齐传中后射门入网，但裁判判此球越位无效。比赛进行到第17分钟时，克拉默在与埃塞基耶尔·加雷争抢时被对方肩膀撞击头部，他坚持到第31分钟后因为轻微脑震荡不得不下场。勒夫开始变得紧张，他赛后说："又发生了这样的事情，我们必须想办法克服这个困难。"勒夫派许尔勒上场顶替左路厄齐尔的位置，厄齐尔则转移到中前卫的位置，克罗斯改打克拉默留下的位置。德国队没有太多的喘息机会，特别是阿根廷队的超级巨星利昂内尔·梅西给防守他的胡梅尔斯制造出很大麻烦，还有一次差点得到破门机会。防守能力强的阿根廷队封锁了德国队的进攻线路，在争抢中也表现得果断坚决。德国队坚持不懈地继续努力，许尔勒、克罗斯和赫韦德斯都制造出不错的机会。

下半场比赛刚开始，梅西就在德国队大门左侧13米远左右得到了一次无人防守直接打门的机会，他射得稍微偏了一点。10分钟后，诺伊尔在禁区边缘一次对伊瓜因的大胆侵犯动作有犯规之嫌，但是裁判执法尺度比较宽松，没有判罚。德国队多亏博阿滕的视野和警觉，才顶住了阿根廷队这一阶段的猛烈进攻。在比赛还剩下一刻钟时，德国队才重新组织起攻势，克洛泽、许尔勒、赫韦德斯和克罗斯都极具威胁地杀到阿根廷守门员塞尔吉奥·罗梅罗眼前，但是他们的射门都没能够形成直接的威胁。在伤停补时的几分钟里，替换克洛泽上场的格策差点打进一球，但是罗梅罗将球成功挡了出去。

加时赛开始之后，双方各有机会。有一次是许尔勒在接应格策的传球后射门太偏，而阿根廷队的前锋罗德里戈·帕拉西奥则浪费了一次绝好的机会。两支球队的体能都迅速下降，悬念迭生的比赛逐渐变成消磨体力的僵持战。毫不松懈的德国队继续发起配合进攻，阿根廷队动作变大，好几次差点犯规。已经筋疲力尽但仍然坚持奔跑的施魏因斯泰格的表现代表了这一阶段的比赛场面：他受到对方球员的粗暴蹬踏犯规，出现伤口流血，但他到场边只简单由队医处理一下后又马上重新投入战斗，就像是古代传说中的英雄。他用身体语言告诉队友：我们一定要拿下比赛！

意志坚强的德国队在第113分钟灵光一闪，奠定乾坤：许尔勒最后一次使出全身的力气，从左路以所向披靡之势冲刺下底传中，足球准确传给格策。格策用一个漂亮的胸部停球将球顺势转移到左脚，一记抽射将球打入球门远角。格策整个动作一气呵成，干脆利落。这一球意味着世界冠军到手。阿根廷队再次开足马力做出最后一次疯狂反击，但是德国队守门员诺伊尔表现英勇，粉碎了对手的进攻。德国队在这场紧张艰苦的比赛中凭借着激情和血战到底的意志，再加上必要的运气，终于成为胜利者。1954年，1974年，1990年，2014年，德国第4次成为世界冠军！而勒夫呢，如果不是2004年意外接到克林斯曼打来的电话，他可能现在还在奥地利联赛上碰运气。如今，勒夫成了大喜过望的世界冠军传奇教练，继塞普·赫尔贝格、赫尔穆特·舍恩和弗朗茨·贝肯鲍尔之后，他的名字刻在了德国世界杯冠军教练光荣榜上。

还有格策，他在决赛之前的几场比赛中表现平平，受到不少批评，但是在决赛中他用天才之举把名字写进永恒的足球史册。博阿滕和施魏因斯泰格也在决赛中发挥突出，给人留下了难以磨灭的印象。博阿滕是后防线的中流砥柱和领袖，多次成功救险。施魏因斯泰格在防守中无处不在，并且不知疲倦地从后场发起进攻。主要是由于施魏因斯泰格的努力，德国队传球成功次数比对手高出很多（641次比329次）。像梅西这样的天才足球艺术家也在团结而坚强的德国队面前无计可施。当然，决赛中德国队也表现出了弱点。胡梅尔斯没有发挥出他应有的水平，克罗斯和厄齐尔在前场组织进攻上收效甚微，临门一脚也有很多问题。但是德国队在场上焕发出自信，坚韧不拔地耐心寻找机会，最后终于找到了他们的幸运。作为第一支在南美夺得世界杯冠军的欧洲球队，德国队取得了历史性的胜利。

媒体一致颂扬德国队和它的教练。《南德意志报》说："勒夫成功地带领一支由富有天赋的球员组成的国家队越过了险峰。"《明镜》周刊在线版称德国队在决赛中的表现是"意志与激情的完美组合"。还有媒体称勒夫是"实至名归"，称德国队"夺冠当之无愧"，或者称德国队是"世界杯最强队"，他们"踢出了本届世界杯最高水平的足球"，"捧得大力神杯顺理成章"。值得注意的是，在对新科世界冠军的一片赞歌声中，不只是德国队的足球水平得到赞扬，德国队非同寻常的精神气质也得到一致好评。

勒夫本人也对球队做出类似评价："队员们超越了自己，做出了从来没有过的努力，得到了他们从来没有得到的东西。我们用了10年的时间来为这一目标辛勤工作。我们在10年中取得了长足进步。现在的确是应该夺冠的时候了。国家队是一个团结的整体，大家为了一个目标而奋斗。"德国队领队比埃尔霍夫甚至说，他在南蒂罗尔集训营就感觉到，将要发生"不同寻常的事情"。阿根廷主教练亚历杭德罗·萨维利亚赛后称，德国队是一支"伟大的球队"。

必胜之信念

应该如何总结在巴西发生的一切？德国队并不是从头到尾一直表现很出色，但是勒夫的小伙子们有一些闪亮的时刻。德国队在这届世界杯上表现出了在以往几届大赛中关键时刻往往缺少的东西：始终保持对胜利的渴望，遵守纪律和专注，有克敌制胜的狠劲，有绝对的意志力，在必要的时候能够再加把劲。

德国队的核心队员已经在一起磨合了很长时间，他们现在瓜熟蒂落，修成正果。队中老队员如克洛泽、施魏因斯泰格、拉姆和默特萨克经验丰富，意志坚强，在职业生涯的晚秋季节终于登顶。2009年21岁以下欧青赛那支冠军队伍中的诺伊尔、博阿滕、赫韦德斯、胡梅尔斯、赫迪拉和厄齐尔正处在当打之年，他们像有经验的老队员那样自信而成熟。被视为球队弱点的赫韦德斯同拉姆和诺伊尔一样，是全程打满所有比赛场次的三名队员之一，他在比赛中凭借着拼搏精神完成了使命，发展成为一名成熟稳定的左后卫。穆勒在前场总是能够掀起一阵阵旋风，克罗斯和格策的发挥不是始终如一地突出，但是都有闪耀的时刻。许尔勒一上场就进入状态，是一名极具威胁的超级替补队员。

许多专家也注意到，修成正果的还有主教练勒夫。卡尔海因茨·维尔德在足球杂志《踢球者》上写道："勒夫用更多的实用主义丰富了他的艺术足球理想，打法上更富有攻击性，任意球处理更加有效。"勒夫坚持每场比赛都用打过中后卫的球员组成后卫四人链，说明他在大赛一开始就不再执着于美学足球。勒夫还改正了他以前不爱训练角球和任意球战术的习惯。根据德国足协的分析，德国队在世界杯上30%的进球是定位球得分，即18个进球中有6个是通过罚定位球获得的。如果只看半决赛之前的比赛，那么定位球的意义则尤为明显：10个进球中有5个进球是通过定位球得分。

世界杯夺冠主要归功于勒夫吗？很多教练同行都对勒夫表示肯定。带领拜仁夺得过三冠王的德国主教练约瑟夫·海因克斯认为勒夫在世界杯上做对了所有的事情："先让拉姆打中前卫是对的，因为那时候赫迪拉和施魏因斯泰格还不在状态。"《踢球者》杂志评论说，同样正确的是，在穆斯塔菲受伤后，又把拉姆放到右后卫的位置，那种认为勒夫是因为穆斯塔菲受伤才不得不"侥幸"调整阵容的说法是"邪恶"的。

德国队在事关自身命运的决战时刻，即在对阵阿根廷队的最后决战中，最坚决地打进攻足球。尽管德国队大部分时间是在阿根廷队前半场进攻，但可惜的是比赛前112分钟都没能够取得进球。曾经有人批评勒夫在既定战术方案失灵时便会束手无策，但决赛证明这种说法的错误。勒夫在赫迪拉赛前意外受伤的情况下，临时派上克拉默。在克拉默中途也受伤的情况下，勒夫又调整阵容，让克罗斯后撤，并派上一个锋线攻击球员许尔勒。结果证明他的换人是正确的：许尔勒的传球导致了制胜一球。

前拜仁主教练奥特马尔·希斯菲尔德称赞勒夫把球员塑造成一个团结的集体。他称勒夫具有情感上的号召力，有能力打造出一个凝聚了所有队员的团队精神，这些特质都是夺冠的成功因素。

主教练的艺术还在于，他一方面能够清楚地告诉一些球员他不属于首发阵容，另一方面又能够让这些球员感到自己对于球队仍然很重要。克洛泽、施魏因斯泰格、赫迪拉和默特萨克出于身体状态原因或者战术原因而当板凳队员时都没有闹情绪。整个世界杯期间，德国队整体士气非常高昂，替补队员也全身心投入。施魏因斯泰格代表其他球员对勒夫表示了由衷的赞赏："他做到了把所有球员都团结在他身后，他带领球队走向了前方。"

勒夫本人也强调，没有球队的团结精神，成功是不可能的。同时，勒夫不愿意把功劳记在自己的账上："自从我上任以来，这支球队发展出一种从未有过的团队精神。这一精神也是决赛胜利的一个法宝。人们可以感受到，不管我们怎么做，这支球队在场上都能够证明自己。他们渴望胜利，为了这个目标而互相帮助。在没有比赛的时候，队员们也能够愉快相处。球队气氛非常好。这种团结，这种相互尊重和开诚布公，我认为对于我们帮助很大。"

球队的团结精神也制造出了一个意外的有些跑调的小插曲。在球队回到德国在柏林勃兰登堡门前接受球迷欢迎的庆典上，在世界杯期间的室友克洛泽、格策、克罗斯、穆斯塔菲、许尔勒和魏登费勒在舞台上想来个特别表演。他们弯下腰边走边唱："阿根廷人就是这么走路的，他们就这么走。"然后他们挺直身体边走边喊："德国人就是这么走路的，我们就是这么走路的！"对决赛的对手进行如此讥笑嘲讽，让一些媒体人感到很不舒服，他们在报道中谴责了这一出格做法。但也有人对此表示理解地耸耸肩：唱着儿童歌曲的曲调开个无害的玩笑有什么不可以的？再说他们也是在胜利后的狂喜中一时兴起做出来的。

如何评价这一嘲讽阿根廷队的插曲，就像如何评价世界冠军队的成绩一样，也是个态度问题。没有绝对的道德权威，就像没有产生世界冠军的唯一不变的逻辑。除了人所能计划的事情，足球场上还有很多不可预测和控制的因素，还需要即兴的天才一闪念和一瞬间的运气。试想一下：如果西班牙队对荷兰队的比赛中可能将比分改写为2：0的一刹那，西班牙中场大卫·席尔瓦只是简单直接地把球打进大门，而不是来一记漂亮的弧线吊射，那么也许西班牙队就能够赢下这场比赛而不是1：5崩溃。那样的话，西班牙队可能就会在接下来的比赛中继续打胜仗，甚至有可能最后碰到德国队并再次战胜德国队。决赛中，如果伊瓜因单刀射门机会把握得再好些，那么领先的就将是阿根廷队，那么德国队可能就再次拿个亚军。然后人们就会说，看吧，只要勒夫当国家队教练，德国队就拿不了世界冠军。但是，德国队当上了世界冠军。因为德国队现在是世界冠军，那么勒夫在通往冠军的道路上所做的一切就都是正确的了。

有谁愿意说，就像1990年贝肯鲍尔那样，勒夫开启了一个新时代，今后的德国队将统治世界足坛若干年，那么他尽管可以这么说。但是对于球场上发生的一切，这些说法都不会有任何影响。勒夫本人最清楚这一点。所以可以预料的是，即使以后再次夺冠，勒夫也将会在沸沸扬扬的赞誉中保持一个唯我独醒的不太合群的姿态。

2014年德国年度最佳教练

2014年巴西世界杯夺冠后，勒夫被德国记者们评为年度最佳教练是顺理成章的事情。勒夫是继克林斯曼之后第二位被评为年度最佳教练的德国国家足球队主教练。德国足协主席沃尔夫冈·尼尔斯巴赫为颁奖致辞，他说："给我印象最为深刻的，是勒夫以绝对的掌控能力带队打完了所有比赛。他的平静内心，他的清晰思路和他的决心传给了他的球队和周边的人。在最困难的时刻，他都能够保持冷静。人们从来没有看到一个犹豫动摇的主帅。他作为主教练，有一个清晰明确的方案。"尼尔斯巴赫说，他从未怀疑勒夫是最合适的德国国家队教练，即使是在勒夫受到批评的时候。他说，勒夫在巴西不仅出色地完成了指挥任务，还知道如何"把23名球员凝聚成一个整体"。这位足协主席说，假设在巴西的决赛输了，也许勒夫不会被评选为年度最佳教练，"但是在我心目中，他反正已经是年度最佳教练了"。

勒夫在致获奖感言时再次表现出他的一贯谦逊。他说，自己为获奖而感到高兴，但是他强调，"这个奖是给德国足坛所有教练的。没有包括中小足球俱乐部在内的杰出和持久的青少年培训工作，没有各联赛俱乐部的出色工作，我就不可能拥有这样一支优秀的球队和这样有着良好基础的球员。世界杯冠军首先是集体的成就，我们的团队精神是我们获胜的最强有力武器。我仅仅是代表大家来领取这个奖。我们团队中的每一个成员都是年度最佳教练的一个组成部分。"

咱们还能说什么呢？干得漂亮，说得精彩，约吉！

第三部分　作为"勒夫公司"的
　　　　　德国国家队

第 15 章　勒夫式行为准则
　　　　　大牌球星对主教练权威的考验

1997年，时任斯图加特俱乐部主教练的勒夫是这样描述教练这门职业的吸引力的："去操控25~30个性格与脾气各不相同的人，让他们在保持个性和个人能力的同时又构成一个整体。"问题是，如何能够做到这一点？实现这一目标的最佳领导风格是什么？那时候人们对勒夫的评价是，他是一个安静的、善良的、平和的和追求和谐的人，但也正是因为如此而缺乏必要的执行力。由于他性格柔弱的一面，当他被任命为德国国家队主教练时，还有不少人说他的性格不适合担任这一工作。当这些柔弱的性格特点被证明并不妨碍领导一支球队时，对他的偏见才渐渐消退。

　　直到今天，勒夫的威信和权威似乎还是建立在他对教练使命的高度认同上。去看看他是怎么带队训练的，就会看到一个激情投入的艺术家在工作。人们会看到，他在训练场上向前略微倾身，一丝不苟、全神贯注地投入训练指导，或者倒剪双手在身后，安静地踱步，或者若有所思地用手撑一撑面颊。当他看到有人犯错误或者不认真，他会突然叫停，走过去和一个或几个队员讲话，用明确的语言和手势告诉他们哪里错了。当这位教练在工作时，你看不到任何装腔作势，你仿佛看到的是一个有创造性的雕刻家在工作室里专注地工作，在对他的艺术作品精雕细琢。勒夫的作品就是他的球队踢出的艺术足球。勒夫就是这样的足球美学家，这就是他的全部追求。

团队精神

　　为了完美实现他的理念，勒夫需要的是一个有能力的、忠诚的和值得信赖的教练团队。勒夫是具有绝对团队精神的选手。他与一直被外界低估的助手汉西·弗里克组成了密切配合的双驾马车。"我们有着同样的理念，在很多问题上有着近似的想法。同样重要的是，我们偶尔也会有不同的观点，会有争论。"弗里克是计算机迷，他与勒夫不仅在专业上，而且在性格上也配合得非常和谐。弗里克的见解常常让勒夫非常佩服，勒夫称"我可以信赖他的判断"。这个教练团队，即勒夫、弗里克、科普克和西根塔勒，平均每1~2个月固定碰面一次，每次在一起工作2~3天，集中并且有效率地讨论工作。他们会对工作做出严格的分析："我们实现了我们为国家队比赛制定的目标吗？是不是要制定其他工作重点？是不是要用另外的方式与队员谈话？"他们在一起对刚过去的德国国家队比赛进行评估分析，必要时会修正他们的足球理念，对战术、训练方法和内容进行讨论。还有一项重要的内容就是对世界足球的发展趋势和他们的观察进行讨论，这方面的讨论内容一般都是国家队首席球探西根塔勒周游世界带回来的观察与思考。西根塔勒说："勒夫的一个最强项是他周围有他最信任的人，他也能够倾听他们的意见。"

勒夫本人是这样评论他的"内部小圈子"的："他们在专业上和人际关系上对我非常重要。我们谈论所有的事情，互相非常信任。我需要他们的主意，他们是我的能量源泉。"由于教练班子互相非常信任，在主教练偶尔懒怠或者偶尔没了主意的时候，就不会有什么问题。勒夫说，他在这个时候很高兴身边有几个人，"他们有时候也会批评性地追问，会直言不讳地告诉我：这是个错误的方向。这就是我们团队的强项"。

勒夫一再强调，他从克林斯曼那里学到了把任务分配给别人去做。"以前我认为凡事应该自己去做。现在我学会了，把责任分配给别人，我知道，我的班子里有的成员在一些领域比我要强。我信任他们。"他能够放心地把某些事务交给别人，"这让我有时间能够安静地想想未来的事情，会促进我的创造性"。勒夫团队内部的说话方式是友好和轻松的。"我们非常高兴在一起商讨足球上的非常细节的事情，大家感觉都很好。"勒夫开玩笑地说，有时候甚至气氛太放松了。显然，在讨论严肃的工作问题时，几乎没有气氛上的不协调。勒夫在作为德国国家队助理教练时，就与主教练克林斯曼形成了和谐的工作伙伴关系，这一风格在2006年世界杯以后一直延续下来。助理教练弗里克在与勒夫合作了两年后评论说："我们从来没红过脸。"两个人私人关系也很好，他们甚至一起带着太太去度假。

守门员教练安德烈亚斯·科普克从不喜欢抛头露面，他作为一个人几乎完全消失在一个忠诚的副手角色背后。首席球探乌尔斯·西根塔勒非常看重勒夫的开诚布公，从不脱离团队另搞一套。《南德意志报》曾经在2008年欧洲杯之后拿"巴登地区的好人"勒夫开涮，称"如果人类都像勒夫那样，那么世界和平的愿望就不会是幻想了"。不管怎样，人们没道理指责勒夫"缺乏社会能力"，就像2011年马加特执教沙尔克04时那样。"勒夫体系"主张的是透明、合作和有感情亲和力的领导风格。从勒夫和其他重视团队合作的主教练比如于尔根·克洛普和托马斯·图赫尔[1]的成功例子可以看出，那种一人独大式的"独裁"教练如马加特和范加尔已经过时了。

德国队的所有战术与人事决定，例如一次国家队比赛的队员名单，都在4人教练班子的会上决定。教练班子还为球员或者球员小组准备好DVD录像光盘，光盘的内容按照主题分类，例如战术组织、四后卫、进攻套路等。光盘作为训练素材，涉及各种国家队中出现的问题，例如四后卫阵型的站位距离不对，就会给后卫球员播放一些典型的站位错误的场面。对其他位置的球员也是这样。"我们播放一些中场球员的镜头，里面有些高球长传是漫无目的的，然后我就会问球员：'真的非得这样传吗？这样传有意义吗？'不，我们当然不想这样传。"

---

① 托马斯·图赫尔球员生涯是一名高大的后卫，2009年开始执教美因茨，2013—2014赛季带领球队获得德甲第7，拿到欧联杯资格，2014年5月离开俱乐部。图赫尔将从2015年7月起接替克洛普成为多特蒙德俱乐部的主教练。——译者注

人们似乎可以得出这样的结论：在勒夫的操持下，球队的进步与发展不再依赖队员体能、意志和情感方面的训练，而是依靠着越来越成熟的科学训练方法和细节上的精益求精，形成一套按部就班的安全运行机制。这样的话，球队的水平提高就是个水到渠成的过程。但一切并不是这么简单。勒夫作为主教练必须要克服各种困难。他是一位在遇到矛盾和冲突时习惯用平和的语调和微妙的方法去解决的主教练。但是在必要时，他也会有不同的方法。

寻求共识，但也有界限

要想当一个称职的主教练，仅仅是一个有能力的专家是不够的。一个主教练不仅要具有善于分析问题、决策的能力或者有坚持有耐心，他还要在很大程度上担当起心理学家的角色。他必须要有执行力，并同时不成为"暴君"。他必须是个出色的鼓动家。他必须从维护球队的义务出发，限制个别人的任性，而同时又不扼杀个性和个人能力。他必须建立一个等级制度，这个等级不但不能影响团队意识，反而要促进它。他必须善于洞察人性，善于对在不同的情感状态下不同性格的人用恰当的方式和语调讲话。他必须会鼓舞怀疑者，必须会矫正傲慢自大者，会约束乱来的人，会将队中大佬融合进团队。最后，他还必须善于与不满的球员打交道，善于调节矛盾和有领导能力，因为他不可能让所有的球员都满意。特别是要告诉某个球员暂时要坐冷板凳时，或者要通知某个球员国家队不再需要他时，他更要善于把握说话的分寸。勒夫说："足球与球员的命运联系在一起，我对这一点十分清楚。在一届大赛前去告诉一个球员，说我们不需要你了，这是一个非常非常伤感情的和高度敏感的事情。"

勒夫认为，一名教练应该具备的种种心理素质之中，沟通能力最为重要。勒夫似乎更善于与球员直接打交道，而不善于在媒体面前对着麦克风讲话。勒夫说,沟通能力指的不仅仅是令人信服地指导球员,更指的是倾听的能力。只有将二者结合起来,才能够赢得球员的信任和让球员变得强大起来,沟通技巧和善解人意对于鼓励球员朝着正确的方向发展非常重要。教练必须时刻注意倾听和认真对待球员们的思想和感受,才能够将自己的正能量传递给球队。

一个教练的任务有点像一个乐队指挥,他必须把一个个明星凝聚成一个和谐的乐队。只有每个成员按照自己的性格完成自己的任务,球队整体才能出成绩。勒夫说:"你必须以高敏感度与每一位球员一起工作,按照对他来说最适合的方式打交道,并且你必须知道:对于有些队员,你只能以近距离的和亲切信任的方式与他打交道才管用,对另外的球员则需要你讲话清晰、有理性。有的队员喜欢有一定的自由度,有的需要明确无误的指令。"

担任德国国家队主教练4年之后,勒夫相信他与球员们建立了"在信任与尊重基础之上的密切关系"。他自豪地说,他的球员不但愿意学习和学有所成,还拥有积极向上的性格。反过来,如果去问问球员们对于主教练的看法,得到的也是大致相同的结论。巴拉克曾经这样说过:"勒夫是绝对的权威,只有很少的主教练能够像他那样将他的足球理念贯彻到底。"波多尔斯基言简意赅地说:"我们很多人爱说笑,但是约吉做到了让我们能够保持注意力集中。"克洛泽说,他2008年是在国家队集训营过的生日,那时候他感觉就像是在自己家里一样。弗里德里希也表示,国家队球员与主教练的关系"近乎完美","这位教练是一位绝对值得尊敬的人物,但同时又平易近人,他是有着绝对权威的主教练,我们都对他非常尊敬。他不会居高临下地对待球员。我们之间是友好和互相尊敬的关系。这种关系非常值得肯定"。接任巴拉克成为德国国家队队长的拉姆说:"勒夫与球员关系非常密切,他注重与球员的沟通交流,总是喜欢听取球队的反馈。"

拉姆在他的自传《差之毫厘》中说,勒夫从一开始就证明他是一位老谋深算的战术家,对于每一个位置都能够说出一些很有意思的东西，这让他印象深刻。"至少迄今为止，还没有哪位教练能够像勒夫那样，给了我更多如何打左后卫的启示。"在德国国家队取得不错战绩的2011年过后，施魏因斯泰格曾经说过，2004年之后德国国家队的进步"很明显"是勒夫的功劳。施魏因斯泰格的说法无疑代表了大多数国家队球员的看法。勒夫得到这样的认可，固然与他的杰出战术能力有关，但更是因为他在人员管理上的特殊领导能力。许尔勒作为新人一进国家队就觉得受到器重，赞扬国家队"气氛很好"，同时表示要力争进入主力阵容，从而与老队员波多尔斯基抢主力位置，这绝不是偶然的。《踢球者》杂志曾说，勒夫成功做到了在队中"打造职业球员的健康竞争气氛，同时又不威胁球队的集体归属感和整体成绩。"

勒夫利用每一次机会来与球员进行个别谈话，同时又注意球队作为整体运作正常。他强调："任何人都不允许因为个人的懈怠而影响球队的成绩。这就要求队员学会尊重，守时，愿意交流，相互承担责任，勇于承认错误。同时，当事情进展不顺时，要对他人有所宽容。"团队精神的确是德国国家队成功的一个秘诀。2010年，国家队中没有搞小团体的现象，球员们相互重新融合，同心同德得到大力提倡。领队比埃尔霍夫说，新的国家队代表的是"友谊、融合和新的球队领导方式。教练与球员和专家之间的沟通渠道畅通，球队有着扁平的等级结构，同事之间本着平等互助的原则进行交流"。

2012年波兰和乌克兰欧洲杯后，施魏因斯泰格指出，德国国家队开始出现不和谐的现象。勒夫和他的教练班子非常重视这个问题，决定采取特殊措施，为了迎接2014年巴西世界杯而加强球队的团队意识。事实证明，球队的集体意识得到了加强，这首先要感谢球员代表委员会所起的作用。自2010年起，球员代表委员会由拉姆、施魏因斯泰格、克洛泽和默特萨克组成。这4位领军人物在世界杯期间分别担任了4个集体寝室的寝室长，把比埃尔霍夫提出的团结口号变为具体的现实。

高度的忠诚、绝对可靠的责任感和时刻准备发挥最大的能量，主教练如何能够让队员们做到这几点，而同时又不让自己变成一个手拿教鞭的驯兽师，这才是教练这门职业的最高境界。勒夫在当斯图加特俱乐部主教练时就说过："你手里拿条鞭子走来走去，一切都得听你的，这不管用。"在他被斯图加特炒鱿鱼时，他仍然坚持这一观点："我总是在寻找共识。"这条原则勒夫一直坚持到今天。但是共识的意愿也是有界限的，其中的一个界限就是他像艺术家那样对完美的追求。他专业上的、建立在知识基础上的权威是不容任何挑战的。勒夫说他"专业上的能力远在球员之上"，他说这话时一点也没有自大狂的意思。"主教练必须打造出一个整体，他规定训练内容和制定战术策略。"在这方面，是他——而不是球员，才是真正的专家。球员的任务是在一个球队的框架内完成赋予他的个人任务。什么是正确的，最后要由主教练自己说了算。他在球队面前讲话的方式与喜欢夸张的克林斯曼比起来，更显得轻声低调，但是这绝不意味着他的话没有约束力和影响力。在与球员的个别谈话中，他绝对不会照顾情面，甚至会口气尖锐地说话，但他同时也习惯让事实来说话。他会无情指出球员的各种不足，例如冲刺速度慢、一对一对抗差、站位错误、跑动路线错误、传球不够准确等，他不但会在全队面前谈这些问题，也会把这些都制作成DVD光盘。

为了实现他的目标，勒夫显示出他不可动摇的决心和韧劲。勒夫有时候会严谨到带着学究气，也会变得严厉冲动，特别是当事情的进展不符合他的想象时，或者球队不去按照他的计划好好踢球时。有时候球队一再犯低级错误，或者总是达不到预想的配合默契程度，或者眼高手低，勒夫也会高声喊叫。这位国家队主教练对犯错误特别敏感，特别是对那些低级错误。如果有的球员，特别是一名极具天赋的球员因为懒惰或者意志力问题发挥不好而影响球队时，勒夫也会变得愤怒，甚至爆粗口。

勒夫不会容忍球员粗鲁无礼或者拒绝执行命令。有球员胆敢这样做的话，可能就会被勒夫赶出国家队。2003年勒夫执教奥地利维也纳队时，本土球员保罗·沙尔纳就是个例子。当时在对阵格拉茨风暴队的比赛进行中，勒夫想让沙尔纳上场替换右前卫，但是这位球员拒绝上场，因为他本来是打中前卫的。勒夫立即对沙尔纳进行内部禁赛处罚，这位球员就这样被俱乐部开除了。在德国国家队中，勒夫的求同存异也是有界限的。勒夫说："在组织纪律性上，我有着明确的规则。"在球员有严重越界行为时，勒夫会不动声色地寻求通过谈话解决问题，如果谈话不奏效，他就会不带感情色彩地采取行动。勒夫曾经用带有威胁的口吻表示："球员们可以表达愿望，但是不能给我开条件。有权开条件的只能是作为主教练的我。"勒夫强调他有做最后决定的权力，在必要时也会毫不留情。

在勒夫担任德国国家队主教练的头两年，勒夫并没有遇到什么大的冲突。他和所有的球员都其乐融融，替补队员也听他的话。但事情也不永远是这样。在2008年欧洲杯期间和之后，德国国家队队员之间说话的语气就发生了变化，这是外界也能感受得到的。事情的起因是在维也纳举行的欧洲杯决赛之后，队长巴拉克和领队比埃尔霍夫发生了激烈冲突，并从此在国家队引发出一系列不和谐插曲。

巴拉克和比埃尔霍夫的矛盾

2008年欧洲杯决赛的终场哨声吹响后（德国队1球小负西班牙队），德国队领队比埃尔霍夫走向队长巴拉克，请他拿着感谢球迷的横幅向看台上的德国球迷致意鸣谢。巴拉克向比埃尔霍夫吼道："别烦我！"紧接着巴拉克又骂了两句脏话"你这个娘娘腔"和"瞧你的尿性"。据说比埃尔霍夫回击说（但他本人坚决不承认这样说过）："这里不是你说了算！"两个人还差点互相推搡在一起，但是有其他队员把两个人拦开来。

如果有人预期勒夫会从中斡旋调节二人的矛盾，那就错了。直到两个月之后勒夫才提起这个话题："根据我所听到的，巴拉克在当时那个时刻说话用词不当。"勒夫这时候用词十分小心。"作为队长，他不应该发这么大的火和使用这样的表达方式。"勒夫以委婉的批评点到为止。后来他还公开呼吁两个人开诚布公地谈一谈，不计前嫌。

据说两个人也谈了，但是二人继续通过媒体打口水战。例如，比埃尔霍夫在回答巴拉克的受伤对于前两场世界杯预选赛是否有影响时说："国家队有巴拉克时踢过好球，没有巴拉克时也踢得很好。德国国家队不会依赖巴拉克。"巴拉克在报纸的采访中反唇相讥："在比埃尔霍夫还不是国家队领队时，国家队也能赢球。将来国家队能赢球，也与比埃尔霍夫是否当国家队领队无关。"在外人看来，更有意思的问题是，国家队领队和队长是否一定要合得来，国家队才会踢得好。

不管怎么说，球队的气氛对国家队的成绩肯定很重要。但是欧洲杯之后，国家队内部的气氛也出现了问题。巴拉克和一些队员之间的冲突开始渐渐浮出水面，《体育图片报》甚至猜测，这位国家队队长因为领导风格生硬而在队中被孤立。勒夫不得不承认国家队中有意见分歧，他找巴拉克谈话，请他在发表批评意见时嘴下留情。同时，勒夫在公开场合开始用更严厉的口气说话。他宣布要引进更多年轻队员，加强国家队的竞争。首当其冲的当然是老队员，勒夫与他们本来已经混得很熟，都不用尊称"您"而用"你"来互相称呼了。勒夫明确表示，不再会有哪些位置是保留给主力队员的，强调这一点也适用于弗林斯和巴拉克："我不能事先就说他们的位置是有保障的。"

欧洲杯之前还不是这样。那时候勒夫不厌其烦地赞扬巴拉克作为队长和球队领袖的能力，称巴拉克能够"领导和影响球队"，在比赛中从不松懈，在防守和进攻上都能够起到指挥作用。但是，现在勒夫要增加竞争压力，要求施魏因斯泰格和拉姆等年轻球员多承担责任，巴拉克的一人独大局面就受到了挑战。"我需要多几个领军人物，我说过很多次了。一个太少了，特别是比赛进行不顺利时，应该有更多的人来共同分担责任。"勒夫新的带队哲学肯定会给某些人带来不快。总之，勒夫想取消球队内旧有的等级，但是当真的去实现他的计划时，冲突是不可避免的了。

库兰伊开小差，弗林斯憋气

德国国家队内部先是爆发了一个小矛盾，它也可以说是矛盾大爆发的前奏。2008年10月11日，德国队主场在多特蒙德进行对俄罗斯队的一场2010年世界杯预选赛。在这场与小组最强对手的较量前夕，勒夫重申："我要看到每一位队员不管是在身体上还是在精神上都做好了准备，否则他将不能上场。"库兰伊就是不能上场的队员之一。当时库兰伊正处在状态低迷期，勒夫甚至没有让他进入比赛阵容名单，他只能坐在观众席上观看比赛。库兰伊在2006年世界杯前就曾被拒之于国家队大门外，他现在觉得受够了羞辱，于是在比赛还没有结束时就不辞而别离开了体育场，第二天也没有到国家队参加训练。勒夫大为光火，立即宣布库兰伊将永远不得参加德国国家队的比赛。勒夫说，他虽然理解库兰伊的受挫感，但是他坚决不能接受这样的行为方式。他说："我不只是对个别球员负责，我要保证整个球队运转正常。"这样，库兰伊就永远离开了国家队。一年半以后，库兰伊竞技状态上升到巅峰，很多专家都呼吁应该让这位德甲最好的前锋参加2010年南非世界杯，但是勒夫不为所动，坚决表示拒绝。

不过，人们在2008年的秋天很快就忘记了库兰伊，因为国家队爆发出更大的矛盾，国家队光彩和谐的外表开始出现了明显的裂痕。争端的导火索是被降格为板凳队员的中场弗林斯。在对俄罗斯队的比赛中，他只上场了7分钟，在4天后对威尔士队的比赛中，他甚至连做准备活动的机会都没有。勒夫说，在对威尔士队的比赛结束后，他与弗林斯进行了一场"根本性的谈话"。勒夫说："我先谈了我对于他的器重。球员没有被派上场比赛，当然会不高兴。但是这是我做出的决定。"勒夫称赞说，面对这一新的让他不满的局面，弗林斯的反应很有榜样作用，并称弗林斯有机会参加2010年世界杯："我知道，他还能有所发挥。但是他现在必须学会忍气吞声。我依然看好他。"

弗林斯接受《图片报》采访时发泄了他的不满。弗林斯说，在比赛前一天的星期五晚上，勒夫通知他不能在次日的比赛中首发上场。"他对我说，尽管如此，他还是要用我，说我经验丰富，对球队非常重要等。"但是随后，勒夫却连热身的机会都没给这位代表国家队出战78次的队员。"这对我来说算是登峰造极了，真是个羞辱！"弗林斯对抢了他的位置的队员评论说："我个人对罗尔费斯和希策尔斯佩格没有意见，恰恰相反。但是我也知道：他们并没有比我踢得更好！国家队用人时也应该把球员在德甲中的表现作为选拔标准。就算是我们3个都不分上下，我也期望教练对我有更多的支持、信任和尊重。"他说，虽然勒夫口头上说器重自己，但是他感到在国家队的前途开始渺茫，他现在不排除请辞国家队。他说："不是因为我觉得受辱，而是在过去的几天里，我看清了很多事情。"

统帅驯服队长

弗林斯的不满正如4年前后卫沃恩斯的不满一样，不是什么新鲜事。年纪渐长的队员面对被清洗出队的威胁，总是会抱怨所谓能力原则不再适用了。但是，弗林斯事件的演变却有些不同寻常的变数，因为弗林斯的死党巴拉克站出来为弗林斯撑腰。巴拉克当时因为脚部手术不能代表切尔西俱乐部比赛，他在《法兰克福汇报》的采访中，一反他直来直去的脾气，反而迂回引入话题。他说，国家队主教练没有过问他的国家队队长的健康状况，他觉得这有些反常。他接着说，他感到奇怪的是国家队主教练发起的球队内部竞争的方式，他不能理解为什么久经考验的主力队员突然受到攻击，他们被要求"要低头，要听话"。巴拉克话锋一转，切入正题："弗林斯在俱乐部保持了高水平竞技状态，在欧冠比赛中也有稳定的出色发挥，但他却受到质疑。"巴拉克说，他"感觉非常不好"，预感到弗林斯在这场竞争中注定赢不了。巴拉克抱怨说："如果你决定不用一个人，就应该开诚布公地直说。尊重和忠诚对于一个战功显赫的国家队队员来说，是他期待得到的最重要的东西。我想起过去的一些先例，如卡恩。卡恩当初被卷入与莱曼的竞争中，在我眼里他当时根本就没有赢的机会。弗林斯现在认清了形势。他是一位有经验的球员，他清楚地感觉到围绕他正在发生什么事情。如果弗林斯宣布退出德国国家队，我会感到很可惜，因为他感到自己不被需要了。不是说要倚老卖老。能力当然是最重要的。国家队主教练要求年轻队员施加更多压力，这本来是对的，但是我们不应该把这个游戏玩得太过分了。"

受到如此攻击的国家队主教练非常生气。勒夫对弗林斯退出国家队的威胁简短冷漠地说："我们只考虑能力。如果有人不想为国家队踢球了，我们不会强迫他，既不会拿枪逼着他，也不会用钱收买他。"如何对巴拉克的批评进行反应，并不是一件容易的事情。勒夫表示，国家队队长的话让他感到失望，并用带有威胁性的暗示口吻说："我要找他谈话，这是必须的。我还不知道应该怎么处理。关于如何处理公开批评教练的事情，每个队员都知道球队的规矩。人事讨论是教练的事。"

那些天里，勒夫和巴拉克的矛盾在德国成了全民讨论的话题。巴拉克以身体状况还不允许旅行为由，躲在伦敦继续和勒夫对抗。他带着讥讽的口气对媒体说："国家队主教练要找我谈话，这很好啊。"在与勒夫通了一次电话后，巴拉克语气有所缓和。媒体上有人要求勒夫飞到伦敦去找巴拉克谈话，勒夫可不想这么低三下四的，他要求巴拉克在健康状况允许的情况下，立即回德国向他汇报。勒夫说，他有自己的基本原则，并不在乎别人对他的看法。

巴拉克开始让步，并对媒体发表声明："只要身体状况允许，我会尽快与勒夫会面，并会就我的行为向他当面道歉。"他说，他把球队内部问题拿到媒体上公开讨论，这是一条错误的道路。他表示，他很尊重国家队主教练，没有对他进行个人攻击的意思，他只是想在一位队友有困难的时候提供帮助和支持。

德国报纸报道勒夫与巴拉克的冲突时开始使用这样的标题："统帅勒夫""勒夫不再是好好先生""勒夫显示出棱角""勒夫成为战场统

帅"等。《法兰克福汇报》说："巴拉克很有可能被免去国家队队长职务，被开除国家队也是有可能的。"勒夫在这件事情上的坚决和果断让人们看到一个以前从未见过的勒夫，弗林斯和巴拉克也肯定没有料到。

2008年10月30日，德国国家队主教练和队长在德国足协总部面对面谈话。谈话从17点进行到19点，整整两个小时，媒体和公众第二天晚上才通过德国足协的新闻通告获悉了这个消息。通告说，巴拉克向勒夫表示了道歉，他将继续留在国家队和担任队长。通告还引用了勒夫的一段话："作为队长，他必须严守我们的规则。所有的体育和人事决定都由教练组做出，我对米夏埃尔（巴拉克）再明白不过地表达了这一点。"

勒夫强调，这一"非常开诚布公的对话"不能够被解释为教练的权威受损，因为他从来没有想过要开除队长，而只是要看到一个可信的道歉和对球队规则的无条件认可。"一位像巴拉克这样的球员认识到自己的错误和道歉，对我们大家都是最好的解决方案。只要状态允许，他将继续为德国国家队服务。我绝不会顾虑到我的权威问题。我对怎么带国家队有我自己的想法，大家都知道，我会坚决贯彻我的想法。"勒夫说，不管球员的名气和能力如何，他使用球员最重要的标准就是能力。他还会告诉弗林斯，他在国家队的前途只能由他的能力和表现来决定。

巴拉克和勒夫的争端无疑是一场权力之争。勒夫无疑是斗争的胜利者，他迫使国家队队长进行了忏悔。巴拉克的反叛以被打得鼻青脸肿而告终，并且也失去了在球队之中的霸主地位。他本来是为弗林斯仗义执言，但结果却导致了自己的失宠。

严格的行为准则

勒夫与弗林斯、巴拉克的核心矛盾究竟是什么？首先是老队员弗林斯失去了主力位置。德国国家队在2008年欧洲杯对葡萄牙队和2010年世界杯预选赛对俄罗斯队的比赛中，在弗林斯没有上场的情况下，都打得很好。国家队不再一定需要弗林斯，而且新人逐渐顶替上了些年纪的老队员，也是正常现象。在勒夫倡议发起的国家队内部竞争中，昔日的领头羊巴拉克失去了特权，年轻队员如施魏因斯泰格和拉姆赢得了自信和展现实力的机会。鉴于巴拉克（32岁）和弗林斯（31岁）的年龄，勒夫不得不着手培养年轻球员。结果就是国家队等级被打乱，巴拉克担心失去特权，感觉弗林斯被冷落就是他自己大权旁落的开始。他的不满也是因为他从一个享有特权的超级明星降格为不再稳坐主力位置的重要球员，这让他的自尊心受到伤害。

从本质上来说这也不是什么了不得的事情，而是一支球队常见的冲突，特别是一支球队在不断发展时更是这样。但是这件事的一个特别之处在于，它表明德国国家队总是有个大佬的时代，不管这个大佬是马特乌斯、萨默尔还是巴拉克，已经属于过去。

早在欧洲杯期间，就传出德国队内部对队长巴拉克的专断作风不满的流言，巴拉克本人也没有用杰出的表现来证明他的特权合情合理。勒夫本人一向就喜欢把"扁平的等级结构"和"集体负责"等词汇挂在嘴上，早就想结束队中有大佬的时代。最关键的还是勒夫不能够接受他的权威受到挑战，不会坐视队长不仅公开批评他的工作，还对他的为人表示怀疑。所以，勒夫把巴拉克和他的死党弗林斯打入冷宫。

勒夫一定感觉到了，他不能在与巴拉克的冲突上当和事佬。他肯定没有想到冲突会变得这么尖锐。现在，他在一场较量后以胜利者的姿态亮相，他当然要借此机会长久地维护他的权威。在11月19日柏林对阵英格兰队的比赛之前，他在球队下榻酒店的大厅里向球员进行了30分钟的训话，阐述了他对国家队队员提出的行为准则。准则要求球员们要互相尊重，要珍惜穿上国家队队服的荣誉，要把当替补队员当成是提高自己的动力，要有作为职业球员的进取心、激情和绝对的敬业态度。勒夫在《体育图片报》的采访中向队员提出了代表性的几个问题："当国家队队员意味着什么？为孩子们做榜样意味着什么？应不应该去参加进修和媒体培训？应该如何规划自己的职业生涯？什么叫作成为球队集体中的一员？"

勒夫的行为准则提出了一些必须要严格遵守的纪律。例如其中一条是：必须承认主教练是德国国家队的唯一领导。勒夫对这条的解释是"教练才有权决定人事上和战术上的问题"。还有一条是：国家队实行绝对的能力原则。勒夫说："这里说的是，我们不会去看一个队员过去取得过什么成绩。我们会对球员进行仔细观察，用谁上场只看能力。"另一条是：不许在公共场合提出批评意见。勒夫说："这是一个事关尊重的问题。国家队总的来说大家相处得很好，但是最近发生的一些事情损害了德国国家队的形象。"勒夫的这次训话带有最后通牒的性质。勒夫警告说，绝不允许球员不接受教练的决定，并且把对教练的公开批评弄上新闻媒体的头条。勒夫说，他接受了弗林斯和巴拉克的道歉，但随后补充说："谁都知道，我今后不会再接受这样的事情。"

国家队的冰冻期

勒夫用行为准则为德国国家队立下了明确的规矩，但是有人担心这样做会破坏以前球队的那种融洽气氛。勒夫说："我不担心球队内部因此会产生裂痕或者导致信任的基础不再。我相信，球队的良好气氛很快就会恢复。"但是，以前非常和谐的德国国家队毕竟因为此事吹进来一股冷空气，有些队员在公开场合变得表情僵硬，不知道应该怎么去表达自己。

勒夫的纪律宣言刚说完不久，守门员维泽就形象演绎了国家队的新禁令会造成什么喜剧性后果。维泽在德国队1：2负于英格兰队的比赛中打满了上半场，并有着不错的表现。在赛后的采访中，不管记者问什么问题，他都让记者去问勒夫："这个问题您必须去问主教练。"但是记者对于这样的敷衍回答并不满意，坚持继续提问，维泽终于爆发了：

"我的上帝啊，球队不允许在公开场合说什么！"维泽对勒夫禁言令的夸张解释固然带点幽默的意思，但是却让这位刚入选国家队的新人今后再被招进国家队的机会变得渺茫了。

2008年12月份，勒夫在总结2008年时试图把弗林斯和巴拉克的事情淡化。他说，德国国家队是个竞争激烈的地方，因此类似的冲突也是正常的，今后还会有。可以看出，德国国家队也不是一个没有任何不和谐声音的地方，冲突也给国家队的形象带来了一些剐痕。勒夫说，他希望坏事变好事，希望已经发生的事让球队的规矩更加清晰，对于矛盾更加警觉。他说，这才是他制定行为准则的意义，而不是要给队员们下封口令，队员们可以表达他们的意见，他甚至高兴看到球员有自己的看法，但是球员在公开讲话时应该考虑好再说，这样的话，"几乎说什么都可以"。勒夫就这样为本次事件画上句号，他不愿意去考虑将来还有谁犯规时应该怎么做。勒夫觉得自己是这一冲突的赢家，他的地位因此得到巩固，他甚至不相信以后还会发生类似的事情。

2008年欧洲杯过去几个月之后，勒夫似乎真的变成了一个很果断甚至有些严厉的教练。《踢球者》杂志问勒夫是不是这些冲突改变了他，他回答说："我就是我，跟以前一样。但是这的确是我执教以来第一次有必要去提醒注意球队的规矩。有时候难以避免就会产生不和谐因素，我不得不偶尔强调一下我的权威。"

《踢球者》杂志坚持认为，勒夫也有错误，那就是他没有马上尝试去化解他与球队领军队员的冲突。但是也许勒夫是故意这样做的。如果勒夫过早地反应，他就得为了保全面子，不得不对弗林斯和巴拉克下驱逐令。但是勒夫一开始对批评进行了回避，就像拳击选手采取躲闪战术，以在对方露出破绽时给予有力的回击。争执的时间越长，弗林斯和巴拉克就越有可能在媒体采访中说错话说漏嘴，从而变得越来越理亏，与此同时勒夫就会有机会抓住时机回击，在道德上完胜对手。实际上就是这样，冲突过后，巴拉克等于是被贬，而勒夫则树立了自己大权在握的统帅形象，地位比以往任何时候都更加稳固。

不要去挑战国家队主教练，否则后果自负。这一条教训，沙尔克04队员杰梅因·琼斯也领教了。对英格兰队的那场比赛，也是琼斯替德国队出场的最后一场比赛。这是琼斯第3次身披德国国家队战袍，外人都看好这位中场球员在国家队的大好前途。但是在对英格兰队比赛之后，勒夫没有再让琼斯参加之后的几场比赛。琼斯十分失望，就像经常会发生的那样，他在媒体上发牢骚，称德国国家队选拔队员并不是依照能力。勒夫觉得这话由琼斯说出来很荒唐，他甚至都不愿意去严肃地反驳他。他说："如果一位教练不根据能力而是根据头发颜色来选拔队员，他能够在位置上干得久吗？"勒夫指责琼斯没有遵守国家队行为准则，遇事没有在内部沟通，而是直接对媒体发话。这样，琼斯的德国国脚生涯还没真正开始就结束了。愤怒的琼斯决定加盟美国国家队，因为国际足联规定，如果一个球员只代表一个国家踢过友谊赛，他可以加入另一个国家的国家足球队。由于琼斯具有德国和美国双重国籍，这样他就顺理成章地加入美国队了。

一场漫长的告别

2009年度德国队的第一场比赛是2月11日对挪威队的友谊赛。弗林斯和巴拉克都进入了出场阵容，他们替代在对英格兰队的比赛中大失水准的杰梅因·琼斯和罗尔费斯。勒夫针对弗林斯和巴拉克的入选说："他们对我们很重要。一个球队需要几位老队员，因为他们能够用他们的经验给年轻队员带来安全感。我很高兴，他们又回来了。我们之间的问题已经解决了，我们的相互信任没有受到干扰。我和这两位球员从2004年开始一同走过了很长的路。我们的关系很好，虽然当中也有过紧张的时候。"但是他们当然是在被考验中，他们必须用特别好的表现来证明自己。

对挪威队的比赛德国队以0∶1败北。这是勒夫担任德国国家队主教练以来最糟糕的比赛，也是弗林斯最后一次代表德国国家队比赛。但是，有关弗林斯的讨论还要持续一段时间。弗林斯本人没有提出退出德国国家队的申请，勒夫也没有最终做出请他离队的决定。这样，弗林斯在德国国家队的命运就成了一桩悬案，每次国家队比赛之前，当弗林斯的名字没有出现在大名单上时，理由就是弗林斯不在最佳状态。到了夏天，勒夫表示，即使弗林斯没有进入国家队名单，但是"他对我们来说仍然是重要的球员"。

有人觉得，勒夫是故意总是不让这位昔日的主力队员进入大名单，从而逼迫弗林斯自己放弃。在10月初，勒夫又被问到弗林斯的问题，勒夫觉得很不耐烦，他带有暗示性地说："如果我决定了不要某个球员，认为他不再有能力进入国家队，我就会对他公开直接说清楚。在弗林斯的问题上我不是这样想的。我只是看到弗林斯现在的身体状况有所稳定，所以我将为他保留可能性，直到我在正式决定世界杯阵容时。"

不过，对弗林斯的决定没有拖延那么久。2010年1月20日，勒夫和他的助理教练弗里克来到不来梅，在高档的花园酒店向弗林斯宣布了苦涩的真相：国家队将不再考虑招弗林斯入队，德国国家队2010年世界杯阵容里将不会有他。弗林斯随后评论说："这一步对我来说是完全意外的。我其实应该提前想到这一点，特别是之前就有很多先兆。我没有别的办法，只能够接受，尽管我和勒夫有不同的观点。"这是一个早就预料得到的结局，一个拖延了太久的告别。有人批评勒夫为什么不早点告诉这位已经33岁的老队员。

勒夫后来详细解释了他为什么这样做："弗林斯一直有伤病，他的状态也不好，也许他已经过了巅峰期。这是我2009—2010赛季开始时对球队说的。我们对弗林斯密切观察了半年，同时也观察了赫迪拉。他能够取代弗林斯吗？他能够在世界杯期间发挥重要作用吗？对于这个问题，我在赛季开始时还不知道答案，所以我对赫迪拉进行了仔细观察。冬天的时候，在我们对他观察了大约15场比赛后，在与他进行了谈话后，我们决定重用赫迪拉。我知道，赫迪拉能够对德国国家队有所帮助，他是个有能力的球员，他能够取代弗林斯。还有其他几位球员也适合打这个位置，例如克罗斯，当然还有施魏因斯泰格。当我做出了最后的判断后，我就通知了球员。"

勒夫的这种做法表明，他不喜欢直来直去。他没有及时明确告诉弗林斯真实的情况，而是让弗林斯处于懵懂状态中，直到他找到了一个可靠的可以替代弗林斯的人。公平的做法应该是，他应该及时明确告诉弗林斯早已不准备要他，除非赫迪拉不适合打他的位置。

在主力守门员莱曼的去留问题上，勒夫也迟迟不明确表态。欧洲杯之后，莱曼迟迟不表态退出国家队，勒夫也不公开表态，不明确提欧洲杯前就做出的将使用年轻守门员的决定。经过了数周的沉默后，勒夫才与莱曼进行了一次个人谈话，告诉莱曼他将不再考虑保留他为守门员。后来莱曼在一年之后又宣布他将重出江湖，但他已经不是国家队关心的话题了。国家队守门员教练科普克只说了一句："我们不会再考虑他，让莱曼重返国家队等于是向年轻队员释放错误的信号。"

在梅策尔德的问题上，勒夫也是迟迟不决定。在欧洲杯之后，对于这位受伤病困扰和年龄逐渐偏大的中后卫，勒夫曾这样解释不让他入选国家队的理由："状态和体能比名气更重要。"就这样一直拖了两年，勒夫一直没有招这位曾经在皇马踢球、现在效力沙尔克04的名将进入国家队。直到2010年12月，梅策尔德不能恢复以前的状态的事实已经很明显，勒夫才宣告："梅策尔德对德国国家队的贡献很大。我很高兴他又恢复了健康，但是国家队将来是属于别的球员的。"

波多尔斯基的耳光

对于巴拉克，勒夫并不想马上放弃。巴拉克在德国国家队似乎还有前途，虽然他伤病不断，并且始终是国家队的一个主要冲突根源。2009年4月4日，德国队在加的夫进行的世界杯预选赛中对阵威尔士队，巴拉克在这场比赛中用一个大力轰门打进精彩一球，德国队最后2：0获胜。但是在比赛进行到第67分钟时，巴拉克和年轻球员的矛盾在全世界的电视观众眼前突然爆发。当时，不在状态的波多尔斯基将要被替换下场，巴拉克在他的背后说了几句警告的话，这让波多尔斯基大为光火，他转身用手打了巴拉克一记耳光。

这是德国国家队第一次出现耳光事件。巴拉克赛后气愤地说："他是一位年轻球员，他还有很多东西要学。当我做出战术指示时，他应该服从，而不是动手打人。"巴拉克说，他当时只是在波多尔斯基一对一对抗中丢球后，提醒他要多注意配合和多跑动，但是波多尔斯基回答说："闭嘴，你自己多去跑啊，你这个屁眼！"

勒夫公开对巴拉克表示了支持，并批评了波多尔斯基的掌掴行为。勒夫在全体队员面前讲了话，要求二人进行一次谈话去解决这个问题。比埃尔霍夫对外界声称，争端已经解决，没有必要再对波多尔斯基进行处罚。后来德国足协还是判罚波多尔斯基参加一项德国足协发起的"儿童足球梦"社会工作，在一辆流动足球宣传车上做了几个小时的义工。

勒夫说，对波多尔斯基的从轻处罚并不等于是默许他以后还可以胡来。勒夫用十分严肃的口吻说，波多尔斯基的信用已经消耗殆尽。"他给德国国家队的形象带来了损害。今后如果他再犯类似错误，后果将会很严重。波多尔斯基现在又得到了一次机会，因为他多次真诚道歉，而且之前在国家队表现一直都很好。"勒夫还像法官判案一样解释说，波多尔斯基的"耳光事件"不能和库兰伊的"体育场溜号"相提并论，前者是一时意气用事，后者是有意为之。在库兰伊的事情上，勒夫说他事先就多次通知他将不能上场，并能回忆起来，当时库兰伊就回答说"那他就要回家"。而波多尔斯基是一时冲动，所以再给他一次机会。

德国国家队领导层对巴拉克在此事上的表现给予了肯定性的表扬。勒夫在5月份说，这位国家队队长在去年秋天发生争端后表现出职业球员的素养，态度非常积极和愿意沟通，这说明这位有经验的世界级球员更加成熟了。巴拉克也表示："我们之间的关系现在很好。我们比以前有更多的交流，我们总是通过电话保持联络。"10月份，德国队以2：1取得对俄罗斯队的世界杯预选赛胜利，巴拉克在比赛中还打进一球。勒夫对巴拉克大加赞赏："他是一位真正的场上领袖和队长，他比以前更爱交流，总是以身作则。"看来，两个人似乎会齐心协力共同为2010年世界杯而努力。但是，事情有了变局，原因就是巴拉克在世界杯前受伤无缘南非，而且在巴拉克受伤期间，年轻球员也逐渐占据了主力位置，从而使得这位昔日的球队领袖被边缘化了。

没人怀念"大队长"

巴拉克这位昔日的世界级球星，在不久之前还是德国国家队无可争议的"大队长"。他也是最后一位德国队的大佬式领军人物，是一位总是直言不讳的带头人，在南非世界杯之前还被认为是无人可以替代，但是在南非世界杯期间他的星光就逐渐熄灭了。在对阿根廷队的比赛前夕，他拄着拐杖来到国家队的酒店探班，但是人们明显地感觉到，他已经不属于这支国家队了，他不再是自从2004年起就一直扮演的那个肩负重要"使命"的角色。勒夫说，巴拉克运气特别差，"他的世界杯之梦在开赛之前破灭了，然后他在南非访问国家队时发现他已经不属于国家队了。他在南非看到新的球队已经成形，而且他不再是这支国家队的一部分了，这对于他来说肯定是太残酷了"。

在2008年欧洲杯时，巴拉克就受到过孤立，当时德国队中的一些主力队员对巴拉克过于指责性的讲话风格很不买账。在2010年世界杯之前接替巴拉克成为国家队队长的拉姆说："我是一个积极思维的人，我相信，一个团队通过正面鼓励才能正常运转。当然也要勇于谈论错误，这也是非常重要的。但是也应该提好的东西，不能总是批评。"拉姆当队长后，给国家队的领导风格带来很大变化。他说："现在跟以前不一样了，以前是一个人带队，一个人说了算，其他人都得服从他。现在在比赛场上，不再只有一个孤家寡人的头头，而是人人都要负责。"
这对巴拉克来说无疑是一记响亮的耳光。巴拉克是一位有着权力欲望的
队长，他习惯了有时候会大声呵斥队员。而现代的领袖型球员，正像拉
姆所说的，首先需要的是面向团队的社会能力，需要在场上和队友们共
同执行战术。

　　南非世界杯开赛前，拉姆说巴拉克在世界杯之后还是德国国家队队
长。但是就在名义上还是队长的巴拉克访问过南非训练营地不久，拉姆
突然发现了当队长的乐趣，宣布要将队长袖标保留下去。他说："队长
的角色给我带来很大乐趣，我很乐意干这个工作。为什么我要自愿交回
这个职位呢？"巴拉克感到很不悦，他回应说："现在根本不应该谈
论这个问题。我还是国家队队长。我认为，拉姆宣布他的要求的时机很
不妥，我受伤了，没有办法进行干涉。"勒夫的反应相当漠然，他说：
"拉姆怎么说的？他说，他很想当国家队队长，愿意承担责任。但是他
也说，一切由主教练决定。他这样说也是合情合理的。"勒夫没有表
示，在巴拉克归队以后，他将怎么决定。他只说他将在适当的时候告诉
两人他是如何看待这一局面以及将如何处理。他说："不是我挑起这个
讨论的，我也不会被牵着鼻子走，不会受外界的压力或者影响。我也不
会犹豫，我知道该怎么做。我很清楚。"

　　巴拉克伤愈之后回到了他以前效力过的德甲勒沃库森。他在一次
采访中再次提到德国国家队队长的话题："一支球队的队长受伤后，
一个人临时顶替，这个人不该借机下手。当你的领导请几周病假时，你
应该不会借机就提出要当领导吧。当发生这种事的时候，上面应该管一
管，但是我没有看到上面给我支持。"巴拉克怀疑，勒夫显然和拉姆有
过秘密协商。他深信："在这样的形势下，去媒体上这么说，一般人不
应该这么干。这肯定是与主教练来了个二过一配合，他才敢这么大胆妄
为。"就这样，德国国家队主教练和他的队长的关系产生了不可弥补的
持久裂痕。最基本的问题是：勒夫还需要巴拉克吗？在巴拉克的位置上
有了一个出色的人选，就是在南非世界杯上表现优异的赫迪拉。巴拉克

如果还要回到一个没有他也打得很好的球队，这会有什么意义吗？但是如果34岁的巴拉克在勒夫的计划中不再扮演什么角色，勒夫为什么不公开直接说明呢？德国队在世界杯上的成功表现说明，国家队已经不需要巴拉克作为领头羊，甚至没有了传统意义上的大佬式的领袖人物，德国国家队会发挥得更好。

南非世界杯过后的几个月里，待命中的巴拉克的去留问题一直被不断地讨论，勒夫还曾经在2010年8月11日说过这样的话："巴拉克对我们来说仍然是一位重要的球员。我们现在要看看他如何恢复状态。"8月16日，勒夫又说："巴拉克在受伤之前一直是德国国家队的主力，这是毫无疑问的。他从来没有干扰或者阻止过比赛，恰恰相反，他总是为球队做出很大贡献。"8月31日，勒夫再一次谈起他对巴拉克问题的处理方式："如果米夏埃尔归队，那么他还是队长。如果米夏埃尔不上场，那么拉姆就是队长。"巴拉克刚刚痊愈后，又在比赛中被汉诺威96队的中场塞尔吉奥·平托犯规侵犯再次受伤，导致小腿胫骨骨折和外十字韧带拉伤。勒夫在10月7日说，现在要看看什么时候让巴拉克重新融入球队比较合适。11月18日勒夫的措辞是："我一直在说，我还是期望巴拉克归队。现在他有半年时间受伤并没有参加比赛了。我们不应该忘记，当一个球员由于伤病缺阵，其他队员会顶上。施魏因斯泰格和赫迪拉在世界杯上表现很好。但是我相信巴拉克会重返国家队，我知道他特别渴望归队。"12月11日，勒夫说："我相信巴拉克能够回来，他也在为此而努力，但是这期间别的球员也在进步。"12月20日，勒夫又说："我原则上相信他在2011年会重新发挥作用。如果他做得到，我们都会为他高兴。"2011年1月5日，勒夫说："最终是看能力来决定。"

如果仔细听听，就会从勒夫的一系列表态中听出来他是在一步步瓦解巴拉克。巴拉克本人也在此期间动过退出德国国家队的念头，但是他还不想放弃，也不想仓促决定，以免日后后悔。所有迹象都表明勒夫采取的是拖延战术。在卡恩和弗林斯的问题上，也是拖了好几个月。后来勒夫宣布，7月份对奥地利队和阿塞拜疆队的欧洲杯预选赛阵容中将没有巴拉克，虽然德国队中场防守人员紧缺（施魏因斯泰格因为受伤缺阵）。官方的说法是勒夫与巴拉克一直保持着密切的联系，勒夫还要与巴拉克"最后谈一次"。勒夫说："作为主教练，我除了要为球队当前的成绩负责，还要对未来有所规划。我要考虑球队在两三年后的情况。所以我们在过去的两年里在球队年轻化方面迈出了一步，以使用年轻队员为主。米夏埃尔知道，我是如何考虑他的情况的。如今，一个天才职业球员能够在最高水平踢多长时间呢？也许不再像以前那样可以达到10年或者15年。"这话听上去更像是在向这位为德国国家队出场98次的老国脚告别。

不知道为什么，勒夫还是不实话实说。相反，他对于自己的话又进行了一番修正，让人更加困惑。他说，"最后谈一次"指的是最终明确他将如何处理新出现的情况，他要去和巴拉克尽早把事情澄清。他补充说："最终我要在2012年5月20日做出决定。我可以给自己保留一些选项。"他的意思真的是要给巴拉克留一条重返德国国家队的路吗？局外人根据观察早就能看出来，巴拉克应该知道，勒夫不想要他了；而且勒夫也知道，巴拉克觉得自己还能出战重要比赛，还不想告别国家队。巴拉克是2000年欧洲杯中与队长马特乌斯一起沉下去的那一届国家队中唯一的幸存者，他是过去10多年里德国国家足球队在世界足坛上的标志性人物，现在他必须要让位于2000年后德国各级青训中心培养出来的年轻选手。无论如何，巴拉克应该有一场光荣的告别。

不愉快的结局

2011年7月16日，勒夫通过德国足协新闻通告宣布，巴拉克将不再被招入德国国家队。勒夫的理由是："过去的几个月表明，很多年轻队员走进人们的视野，他们的前景被看好。以这些年轻队员为主的德国国家队自2010年南非世界杯以来发展得很好。我与巴拉克2011年3月底的谈话中开诚布公地讨论了这一话题，之后有过多次电话交谈，现在在欧洲杯备战开始之前，是到了明确表态的时候了。在我们的谈话中，我注意到巴拉克对我们的立场表示理解。现在做出诚实和明确的决定，这对大家都有利。"为了感谢巴拉克多年来为德国国家队做出的贡献，德国足协表示愿意为巴拉克举行一次"光荣的"和"有吸引力"的告别赛：8月10日对巴西队的友谊赛中，巴拉克可以在他的第99次国家队比赛中最后一次以队长身份出场。

巴拉克第二天就给出了反应。他像一个受辱的老大，拒绝了对他的告别赛施舍。在巴拉克看来，这种做法既没有风度也不光明正大，他感到非常失望。他发表声明说："我昨天在休假中从德国足协的新闻通告上得知，国家队主教练不再准备用我。这一消息的内容和形式都让我吃惊和失望，因为它与国家队主教练当面和我说的完全不符。该消息的内容和形式令人遗憾地表明，自从我去年夏天多次受伤后，国家队主教练在我的问题上采取了什么样的行为方式。如果现在做出一种姿态，好像在我和国家队队长职位的问题上一直都是开诚布公的态度，那就再虚伪不过了。现在还把一场早就计划好的友谊赛当成一个告别礼物来送给我，在我看来非常可笑。我知道，我欠我的球迷一场告别赛，但是这样的方式我不能接受。"

勒夫此时已经到希腊去度假了，他让德国足协发布简短声明说："我很清楚我和米夏埃尔谈话时都说了什么。我说过的话不会改变。"德国足协秘书长沃尔夫冈·尼尔斯巴赫代替勒夫详细回应。他说："我对巴拉克的反应很不理解。在我看来，所有的谈话都是绝对正确和公平的。德国国家队主教练在2011年3月30日的会谈中明确说过，他将弃用巴拉克。双方当时商定，暂时先各自保持沉默，以便给巴拉克足够的时间来安静地思考，然后双方再谈最后一次话，确定以什么样的方式来宣布最后的决定。"尼尔斯巴赫还说，他们当时甚至还商定，不仅仅是让巴拉克参加对巴西队的比赛，还计划让他参加对乌拉圭队的比赛，以凑满巴拉克的100场国家队比赛。尼尔斯巴赫说："但是米夏埃尔不想参加对乌拉圭队的比赛，他不觉得数字有多重要，不想一定要凑个数。我们同意了他的愿望，即他自己宣布退出国家队。但是巴拉克没有与我们进行我们宣布过的最后一次谈话，他对我们的语音留言和短信都没有回答。所以我们决定，以新闻通告的方式去宣布这一消息，因为早就到了应该宣布这个消息的时间，在德国国家队的重要人事问题上明确表态，避免外界的无谓猜疑。"

好斗的巴拉克当然不会就此罢休。他回应说："我很是遗憾，再次读到并不属实的言论并不得不给予反驳。"巴拉克发表声明说，尼尔斯巴赫没有参加过任何一次他与勒夫的谈话。他是这样描述与勒夫3月30日在杜塞尔多夫餐厅的谈话："在这次谈话中，他告诉我，他看到我在受伤后恢复得很好，他相信我不论怎样都能够再一次回到国家队。勒夫对我进行了鼓励，要求我不要自暴自弃。"巴拉克说，5月份时他决定退役，并与勒夫和尼尔斯巴赫商定，夏季休息期间由他自己向外界宣布从国家队退役的声明。他说，德国足协在发表前1小时才通过短信通知他，是明显违反约定的。勒夫对巴拉克的反驳只说了一句话："我看了米夏埃尔的声明。我只能说，我坚持我说过的话。"

就像一场离婚争吵一样，双方都说自己有理。双方的陈述都很详细，但互相矛盾，不可能双方都说了实话。《图片报》当然不会放过这一炒作机会，用诸如"有一方在说谎！"的大幅标题煽风点火。该报还组织了一场网上投票，结果站在勒夫一方的有51%，相信巴拉克的占49%。《图片报》还以醒目的大字曝光了一条消息，说勒夫在他度假的达奈海滩与巴拉克的接班人拉姆进行了会面。勒夫称他与太太是很意外地在度假地遇到拉姆夫妇的，对此《图片报》嘲讽说："偶遇是会发生的，但是这次绝对不是偶遇。"《体育图片报》则认为，两件事情肯定有关联，已经担任德国国家队队长一年的拉姆肯定是"谋杀队长的凶手"。

但是，抛开媒体的添油加醋，事情本身的确有很多疑点。应该怎样看待双方完全相反的表述？为什么双方未能进行理性的沟通？是否可以想象，勒夫在与巴拉克单独谈话时鼓励他继续干，但紧接着就通知德国足协秘书长尼尔斯巴赫（按照《明镜》周刊爆料，他几天后还通知了拜仁总经理乌利·赫内斯），他给巴拉克开好了退役证明？他为什么这么着急，不等待与巴拉克进行一次商定好的最后谈话再说？反过来也应该问问自尊心受到伤害的巴拉克，他为什么让国家队主教练找他谈话变得那么困难？他为什么突然宣布要退役，如果勒夫真的鼓励他继续干下去？

不管真相如何，有一点是肯定的：这场争执对双方都不是光彩的事，双方都不是赢家，都在名誉上受到损害。这场互相攻击的闹剧甚至上了电视黄金时间的新闻报道，这对德国国家队的功勋国脚来说是本不应该有的和不太光荣的结局，而他在一年前世界杯前夕受伤还被视为德国的灾难性消息。勒夫在他的价值准则中把"社会能力"排在很前面的位置，但在巴拉克的问题上他显然自己就没能够做好。勒夫在人事问题上不是第一次表现得不够成熟，在对待地位显赫的明星球员比如巴拉克的问题上，这一次也没有处理得很漂亮。在本来也计划是巴拉克告别赛的对巴西队的比赛的新闻发布会上，勒夫表示他不愿意再提这个不愉快的话题："我本人对此没有什么好说的了。"

拉姆和他的自传《差之毫厘》

此后不久，勒夫不得不又得说点什么，不过这次完全是另一回事。与老队长巴拉克的冲突刚刚平息，新队长拉姆就闯了祸。2011年8月底，拉姆发表自传《差之毫厘》，书中有些章节率先在《图片报》上发表。拉姆在书中对带过他的历任教练差不多都进行了批评，例如鲁迪·沃勒尔、费利克斯·马加特、于尔根·克林斯曼和路易斯·范加尔。拉姆对这些教练的批评可以说很激烈，因此也自然招致激烈的回应和批评。拉姆在书中透露，沃勒尔当德国国家队主教练时非常轻松，就像是"几个好朋友一起去度假，顺便踢场球"；他说马加特的执教方法就是"施压"；克林斯曼几乎不过问战术问题，以至于"球员们在开赛前自己商量该怎么打"；范加尔在拜仁的第二年任期里"拒绝承认他的战术理念有问题，不去改正缺点"。

反应最激烈的是沃勒尔。他称拉姆的做法是"无耻到登峰造极""非常不君子""下流可耻"。不过，拉姆也曾经在俱乐部内部就对克林斯曼的不足提出了意见，甚至还在训练中与范加尔发生过争执。问题是，作为现役球员，他为什么把这些行家们早就有所了解的事拿出来说。他这样做是违反了这个行业的荣誉规则，那就是不把内部的事情拿到外面说。对于有些评论者例如严肃的足球专业杂志《踢球者》记者赖纳·弗兰茨克来说，"毫无疑问，拉姆不再适合担任德国国家队队长"。

没有受到拉姆的批评、反而受到表扬的德国队主教练勒夫当然要表态："书中有几段我不太喜欢。"勒夫先是比较低调地评论，后来语气又严厉了些："他不应该在他还没有退役时就对他的教练进行评判，特别是对他的职业发展有过帮助的教练。"拉姆也开始想挽回影响，对《图片报》摘选章节引起的不好印象表示道歉，他说他的书"不是要与人进行清算"。

8月30日，勒夫和拉姆经过内部协商共同出席了记者招待会。从表情上明显看出有些烦躁的勒夫试图息事宁人。他说，他当然不高兴看到一名现役队员对教练公开进行批判。他说，但是拉姆书中提到的事情公众早有所耳闻，因此他"不会去考虑是否免除拉姆的国家队队长职务"。

勒夫对拉姆的错误没有大声提出批评，在他看来这也不是什么天大的错误，因此他想就此大事化小，小事化了。他的处理方式合适吗？是不是勒夫应该对他的队长采取更严厉的惩罚措施，因为拉姆违反了勒夫自己制定的行为准则？但是，在拉姆担任俱乐部队长的拜仁慕尼黑俱乐部，人们对此书没有表现出大惊小怪，也没有人对此书给予批评，这也许是因为俱乐部总经理乌利·赫内斯早就对拜仁的前教练们发表过类似的批评看法。

与巴拉克的和解及拉姆卸任

2011年12月，勒夫在德国电视一台"体育演播室"节目中首次对巴拉克告别德国国家队的方式表示遗憾："我们本来可以做得更好。这件事对我们所有当事人都不好。"巴拉克也稍后在同一个电视节目里释放出和解的信号："本来可以用另外的方式解决问题。我们今后肯定还会碰到对方，会握握手冰释前嫌。"后来巴拉克还说，他会邀请勒夫出席他的告别赛。2013年6月5日，巴拉克在莱比锡举办了他的告别赛，4.4万名观众出席了"巴拉克和他的朋友"对阵世界明星队的比赛，勒夫也出现在体育场。勒夫称赞巴拉克说："他是足坛的一座灯塔。他在他服役过的所有球队和俱乐部中都起到了领军人物的作用。他是在他踢球的时代里最好的球员之一。"拉姆也参加了巴拉克的告别赛。

虽然双方最后和解，但是这一段故事成为勒夫德国国家队主教练生涯中不可更改的一章。社会心理学家罗尔夫·范迪克在2014年巴西世界杯开赛前曾经这样评价勒夫："他先是坐视巴拉克受窘，然后采取拖延战术，然后到最后才说出真相，这不是一件愉快的事情，德国国家队队长也不应该受此待遇。"而在对待受到球迷和专家一致推荐的德甲最佳射手基斯林一事上，勒夫也固执己见，拒不让基斯林入队。勒夫也许应该与基斯林进行一次单独谈话，给出拒绝的理由。范迪克说，勒夫需要一个人在他身边，这个人能够告诉他："这件事情我们得用不同的方法处理，你可以考虑用用这位球员。"

2014年7月，拉姆从德国国家队退役，让人大吃一惊。仅仅在赢得巴西世界杯冠军几天之后，30岁的拉姆发表声明，称在效力德国国家队10年后，他无法再为国家队做出更多贡献。他说"国家队没我也行"，"现在有新一代球员进了国家队，他们才是国家队的未来"。拉姆的决定是经过深思熟虑的。他感觉到，他不再可能在国家队和俱乐部同时保持最佳竞技状态，他想在事业的顶峰急流勇退，免去日后对他的竞技状态再进行讨论。

《南德意志报》在评论拉姆退出德国国家队时说，拉姆的历史功绩是，他证明了那种认为在一个"等级扁平"的球队里当一个低调的队长将无所成就的说法是错误的，他"在最高水平的足球运动上实践了一个现代的企业文化"。与巴拉克不同的是，拉姆作为队长能够全身而退，至少他自己是这样认为的。本来拉姆应该同勒夫一道共同在媒体前露个面，但是他们没有这样做。勒夫只是在德国足协的官方网站上发表评论说："我有幸与拉姆在国家队共事10年。作为教练，能够拥有这样的球员是幸运的。菲利普是职业球员的榜样，他把取得成就放在首位。他以他的踢球智慧和多方面的能力，多年来一直在国际最高水平上踢球，他是一位世界级球员。对此，他用过去几周里在巴西世界杯上的表现给予了很好的证明。他以世界杯冠军为他的光辉球员生涯写下最完美的一章。菲利普是我的球队中的一位核心队员，是我的球队中重要的代表人物，我们在一起有过很多交流。他有理由为他的职业生涯感到骄傲，他是一位伟大的球员，他有爱心，有热情，有个性，为德国足协做出过很多贡献。我祝愿他今后在体育上和个人生活上一切如意。谢谢你，菲利普！"

界外球 米洛和波尔蒂——勒夫挑队员时的"原始信任"

现代足球中，绝大部分都是一个球队只设一名前锋在锋线上冲锋陷阵。作为传统的中锋的现代变种，他仍然是一个门前的得分手，需要从两翼为他输送炮弹。但是他还有一个同样重要的任务，就是作为站位最靠前的球员接应队友传球和为队员分球。他在得到传球后，就要尽快把球分出去或者尽可能护住球，直到接应的队友赶到。好的前锋球员不但要在门前具有威胁性，还要具有极强的奔跑能力，对空间和跑动路线有着极为灵敏的嗅觉，是属于很难寻觅得到的球员类型。一旦找到这样的前锋，即便在他陷入状态危机时也要妥善对待，至少这是勒夫的观点。

每当勒夫将在俱乐部处于低迷期的前锋米洛斯拉夫·克洛泽招进国家队时，他总是不忘提一句："我从不怀疑他的能力。他对我们球队非常重要，他是我们球队的主力队员和领军人物。像他这样的有实力的球员，我们总是对他给予支持。"勒夫只有在2010年世界杯备战期间，曾经对于是否使用克洛泽有过动摇。他承认，克洛泽在赛季中绝大部分时间里都在拜仁坐冷板凳，要想在短短几周内把他调整到最佳状态，远非易事。勒夫说，克洛泽足球上的能力毋庸置疑，他在过去已经用他的表现证明了很多次，他最大的特长是在关键时刻能找到空当，对球门构成威胁。要想让他发挥最大潜力，就得给予他安全感、自信和成功的感觉，所有这些感觉他必须要通过自己的努力在训练中找回来。勒夫相信克洛泽的丰富经验、非同寻常的意志以及无与伦比的从头再来的战斗精神，"他总是在别人已经把他看扁时卷土重来，在艰苦的比赛中一锤定音"。

对于克洛泽，勒夫显然采取的是一朝值得信任就永远信任的原则。在对待同样是在拜仁曾经长期坐冷板凳的前锋波多尔斯基上，情况就有点不同和复杂。在勒夫和波多尔斯基之间，有一种像是"原始信任"一类的东西，也就是说勒夫对波多尔斯基的潜力有一种绝对的相信。勒夫总是很兴奋地谈到波多尔斯基的"疯狂的能力"和"疯狂的潜力"。勒夫评价这位在波兰出生、科隆长大的左路进攻"发动机"时说："他的射门技术杰出，他转身速度飞快。他的爆发力很强，能够在禁区内单兵作战，门前嗅觉十分灵敏。"多年来，勒夫尝试教会这位得意门生现代高速度足球最需要的能力，即正确的和必要的跑位。波多尔斯基并不是懒惰，只是他有时候不知道朝哪个方向跑。

所有的观察者们都会为这一发现感到有点奇怪。波多尔斯基显然没有在他起步的科隆和在拜仁的马加特手下学会正确跑位。他在世界杯期间学会了很多战术知识和能力。他在2006年秋天说："我在德国国家队学会了怎么移动，怎么跑位，我在马加特手下从来没有学到这些。"就是说在德甲俱乐部里从未练习跑位，拜仁的打法从来都是没有章法？不管怎样，波多尔斯基有很多东西需要学习，勒夫总是要教这位一直没能掌握正确跑位的年轻球星去正确而有效地跑位，并把学到的东西内化和熟练运用。勒夫说："他一旦跑位正确，就能够很好地融入比赛。他学会了以后，就是一位非常具有威胁性的球员，你很难控制他和限制他发挥作用。他就是个火箭。"

波多尔斯基在2008年欧洲杯上果然有进步，虽然不能说是火箭，但是的确有惊艳表现。2009年夏天波多尔斯基重返科隆，勒夫对这一决定表示支持。他说，波多尔斯基是一位需要信任和在他感觉舒服的环境中才能够发挥出来的球员。在科隆，波多尔斯基学会了有更多责任感，但是在场上的表现还是不够稳定。也许波多尔斯基是一个特例，反正他在德国国家队的表现要比在俱乐部里的表现稳定得多。勒夫在2010年世界杯开赛前说："在德国国家队里，波多尔斯基在年纪很轻时就有着出色表现，场上表现有效率，有很强的动力。"也许，是德国国家队的对他特别信任的气氛帮助了波多尔斯基。勒夫在还是克林斯曼助手时就对这位"问题儿童"照顾有加。所以，波多尔斯基和克洛泽的情况很像，二人都是勒夫的爱将，都不属于那种在有压力下才能够爆发的球员，而是需要充分的无条件信任。二人都用勤奋的表现和成绩来回报主教练，并对教练充满了感恩之心。波多尔斯基说，德国国家队主教练不仅在足球上教会了他很多，也在做人上教给了他很多东西。

对波多尔斯基的讨论在2010年秋天再次出现。在以微弱优势战胜比利时队的一场比赛之后，甚至勒夫本人也委婉地对他的爱将提出了批评，说他在下半场有点儿跟不上球队的节拍。于是，媒体马上就炒作说勒夫已经对这位问题前锋失去了耐心。但是，勒夫的本意可能只是给波多尔斯基点儿刺激。不管怎样，波多尔斯基在下一场对阿塞拜疆队的比赛中又显示出他最好的一面，在赛场像一头奔跑的幼兽。勒夫赛后评价说："卢卡斯以难以置信的速度冲刺到对方纵深处，他不但自己打进了一球，还在左路成功助攻。他非常具有威胁性。我总是觉得，他会打出这一水平的。"显然，波多尔斯基将来必须能够保持在这个水平上，不然他很可能会被发配到替补席上。因为在此期间，德国队出现了一位可以替代他的球员，那就是速度快、爆发力好、盘带能力出色和射门脚法好的许尔勒。克洛泽也面临同样的挑战，因为他比巴拉克年轻不了多少，而且他的竞争对手戈麦斯不仅在拜仁以赛季（2010—2011赛季）28个进球成为德甲金靴，也在德国国家队发挥出世界级水平。在戈麦斯的竞争下，克洛泽远走意大利，到罗马城的拉齐奥踢球。这样的话，如果他在意甲能够打进很多球，他还有机会在2012年的欧洲杯上夺回主力前锋的位置。

勒夫在南非世界杯期间表示，他还没有发现比克洛泽和波多尔斯基更好的前锋，但是"事情可能也会在什么时候有变化"。但是，信任和直觉在勒夫将来的决策中仍然会起很大的作用，而不只是看球员数据库里的统计数据。

这样，波多尔斯基和克洛泽又出现在2012年欧洲杯和2014年世界杯的德国队阵容里。波多尔斯基在巴西只扮演了一个陪太子读书的角色，而克洛泽则用进球回报了主教练对他的信任。在他的第四届世界杯赛上，这位36岁的老将将他的世界杯进球数字提高到第15个和第16个，超过了巴西人罗纳尔多创下的世界杯总进球纪录。"如果我什么时候想成全某个人，那么这个人就必须是米洛。"勒夫如此评价克洛泽说。对于勒夫的信任，克洛泽也回以让人印象深刻的评价："德国国家队主教练最出色的地方是，他在过去10年的合作中，从来没有过改变。"

第 16 章　德国足协训练的标准化
　　　　　合同纠纷、足球哲学和体育主管的问题

勒夫当斯图加特俱乐部主教练时就强调，他对于签署长期合同不以为然，无法想象在一家俱乐部工作10年。他在2006年世界杯后被任命为德国国家队主教练时，也重复了这一观点。他说，在国家队两年期的合同就够了，因为如果欧洲杯成绩好的话，他还有机会延长合同。勒夫为人谨慎，他想先试验一下德国足协和他的合作是否符合他的心理预期。在执教德国国家队半年之后，勒夫就满意地说："我们的期望很快都得到了实现。"很多事情都按照德国国家队教练班子的期望去做了，例如改善球探系统、教练培训制度改革和青少年培训结构重组等。9月份德国足协两位主席之一格尔哈特·迈尔·福费尔德卸任，特奥·茨旺齐格成为唯一的主席，他与勒夫团队的合作非常愉快。双方的合作非常和谐有效，所以仅仅在一年之后，特别是经过"皇帝"弗朗茨·贝肯鲍尔大力推荐，要求提前延长勒夫的合同的呼声越来越高。足协主席特奥·茨旺齐格表示同意，称这样会将过去几年启动的德国国家队足球理念改革持续稳定地进行下去。他说，即使2008年欧洲杯成绩不佳，也不能说明一切都是错的，毕竟过去几年里，德国队的进步有目共睹。

　　被一致看好的勒夫本人反而犹豫了。他想知道"德国足协究竟是只看成绩还是真对于他的团队有信心"。《南德意志报》尖锐地评论道："勒夫显得很倔强，德国足协必须要满足他的一些要求，他才会签字。"显然，勒夫只想以拥有绝对权威的教练身份签署新合同，以便今后能够巩固他在德国国家队的权力和他对德国足协足球理念的影响力。他说："双方都表示愿意继续合作，这是毫无疑问的。但是还有问题需要商谈：青少年人才培训、教练培训、教练团队问题，例如美国体能教练的问题等。重要的是，我的团队今后能与我继续合作。"勒夫希望能够对德国足协的工作内容施加影响和在德国国家队教练团队人事问题上具有话语权。他不像克林斯曼那样雷厉风行地贯彻自己的意志，而是以和风细雨但是态度坚定的方式表达自己的愿望，同时也照顾到德国足协的感受。就是这样，勒夫成功实现了他的重要要求都能够得到满足的想法。2007年10月25日，勒夫在与德国足协的合同中不包含与欧洲杯成绩挂钩的条件下，提前将合同延长到了2010年南非世界杯。

合同延长问题上卡壳

2009年10月，在德国队1：0战胜俄罗斯队获得2010年南非世界杯入场券之后，德国足协主席特奥·茨旺齐格再次表示愿意提前延长勒夫的合同。勒夫说，他为自己能够取得德国足协高层的信任表示高兴，但是还是像2007年那样，他表示自己延长合同的前提是，他的整个教练团队——助理教练弗里克、守门员教练科普克、领队比埃尔霍夫以及体能教练和心理学专家赫尔曼——的合同都得到延长。双方都表示，现在还没有时间压力，可以在今后几个月里好好商量一下，然后再拍板。

12月16日，德国足协宣布，德国国家队主教练的合同口头约定延长到2012年欧洲杯之后，至于合同细节双方还需要继续商议到1月份。但是，德国足协还引用了勒夫的一句话，其说法又有些更细致的限定，并显得不像是合同延长已经是板上钉钉："我原则上愿意将与德国足协的合作延续到2012年欧洲杯之后，但是在签署新合同之前，还要澄清几个问题，这对于我和我的团队今后的工作非常重要。"德国足协的声明说，整个核心教练班子的合同延长问题基本上已经达成了共识，但是有些框架条件，例如德国21岁以下国家青年队的责任问题，还没有确认。就像《南德意志报》所说的，从勒夫的角度来说，这是一个"有所保留的口头约定"。茨旺齐格则对外表示满意，称大家"可以相安无事地进入世界杯年"。

2010年1月初，勒夫在媒体上说，他还不愿意这样就签署续约合同。"我想保证我们能够在当前的条件下继续工作，甚至在一些地方还要有些改善。"勒夫和他的教练班子把改善工作条件的愿望整理成一份20页纸的合同草案，由比埃尔霍夫在1月14日交给了德国足协。2月1日，双方本来有一次碰面，可以借机来谈谈合同草案中提到的德国21岁以下国家青年队管辖权问题，但是双方都没有提这个话题。第二天，勒夫收到了一份不得再讨论的合同草案，且必须在周四中午12点之前，也就是说48小时之内，把签好字的合同寄回，因为那时候正好是德国足协董事会下次开会的时间。

勒夫和他的团队拒绝在德国足协为他们起草的合同上签字。德国足协董事会周四宣布，暂时中止合同谈判。有些恼火的茨旺齐格宣布："原则上双方有兴趣将良好的合作继续下去，但是在一些重要的内容上我们未能达成一致。到南非世界杯之前，我们不会再讨论这件事。肯定还是会有人追问，当然我自己也会想一想，是不是还愿意再谈一谈。"双方之间的气氛突然变得冷淡，起因无疑是比埃尔霍夫起草的合同。《图片报》透露了合同的内容，合同草案要求德国国家队领队有权对于国家队新教练人选实行否决权，显然是想阻止萨默尔成为勒夫的继任者。同时，比埃尔霍夫的合同草案还要求在签署新合同时，德国足协要支付一笔相当于一年的奖金作为"签字费"。

显然，德国足协有人泄露了秘密，《图片报》的报道把勒夫描述成一个权力欲望强烈和精明贪财的小人。实际上，勒夫的年薪大约每年250万欧元，远在克林斯曼之下，而且后来公众得知，比埃尔霍夫要求的奖金也是向整个教练团队一次性支付的300万欧元。

勒夫本人发表了一份措辞温和的书面声明："我们有意识地在过去

几周里没有对于合同问题做出具体表态。所以我们就更加奇怪，为什么公众突然都在讨论所谓的合同细节。"勒夫说，没有过口头协定，而且他们也只是提出了一个可以讨论的合同草案，其中关于否决权和奖金这两项内容，德国足协也早就是知道的。勒夫说，最让他恼火的是48小时最后期限。他说，要求他签署一份不得讨论的合同，在他看来是有意作对。

在飞机上达成和解

鉴于双方的立场越来越走向对立，德国足协主席特奥·茨旺齐格渐渐有点心虚。在《南德意志报》的采访之中，茨旺齐格试图缓和局面："我们是朋友，不是敌人，我们在为一个共同的目标而努力。本周周末，我们将在华沙举行的2012年欧洲杯分组抽签仪式上碰面，到时候我们会坐下来谈一谈。"茨旺齐格说，他不是想提出最后通牒，当时他只是处于时间压力下，"因为下一次开会定在3月份，我不能让这件事被炒作太久"。他说，比埃尔霍夫提出的奖金要求让人难以接受，球队领队对于主教练人选拥有否决权的问题更是无法接受，"让德国国家队成为责任有限公司，德国足协做它的监事会，这样可不行"。他对勒夫的态度很明确："我希望他能够留任。"

显然，德国足协的一些有影响的大人物不希望球队领队比埃尔霍夫留任。勒夫一直力挺比埃尔霍夫，并坚持二人共同进退。德国足协是想在关系亲密无间的勒夫和比埃尔霍夫之间制造出嫌隙吗？或者问题的确是出在一直想（过分）自作主张的"勒夫-比埃尔霍夫公司"那里？是他们二人太想得到自己的利益，甚至想凌驾于德国足协之上？是不是就像《法兰克福评论报》所说的，"勒夫-比埃尔霍夫公司赌注下错了"？总之，内耗给双方都带来损害，问题陷入僵局。德国国家队教练班子和足协的关系陷入了冰冻期。

星期六，这场矛盾的主要人物集体飞往华沙参加2012年欧洲杯小组赛分组抽签，但是他们在华沙却住在不同的酒店。茨旺齐格和德国足协的首脑们住在万豪酒店，勒夫和比埃尔霍夫住在拉迪森酒店。在回程的航班上，双方才坐在一起谈话。双方都感觉到了续约一事变成公众讨论所带来的压力和伤害，于是商定共同举行一次新闻发布会来达成和解。2月9日，在法兰克福的德国足协总部举行新闻发布会上，本次事件的主要参与人物都坐在了主席台上。德国足协秘书长尼尔斯巴赫表示，他们很遗憾，双方未能及时进行沟通和交流。足协主席茨旺齐格承认，他应该更早地给教练班子打电话来消除误会。大约一年以后，茨旺齐格曾经一边摇头一边自责："我们当时犯了愚蠢的错误！"另一方也表示出悔意。比埃尔霍夫诚意致歉，称他应该先在口头上与德国足协进行意向性交流，而不是一上来就拿出个书面合同草案。双方都表示，大家愿意继续一起合作，现在又恢复了信任。至于合同本身，双方决定等到2010年南非世界杯结束之后再谈。勒夫再次展示出与比埃尔霍夫的团结一致，称只有在整个教练团队，其中当然包括球队领队，都能够延长合同的情况下，他才会继续干下去。他说："奥利弗和我共事了6年，我们合作得非常和谐和有成果。他是我最信赖的同事和最值得信任的人，所以世界杯后，我会第一个与他一起商量是否还干下去和我们想要什么。"

　　为了故事完整起见，还要提一下德国总理默克尔也间接起到调停人的作用。新闻发布会后第二天，德国足协领导和国家队教练班子出席数周前就约定好的总理府招待会。在这样的场合，双方当然不能像闹别扭的两班人马那样露面，所以从某种意义上来说，德国总理也间接促成了双方进行了自我批评。

　　就这样，续约在原则上似乎没有了问题，但是实际的具体问题还一样都没有解决。勒夫对记者说，他接受现状，他现在并不需要一个准确的答复，而是一切等到2010年南非世界杯之后再定也来得及。这也符合勒夫冷静理智的秉性，他不想在暂时也改变不了的事情上浪费精力。

萨默尔的足球哲学和彼得斯背后捅刀

　　勒夫以冷静的态度提到，这件事说明，德国足协领导层对他的工作还不是充分地信任。他的这一不满也是德国国家队与足协之间的基本矛盾的一个体现。这个基本矛盾已经在德国国家队和足协之间存在了多年，主要原因便是国家队的教练团队与足协体育主管的职权分配问题。2006年的时候，克林斯曼教练团队希望伯恩哈德·彼得斯担任德国足协体育主管，但是德国足协最后任命的是马蒂亚斯·萨默尔。不管德国足协这样做的目的和想法是什么，事实上是，性格倔强的萨默尔上任之后站在了克林斯曼和他的团队的对立面。特别是球队领队比埃尔霍夫的地位因此受到威胁。如果萨默尔不甘于只当一个青训工作的协调人，而是成为掌握实权的德国足协经理，那么比埃尔霍夫就必将沦为一个德国国家队的勤务员。勒夫被任命为主教练之后，这一人事结构也没能得到根本改变。在德国足协这种先天就蕴含着冲突的人事架构中，茨旺齐格不得不一再扮演一个调停人的角色。但是他说："我宁愿有小小的潜在紧张关系，也不想看到一潭死水。偶尔有些小冲突，我不在意，这说明足协有生机，那不是很好吗？"

　　其实职权分配问题是一方面，更主要的问题是一些原则问题上的冲突。例如双方对于球队领军人物的看法就大相径庭。2011年6月底，《体育图片报》上一篇报道的标题就是："萨默尔要求有更多像巴拉克这样的球员。"而这篇报道发表时，巴拉克早已被勒夫打入冷宫，因此根本不值得张扬这个话题。萨默尔曾经是德国队队长，是他带领德国队在1996年夺得了欧洲杯冠军。他是主张球队有严格等级的代表性人物，他在2008年德国足协培训计划书中明确强调："我们主张球队有一个清晰的等级结构！"萨默尔坚信：没有领头羊，球队就不可能获得成功。他认为，一位优秀的领军球员在赛场上"能够看出球队正面临的威胁，并且能够令人信服地、开诚布公地和有建设性地提出批评意见"。萨默尔的这一观点正好与勒夫提倡的"集体领导"和"扁平结构"相反。所以毫不奇怪，就在德国队逐步剥夺巴拉克的兵权和尝试多人负责制时，萨默尔在各级国家青年队积极建立球员性格档案，以从中过滤出未来的领军型球员。

对于这个问题的讨论一直到2011年年底才结束。萨默尔满意地说："谈到德国国家队，现在只讨论领导的方式，而不再讨论是否存在这样的领导。"勒夫在巴拉克离开国家队后又开始使用"领军球员"这个词，例如他在《科隆城市报》的采访中说，"领军球员总是需要的"。显然，在这一点上他认同了萨默尔的观点。"但是今天的领军球员与以前的领军人物有着不同的作用方式"，勒夫又把他的观点精确化了一些，并指出人们对他的"扁平等级结构"有着不少的误解。"拉姆、施魏因斯泰格、克洛泽和默特萨克，还有年轻球员如诺伊尔和赫迪拉，他们都能够担负责任，也有能力去理解一个团体怎样才能够发挥作用。他们善于发现问题，善于观察和沟通。领军球员的特点还包括他们对成功的饥渴。他们渴望胜利，并为之付出一切。在这方面，我的球队发展得很好。那些脚踏实地的球员，他们保持谦虚谨慎，是我们的好队员。"

这方面的讨论就此平息下去，好战的萨默尔在2012年欧洲杯前甚至主张为勒夫提供"工作保障"："勒夫长期以来做出的高质量工作，不应该视欧洲杯成绩而得到完全不同的评价。事情绝不会糟糕到那样的地步。"萨默尔在2012年夏天离开德国足协前往拜仁慕尼黑俱乐部就职，他在离开足协前脾气变得柔顺了很多。虽然偶尔会爆发出争论，整个德国足协涉及德国国家队的内部合作还算是正常。2006年，负责各级别国家队发展的德国足协专家委员会包括德国国家队主教练、国家队领队比埃尔霍夫、体育主管萨默尔、教练培训部主管埃里克·鲁特穆勒和21岁以下国家青年队主教练迪特尔·艾尔茨。年底还加入了当时担任德国曲棍球国家队教练的伯恩哈德·彼得斯（现任霍芬海姆俱乐部体育与青少年培训部主管）。可以看出，该委员会的成员都是负责各级别国家队发展方向的重要人物，他们的主要任务是在各级国家队（从C级青少年队到A级国家队）实施贯彻一个统一的足球哲学。勒夫说是要"让这一哲学从高层到基础由上至下一路贯穿下去"。

从表面上看，这一被当作"足球哲学"来弘扬的整体理念无非是让各级别国家队将4-4-2阵型作为标准打法。勒夫做进一步修正说："你也可以改打4-3-3阵型，但是有一些最基本的东西，你必须要坚决贯彻。在青少年培训中就要教会球员区域防守和四后卫阵型的基本功，将攻势足球视为理所当然的打法。"勒夫说，这一打法的精髓就是"总是以向前进攻为目标，快速直逼禁区，积极逼抢。一些战术要求成为各级别国家队的基本硬性要求，甚至对每个位置的跑动路线都有着统一规定"。勒夫主张能力测验也应该成为必需项目，整个职业球员的标准都应该以A级国家队的训练方法作为榜样。他说："我们必须对15岁、16岁、17岁的球员这样训练，让他们把一些战术打法掌握到自动化一样的纯熟，这样的话，成年国家队也将因此而受益。在熟练配合上，我们还要向其他一些球队学习。这需要时间。我们的工作是面向长期的。"也就是说，人们要有耐心。不过，勒夫在短短的一年之后就令人吃惊地宣布："我们现在有了一个统一的足球哲学，对所有的教练都有明确的工作定义和指示。"德国足协各个年龄段的青少年队都采取了统一的足球理念，勒夫把这一功劳记在了一度彼此不太信任的体育主管头上，称首先要感谢的是萨默尔在推动这一足球哲学上所做的"不屈不挠"的努力。萨默尔是各级青少年足球培训方案的责任主笔，是成功推动勒夫足球哲学的使者和协调者。勒夫称赞自己与萨默尔的合作"非常非常的好"，强调他们重新"找回了相互之间的信任"。

本来是潜在的敌对者，勒夫和萨默尔显然达成了对彼此的认可，至少双方没有发生过公开的冲突。引人关注的冲突却来自德国足协的另一个角落。偏偏是克林斯曼和勒夫曾经鼎力举荐的伯恩哈德·彼得斯对德国国家队教练班子发起了一场攻击。由于德国国家队在欧洲杯小组赛的3场比赛中表现平平，伯恩哈德·彼得斯在《莱茵-内卡报》的采访中提出了尖锐批评："我注意到，球队没有特别用心，不像两年前世界杯上那样有激情。我不知道，是否在赛前集训期间进行了充分的准备。"

他还说，特别是在对克罗地亚队和奥地利队的比赛中，他"没有看到德国队在进攻时有什么章法和明确分工"。勒夫对伯恩哈德·彼得斯的背后捅刀感到十分不悦。在进入欧洲杯半决赛后的第二天，勒夫表示："这将产生后果。"这个后果很快就来了。2008年7月31日，伯恩哈德·彼得斯的德国国家队顾问合同被取消了，虽然他曾经表示道歉，但是为时已晚。

21岁以下国家队问题带来的争吵

德国足协各级别国家队专家领导小组的下一场争吵发生在萨默尔和21岁以下国家青年队主教练迪特尔·艾尔茨之间。2008年11月，霍斯特·赫鲁贝施取代迪特尔·艾尔茨成为德国21岁以下国家青年队主教练。迪特尔·艾尔茨是克林斯曼当初一手提拔上来的，他当时替换的是乌利·施蒂利克。迪特尔·艾尔茨执教德国21岁以下国家青年队4年，也曾经是勒夫的助手候选人之一。解除艾尔茨德国21岁以下国家青年队主教练职务的原因不是成绩问题，他当时已经带队获得了欧青赛决赛圈的参赛资格。萨默尔在解释这一人事变动时说，艾尔茨没能够贯彻德国足协的打法理念，没有采取足协要求的最现代化的训练方法。艾尔茨的球员时代曾经效力于不来梅俱乐部，是1996年欧洲杯德国冠军队成员。他为自己辩解说，他采取了德国足协要求的训练方法，例如录像分析、体能教练和心理专家辅导等，"我努力把德国足协的足球哲学落实到我的球队上，但是他（指萨默尔）显然还不满意"。

是不是迪特尔·艾尔茨没有理解这个足球哲学？在萨默尔2008年牵头起草的德国足协培训方案中有这样的一句话："我们的足球哲学兼顾了对于世界足球的长期发展预测、国际上的流行趋势和德国足球的特长。"这一足球哲学作为一种整体构思，包含2个基本特征和4个基本方面。2个基本特征就是：积极主动的踢法（快乐、动力和创造性）和具有个性的球队（积极进取、建设性的批评、团队精神）。4个基本方面包括：技术能力（在压力下也能够稳健地踢球的能力，掌握站位和跑位技术），良好的体能（适应快速打法的体能），战术理解能力（掌握进攻足球的打法体系），取胜的意志（精神和心理上的能力，如激情、遵守纪律等）。

造成理解上困扰的是，有些概念之间的界限模糊不清。例如在战术方面再次使用"足球哲学"一词并且"明确"定义如下："我们的打法体系对于每一个位置、每一个小组和整个球队都有着清楚的任务定义！我们在进攻方式上占据主动！我们打法积极主张进攻！我们要踢得漂亮，但是在行动上不忘记结果。"针对德国国家A成年队和B青年队还制定了"打法体系"标准，例如禁止使用三人链进行防守，四人链区域防守是必须的。被允许的阵型有4-3-3或者4-2-3-1（使用左右两路边锋，使用1~2名球员作为防守中场）以及菱形或者链式站位的4-4-2阵型（设置两名防守任务上比较灵活的中轴线上的中场球员，以及在边路上或者在介于边路与中轴之间的位置设置边前卫）。

德国足协青少年培养规划上的用词模糊留下很大的解释空间。所以毫不奇怪，对什么样的训练计划和什么样的阵型与打法才算是正确贯彻执行了萨默尔主导下的"德国足协足球哲学"就有了争议。例如在对外宣传上，年龄段偏上的德国国家青年队被说成打的是4-4-2阵型，但是实际上21岁以下国家青年队根据队员和对手的特点采取了不同的打法，一般都只用一名前锋。另外，德国足协的打法规定也是在变化过程当中，因此争议的空间就更大了。萨默尔在2010年7月曾经说过："德国足协只有一种足球哲学，它是由勒夫、弗里克、西根塔勒和我们以及各级青年队教练共同制定的，它是各级国家队的标准，并始终处于更新之中。"因此，每一位青少年队教练都要随时关注德国足协打法理念上的更新与发展，但是由此产生的问题也显而易见：有如此灵活变化的纯理论，误解和争执就不可避免。譬如像被解职的前德国21岁以下国家青年队主教练迪特尔·艾尔茨就搞不清楚，他到底是在什么地方违背了德国足协训练上的要求。

勒夫和萨默尔之间的冲突不是如何解释足球哲学，而是具体的职权范围问题。在这一点上，两人各有自己的利益所在。勒夫将21岁以下国家青年队视为他可以从中随时挑选队员的后备军，即成年国家一队（A级国家队）的预备役，他需要谁就可以随时调用。而萨默尔把21岁以下国家青年队视为他的管辖范围的对外招牌，是彰显他的工作成绩的重要证据。暂且不管他本人为此做出了多少直接的贡献，萨默尔任期之中头3年，德国各年龄段青少年国家队成绩的确不俗：17岁以下、19岁以下和21岁以下都获得了欧洲冠军。21岁以下国家青年队2009年获得欧洲冠军时，当时的队员有4名也同时在A级国家队踢球（贝克、厄齐尔、赫迪拉和卡斯特罗），还有5人后来很快也入选了A级国家队（诺伊尔、博阿滕、胡梅尔斯、奥戈和施梅尔策）。在这一时期，各级青少年国家队成绩空前的好，勒夫把21岁以下国家青年队当成A级国家队直接人才库的想法也得到完美实现，有关人士自然相安无事。

尽管如此，争执还是时有发生，特别是A级国家队在"错误的时间"招走21岁以下国家青年队的队员时，更是如此。例如2006年秋天在特罗霍夫斯基的使用问题上就颇具有代表性。勒夫让这位在汉堡踢球的后卫在A级国家队对格鲁吉亚队的友谊赛中上演处子秀登场，他因此缺席德国21岁以下国家队对英格兰21岁以下国家队的欧青赛预选赛。勒夫冷静地解释说："我是让他代替受伤的博罗夫斯基出场，我现在还是会这样做。德国足协对球员的培训负责，A级国家队总是享有优先权。"勒夫的原则是尽早让年轻球员获得A级国家队的经验，他认为只有这样才能缩小青年队与成年队之间的差距。德国21岁以下国家队对英格兰21岁以下国家队的比赛最终以0∶1失利，但是勒夫对此并不关心。

在征召21岁以下国家青年队球员的问题上发生争议时，萨默尔并没有决定权。欧洲杯后，曾经作为勒夫执教斯图加特时的助理教练的赖纳·阿德里翁接替赫鲁贝施成为21岁以下国家青年队主教练，不少观察家认为这使德国足协体育主管萨默尔的权力被进一步削弱。萨默尔要求他本人主管21岁以下国家青年队和任命海科·赫利希①为21岁以下国家队主教练，但是足协主席茨旺齐格站到了勒夫一边。勒夫不仅要求在征调21岁以下国家青年队队员上有话语权，还希望在21岁以下国家青年队主教练人选上拥有决定权。

围绕阿德里翁的权力之争

围绕赖纳·阿德里翁的争论绝不是专业上的问题引起的。他在斯图加特俱乐部有过多年业余和青少年球员培训经验（分别在1999—2001年和2004—2009年），他也是巴符州教练培训班教师成员，是战术大师赫尔穆特·格罗斯的一名弟子。他在青少年足球人才培养上很有眼光和方法，他在斯图加特为德国足坛培养出不少一流球员。他在青训工作上引进和采取过一系列措施，例如联合培养顶尖少年球员，与学校合作，在俱乐部二队引进全职业球员制以及聘请特殊领域的专家（如田径教练）等。他为德甲联赛和德国国家队输送过众多人才，其中有凯文·库兰伊、安德烈斯·欣克尔、蒂莫·希尔德布兰、马里奥·戈麦斯、塞尔达尔·塔什彻、萨米·赫迪拉、马尔文·孔佩尔、克里斯蒂安·根特纳、安德烈斯·贝克和托比亚斯·魏斯等。他可以说是德国成绩最优秀的青少年培训教练，能够与他相比的只有拜仁慕尼黑的赫尔曼·格兰。

赖纳·阿德里翁的专业能力无可挑剔。他和勒夫在斯图加特有过交集，但是这有何妨？阿德里翁一再强调，他不是勒夫的人，他不习惯拉帮结派。他与萨默尔也很合得来："我们能够在一起很好地讨论足球，我们有很多相似的主意。"但是在台下，矛盾却正在酝酿，迫切需要一

① 海科·赫利希从2007年开始担任17岁以下国家队主教练，后来成为19岁以下国家队主教练。

个清晰的职权界定。2010年7月20日，德国足协主席茨旺齐格终于拿出了一个官方解决方案，封给他的体育主管一个头衔：青少年球员协调员。萨默尔对《踢球者》说，他现在开始"全面负责"21岁以下国家青年队的工作，但是当然不会干涉球队主教练的日常工作。他说："除了以前已经明确规定的体育上的责任，新的职位还包括行政上的职权，比如人事、内容和组织上的决定。"他说，勒夫"当然仍然拥有从所有各级别国家青年队里挑选队员的权力"。

表面上的和平并未持续多久，因为3周后德国21岁以下国家青年队1∶4以丢人的方式输给了冰岛队，失去了参加2011年21岁以下欧青赛的资格。于是，阿德里翁的问题被摆上了台面。勒夫对于这一德国足协历史上少有的失败感到"震惊和失望"，但是仍然对他的同党表示支持。勒夫要求由他来决定谁来当21岁以下国家青年队主教练，萨默尔想要撤换阿德里翁。勒夫回应说，阿德里翁仍然是"正确人选"，毕竟他在斯图加特有很多年成功执教青少年队的经验。他说："21岁以下国家青年队如果取得好成绩自然令人高兴，但是它的核心任务是为德国国家队选拔人才。"他说，青年队队员不需要一定要获得成功才能成为一名好的A级国家队队员，衡量青少年足球工作的标准与衡量德国国家队和德甲联赛的标准不同。萨默尔出人意料地没有与勒夫进行争执，而是以自我嘲讽的口气说："人们可以对教练人选问题进行讨论。我只负责决定其他问题，这是显而易见的。"

《南德意志报》把勒夫力挺阿德里翁看成是他要竭力"巩固自己的权力基础"，这个权力基础的核心就是他和总是引起争议的国家队领队比埃尔霍夫。不过，德国足协也显示出在权力分配上讨价还价的迹象：你让你的人得到了一个教练的位置，那么我的人也应该得到一个。这样，萨默尔成功地将他在多特蒙德时的亲密队友海科·赫利希和斯特芬·弗罗因德①安排进德国足协担任国家青少年队主教练。

---

① 斯特芬·弗罗因德从2009年开始担任16岁以下国家队主教练，2011年带该队参加了在墨西哥举行的17岁以下世青赛。

教练培训师沃尔穆特

与21岁以下国家队上的问题不同，萨默尔和勒夫在改革教练培训体制上英雄所见略同。有趣的是，他们二人都是在汉内夫教练特训班上了几周课程之后就拿到教练证书的。但是他们二人相信，恰恰是这种速成拿证的方式今后要杜绝，因为教练的培训太重要了。正是由于同样的原因，德国的教练培训机制也亟须改革。

勒夫早就想对脱离实际的、充斥着法律和医学内容的教练培训进行现代化改革。曾经是一流球员的萨默尔更有着作为教练的切身体会。他虽然2002年执教多特蒙德拿下德甲联赛冠军，但是他在2007年年底说："那时候的主教练萨默尔今天不会再有了。我当时很多时候都是拍拍脑袋即兴做决定，但是我当时与球员打交道的方式还很不成熟，也缺乏科学背景知识。"他和勒夫一样，认为教练培训是通往未来成功的钥匙。因为一个球员培训质量的好坏，首先就要看他的教练的水平，所以教练质量提高一个档次，德国整体足球质量会提高几个档次。长期以来，德甲的教练之中有太多的专业知识欠缺的鼓动家，现在是对教练进行专业化培训的时候了。

德国足协体育主管萨默尔负责起草了一份新的教练培训章程，它既符合最新的科学标准，也与实践密切结合。新的章程要求，即使是功成名就的职业球员，也要跟着一位有一定地位的教练实习一年。新的规定还有，教练的培训期从原来的半年增加到11个月。实质性的改革更多的还是在培训内容上，它更多地参考借鉴了A级国家队教练班子的方法。

弗兰克·沃尔穆特曾经是勒夫在弗赖堡踢球时的队友和在伊斯坦布尔费内巴切执教时的助理教练。这位勒夫的"老战友"2008年年初从退休的埃里克·鲁特穆勒手里接过足协教练培训的主管职位。萨默尔狡黠地说："如果我是玩政治，我根本就不会允许聘用沃尔穆特。"这也说明，他与勒夫的合作越来越顺利，大家都把精力放在具体的合作上。实际上，当勒夫推荐这位只在丙级和乙级联赛中有过执教资历的无名之辈时，萨默尔抱有过怀疑态度。萨默尔对弗兰克·沃尔穆特进行了仔细考察，得出结论说："他做得很不错。他工作上精益求精，有执行力，有团队合作精神。"沃尔穆特让萨默尔信服的是，他虽然在瑞士巴塞尔大学担任足球专业讲师，但是他绝对不是一个有学究气的理论家，而是一位有天赋的教育家。德国足球杂志《11个朋友》的读者也对于沃尔穆特印象深刻，因为他在这家杂志上开有评球专栏。例如他用"期望的房屋"草图来向观众形象地讲解什么是职业足球运动员：技术、战术和体能构成了房子的骨架，环境、营养、体能恢复和家庭是观众看不到的房屋内部，社会能力构成了它的地基，坚强的心理素质则是它的房顶。足球教师成了盖房子的，这的确别开生面。

德国足协各级教练的老大

在德国足协已经打好了足球哲学的基础以后，足协主席茨旺齐格希望在成功的南非世界杯之后，最终理顺足协的内部关系。在大赛期间，茨旺齐格会抓住每一次机会表示他对于德国国家队主教练勒夫的绝对信任。当拜仁主席乌利·赫内斯要求一定要保留现有的国家队教练团队，他指的是曾经一度受到争议的领队比埃尔霍夫："我可以想象，比埃尔霍夫留任国家队领队。世界杯打得这么好，也有他的功劳。"勒夫则保持低调。他是在暗中盘算要得到更多的报酬吗？拜仁董事长卡尔-海因茨·鲁梅尼格在世界杯后说，现在不应该再小气了，因为成绩远不如勒夫的英格兰队教练法比奥·卡佩罗的工资要高出勒夫很多。但是已经在德国最受喜爱的名人排行榜上稳居第一的勒夫，心里想的不是钱，至少不是先想到钱。他想得更多的是如何更有力地推动、执行他的足球理念。

勒夫曾经有些神秘地说，紧张的南非世界杯过后，他需要些独处的时间去思考，他是否还有足够的能量和热忱来继续干德国国家队主教练这份工作。这是他公开说出来的理由，但是也许他是故意吊吊德国足协主席茨旺齐格的胃口。最后，众望所归的勒夫决定继续干下去。勒夫与他的教练班子、比埃尔霍夫商谈了所有未来工作计划细节，并把他们的建议转交给德国足协。2010年7月16日，勒夫在鲁斯特欧洲公园的世界杯庆功会上与德国足协主席茨旺齐格和秘书长尼尔斯巴赫举行了会谈。他们很快就达成了一致。因为茨旺齐格也处在压力之下：如果他不能与到处受到追捧的国家队主教练完成合同续签，他可能会在马上要进行的德国足协主席选举上失去连任的机会。

勒夫的顾问哈伦·阿斯兰和克里斯托夫·席克哈特为他澄清了最后的合同细节。3天之后，勒夫在法兰克福的德国足协总部签署了任期到2012年7月31日的新的德国国家队主教练合同，也就是到在波兰和乌克兰举行的2012年欧洲杯结束之后。根据茨旺齐格的说法，勒夫的年薪有了一点"适度的增加"。具体数目当然不得而知，但是人们猜测是从原来的250万欧元涨到了270万欧元（《图片报》猜测），也有人说是涨到400万欧元（《柏林日报》猜测）。不涉及钱的事项都公开进行了商谈。比埃尔霍夫继续担任国家队领队，本来已经被辞退的德国国家队新闻官施滕格又可以继续干下去。在21岁以下国家青年队问题上也有了上面描述过的新规定，用茨旺齐格的话来说，德国国家队主教练是德国足协所有工作人员必须承认的"各级体育负责人的老大"。

使命：团结一致实现既定目标

现在是万事俱备，就差首席球探西根塔勒的事还需要解决。在2010年2月，当时勒夫在德国足协的前途似乎是个很大的未知数，首席球探西根塔勒就与汉堡俱乐部签了合同，将在2010年南非世界杯后到汉堡担任体育主管。现在勒夫又与德国足协延长了合同，西根塔勒希望能够同时兼顾两项工作，即在担任德国国家队首席球探的同时也参与汉堡俱乐部的管理工作。但是德国足协对此表示坚决反对。最后，这位瑞士人还是选择了留在勒夫的团队之中，不得不解除了与汉堡俱乐部的合同。

这样，原来的团队完好无缺地保留了下来。因为所有当事人都十分满意，有人在2011年年初就开始考虑是否有必要现在就提前延长刚续签的合同。勒夫现在是德国足球历史上成绩最好的主教练，他以场均拿分2.24分领先于排在第二位的贝尔蒂·福格茨（场均拿分2.18分）。事实上也是，在3月份的时候，新合同的再一次延长就在没有对外界声张的情况下悄悄地进行了。

大家都很高兴，足协上下相处和睦，人们打开香槟庆祝。勒夫也很高兴他能够按照以往的方式继续带领德国国家队前进，原来的教练班子都还在他身边，即弗里克、科普克、西根塔勒、赫尔曼、体能教练，当然还有领队比埃尔霍夫。他说，这个班子配合完美默契，绝对值得信赖，他也比以往任何时候更需要这个自动会为他卖力工作的团队。他说，以前他事必躬亲，但是他从克林斯曼那里学到了分配任务。"为了能够有更多时间思考球队的未来发展，我把一些责任交给我的工作人员去做。"

在德国足协内部，也出现了对德国国家队教练班子空前信任的气氛。一方面是勒夫的各种愿望都得到满足，他感受到了德国足协主席的意愿，那就是不管2012年欧洲杯成绩如何，都会坚定不移地与勒夫和他的团队继续走下去。另一方面是德国足协的领头羊、主席茨旺齐格，他对这一切非常满意："和谐的合同谈判再次证明，我们之间的相互信任是多么的深厚。"比埃尔霍夫和德国足协秘书长尼尔斯巴赫也握手言和，可谓皆大欢喜。

还要提一下的是德国足协体育主管马蒂亚斯·萨默尔。本来他动过去汉堡当体育主管的念头，但是现在既然皆大欢喜，他也愿意继续干下去，也在4月份与德国足协延长了合同。于是，德国足协的3个主事人茨旺齐格、萨默尔和勒夫再次并肩作战。萨默尔表示："以勒夫为中心的德国国家队的体育领导层关系完好无损。我们为德国足球和德国足协去追求同一个目标，我们有同一种足球哲学。我们在细节问题上会有不同意见，这再正常不过。这是一种健康的争论文化的表现。我们追求的只有一个既定目标。"

德国足协上下出现了前所未有的和谐，以一种长久都没有过的乐观放眼未来。茨旺齐格在2011年5月底说："大家都注意到了，在德国国家队领导层、球队领队、足协体育主管、秘书长尼尔斯巴赫和我之间团结得紧密无间。"勒夫也没有任何抱怨的地方。这位昔日的国家队助理教练像一只蜘蛛那样织起了他的网络，成为有史以来最有权势的国家队主教练，而他的方式又是如此低调，一切就悄无声息地完成了。

除了巩固青训方面的长期计划与措施，勒夫现在只有一个目标，就是将2004年启动的足球改革之路进行到底，去收获果实。如何用精心营造、思路清晰的艺术足球去打动数百万球迷的心，勒夫已经做出了足够的证明。

使命完成——接下来怎么办

众所周知，德国队在2012年欧洲杯半决赛中被意大利队淘汰。虽然勒夫对于比赛失利负有主要责任，但是他可以继续干下去，甚至把合同延长到了2016年。但是，外界都认为他会在2014年世界杯后辞职，不管是德国队提前被打回老家还是最终夺冠。德国队在巴西夺得世界杯后，勒夫先是避而不谈他是否会将合同执行到底。他说他想先安静一段时间，然后再与德国足协主席尼尔斯巴赫①会谈，"这是我们早就约

---

① 2011年11月18日，德国足协主席茨旺齐格宣布，他将把自己辞职的时间由原定的2012年下半年提前至2012年春天。2012年3月2日，德国足协召开会员大会，通过投票选出了新一任主席与秘书长。61岁的原秘书长沃尔夫冈·尼尔斯巴赫以全票当选德国足协史上第11任主席，接替过去8年担任德国足协主席并提前请辞的茨旺齐格，而55岁的赫尔穆特·桑德罗克则成为新的足协秘书长。——译者注

定好的，跟世界杯的结果没有什么关系"。尼尔斯巴赫则不管勒夫怎么说，都相信会与勒夫共同策划未来。"我们9月份会有个明确结果。我认为德国国家队主教练交椅上不会坐上别人，他将只能是勒夫。我们的目标就是2016年法国欧洲杯。"德国国家队领队比埃尔霍夫也表示，勒夫一定会继续干下去。

所以毫不奇怪，勒夫于2014年7月23日在德国足协官方网站上宣布他将把合同执行到2016年欧洲杯结束。很难想象，什么样的工作会比现在的工作更有吸引力：作为德国国家队教练，他收入不错，也有多种给自己放假的可能。勒夫说，他不能想象，还有什么事情会比与这支球队继续干下去更加美好。"我现在就像到德国足协的第一天那样充满着动力。我们在巴西取得了巨大成就，但是我们还有更多的目标要实现。2014年世界杯对我们来说是一个高峰，但不是结束。"在球队效力多年的主力队员拉姆、克洛泽和默特萨克世界杯后退役，勒夫现在的任务就是带领拥有着新面孔和新结构的德国国家队取得新的成就。他的新助理教练是曾经担任斯图加特主教练的托马斯·施奈德，施奈德也是勒夫执教斯图加特时带过的球员。他以前的助理教练汉西·弗里克在世界杯后转任德国足协体育主管，也就是去顶萨默尔走后留下的空缺①。人们相信，弗里克会在这个位置上继续支持、执行和贯彻他的前上司的足球理念②。

---

① 2012年7月2日，拜仁慕尼黑官方声明：由于在上赛季的工作中，俱乐部监事会与体育主管内林格尔对于俱乐部未来的规划产生分歧，拜仁决定与内林格尔解除合同，德国国家队体育主管萨默尔将接任拜仁慕尼黑俱乐部的体育主管一职。——译者注

② 2015年3月13日，德国足协发布新闻，宣布德国国家队主教练勒夫的合同又延长两年，也就是说勒夫将作为主帅带领德国队争取2018年在俄罗斯举行的世界杯上卫冕世界冠军。——译者注

第 17 章　与德甲的冲突
　　　　　德国队究竟是冤家还是榜样

年轻的德国队在南非世界杯上令人信服的表现，激发了像皇家马德里这样的欧洲顶级俱乐部对德国球员的兴趣。勒夫表示，像皇家马德里这样的传奇俱乐部一定要得到厄齐尔和赫迪拉，这让他感到骄傲。让他同样感到骄傲的还有，国际足球的发展趋势证明他的足球哲学是正确的。在南非世界杯上，那些打攻势足球和快节奏足球的球队得以走得更远。这种打法的潜力也于2010年年底在德甲联赛上得到体现。赛季过半后，排在积分榜前列的都是敢于进攻和给年轻球员机会的球队。勒夫委婉地说，他的球队在南非世界杯上的表现影响了德甲球队的比赛风格。

　　事情是否真的这么简单，当然是仁者见仁、智者见智。多特蒙德主教练克洛普和美因茨教练图赫尔，与勒夫的履历颇有几分相似，但是他们二人并不是2010年夏天才有了自己的足球理念的。谁在什么时候在哪里向谁学习了什么，还要仔细看看才知道。给予年轻球员越来越多的信任也早就存在，起因是2001年里贝克执教的德国队欧洲杯惨败之后，德甲俱乐部的执照发放开始与俱乐部是否建立青训中心挂钩。从那时候开始，德国人在青少年足球培训上投入了数亿欧元。10年前，德甲联赛上的年轻天才球员还寥若晨星，而到了2011年，近千名德国职业球员中，有1/5是各个俱乐部自己培养出来的。格策对培养他的多特蒙德俱乐部青训工作的赞赏，也代表了很多与他同龄球员的看法："我们在各方面都得到了严谨、精细的训练，在体育上和人格上都是如此。"

　　2004年时，克林斯曼就对当时还在丙级联赛的霍芬海姆俱乐部的青训工作大为欣赏。那里的青训不局限于足球，而是重视小球员们的学校教育和职业发展以及社会能力的培养。2010年的世界杯阵容不只是勒夫大胆用人的结果。巴德斯图伯和穆勒的迅速成名首先要感谢拜仁主教练路易斯·范加尔对年轻球员的偏好。如果在世界杯前颁发一个攻势足球荣誉奖，那么范加尔就是当之无愧的奖章得主，他执教下的拜仁打出了大胆而漂亮的攻势足球。

要想理解德国国家队的榜样作用，可能还需要从更宏观的角度去看。体育记者克里斯托夫·比尔曼说得对，克林斯曼出任德国国家队主教练之后给德国足球带来了极大的革新，堪称是一场"伟大的现代化推动"，德国足坛开始形成对新事物持开放心态的足球文化。比埃尔霍夫喜欢讲的一个故事，颇能说明2004年时德国足坛的心态。当年，他和克林斯曼好几次被德国联赛委员会叫去问话，"他们向我们吼叫，说我们毁了德国足球，什么体能教练和心理专家，都是乱搞一气"。如果说克林斯曼是发起运动的"革命家"，那么勒夫就是把德国国家队改造成样板和标杆的实干家。《法兰克福汇报》记者米夏埃尔·霍伦尼称，勒夫把德国国家队变成了"德国足球的创新中心"。聘请专家、采用新的训练方法、加强战术训练、跟踪国外足球发展趋势、更多地起用年轻球员，这些做法经过克林斯曼和勒夫的积极宣传，产生了广泛的媒体影响，而德国国家队用取得的成绩来说话，为这一足球改革做了最好的广告。德国公众对足球的讨论也因此变得更加丰富，人们学会了更多现代化的足球词汇，讨论的水平提升到了更高的层次。

勒夫本人对这样的宏观讨论刻意保持着距离，不愿意去讨论谁对谁在什么地方产生了多大的影响。但是有一点是肯定的，那就是德国国家队是变革的中心，在公众心目中已经成为德国足球新文化的中心。因为在国家队之外也在发生这样的变革，所以毫不奇怪，一度受到怀疑的德国国家队主教练现在在德国足球联赛中也享有很高的声望。而"革命家"克林斯曼在2004年接过国家队指挥棒时还完全是另外的样子。当时，"加州人"克林斯曼被视为外来的入侵者并因此受到排斥。克林斯曼批评德甲质量不高，其实德甲的同行们自己心里很清楚克林斯曼说得对，但是他们就是不愿意口头上承认。勒夫接班后，与德甲同行的冲突得到缓和，因为勒夫说话更懂得使用外交辞令。由于勒夫不像克林斯曼那样口气生硬，而是尝试以理服人，也就很少和德甲同行们直接发生大的冲突。而小冲突又不符合勒夫的性格，因为他是一个心中有大格局的人。况且，他身边还有更爱出风头的领队比埃尔霍夫来做他的传声筒和避雷针。

"睡美人"与"马耳他的脚"

按照《图片报》的说法，德国国家队领队比埃尔霍夫是"精明的销售代表，他为德国足协带来价值百万的生意，为德国国家队营造出一个完美的周边环境"。比埃尔霍夫认为，他最重要的工作就是通过适当的媒体宣传（例如维护德国国家队自己的网页）打造"国家队品牌"。他是这样介绍自己的工作的："其中一个任务就是为主教练解除后顾之忧。我是德国国家队的衔接点。我就是在这样一个接口处为国家队工作，对内联系德国足协，对外联系经济界、媒体、欧足联和国际足联。"比埃尔霍夫在公众的印象中是一个争议人物、一个替罪羊和出气筒。比埃尔霍夫不怕得罪德国足坛的任何名人，和他发生过冲突的就有德甲俱乐部的经理人，比如沃勒尔和鲁梅尼格，足协的高管们、各色媒体记者以及德国国家队队长巴拉克。他说，他很清楚，自己的工作就是要得罪人。

在克林斯曼辞职后，比埃尔霍夫自愿承担起说话直来直去、让人非爱即恨的角色。他有意识地让自己成为勒夫的挡箭牌。他习惯说话大胆和语出惊人，常扮演一个到处指手画脚的角色，所以动辄陷入冲突的焦点中，难免被人看成坏蛋和罪魁祸首。他这样做的结果，就是保护了其实在很多问题上和他意见一致的国家队主教练免受攻击。

2006年世界杯德国队晋级8强后，比埃尔霍夫第一次对很多批评者和怀疑者进行了一次大清算。"德国足球给人的印象就是踢法简单粗暴。我们用了两年时间，采取了被人激烈批评的措施，做到了给年轻人以自信，让球员们取得了他们在俱乐部里没有过的长足进步。"比埃尔霍夫继续说，现在是德甲联赛应该有所反应的时候了。如果德甲不为所动，继续像个"睡美人"那样昏睡不醒，就会在国际足坛上失去竞争力。很多德甲教练对比埃尔霍夫的讲话予以了猛烈回击。他们说，几乎所有的德国国家队球员都是从德甲招募和培养出来的，他们的水平不可能真的那么差。

一年半之后，克林斯曼的德国国家队前任主教练鲁迪·沃勒尔开始放炮。对于勒夫和比埃尔霍夫要在足协各级别国家队里实行统一足球哲学的要求，他进行了猛烈抨击。他摇摇头说："我的印象是，他们只知道谈论哲学。"沃勒尔指出，今天的足球哲学首先是各俱乐部青训出色工作的结果，一个国家队领队张口闭口大谈足球哲学，是十分傲慢的行为。他说："比埃尔霍夫作为球员时，还看不出他有什么足球哲学和理念。你让马耳他的脚去踢巴西风格的足球，这行不通。"沃勒尔最受不了的是，一个技术上并不突出的前国脚，现在却"摆出一副是他发明了足球的样子"，他希望比埃尔霍夫"谦虚、低调一点"。沃勒尔讽刺说："比埃尔霍夫应该过几天让队医穆勒–沃尔法特博士给检查一下，总是拍自己的胸脯会留下什么痛苦的伤害。"

比埃尔霍夫在受到这番攻击后安静了些，至少没敢再站出来说些挑衅的话。接下来，他又在财务问题上成为攻击的对象。特别是在2008年欧洲杯德国足协花费了2000万欧元后，有人批评这位国家队领队太奢侈浪费。还有人批评他假公济私，利用注册在施塔恩贝格的名叫"B项目"的广告公司为自己进行个人营销。比埃尔霍夫反驳说，他所有以德国国家队名义进行的活动，包括签订广告合同，都是与德国足协协商过的。他还指出，在他还没有上任前，德国足协就请过外部广告公司为体育领袖人物做过广告，现在人们只把他挑出来大做文章，就是因为想败坏他的名声。

2012年4月，比埃尔霍夫对《踢球者》说，他现在没有兴趣再对他的行为进行解释。"如果有人今天问我，我在这漫长的一天里都做了什么，我会回答：什么都没做！"遗憾的是，这位德国国家队品牌的经纪人必须要不断在镜头前露面，特别是他的所属项目出点什么事的时候，他更得出面进行解释和辩解。例如，他必须要一再对2014年世界杯德国队营地选址的问题进行解释。赞助商奔驰汽车公司在德国国家队训练营拍摄宣传片发生的那次交通事故，让一向能言善辩的比埃尔霍夫也一下子不知所措。他说，德国足协与奔驰汽车公司已经在体育赞助方面合作了10年，目前他们不再有兴趣把这个活动进行下去，将来怎么办还没有想好。他说："今后再设计这样的活动时，当然会考虑到这次发生的事故。"

用事实说话

比埃尔霍夫常用大胆的言论即兴发表意见，并随即招致一通猛烈回击。与他形成鲜明对比的是与国家队领队始终保持团结一致的勒夫，他在批评德国足球现状时总能够做到脚踏实地，就事论事。勒夫认为，通往成功足球的道路有很多条，但是总会有一些最基本的不足能够被诊断和证明其存在。勒夫以专业人士的规范列举出德国足球的缺陷清单，因此不断让有些人觉得很没面子而进行还击，但是却鲜有人就事论事地在内容上进行讨论。那些俱乐部的大佬们似乎不愿意、也没有能力在科学的基础上进行客观的讨论。

勒夫对德甲足球进行了毫不留情的批评。他指出德甲俱乐部的不足几乎涵盖各个方面，而且每一项不足他都能够拿出不可否认的数据作为佐证。勒夫刚就任德国国家队主教练时，他发现德甲最大的不足表现在球员的体能不足、俱乐部中德国籍的球员太少和比赛节奏太慢。勒夫称，很多球员在德国国家队体能测验的压力下，体能有了很大提高，所以他把这项措施毫不妥协地执行下去，必要时甚至可以不顾俱乐部的反对。他抱怨说，他去观摩德甲比赛，如果交战的两支球队都只有三四名德国球员上场，这不是个理想状态。为此，他让统计数据来说话：在2006—2007赛季德甲之中，首发阵容中只有30%的球员拥有德国护照。

勒夫执教国家队后，经常批评德甲比赛中的停球失误率。导致停球失误的原因，一是有太多高空球和长传球，二是经常把球传到死角。另外，勒夫还指出，中后卫的第一脚传球失误太多，导致组织不起有效的进攻。勒夫最看不惯的是拖延比赛节奏，他指出导致球队整体节奏放慢的原因是太多的"半高空传球"和"半生不熟的传球"。勒夫说："传球太高，接球队员就必须先处理好拿球，而这时对手就已经扑上来了，你就要进行一对一拼抢，这都是在浪费时间。"他指出，拿球要快，传球要直接，传球要准确，就像顶级英超豪门和巴塞罗那那样，这才是成功的关键。

在2008年欧洲杯前后，勒夫对德甲的批评集中在后防线的失误率和一对一对抗能力上。"后卫经常从后面冲撞、踢踏和攻击对手，虽然对手是背对球门或者是在边线处，还没有构成什么威胁，或者已经把球传了出去。我经常有一种感觉，觉得后卫好像不是要抢球，而是他们觉得自己唯一的任务就是破坏对方的进攻。"勒夫深信，绝大部分犯规都是无谓的犯规。由此产生的问题就是，这样的犯规不仅让对手得到危险的任意球机会和破门机会，比赛的连贯性和流畅性也被打断，妨碍了制造出快速反击的机会。

勒夫批评德甲俱乐部缺乏耐心。他指出，德甲太喜欢换教练。一旦教练被质疑，就会引起骚动。勒夫本人在斯图加特执教时对此有亲身体会：一旦有主教练要下岗的传闻，该教练就很难再鼓舞球员的士气。一个主教练被解聘后，新来的主教练带来新的想法，前任主教练的努力就前功尽弃。经常换教练不利于球队的长期建设和球队水平的稳定提高。作为德甲的反例，他提到1996年就开始执教阿森纳的阿尔塞纳·温格，他能够有计划地长期工作，让球队形成了成熟稳定的足球文化。

勒夫上任后，对德甲俱乐部的落后训练方式也不断提出批评。他在2007年5月曾说过，"很多俱乐部热衷于购买新球员，经常拥有30名职业球员。我呼吁，宁可扩大教练班子。我需要3~4名教练，他们能够一对一地对球员进行辅导，与他们一起工作，这样的话我只需要20名正式球员再加上几名青少年队队员就够了。我们需要各个领域的专家，例如技术教练、理疗专家、体能教练等等。这才是未来，这才是质量"。

勒夫对于德甲除了这些细节上的批评，还对德甲在国际赛事上的成绩表示不满。2006—2010年，德甲俱乐部中只有拜仁进入过一次欧冠决赛，其他俱乐部则乏善可陈。欧洲足球强队的球员大多数来自巴西、阿根廷、西班牙和荷兰，德国籍球员出现在欧冠决赛中的人数太少，勒夫认为这也是德国足球落后的一个标志。勒夫认为，德甲的落后肯定不是因为差钱。英超、西甲和意甲的豪门可能出手更加阔绰，但是这都不是决定性的因素。"关键是最合理地利用手头现有的资源。钱多并不意味着水平一定高。球队质量需要艰苦的工作来提高，它不总是与钱多少有关系。"德甲的状况并没有因为德国队在2010世界杯上发挥不错而有本质的改变。德甲联赛的质量虽然现在已经改善很多，但是仍然还要补做很多功课。

2011—2012赛季，德甲频繁更换主教练，仅仅柏林赫塔就在一个赛季换了5个教练，最后联赛排名第16位。勒夫评论说："一看就知道，这样做不会有什么好结果。频繁更换教练的结果就是球队最后成为一盘散沙。"勒夫说，工作没有连续性，就不能够指望球队有积极的发展。勒夫还指出，德甲俱乐部常犯的错误还包括阵容臃肿、平庸的球员太多。在这一点上，德甲球队有很大改进的空间，例如弗赖堡就是这样。勒夫希望那些没有当豪门野心的俱乐部拿出勇气："我希望教练有一定的勇气，毫无保留地起用受过良好培训的年轻球员，每个俱乐部都拥有这样有潜质的年轻球员。"

在对德甲顶尖俱乐部的批评上，勒夫就要小心了，因为2013年拜仁和多特蒙德这两支德甲球队会师于欧冠决赛，证明了德甲足球的水平已经有了惊人的飞跃。

德甲联赛为自己辩护

德国国家队主教练总是说外国的联赛在速度、战术、训练方法和青训工作上领先德甲，这种长他人志气灭自己威风的做法让德甲俱乐部的首脑们很不舒服。不来梅俱乐部的总经理克劳斯·阿洛夫斯[①]说，俱乐部的工作无可挑剔；时任拜仁主教练的希斯菲尔德称，作为局外人去评论俱乐部的工作是危险的；勒沃库森的体育主管沃勒尔称勒夫的言论根本不符合实际情况；马加特说他对勒夫的批评难以理解；而像托马斯·沙夫和克洛普这样的善于创新的教练更是对勒夫的批评表示不悦。他们一致认为，德甲在国际赛事上成绩不理想，原因的确在于与英超和南欧国家顶尖俱乐部相比，德甲俱乐部的经济实力太弱。德国职业足球联盟主席克里斯蒂安·塞弗特在2011年5月份说："英格兰联赛和西班牙联赛在过去5年的欧战积分超过我们，这是事实。但是，他们很多比赛的胜利是用数十亿欧元打水漂换来的，这也是事实。你不能把一个服用兴奋剂的短跑运动员的成绩当成标准。我们必须保持警惕，不要去学不好的榜样。欧足联提倡财政公平竞争的口号，这是有原因的。"

德甲同行们不仅仅为自己辩护，他们有时候也会主动进攻。例如，有人说，体能测验是多余的，是对俱乐部训练工作不应有的干涉；还有人说，一些国家队友谊赛的结果到底有多少测试价值让人怀疑，这些多余的比赛占用了太多本来就排得很满的俱乐部赛程。最常见的指责则是，勒夫在挑选队员时不是看球员的成绩单，而是根据自己的好恶。这

---

① 2012年11月阿洛夫斯已经离开了不来梅，开始担任沃尔夫斯堡俱乐部总经理。——译者注

样的指责当然更多来自于在国家队中没有或者队员很少的俱乐部。

对于勒夫挑选德国国家队队员标准的质疑在2009年变得特别激烈。有人批评说，勒夫总是在斯图加特和霍芬海姆看球，他过分偏爱这两个俱乐部的球员。不来梅俱乐部经理克劳斯·阿洛夫斯有一次讥讽地说，他没有注意到国家队教练来不来梅球场看过球了，因为他觉得勒夫一定是在霍芬海姆看球呢。多特蒙德主教练克洛普更是尖锐地说，只是从远处观察球员，肯定不是一件靠谱的事情。勒夫反驳说："没有人会真的相信，我会没有注意到多特蒙德球员的表现，就因为我正好在斯图加特看球呢。"勒夫说，他总是保持信息畅通，他本人也常去德国西部和北部看球，而且德国国家队教练班子还有其他人在观察球员。"我们总是分散到德国各地，不仅仅是我和弗里克在看球，我们还派一些公众并不知道的观察员去比赛现场看球。有时候我们是故意不让球员知道有德国足协的人士在观察他。"勒夫的意思是说，他的眼线无处不在，他本人不一定要到处现身。勒夫说，德国国家队教练班子每年要观摩国内和国外150场左右的比赛，所有的比赛都会被认真评估和分析，因此对球员能够有相当可靠的判断。

2009年的秋天，对勒夫用人的质疑随着2010年南非世界杯预选赛进入关键阶段而变得越来越尖锐。虽然有足够多的替代人选，勒夫仍然把好几个不在状态的斯图加特球员招进了国家队。他坚持用克洛泽和波多尔斯基还可以理解，因为二人毕竟有过显赫战功，但是坚持使用当时状态低迷的塔什彻、赫迪拉、卡考和希策尔斯佩格等斯图加特球员就有些让人疑惑不解了。很多人会问：说好的能力原则呢？勒夫不甘心受到非议与指责，他为自己辩护说，有人猜疑他戴着俱乐部的眼镜挑选队员，或者说他按个人好恶来组建国家队，这是他不能理解的。他说，他很生气俱乐部的领导们有意见时为什么不找他单独谈话，而是直接在媒体上向他开炮。他说："我们负有责任，我们也能够对结果负责。我们所有的决定都是有着绝对的理由的。"他要求俱乐部尊重他的行动，而且他本人从来不会去干预俱乐部的人事政策。

克林斯曼的灾难和对勒夫的赞扬

勒夫虽然不去干预俱乐部的人事决定，但是他对成为拜仁主教练的德国国家队前任主教练克林斯曼当然是大力支持。2008—2009赛季，克林斯曼带着一箩筐的新点子接替希斯菲尔德，成为拜仁的主教练，一上任他就进行了大刀阔斧的改革。这位来自美国加利福尼亚的革新者第一个大动作就是把俱乐部大楼改造成能力训练中心。他没有为一些重要的位置购进新球员，而是扩充教练班子，招进一批专业辅导员和训练专家。克林斯曼的前助手勒夫评价说："扩充教练团队，改善俱乐部基础设施，建立一个崭新的球员能力训练中心，这才是正路。"勒夫再次强调，球队的未来依赖于对领导团队的投资，而不是去购买球员。他说："于尔根（克林斯曼）的方法是为球员创造一个进修的环境，他们每天在那里能够进行七八个小时的训练，这在其他国家是很正常的，意大利是这样，英国和西班牙是这样，甚至土耳其也是这样。你在能力训练中心里一天可以干很多事情：训练，录像分析，按摩，恢复体能，进修，休息，练习集中注意力，等等。"勒夫相信，球员们必须整天与自己的工作打交道，而不是每天只进行一两个小时的训练。勒夫说，有人嘲笑克林斯曼在能力训练中心房顶安置了一尊佛像，这是没有把注意力放到工作上。他说，在所有领域都需要专业化，所有的条件都要做到完美，这才是必须的。

但是，就是像克林斯曼这样的极端改革家，也不能够保证短期内一定出成绩。形象问题专家哈特穆特·察斯特罗当时是这样评论克林斯曼在拜仁的前景的："如果他在冬歇期之后还不能够依靠他的足球哲学和他的教练专家团队取得成绩，他就将前景堪忧，他的2006年夏天童话的教练光环就会失去光彩。这可能还会导致人们把2006年世界杯的成功算到勒夫的头上。"事情的发展被他不幸言中。那部记录德国队2006世界杯夺得季军历程的纪录片《德国，一个夏天的童话》显示，克林斯曼是个雄辩的鼓动家；影片也让人们看到，重要的比赛分析和战术细节都是由勒夫制定的。克林斯曼迅速在拜仁栽跟头之后，公众一致认为：克林斯曼身后的那位不但比他强，而且是真正的童话缔造者。德国队队长菲利普·拉姆也在他2011年夏天出版的自传《差之毫厘》中加深了人们的这种看法。拉姆在书中对于这位前拜仁主教练的训练方法做了不太留情面的评价："克林斯曼当教练时，我们每天几乎只训练体能，战术方面的训练几乎没有。在过了6~8周后，我们所有球员就都明白了，克林斯曼带不好球队。赛季的剩余比赛只是避免更大的损失而已。"

勒夫在2008年就不愿意加入对克林斯曼的声讨，直到今天他仍然提醒要对克林斯曼有个公正的评价。勒夫认为，克林斯曼在拜仁的失败绝不能证明他的理念是错误的，最多也只能够说是克林斯曼在细节上犯了一些错误。勒夫认为，拜仁太缺乏耐心，他们应该排除干扰和阻力让克林斯曼将他的改革进行到底。当时的拜仁俱乐部经理乌利·赫内斯对克林斯曼的那套没能够带来满意战绩的理念不再有兴趣，他宣布重新回到以前的道路上："我们需要一位足球教师。"按照乌利·赫内斯的理解，这位足球教师就是训练场上的实践家和会打联赛的专家。克林斯曼的继任者约瑟夫·海因克斯和路易斯·范加尔正是这样的人选。在这个意义上，勒夫也不是个差劲的人选。

克林斯曼在2006年世界杯时的创新和在慕尼黑启动的革新，仍然在产生后续影响，例如教练团队和能力训练中心这两种新生事物。即使是克林斯曼的冤家对头马特乌斯也赞扬他是一位"有眼界的理想家"，在他的努力下，德国国家队变成了一个聘用了众多专家的公司。勒夫将克林斯曼的事业继续下去，为巩固和扩大他的前任开启的革新做出了最重要的贡献。自从克林斯曼2004年出任德国国家队主教练以来，德甲联赛也发生了一些变化。勒夫在2007年8月说："我看到了德甲的一些小的发展趋势和一些小的变化。"在接下来的几年里，德甲俱乐部在培训和基础设施方面都有了进一步的发展，各俱乐部都扩大了教练团队，特别是多特蒙德，人们更有耐心地去建设球队，也更大胆地去使用年轻球员。勒夫用数据阐释说，德国职业球员的平均年龄在2000年时是28岁，到2010年时降到25岁，同时23岁以下年龄档的球员占了20%左右，是2000年的3倍。

德甲联赛和德国国家队的主教练开始互相走近。教练会议对促进联赛与国家队之间的交流与信任做出了一定贡献。2007年2月，在勒夫的倡议下，德国足协开始定期组织召开德国联赛教练和国家队教练联席大会。2010年世界杯后，德甲联赛的教练们对勒夫的工作给予了一致的好评。弗赖堡俱乐部主教练罗宾·杜特说："现在涌现出了很多年轻球员，这是职业联赛的工作成果。勒夫懂得利用这个优势，他和我们联赛教练有着共同的语言。"

"如果我们德国想在世界足坛上长久保持一流水平，我们必须做出改变。"这就是勒夫的信条。他多年来不厌其烦地宣传这个道理，特别是针对教练工作。今天，勒夫应该没有理由在这方面抱怨什么。在德国职业足球联赛上，现在几乎所有的俱乐部都在很高的水准上进行工作，都有完善的训练计划和众多的专业人士在教练团队里工作。德国国家队喜爱一项被称为"生命动力学"的大脑训练，例如在颠球时进行数学运算。如今，这项训练或者类似的训练已经成为德甲俱乐部的日常训练内容。最有创新精神的是多特蒙德和霍芬海姆，他们购置了全方位发球机封闭训练舱来训练球员的传球准确性和处理球的速度。这套系统能够在15分钟里让球员的触球次数达到平时训练一周才能够达到的数字。勒夫相信，今后德甲的球员训练水平还会稳步提高。也许，勒夫甚至可以从顶尖教练如佩普·瓜迪奥拉和克洛普那里学到一些新的训练方法。

界外球　每个球员都要像经营公司那样经营自己

2006年世界杯之前，克林斯曼非常关心球员的"成长"问题。他呼吁球员们要对自己负责："喂，这是你的事业！这是你的世界杯！别放过机会，每周最好多练上3次。否则你会在8月时对自己生气，后悔没多练！"勒夫接手后，个性化训练成为制度。他为此提出的口号是"每个人都是自己的公司"，意思是说每个球员都要像经营公司那样经营自己的运动生涯。德国国家队队员除了要参加训练营的集体训练外，还应该自愿地做一些家庭作业。勒夫强调，只有那些专注于自己的职业和对自己负责的球员才能够真正取得进步。2004年以来，德国国家队的集体训练已经安排得非常饱和，球员只有通过个人加练才能够进一步提高。针对球员个人特点的个性化训练能够调动球员的最大潜力。只有针对球员个人的弱点加强训练，球队的整体水平才会提高。

勒夫不认为实行个性化训练有多么复杂。他说，每个球员一周之内可以来个四五次的半小时额外训练，这不应该有问题。"这不会对俱乐部的训练工作产生影响。德国国家队和俱乐部的利益虽然会有所不同，但是球员的成长是双方共同的目标。"勒夫说，他绝对没兴趣干预俱乐部的工作，但是他要与俱乐部协调，看看球员今后几年里在体力和技术上还能够有哪些提高。

为了对症下药，勒夫在上任之初就给德国国家队队员发了调查表来收集他们在俱乐部的训练情况。采取这一措施的目的是为球员制订量体裁衣式的训练方案和避免训练过度。现在，勒夫会在招一名球员入队之前就问，他是否愿意进行个人的独立训练。"我如果觉得一名球员适合进德国国家队，我就会打电话跟他说：我认为你的优点和缺点是这样或者那样的。你应该多一点训练，在节假日休息时加点班！我们相信你很快能够成为德国国家队精英中的一员，但是你要遵守我们的规矩！我们要培养你去打欧洲杯或者世界杯，但是你应该从今天开始就准备。对，就是现在！"在勒夫眼里，一个没有自主能力和意愿的职业球员不配进入德国国家队。除此之外，每个球员的起点、体能和技术能力以及所打位置的不同，要有不同的个人化训练方案，要制定正确的训练强度，弥补他的不足，这些都是在集体训练中无法做到的。

德国国家队2006年开始就采取了给球员发放个人定制DVD光盘的做

法。光盘上刻录的是指导球员提高技战术能力的影像资料。勒夫对多媒体资料非常着迷，他说："通过活动的画面来学习效果会更好，特别是针对这一代年轻人来说更是如此。"光盘上的资料按主题分类，包括跑动路线、短传配合、长传、一对一对抗策略等，每一个主题都提供了正确的和错误的实例。光盘里当然少不了球员本人在德甲和德国国家队比赛中的场景片段，当然也是有正确的和错误的范例。这样，每一位球员可以观摩国际顶级水平的踢法，然后对比一下自己的表现，以此告诉他们："在这些领域中你还有明显需要提高的地方。"这样，球员们就能够有针对性地在自己的弱点上狠下功夫。同时，德国国家队教练班子继续录制他们在德甲比赛中的表现，等他们又回到德国国家队时，会有新的DVD光盘供他们继续提高，每一个球员的进步都会被连续跟踪记录下来。

2007年秋天，勒夫为每一位球员准备了一份个性化的欧洲杯备战手册。这是一个DIN A5尺寸的活页册子，里面有对球员竞技上的和个人上的状况评估，还附有一张8分钟的光盘，上面有该球员在德国国家队比赛中的一些错误表现，这些错误表现构成了该球员的主要弱点。勒夫说："要想有所进步，就要看球员自己的努力。他们每天都要主动去训练。谁不想这样做，就不会走得更远。"每一位球员必须把自己当成一家公司，与自己签合同。"我们期望球员有一定的自我控制能力。每个人都为自己的幸福和成绩负责。"默特萨克透露："手册里有注意事项和规则，同时也留给球员很大的个人空间。"但是，不能把这个手册看成可有可无的建议。勒夫以教练团队的名义说："我们布置的这些作业，期望球员们能够认真完成。"几个月后，教练会提出要求，比如："我们要看到你传出凌厉的低平球到球门近角，但是我们却一个也没看到。"那么教练就会得出结论："你没有完成作业！"如果球员一而再再而三地不好好完成作业，那么他在德国国家队的前程可能就到此为止了。

在一次接受《南德意志报》的采访中，勒夫详细阐述了他的"公司哲学"。"我使用'公司'这个词，指的是每一位精英球员都应该有一个自己的职业发展规划，应该很好地完成自己的日常工作。他必须想清楚，他将走哪条路，这包括如何给自己创造一个合适的环境。他需要有一个人为他照照镜子，他的周围不应该都是些只会说'是'的人。一个球员必须要培养自己看人的能力，知道谁会帮助他，谁会对他有益。"

他说，绝大部分球员都表现出学习的意愿。拜仁替补前锋波多尔斯基被认为是"问题公司"，拜仁经理乌利·赫内斯曾经指出，卢卡斯·波多尔斯基太容易满足，但其实波多尔斯基恰恰是非常勤奋好学的人。勒夫说，卢卡斯有时候会主动找到教练，要求得到一些视频资料，以便能够把自己的错误与那些优秀前锋的表现相比较并找出差距。勒夫会让人给波多尔斯基额外制作一张光盘，并与他一起分析。勒夫说："他知道，他必须敞开自己的心扉，通过我们给他的资料去虚心学习，不断进步。"

勒夫一开始把个人的额外训练当成对正规训练的补充，但是后来他越来越意识到它的重要性，因为他看到了球队整体战术训练的局限性。勒夫在2011年年底说："我相信，我们能够通过球员个体的提高来达到整体水平的飞跃。"对于还没有完全达标的德国国家队候选队员，勒夫为他们做出现状诊断，提出明确的改善意见和期望目标。扬森由于偷懒，没能在体能方面达到要求，勒夫要求他放弃休假，并告诉他只有这样才能有希望得到在德国国家队上场的机会。扬森果然做出努力，他专程飞到美国去接受体能教练沙德·福赛思的指导。

扬森放弃假期去进行额外训练，这件事并没有让他效力的汉堡俱乐部不高兴，因为俱乐部也想看到一个体能得到改善的球员。原则上来说，俱乐部教练一般不会愿意让他的球员在日常训练之外，按照德国国家队的要求进行加练。联赛教练们之所以还没有在这方面大声表示抗议，也是因为德国国家队教练没有权利布置硬性的个人家庭作业。但是还是有一位德甲教练对德国国家队提出了激烈和持久的抗议，他就是执教过拜仁，后来带领沃尔夫斯堡拿过德甲冠军，然后执教沙尔克04的马加特。马加特在2009—2010世界杯赛季开始后对媒体说，德国足协越来越多地干涉俱乐部的工作，这一趋势必须要停止。他说："让我感到奇怪的是，为什么很多俱乐部对这种做法表示宽容。对我来说重要的是，我的球员要由我来训练。"勒夫在《踢球者》杂志上与马加特展开的对话中说，他不是想要对俱乐部发号施令，而是在与俱乐部协商一致的前提下，让球员就某些方面的问题进行个别的训练。马加特说，这就是不能被容忍的干涉内政。他说："如果您的手下有一位球员，他的国家队教练告诉他应该怎么做，那么我要对这位球员说，把那张纸条扔掉，你要听我的！您会怎么想？"马加特说，不应该让球员当传声筒。马加特希望不要给球员制订外部的额外训练计划，而应该由德国国家队主教练和俱乐部主教练在这个问题上进行直接交流，两个教练可以在电话中直接讨论应该采取什么样的措施。

总之，球员越是对自己负责，教练就越不用操心。例如，汉堡后卫海科·韦斯特曼就是这样的模范球员，他主动请求运动生理学家帮助自己提高反应速度和踢球的速度。还有克洛泽，他主动请求心理教练对他进行辅导，把勒夫的话"精神面貌的焕然一新非常重要"转化为实际行动。德国国家队球员在人格上的成熟体现在2014年世界杯在巴伊亚营地的集体宿舍试验，球员们学会了生活自理，证明了他们有人们意想不到的自我管理能力。

第 18 章　教练席上的哲学家
　　　　　缔造完美足球的日常工作

比赛的开场哨声一旦吹响，场上的每一位队员就开始了90分钟的内心问答。他必须不停地在几分之一秒内对不断出现的问题瞬间给出回答：球从哪里来？球会怎么过来？我要向哪里跑？我的队友和对手都在哪里？他们都在跑向哪里？我应该如何处理这个球？如果球员不事先对下一步应该怎么做有一定的想象，他就不会在比赛中有什么作为。主教练的首要任务就是教会球员做出尽可能完美的预判和采取正确的行动，并且让球员理解其因果关系。教练尝试在训练中为上述这些问题提供简单易懂和战术上合理的解决方案。他为球员把复杂的比赛情形"预防性"地加以简化，为他的球队带来比赛的清晰结构和轮廓。这样，教练创造性地构建出他的球队的打法。在这一意义上，人们可以把教练称为哲学家，他的全套想法亦可称之为哲学。

　　勒夫致力于把自己塑造为足球美学家，他乐于把他的足球理念称之为"哲学"。不只是他一个人这样做。《南德意志报》2011年3月的一篇文章说："在过去几年里有一定层次的足球讨论中，'哲学'或者'打法哲学'一词扮演了一个关键角色。"足球上使用的"哲学"一词与真正的哲学究竟有着怎样的关系，在这里姑且不做探讨。有意思的是，我们看看勒夫是如何使用这个词的。可以肯定的是，勒夫的"哲学"和真正的哲学一样，都是有关知识、认识和世界观的思想体系。勒夫相信他的足球专业能力，他就像外科医生那样对"球队的躯体"展开工作，像交通规划者那样在虚拟绿茵场上勾勒出战术蓝图。与此同时，勒夫随时将最新的分析结果运用到他的设计与构思中，并把它们统一在一个主导思想之下。勒夫说他和他的球队"严格并且坚决地执行一个战略方案"。有时候,人们的印象是勒夫嘴上说的"哲学"实际上指的无非是基本战术打法,例如4-2-3-1阵型。但是勒夫一再明确解释,他说的"哲学"还包括更多内容,是一套完整的思想体系。勒夫曾说过,足球哲学要回答以下根本问题:"我需要什么样的教练?需要什么样的球员?我们的阶段性目标是什么?我们想踢什么样的足球?"可以说,如果我们追求的是进攻性的和漂亮的足球,那么我就需要聘用一位代表这一派足球理念的教练,例如勒夫。然后,这位教练哲学家就选拔出他的合适球员,制订出精益求精的训练计划,一步步将攻击力和足球魅力带到足球场上,并最终实现完美足球的梦想。

当然,勒夫本人也很清楚,去追求所谓的完美无缺在原则上就是错误的。他认为,"甚至没有所谓的完美的配合进攻,因为你必须时刻考虑对方防守队员的行为方式。有些配合进攻看上去似乎很完美,但是它也是对手犯错误的结果。如果我们像训练时那样进球了,我们当然很高兴,但是进球的事你是事先无法策划的"。

足球风格:有章法敢冒险的攻势足球

当初勒夫作为克林斯曼的助手被介绍给媒体时,就谈到他主张打什么风格的足球:"我的哲学可以从我的执教经历中看出来,我主张具有攻击性的、积极进攻的和有一定章法的足球。这包括敢于冒险。"勒夫说,德国国家队不应该仅仅满足于跟着对手跑和被动反应,而应该积极主动,掌握比赛的主动权,用自己的打法给对手造成困难,能够在任何球场,包括任何客场,给对手制造压力和控制对手。这样做有可能会犯错误,因此这就叫作敢于冒险,但是勒夫认为这并不可怕,因为如果你总是大胆进攻,球迷们就会原谅你偶尔的失误。

单凭着即兴发挥打不出讲究章法的攻势足球,必须事先按照计划进行训练，必须确定好每一个步骤，然后一步步实现想要的结果。每一个步骤都要明确定义。勒夫说："目标比梦想和愿望更重要。目标可以明确定义，可以自己确定实现目标的路线。"也就是说，不能够只有一个模糊的整体哲学。必须要有应对失败的方案，无论是退步还是进步都要有明确的记录。勒夫称，与他刚入行做教练的时候不同，他现在能够清晰地阅读比赛，能够随时厘清问题的因果关系，并找出相应的对策。他说，自己目标明确，也有实现目标的明确方案。他自信地说："我知道养眼和成功的足球应该怎么踢。"

勒夫的足球哲学不是那种不惜一切要获得胜利的哲学。足球风格比结果更重要。勒夫在2010年南非世界杯前表示："我们以一个积极、友好的球队形象亮相，我们努力去踢积极进攻的、有吸引力的足球。这样我们就能够让这里的球迷和国内的观众对我们的足球风格给予认同。"勒夫主张那种能够抓住观众和耐看的足球，主导他的战术思想的是美感。他曾经这样说自己："我是一位美学教练，我想看到艺术足球。"

勒夫指出，好的足球总与美感和灵动飘逸有关。"我想在一场比赛结束后这样总结：我们是踢得更漂亮的球队，不是依靠运气赢的球。"勒夫在20世纪80年代就曾经为一批巴西球星所倾倒："苏格拉底①、埃德尔②、

---

① 苏格拉底·布拉济莱罗·奥利维拉，1954年2月19日—2011年12月4日，20世纪80年代巴西著名足球运动员，他的父亲因崇拜古希腊哲学家苏格拉底，给他取了这个名字。苏格拉底曾两次参加世界杯比赛都无缘四强，但是他与济科、法尔考组成的巴西中场为球迷们奉献了最经典的桑巴艺术足球。他是医学界的牙医博士，也是足球界的艺术大师，1982年世界杯他用双脚诠释桑巴足球的真谛。苏格拉底患有酒精依赖症，过度的酗酒导致他肝硬化，2011年8月和11月曾两度入院。2011年12月，苏格拉底在圣保罗当地的阿尔伯特·爱因斯坦医院抢救无效不幸去世，享年57岁。——译者注

② 埃德尔·阿莱绍·德阿西斯，代表巴西队出场51次的天才左边锋，在1982年世界杯那支拥有苏格拉底、法尔考、塞雷佐以及儒尼奥尔等大师的巴西队当中，埃德尔拥有"加农炮"的绰号，就是用来形容他势大力沉的左脚任意球。那届杯赛他收获两个精彩入球，但给人留下印象最深的恐怕要数对阵阿根廷队他任意球击中中梁，济科补射打破僵局。——译者注

济科①和儒尼奥尔②是我青少年时代崇拜的足球魔术师。他们那时候的踢法有着一种魔力。"这支巴西队从未夺得过世界大赛的冠军，这一点并不影响他对这支黄衣军团"无冕之王"的推崇。这位美学家教练希望他的球队拥有意志和能力，在场上有组织、有进取心，既守纪律又有创造力，打出配合流畅、赏心悦目的足球。勒夫甚至说，最高的艺术足球境界不但是指熟练的、动感的和形式优美的进攻，也在防守上讲究美感。美的防守就是后卫不需要犯规就能够依靠巧妙的动作抢断足球，然后有策略和流畅地发起一次反攻。

德国队在南非世界杯上的确打出了耐看的足球。评论者一致认为德国人还从来没有踢过这么行云流水般的足球。勒夫对于这样的夸赞很是高兴，他坚信，"踢法丑陋的足球肯定得不了冠军"。他在2012年年初总结说："回头看看，我们对巴西队、荷兰队、阿根廷队和英格兰队的比赛不仅赢了，而且还是表现更好的球队，我因此而感到特别满足。"

有些评论家似乎对于"漂亮足球"很不以为然。《明镜》周刊体育记者亚历山大·奥桑在题为"新德国男人"的文章中尝试去揭开谜底。

---

① 济科，原名阿图尔·安图内斯·科因布拉，著名的巴西前国脚。他在1978年、1982年及1986年三度代表巴西出战世界杯，并在72场比赛中攻入52球。尽管未能帮助巴西队赢得锦标，但济科凭借其中场的优异表现让他三度当选南美足球先生，2004年被"球王"贝利选为"当代最伟大的125位球员"之一。1994年退休前，他曾为巴西的弗拉门戈队、意大利的乌迪内斯队及日本的鹿岛鹿角队效力。退役后就任鹿角队的技术顾问。2002年7月，日韩世界杯结束后，济科接替法国人菲利普·特鲁西埃成为日本国家队主教练。在他的带领下，日本队赢得了2004年的麒麟杯及亚洲杯，杀入2006年世界杯正赛。日本在世界杯出局后，济科宣布辞职。2006年7月4日，他宣布改投土甲的费内巴切。2008年夏季因未能与费内巴切达成续约协议而辞职。——译者注
② 莱奥维吉尔多·林斯·达伽马·儒尼奥尔，20世纪80年代初巴西四巨星之一（济科、苏格拉底、法尔考、儒尼奥尔），1979年5月到1992年12月为巴西队出场74次，攻入6球，参加过1982年、1986年两届世界杯，以出色的技术和团队配合、多面手能力闻名，他可以打左后卫、左中场，尽管他的自然脚是右脚，但是他双脚均衡，因此在俱乐部也经常打中场。2004年被"球王"贝利选为"当代最伟大的125位球员"之一。如今他为环球电视网担任评球嘉宾。——译者注

他在文章中问道，勒夫和他的球队用他们的漂亮打法征服世界时，他们的内心世界里充满了什么样的东西？他说："肯定是很轻盈的东西，灵动的东西，美好的东西，愉悦的东西。这些东西会让以前习惯讲究等级秩序和地位高低的人感到有些茫然。"谈到这些东西，就不免会谈到"同性恋"这个令人生疑的词。迪尔克·莱布弗里德和安德烈亚斯·埃尔布在他们共同撰写的关于德国足球与同性恋的书中①说："'同性恋'被看成是轻盈、灵动、美好、愉悦的同义词，它是一种全新的东西，也是一种被误解的东西。"当德国足球风格不再是彪悍地冲撞对手，不再是拼了命地满场奔跑，不再一切都听从暴躁的队长的命令，而是在平等的气氛中发挥自己，显然就有些老派的德国球迷看不懂了。这些人因为不理解而热衷于阴谋论和疑神疑鬼。巴拉克的顾问米夏埃尔·贝克尔就是这样的人。他在与《明镜》周刊体育记者亚历山大·奥桑谈起德国国家队时轻蔑地用了"一群同性恋"这个词。这种表达方式的背后其实是混杂了挫败感、自负和同性恐惧症，它恰恰说明了这样说话的人的性格，而与他谈论的人无关。

如何去实践追求美感的足球理念，本来与性取向毫无关系，这也是不言自明的道理。重要的是球员的足球天赋，还有就是如何坚定不移地去追求这个足球理念。只有教练与一个稳定的球员团队长期合作，才能够最终实现高标准的足球理想。连续性是足球进步的一个必不可少的前提条件。对于教练来说，有充分的时间和学会暂时放空自己，对他不断完善自己的想法也非常重要。

勒夫说，他为德国足协工作的这些年里学会了很多东西。"我的工作很国际化，与很多世界各地形形色色的人打交道，我的思维因此而变得越来越开放。与在俱乐部当教练时不同，我现在有时候能够几天闭门不出，在家里进行创造性的思考和构思一些东西。我的足球哲学也因此

---

① 书名为《沉默的男人》。

得到巩固。"勒夫经常利用节假日来琢磨和思考一些细节问题和框架问题。他说："我会坐在办公室里进行思考和做笔记，想想还有哪些地方需要改善，还需要和哪个球员进行个别谈话，还有哪些东西需要在训练中去实行。"

勒夫说："我们的哲学与2006年世界杯时相比没有什么原则上的改变。"当时的基本理念就是打积极的攻势足球，这个理念仍然保留至今。哲学家教练勒夫逐步改变和更加细化的是实现这一理念的具体方式。哲学理念的具体实践意味着无数的细节工作：每一位球员都要有一个量体裁衣式的训练计划，一些战术套路和球队在特定比赛情况下的战术行为方式都需要一再演练。当然还要有一个全局计划，一个指导球队技战术发展和为欧洲杯、世界杯等大赛做准备的"脚本"。具体来说，这个脚本就是一个DIN-A4格式的活页手册，里面包括了所有的训练单元，所有的战术套路和进攻章法。勒夫把它称之为"答案范例"："球员应该学习掌握比赛中各种可能情况下的预设方案，在必要时他们可以像按电钮一样立即就把它们调出来。"

这位哲学家教练不仅要知道他想打什么风格的足球和如何去实现这一风格，还要看他是否能够通俗易懂地阐述目标和讲解通往目标的具体步骤。只有这样，他才能够让球员们对他的哲学信服。勒夫说，实现他的理念的一个基本前提是"有一个所有球员都理解的明确目标"。他深信："你不可能违反球员的意志去实现你的想法，你必须和球员一起实现你的想法。"也就是说，要想实现你的目标，你不能够仅仅依赖于命令和服从，而是要能够提供令人信服的讲解。"上场去冲吧"，光靠这样简单的口号指挥比赛的日子一去不复返了。勒夫说："光是告诉小伙子们去做什么，这是不够的。你应该让球员们知道，他们为什么要这么做。他们也有权利知道这些。"只是告诉球员"多利用边路"或者"多跑动"，这几乎不会有什么作用。像个无头苍蝇似的在球场上乱跑也无济于事，只有正确的跑动路线和精准的传球才能够保证进攻的有效性。所以，必须要告诉球员们，在边路上如何去撕破对手的防线。各种套路练习得越具体，就越有效果。

不仅边路进攻是这样，所有的进攻套路都需要经过仔细地分析，要有明确的行为指导和细致入微的工作，必须随时随地地为球员提供处理方案和策略。勒夫说："你必须让球员在训练时就接触到各种比赛时可能遇到的情景。你必须让球员有空间感和认清队友的情况：他站在哪里？他距离我有多远？这些问题听上去很平常，但是这些就是球员们要掌握的最基本的东西。"

最理想的状态是，每一个球员在每一个时刻都知道他必须做什么和他的队友将要做什么。每一个球员都需要最精确地领会到对他的特殊要求和给他布置的任务。勒夫在接受rund-magazin.de网站采访时透露："我告诉球员们，你必须严格按照我们的要求去踢，不论你在俱乐部里怎么踢。如果你在俱乐部里有别的任务，那么你在我们这里必须从第一天开始就适应我们的打法。"勒夫说，如果一个球员说，他在俱乐部被要求开大脚踢远距离传球，那么在德国国家队他就被告知必须要学会打低平球和直传球。如果一个后卫说，他应该固守在后场，那么德国国家队就要求他：边后卫也要随时上前助攻。

2014年世界杯之前，勒夫为球队在技战术上做好了精心的准备。有些讽刺意味的是，虽然德国队在夺冠的道路上打出了精彩纷呈的好球，例如7∶1大胜巴西队，但是夺冠的一个重要原因，恰恰是勒夫在他的纯粹攻势足球哲学上打了些折扣。

教学方法：指示明确，用数据说话

勒夫教学方法的一个主要特点是对话讨论。换句话说，教学时有很多交流、沟通和讲解。每一项练习都会给出理由，从一个单元到下一个单元尽可能具有逻辑连贯性，最后球员们自然而然地就理解了一套练习的整体意义。这样的教学方式符合哲学家康德①的知识理论：人类的知识理解都是通过概念来实现的。但是在康德的时代没有DVD（不过康德很看不起依靠直觉获得的知识），而勒夫则在人类的21世纪利用活动的图像去直观地阐述他的理念。勒夫不但与球员们时刻保持对话，在训练场上大声训话和用大幅度的肢体语言讲解区域和路线，他还用DVD进行形象讲解，这在概念性思维越来越少的今天具有不可低估的意义。使用DVD可以对个别球员、球队部分球员和整个球队进行培训。例如当波多尔斯基不理解他应该怎么跑位时，就可以给他播放相应的视频片段，使他凭借直觉就能掌握要领，并且在比赛中去贯彻实施，让他知道在哪些时刻应该做哪些动作才合理（人们可以看到，勒夫帮助波多尔斯基解决了这一问题，这对他本人的影响很大）。

可以说，移动画面是教练讲解意图最为有效的手段。如果要制定任务和要求，那么对统计数据的分析就至关重要。2005年，德国国家队教练团队开始建设数据库，目的是收集和分析现役国脚和潜在国脚的能力与进步方面的数据，并把这些数据与世界发展趋势进行比较。数据库为勒夫的教练工作提供了科学基础（以及批评德甲联赛的依据），它是点子库，是采取措施的依据，也是发现和纠正错误的工具。有了这个数据库，热衷于分析的勒夫感觉如虎添翼："我们可以从数据中知道很多东西，例如一个球员喜欢怎么传球，是横传还是直传，是高球还是低球；球员们跑了多少公里，速度怎样？我们就可以根据数据清楚地告诉球员，我们对他有什么期望，因为我们参照的是那些顶级球员的指数。"了解各方面的顶级数据，例如一对一对抗、传球速度、传球准确度、停球、带球、奔跑速度等，就可以做出比较，可以准确定位自己的

①　伊曼努尔·康德，1724年4月22日—1804年2月12日，出生于普鲁士的柯尼斯堡（现俄罗斯加里宁格勒），著名德国哲学家，德国古典哲学创始人。他被认为是对现代西方最具影响力的思想家之一，也是启蒙运动最后一位主要哲学家。康德一生深居简出，终身未娶，过着单调的学者生活，直到1804年去世为止，从未踏出过出生地半步。——译者注

球队在国际上处于什么水平。同理，还可以在数据的基础上过滤出一些有说服力的参数，并通过这些参数来判断某一个位置上的球员的技术质量有多高。

通过数据的支持来为球队和球员制定目标，这样做还有一个额外的好处。掌握全面信息的教练总是比球员知道得更多，这让他显得更有权威。勒夫曾经说过，"我的能力远远超过球员"，他这样说绝不是傲慢的表现。以理服人的对话式教学只有在老师拥有专业知识的基础上才会有效果。当然，对于一切都给出解释和证据的话，也会带来一个问题，那就是球员需要具备一定的智商，能够理解和贯彻教练提出的要求。勒夫对他的球员的智商深信不疑："我们球队的质量首先体现在球员们的球踢得很聪明。"他说，他的球员在训练中表现出很强的战术理解力，他们学东西非常快，很多东西一学就会。"因为他们学会了，所以他们在比赛中显得胸有成竹。"2010年南非世界杯上，德国队4：0大胜阿根廷队后，勒夫骄傲地说："也许这也是我们教练班子的功劳，我们做到了让球员们相信我们提出的要求都是对的；他们在比赛中按照教练的要求去踢，因为他们了解了其中的意义。他们看到，只要按照教练的要求去做，就会取得成果。"

德国队在南非取得佳绩绝不是偶然的。对澳大利亚队打进的4个球和很多次进攻都好像是训练的一比一复制。对英格兰队的比赛也是这样。勒夫在评论这场4：1获胜的比赛时说："我们看到球员们就像是在进行训练，他们踢得近乎完美。我为德国国家队工作了6年，但是我以前还从未看见过这样的流畅配合和无球跑动。"这场比赛是在淘汰赛的压力下进行的，它证明勒夫的足球理念已经把德国足球带到了一流水平。无论是跑动、传球、速度还是准确性都无可挑剔，勒夫经过多年的努力，终于看到了他梦寐以求的足球。

2012年欧洲杯半决赛遗憾地负于意大利队后，德国国内对于勒夫式足球的信任有所下降，特别是媒体，开始出现质疑的声音。在2014年世界杯开赛前和在小组赛中，勒夫让4名中后卫组成站位靠前的后卫四人链，让拉姆改打后腰和使用"伪9号"，这一阵型遭到不少批评。在勒夫展示出领导力和勇于纠正错误之后，夺冠之路又顺畅起来。当勒夫把大力神杯高高举起时，人们看到的是一个从美学理念派教练转型为实用主义者、以取得成就为目标的世界冠军教练。

阵型结构：纪律严明的艺术足球

足球运动中，奔跑能力、对抗能力、个人技术、带球过人技术这些传统特长，以及毅力、激情和直觉等心理能力依然扮演着重要的角色。但是，只有在每个球员都知道在什么时候应该做什么和队员之间配合默契时，这些特长才算有用。勒夫在2007年10月份对《南德意志报》说："这支球队踢球时有着清晰的思路。他们早已经把这一思路内化于心，新来的球员除了按照这一思路来踢，不可能有别的踢法。"

思路首先指的是一套打法体系。例如，你可以在后卫线上使用自由人、盯人中卫、三人链或者四人链。勒夫执教斯图加特时就使用过三后卫（贝特霍尔德、费尔拉特和托马斯·施奈德）。在过去数年里，几乎所有的球队都采取以区域防守和后卫四人链为特点的4-4-2，4-3-3或者4-5-1（4-2-3-1）阵型。勒夫很长时间以来是4-4-2的铁杆捍卫者。在2007年3月24日那场具有里程碑意义的2∶1战胜捷克队的比赛中，勒夫的后卫四人链是拉姆、默特萨克、梅策尔德和扬森，中间的中前卫是弗林斯和巴拉克，他们二人的左右分别是施奈德和施魏因斯泰格，双前锋是库兰伊和波多尔斯基。

2008年欧洲杯上，德国队对波兰队和克罗地亚队的头两场小组赛都是保持了同样的阵型，只是两名边前卫换成了弗里茨和波多尔斯基，双边锋是克洛泽和戈麦斯。在1/4决赛对葡萄牙队小试牛刀后，到2008年秋天时勒夫将4-5-1变成德国国家队的长期固定阵型：后卫四人链，双后腰，两名边前卫，一名前腰，一名突击型前锋。2010年世界杯

4：0大胜阿根廷队的比赛中，德国队的4—2—3—1阵型爆发威力：诺伊尔—拉姆、默特萨克、弗里德里希、博阿滕—赫迪拉、施魏因斯泰格—穆勒、厄齐尔、波多尔斯基—克洛泽。

导致阵型变化的主要原因是4—5—1阵型在打法上富于变化，中场更加紧凑，由守转攻或者由攻转守的速度变得更快，因此它是目前最流行的阵型。施魏因斯泰格是这一阵型的枢纽，他既负责组织后卫线之前的防守，又承担起从后防线组织进攻的责任。由于一个人担当这么多责任负担太重，另一名后腰赫迪拉就给他提供支援，并在拿到球的情况下经常上前助攻。以这两名后腰为核心的德国队经常把这一阵型发挥得淋漓尽致。在本方控球的情况下，4—2—3—1迅速变成4—4—2，厄齐尔变成了前锋，赫迪拉变成了前腰；或者变成4—3—3阵型，波多尔斯基和穆勒变成锋线攻击队员。在防守的情况下，边前卫迅速回撤，阵型一下子就变成4—4—1—1，形成两条四人链。可以变化的方式还有很多，所以战术专家乔纳森·威尔逊[1]不无道理地说："可以肯定，'4—5—1'这一名称已经被使用得十分模糊，现在它在描述一支球队的阵型时都变得毫无用途了。它更像是一个战术阵型大家族的统称。"

在正确的时机变换阵型或者将刻苦训练过的套路在比赛中打出来，这是非常复杂的任务。为了让球员更容易保持阵型不乱或者重新恢复阵型，勒夫把球场划分成18个同样大小的方块。这样，球员就能根据整体队形和具体情境的不同，总是知道自己是否站位正确。同时，他们也能够在形成新的比赛情境时，更好地"看见"空间和选择好站位空间，或者在一次进攻之后，能够迅速恢复基本队形。总之，阵型的基本结构就像个扇面，可放可收。在这当中，有一条基本的原则就是中间的方块必须要有队员占领。在世界杯比赛中，中场指挥者施魏因斯泰格负责控制

---

[1] 乔纳森·威尔逊，英国体育记者，欧洲最著名的战术专栏作家之一，足球杂志《暴雪》的创始人和编辑，主要供稿于《卫报》，也为《独立报》《体育画报》供稿。他撰写过一本非常著名的足球战术史书籍《倒转金字塔：足球战术的历史》，这本书是2008年足球类最佳书籍。——译者注

比赛节奏的转换，他的活动范围也最小。跑动范围最大的是穆勒，他既负责向前冲刺，也要随时迅速后撤协防。

只有清晰的阵型结构当然还不能够保证赢球，队员们必须要以严明的纪律和清楚的头脑来把它变成行动。勒夫总是要求球员"绝对地服从纪律"。纪律性就是球员不但要严格遵守分工，还要从整个球队的利益出发，坚决完成好自己的任务。在保证阵型结构正常发挥作用的前提下，才会打出创造性。勒夫断定，"没有组织和章法，就不可能踢出足球风格"。他还说："一个球队组织得越好，就越有创造性。"一名具有创造性的球员如果胸无全局观念，就不会制造出对球队整体有利的效果，那么他的个人球技也只能是花拳绣腿，好看而不中用。

好的足球风格就是忠于阵型和发挥创造力的均衡混合。如果一个球队像奴隶一样刻板地死守阵型，那么当比赛中出现意外情况时，就会不知所措。但是，没有全局观念的个人主义即兴表演在一项集体运动中也没有多大意义，从这个意义上来说，足球队就像是交响乐队，只有每一个过程和动作都到位，只有每个人都信赖他的团队，只有局部的熟练操作天衣无缝地组合在一起，服务于整体的创造性，才能够发挥出它的效果。达到了这个境界，优秀的球员才会更加优秀。或者就像著名意大利教练阿里戈·萨基所说的：战术组织的精髓就是，它能够"放大球员的个人球技"。

聪明的空间卡位非常重要。它首先体现在后卫四人链的合理距离上，勒夫认为最理想的后卫之间的距离是8米；再者就是在时间上和空间上的准确移动，以及在对手改变策略时熟练到本能化的反应。当对手只有一名前锋时，一名中后卫可以更多地朝中场靠拢；如果对方是两名前锋，两名中卫就要注意防守，但是与此同时边后卫则有了更多的活动空间。如果说后卫线的空间分配更一目了然，有效的移动相对更容易掌握，那么进攻的中前场就要复杂很多。参与进攻的球员就要尽快占领空当，尽可能充分利用活动空间。根据比赛情境的不同，进攻队员应该有能力通过有效的短传配合拉出空当。

球员们知道教练想要什么。例如扬森就说，教练要求我们在合适的时机充分利用球场的宽度，从而有效地向前突破。这位左后卫在2∶1战胜捷克队的那场关键的欧洲杯预赛中，出色地完成了主教练安排的任务。他不断地充分利用整个左路的空间，与队友们发起一连串的配合冲击，有一次还与施魏因斯泰格、波多尔斯基和施奈德完成了连续3次漂亮的二过一，直杀到对手底线。在2010年世界杯上，善于掌握分球火候的厄齐尔和善于在边路冲刺的穆勒都展现出杰出的空间感，打出一系列高潮。厄齐尔对于空当的嗅觉非常灵敏。穆勒把自己说成是"空当诠释家"，他善于在陌生的、训练中没有练习过的比赛情境中灵光闪现，找出正确的进攻途径。

2014年世界杯上，德国队展现出以前少有的紧凑站位。他们在表现出高度灵活性的同时，依然保持了球队整体的协调同步。他们的跑位和阵型变换非常流畅，几乎是严丝合缝。两名后腰构成了球队的心脏，他们不仅控制住防守的节奏，也能够前瞻性地指挥球队的运动，封堵对手的传球和补上防守中的漏洞。他们还与站位在他们前面的中前卫托尼·克罗斯配合，用精确和干净利落的传球打出训练过的进攻套路或者即兴发动创造性的进攻。

战术：如何才能最快攻到门前射门

阵型无非就是一个基础。只有给予诠释，采取一定的集体战略战术，才能够给阵型注入生命。例如在球的附近形成以多打少，压缩空间区域，减少对方传球的可能性，为自己创造出传球可能性，等等。不论是什么阵型，总会有一些最基本的方法。例如一个教练可以决定采取控制球和拿球的打法，严格规定跑动路线和站位，通过不断给对手施加压力而逼迫对手犯错误。范加尔在拜仁的打法就是这种打法的代表，他管它叫"位置打法"。而西班牙队的打法则是长时间让球在自己的脚下传来传去，熟练到炉火纯青的地步。他们的配合非常熟练和自信，甚至自己都觉得用不上其他的手段。西班牙人也会打长传、远射和头球攻门，例如2010年世界杯半决赛1∶0胜德国队的比赛，但是他们很少这么打。他们根本不急于攻门，而是让足球连续数分钟在自己的脚下循环，直到攻进禁区，机会自然就来了。德国队的打法完全不同。勒夫说，我们"要以最快的速度找到起脚打门的机会"。

在2011年出版的《德国国家队——通往成功的路上》[①]一书中，勒夫描述了2006年以来德国国家队战术上的变化。2006年世界杯，德国队还在打基础的阶段，那时候训练的主要内容是按照纪律严格地处理球：区域防守，四人链，以球为导向的后防集体移动，封堵对手空间。不过在踢法上还相当粗糙，后防和锋线经常脱节，攻防转换经常失误。在2∶3败给巴西队的2005年联合会杯的比赛中，德国队的中场托尔斯滕·弗林斯、法比安·恩斯特、米夏埃尔·巴拉克、塞巴斯蒂安·代斯勒和前锋卢卡斯·波多尔斯基与凯文·库兰伊很少能够在前场把球抢断下来；即使抢到球，也没有迅速把球传向锋线。2006年世界杯小组赛对波兰队的比赛，德国队有两条四人链：弗里德里希-默特萨克-梅策尔德-拉姆以及施奈德-弗林斯-巴拉克-施魏因斯泰格，前锋是克洛泽和波多尔斯基。为了纠正小组赛首场对哥斯达黎加失了两球的错误，德国队开始注重自家大门的防守，不敢大胆向前冲，很少形成有威胁的快速反击。到了比赛接近尾声时，德国队才加大油门猛攻，最后幸亏由替补上场的奥东科和诺伊维尔合作立功，才以1∶0惊险地拿下比赛。

2010年世界杯，德国队有了崭新的面貌。队员们已经知道在得球或者丢球之后应该怎么做。抢断成功后，他们会立即发起反击，最典型的例子就是3∶1胜英格兰队的比赛中的第3个进球：英国队的一个任意球被挡住，穆勒大脚将球传给左路的施魏因斯泰格，穆勒发起冲刺，施魏因斯泰格带球前冲并向内横切，直到厄齐尔在中间和穆勒在右路到

---

① 作者马蒂亚斯·格罗伊利希。

位以后，才一脚准确的传球塞给穆勒，穆勒在禁区右侧将球射向球门近角，破门成功。另外一些世界杯比赛中也有类似场景，例如4：0击败澳大利亚队的比赛中，巴德斯图伯抢到球，将球塞向左路，厄齐尔上前接应后高速冲刺，然后传给在中间接应的卡考，卡考射门得分。

勒夫哲学指导下的德国国家队打法就是练得烂熟的攻防转换，按照既定套路发起攻击。勒夫说："现在的比赛之中，大部分进球都不是在标准的情境下完成的，而是在得球后的五六秒内对手还没有组织好防线时。"在两三秒内，一个球队的10名场上队员加起来可以奔跑200米左右。你自己的速度越快，留给对手重新正确站位的时间就越少。快速由守转攻当然是可以通过训练加强的，勒夫在训练时对此有时间要求："必须在断球后6秒内发起进攻，不然就算是这次练习失败。"德国队在2010年世界杯上就是这样打的。勒夫在马蒂亚斯·格罗伊利希的那本书中说："我们的中场队员不希望默特萨克大脚把球踢向前场。施魏因斯泰格想要球，赫迪拉想要球，厄齐尔想要球，穆勒也想要球。施魏因斯泰格和厄齐尔想打配合，他们如果看到后卫开大脚，会非常生气。我们当然会在训练中在没有对手的情况下练习这些套路。我告诉他们这么跑，这么传，进攻应该这么打，他们就练得很起劲。当有对手时，他们就很高兴能够在实战中打出他们练过的配合。"

虽然勒夫的战术打法里已经增加了频繁倒脚的进攻办法，但是他在2014年世界杯前还是把快速攻防转换和尽快打门视为成功的主要手段。他在《明镜》周刊的采访中曾经说过："抢断球后，就要以最快的速度直接向最纵深地带推进，即把球尽可能传给距离对方球门最近的队友。就是说，拿球后的第一个习惯性念头就是往前攻。这是个必须要养成的习惯，不然你在拿球后来回横传两三次，机会就没了。"

光有几个漂亮的传球配合是不够的。要想做到快速攻防转换和通过配合摆脱对手的盯防，首先要抢到球。特别是面对拿球技术好的对手时，更要进行压迫紧逼。常见的锋线逼抢施压，就是锋线队员在对方的半场就开始进行逼抢。抢断球并发起防守反击的地点距离对手的大门越近，成功的机会就越大。这意味着，以快速攻防转换为特长的球队，后卫在站位上都是尽可能靠前的。如果后卫站位太靠后，不但会给自家大门造成更多威胁，也会因为防守反击的路径太长而打不出迅雷不及掩耳的攻势。进攻需要的时间越长，对手就有更多的时间来组织防守。

施压逼抢的打法最早是由荷兰人提倡的，20世纪80年代末恩斯特·哈佩尔①执教的汉堡队也喜欢采用这种打法。施压逼抢的基本策略就是在对手还没有来得及组织起进攻时就上前逼抢，施加压力，逼迫对手犯错误。为了有效施加压力，就要在无球状态下采取积极有效和费力的行动，整个球队都要配合。对于拿球的对手，要进行有协调的集体压制行动，让对方找不到传球的可能性。在一两名队员上去逼抢和干扰时，其他队员要挡住对方其他球员，让拿球者找不到接应的伙伴。当决定进行施压逼抢时，前锋对于拿球的对手进行骚扰攻击，其他队友则集体插上，封堵住对手传球接应的空间。

施压逼抢的重要前提是所有队员都愿意跑动并且富于组织纪律性。对拿球对手施行集体压制，这对体能有着很高的要求，也暗藏着风险，那就是对手可能会成功地进行反压制，组织起进攻。所谓反压制，就是一旦丢球，锋线队员立即尝试去反抢，力争在第一时间和第一点就破坏对手的防守反击。2010—2011赛季，克洛普执教的多特蒙德在反压制上就做得非常成功，并最终夺得德甲联赛冠军。

这种压制对手的打法对技战术水平和体力要求非常高，但是最难的那部分还是在抢断球后如何对球进行最佳处理。就算是通过施压抢到了球，球毕竟还没有进入对方大门。经常是逼抢不成功，也打不出什么射

---

① 恩斯特·哈佩尔，1925年11月29日—1992年11月14日。奥地利足球运动员、教练，曾分别率费耶诺德、布鲁日和汉堡三支球队闯入欧洲冠军杯决赛，帮助费耶诺德和汉堡各夺得一次欧洲冠军杯，被称为"魔术师"。1992年出任奥地利国家足球队主教练，不久因为癌症病逝。为纪念恩斯特·哈佩尔，奥地利维也纳最大的体育场被命名为恩斯特·哈佩尔球场。——译者注

门机会。典型的例子就是2010年世界杯半决赛，此前得到一片赞歌的德国队根本没办法从西班牙人脚下抢到球。每当碰到这样的情况，有的教练就会大声埋怨：你们连基本功都没掌握好，还谈什么战术与哲学？勒夫也这样绝望地喊过，但是他不会变得一筹莫展。多年来，他反复训练球员最基本的功夫，直到这些东西成为一种习惯成自然的东西，直到打出快节奏足球，直到在对抗中能够把球抢断。坚持不懈地苦练基本功，使得勒夫的足球哲学不再是纸上谈兵，而是能够具体地体现在赛场上。

基础1：踢球就像开车

2006年世界杯热身赛1∶4输给意大利队后，德国队教练班子保持了镇静。勒夫回忆说："我们当时很清楚，再经过4周的准备训练，我们会有所改善。后卫防守的习惯，跑动的路线，发起一次进攻，这些都要练得烂熟，成为下意识的习惯。踢球就像是开车。"勒夫坚持不懈地要求球员把基本功掌握到纯熟，为此进行了不厌其烦的训练。他认为："没有重复，就没有烂熟。"基本功达到自动化的境界，也是德国队在2006年世界杯上表现惊艳的一个原因。但是，与欧洲顶尖俱乐部球队相比，德国国家队还有着很大的差距。勒夫指出，"世界杯后大家都热衷于谈'夏天的童话'，但是却忘记了我们在很多领域还存在着不足。但是当时这些不足都被激情足球所掩盖。德国是东道主，有8万名观众支持的主场的巨大能量弥补了我们的不足"。勒夫提醒说，当时德国队的成功在很大程度上得益于狂热的期望而不是真正的实力，所以基本功还要继续练，不停地练，因为还有很大的提升空间。

练功是永远没有止境的，就像音乐家每天要演奏练习曲一样，足球运动员也要对一些基本动作反复训练。一位高标准严要求的教练还需要有耐心，因为即使经过成千上万次练习，有些动作还是会失误，例如有时候停球不稳，传球太近或者太远，球传得力量太大或者太小，又或者传球的时机不对而撕不开四人链防守。勒夫带队两年后，虽然他对球队进行了大量训练，球队仍然在防守的组织上、无球跑动上、传球的时机把握和准确性上存在不足，还达不到纯熟的境界。但是勒夫不松懈大意，不对错误妥协。他说："哪怕是犯了一个小错误，也不应该轻易放过。纠正，纠正，再纠正，不断指出错误，就像练习弹钢琴一样。"

克林斯曼主抓大的方向，勒夫则负责日常的精雕细琢，对基本的东西进行永无休止的练习和完善。他的工作不仅仅是有球的训练，也包括大脑的训练，训练球员在大脑中不断演练各种打法路数，直到铭记在心。这是一个漫长的工作过程，成绩不会一蹴而就。对于一位教练来说，最让他欣慰的是他看到球队不但在细节上做得很到位，就像开车时的换挡，而且在整套传切配合上都能够执行教练的意图，流畅稳定地打出完整的进攻套路。

2010年世界杯上的德国队在技战术的素养上比2006年世界杯时提高了不少，但是在配合和处理球上距离西班牙队还有很大差距。所以勒夫还要带领球队苦练基本功，球队的默契配合程度和比赛质量都取决于基本功的好坏。西班牙球员也不是天生的足球天才，他们的主力队员多年来进行了勤奋的训练，从来不会停止练习基本功。西班牙队的成功不是偶然的：他们传球准确，脚下不会失误，足球在他们脚下形成律动。足球理念再高明，没有细节上的过硬功夫，也不会有什么作用。衡量一个教练高下的标准，就看他在训练中练习的目标能否在场上得到实现。勒夫说，起决定作用的，"都是一些小东西，一些不断重复的小东西"。只有不断重复的东西，才会成为很平常的东西。学习踢足球和学习外语一样，越早开始越好，重复越多越好。以格策和罗伊斯为代表的新一代德国球员有着扎实的基本功，而2006年世界杯那一届德国球员则不是这样。

基础2：速度就是一切

勒夫曾经说过，我们今天不需要金特·内策尔这样的球员①。今天的足球比赛空间变得很窄小，能够让你停球和带球的时间都变得越来越短。总之，对于现代足球，速度就是一切。勒夫指出："具有决定意义的不仅是一个球员在比赛中跑了多少公里，还要看他的跑动速度，不管他是冲刺了5次还是冲刺了10次甚至几十次。"一个重要的训练快速踢球的方法就是所谓的"节奏交替训练"，即踢4分钟快球，然后再把节奏放慢踢2分钟，如此反复进行，这个交替的节奏也大概与实战的情况相当。勒夫解释道："我以这种方法训练，球员们就会适应比赛中的节奏变换。"在训练中模拟实战的场景，包括不同的强度，也是提高球队比赛质量的一个关键。

只靠不停地奔跑还不管用，球员在比赛中总是在加速和短暂停下来两种状态之间转换。足球运动员需要适合于比赛的特殊体能。2008年欧洲杯，德国队的表现有起伏，勒夫认为这跟球员的体能缺陷和由此带来的速度不足有关，德国队必须要提高带球和无球时快速奔跑的能力，才能够在南非世界杯上发挥得更好。他说："速度是足球中衡量一切的尺度。"你不一定要跑得更多，但一定要跑得更快，要多冲刺，快冲刺，抢断球后多名队员一起冲刺。善于冲刺的典范球员是穆勒，他一旦加速，就常常风驰电掣地碾压过对手的防线，所以他在南非世界杯上表现突出，绝非偶然。

球员在比赛中总是能够提速冲刺固然重要，同样重要的是球员能够高速带球杀入对方禁区。球员不但要身体快，头脑也要转得快，他需要在狭小的空间里和被紧逼的状态下不失去方向感，能够迅速分球。加快

---

① 内策尔当初司职前腰，或者说是4-3-3阵型中中场中路的那个位置，他传球精准而富有想象力，但是作风比较懒散，不喜欢跑动，基本上都是利用自己出色的位置感去接应队友，然后用超强的护球技巧护住足球避免被抢断，他的踢法基本上就是一个经典10号。——译者注

一个球队比赛节奏的最有效办法就是让球处于流畅的快速运动状态。要想传球失误少，就要多传短平快的球。勒夫说："只有踢低平球，才能够踢得快。"只有低平球而不是高球才能够安全地直接转移。用勒夫的话来说，"正确地展开攻势"的方式是将球稳妥地传给前方的通过跑动拉出空当的队友。在这方面，勒夫推崇的阿森纳就是榜样。阿森纳几乎不打高球，总是通过低平球让足球处于运动状态。

实力较弱的球队倾向于通过拼搏、玩命、加强后防线和大脚长传打反击来打比赛。勒夫说："但是我们是精英部队。我们可不能这么打。"精英的打法应该是给对手施压，积极进攻，传球低平、垂直、快速和直接。因此，勒夫和助手弗里克从一开始就把训练的重心放在高速度的攻势足球上。勒夫执教德国国家队的头一年半时间里，德国队从停球到分球的平均时间从2.8秒降到了1.9秒。勒夫满意地说："我们的打法更加流畅了。以前，球员们带球时间太长，这不利于打快速足球，所以我们在这个环节下了很大功夫。"

但是，勒夫仍然不满意。"我们必须继续提高传球速度和传球准确率，我们必须熟练到闭着眼睛就能够做到这一切。"缩短持球时间是勒夫持续追求的一个指标，而且进步是很明显的。2008年年底时德国队从停球到分球的时间是1.5秒，2010年时降到了1.1秒，在打得最好的几场比赛中甚至降到了0.9秒。拿球队员持球时间短，快速地分球，尽可能地向前直塞，尽快地形成射门的局面，这些都是勒夫足球哲学的精髓，也是他通过训练所要达到的目标，虽然在实践中永远不可能完美实现这一目标。换句话说："足球的最高境界就是完美掌握最简单的东西。"

基础3："无身体"才能踢得更快

"足球是搏击的运动，但并不是格斗。"勒夫对所谓的德国足球的民族特色不以为然。他强调，德国足球要脱离那种成见——认为德国式足球就是连人带球一起掀翻的"条顿军团的铁脚"。动作粗鲁是没有效率的，犯规不但对自己没有任何帮助，还会给球队带来危险。"你必须分析一下，你的球队被对手打进了多少个任意球，有多少任意球是毫无必要的犯规造成的。这种不好的对抗习惯必须要放弃，这是最基本的。"

在勒夫最想纠正的不良踢球习惯的名单上，有一项就是铲球。自维利·舒尔茨以来，铲球成了德国队后卫的拿手好戏。鉴于铲球可能带来的高风险，勒夫奉劝他的球员不要铲球。喜欢铲球的后卫热罗姆·博阿滕2009年秋季在莫斯科的比赛中因为铲球犯规被红牌罚下场，他必须下决心戒掉铲球的习惯，才能够在德国国家队待下去。博阿滕在2011年年底对《踢球者》杂志说："我得到的指示是，我不应该去铲球。"铲球带来的问题不只是红牌犯规或者送给对方任意球，铲球失误的后果同样很严重，因为一旦铲球没有成功卸下对手的脚下球，对手就会连人带球长驱直入，而后卫还坐在地上没有起身。铲球的危害还不止这些。勒夫认为铲球就是一种"错误的思维"，他的来源是那种错误的观念——认为后卫的任务就是破坏对方的进攻。他指出，"身体对抗的目的是抢断球"，然后是"以最快的速度组织起反击，在对手还没来得及组织好防线时就打他个措手不及"。要想抢到球，就不应该犯规，否则球就归对手了。拼抢的习惯不正确，只会给对手带来好处。反过来说，要想给球队创造机会，就要在不犯规的情况下抢断球。特别是在后场的中心位置，抢断球非常重要，因为在这个位置得到球后，可以与队友形成很多传球三角，比在边线处能够制造出更多的进攻机会。

这一基本态度一直到2014年世界杯都没有改变。勒夫在去巴西之前更强调要加强一对一对抗的训练，警告球员不要满足于踢破坏球："我们要争取抢断球后迅速转入进攻，因为对手在这个时候一般都还没来得及组织起防线。抢断球然后快速反击，这就是关键所在。很多球队一旦组织好，你很难攻破它的防线。"

在判断一名后卫球员是否有资格进入国家队时，勒夫会提出这样一些问题："他有过多少没有必要的犯规？他的犯规导致了多少次任意球？他的一对一拼抢能力如何？"一个好的国家队后卫应该犯规少，很少造成对手的任意球，并尽可能"无身体"地进行对抗与拼抢。中后卫的任务是要尽快将球安全而垂直地踢向前方，边后卫应该尽可能把对手逼进内线，让他陷入防守密集的空间里，造成丢球。如果把对手压迫到外线，则会减少本队形成快速反击的机会。

这里还要顺便提一下勒夫的名言："犯规会破坏掉压制逼抢。"压制逼抢意味着耗费体力和球队组织程度高，但是它只有在不犯规就抢断球的情况下才有意义。只有不犯规得球才能开启快速反攻。压制逼抢后犯规，让对手重新得到球，这是在浪费能量。勒夫认为，足球在这方面也可以向其他体育项目学习。所以在2008年欧洲杯前的马洛卡训练营，德国国家队请前德国国家篮球队运动员丹尼斯·武赫雷尔上了一堂篮球课。勒夫说："我很佩服的是，篮球队员在那么狭小的空间里都能够在不犯规的情况下与对手展开拼抢和抢断球。"勒夫说，此中的精髓就是："重要的是跟随对手，直到看准机会把球抢下。"

"善于抢断球，快速反击，这就是我们的目标。"勒夫将他的足球哲学浓缩为这样一句话。一个理想的快速配合防守反击应该是这样的：一开始先是抢断球；在抢到球后，数名队员集体闪电出击，分别占领事先约定好的区域；足球在他们反复训练过的传球路线中穿梭，总是低平球；最后足球被输送到对方门前危险区，那里不应该只有一名前锋接应，应该还有从中场冲刺助攻上来的其他队员配合接应。在勒夫的指导下，德国队已经以这种方式进了很多球，特别是在南非世界杯上更是如此。有时候这样的进攻踢得非常简洁，例如4:1战胜英格兰队的比赛中的最后一个进球，从抢断球到破门只用了10秒：退回到后防线的克洛泽抢断球后把球吊传给左路的厄齐尔，厄齐尔左路带球闪过对方中场加雷思·巴里后高速突破，然后将球巧妙地向右横传，给补位上来的对方后卫阿什利·科尔来了个穿裆球，从中路扑上来的穆勒在距离球门7米远处将球打进。厄齐尔奶油般滑润的传球也表明，对传球的时间点控制有多么重要。勒夫对这个传球大为赞赏："他在正确的时刻将球巧妙穿裆传出，球传得不太狠也不太软，不太近也不太远，而且这一切看上去是那么轻盈简洁。"

不只是德国队才会这样踢，荷兰队也同样掌握了高水平的闪电攻击战术。在2008年欧洲杯3：0战胜意大利队的小组赛中，荷兰队的第3个进球可以说是足球史上最精彩的防守反击案例之一。在意大利队踢出角球后，荷兰队后卫吉奥瓦尼·范布隆克霍斯特在底线解围，将球大脚传给韦斯利·斯内德，斯内德再将球传给拉斐尔·范德法特，这时候荷兰队有3名队员全速突进：范布隆克霍斯特在左路，斯内德在中间，迪尔克·库伊特在右路。范德法特将球传给奔跑中的范布隆克霍斯特，后者在距离禁区左侧大约10米远的地方将球长传给右路包抄上来的库伊特。库伊特在禁区外头球一蹭，球正好落到禁区边线，斯内德凌空抽射将球打进。整个过程只用了17秒。

基础4：传完球还要跟进

打出完整的配合是一种高水平的足球艺术。完整配合的前提是熟练掌握简单的踢法。勒夫说："无球跑动，加快节奏，朝着正确的方向带球，向前进而不是朝后走，这是进攻之中最基本的东西。"区域分配和跑动路线必须合理，每一个球员都不能把球传出去后就撒手不管了。"球传出去后，作战还没有结束。我的要求是，传完球后仍要继续朝对方纵深区域里冲，并且向队友要球。这样，球踢得就会更流畅和有活力。"始终参与作战，"传球和跟进"，这是勒夫在2010年世界杯反复提到的话题。

勒夫说："我们有的球员很有潜力。但是我在观察德甲比赛时发现，他们在把球传出去以后，就好像没事了一样。"他以厄齐尔为例说明问题。厄齐尔当时在不来梅踢球，他经常会有天才的传球，但是传完球后就停了下来，好像比赛暂时就跟他无关了。勒夫告诉球员，动作是从大脑中开始的。勒夫一再提醒，"在传球后，你必须继续参与比赛，要去主动要球和接应，要跑动到战术规定的区域里"。比赛中接应的球员越多，就越容易在对手门前通过配合制造出杀机。勒夫说："你不跑动的话，连加拿大队你都赢不了。"

参与跑动的球员越多，跑动速度越快，传球和配合的可能性就越多，也就越有可能摆脱对方的防守。"传球与跟进"最有效的时刻就是在抢到球的瞬间，那时候球场在短短几秒内是"开放"的，因为此时对手还没有重新组织好防线，因而有更多的空间可以利用起来进行快速传切配合，向前进攻。

荷兰队后卫范布隆克霍斯特在刚才提到的防守反击方面表现完美。他在传出球后立即全速冲刺，重新投入到作战当中去。德国队也在南非世界杯上打出很多"传球与跟进"的经典场面。例如对英格兰队的第2个进球：拉姆通过传球给赫迪拉发起进攻；赫迪拉传球给穆勒，穆勒再传给厄齐尔；穆勒没有停在原地，而是冲刺穿过英格兰队后卫线；厄齐尔短传给边线上的克洛泽，克洛泽用外脚背将球传给穆勒，穆勒向左分球，这时候正好波多尔斯基插上来；波多尔斯基打了个穿裆球，球从守门员大卫·詹姆斯的两腿之间穿过钻进死角。再比如对阿根廷队的第4个进球：厄齐尔传给施魏因斯泰格；厄齐尔没有停下来，而是跟在后面沿右路继续往前冲，施魏因斯泰格分给厄齐尔，厄齐尔传中给克洛泽，克洛泽将球稳稳打进球门左下角。

用人标准：为什么球员要适合打法

还需要分析的是，勒夫的足球哲学在选择德国国家队阵容上起到了什么作用。勒夫先是用一句老生常谈的话来讲他挑选队员的标准："对于每一位教练来说，能力原则是挑选队员的依据。"但是当某一个位置有太多的候选人时，问题就来了。2008—2009赛季，沙尔克04的杰梅因·琼斯和多特蒙德的塞巴斯蒂安·凯尔表现出色。凯尔到2006年为止已经代表德国国家队出场31次，他没能够再次入选国家队。杰梅因·琼斯在德国国家队踢了3场后又被请出了国家队①。因为在防守型中前卫的位置，已经有了弗林斯、希策尔斯佩格、罗尔费斯和地位越来越稳固的赫迪拉，当施魏因斯泰格与赫迪拉组成的双后腰定型后，再加上又出现了克罗斯这样一位同样可用的候选人，老将弗林斯和巴拉克反而成为了烫手的山芋。勒夫在上任伊始还看重老队员的经验，在2008年欧洲杯后他开始倾向使用年轻球员。勒夫认为，年轻球员在体力上更适合打锦标赛，更能加快比赛的节奏。

勒夫承认，所谓的"能力原则"并没有一个绝对的客观标准。"它是一种主观评估。它以足球哲学为指导原则，取决于我们踢球的方式。我就是按照这个原则挑选球员的。"所以，目的不是挑最好的球员，而是挑选出适合球队打法的球员并组成一个和谐的球队。德国国家队的数据库提供了观察和挑选新国家队队员的重要参考依据。它一方面提供了球员能力发展的曲线，另一方面可以从中发现球员的重要特质。勒夫总结出一个挑选球员时提出的问题清单："这个球员能够在他的位置上有什么作为？他能够对我们的打法有什么帮助？他执行战术的能力如何？当球队比分落后时，他在场上的表现如何？他有能力充分利用以多打少时的优势吗？他能够带领和驱动球队吗？我们有时候也会对一些球员在训练中的表现进行观察，看他是不是足够认真。总之，我们想知道，这个球员是否能为了在国家队中占有一席之地而不懈努力。"

---

① 国际足联2009年修改了关于更改国籍的规定，相对于此前21岁以下才能更改国籍的年龄限制，新的规定是拥有双重国籍的球员即使已经参加过青少年国家队比赛或者打过国际A级友谊赛，但只要他没有参加过国际A级正式比赛，便可以在任何年龄更改国籍转而代表其他国家队参赛。琼斯的父亲是美国人而母亲是德国人，因此他拥有双重国籍，并曾经入选德国国家队，在与奥地利队、白俄罗斯队和英格兰队的国际友谊赛中曾代表德国队出场。但因为无缘2008年欧洲杯，又自知不受勒夫重用，琼斯于2009年成为第一个利用国际足联更改国籍新规则而"转会"的球员，他加入了美国国家队，并在2014年世界杯小组赛上与德国队有过交锋。——译者注

球员的性格特点也是一个参考的重要因素。在为大赛挑选德国国家队阵容时，勒夫会提出以下问题："哪些球员会给球队带来正能量？哪些球员在不能上场比赛时不会气馁？哪些球员能够经得起竞争的考验和促进球队的竞争？哪些球员太自私或者容易嫉妒别人？谁更有耐性？"这些问题又马上会引出下列问题："一个球队能够承受多少自我主义者，一个、两个、或者三个？有哪些球员愿意承担起领导责任？是不是这样的球员太多了？"最后还有道德品质问题和价值观问题："能够与队友互相尊重，也能够尊重他人，尊重教练团队，尊重球迷。沟通能力，宽容精神，纪律性强，为人可靠，等等，都是要考虑的因素。这些球员的态度严肃认真吗？能够集中精力吗？这些都会对一支球队的气氛产生影响。"

　　如果一个球员原则上满足了所有的条件——个人技术与竞技能力上，精神上和情感上，性格上和道德品质上——还要结合球队的打法，进行一些细节上的评估。以2009—2010赛季中多特蒙德表现抢眼的中后卫胡梅尔斯为例：胡梅尔斯无论是处理空中球还是地面球都有着很强的一对一拼抢能力，他技术稳定，助攻十分有威胁，但是勒夫在很长一段时间里并没有考虑招他进国家队。其中的原因可以从他挑选球员的标准中去寻觅。勒夫要为他的打法找犯规少、善于利用短传和直传组织起流畅进攻的中后卫。胡梅尔斯相对来说犯规太多，虽然犯规次数比纽伦堡俱乐部的粗放型后卫安德烈亚斯·沃尔夫要少，但是显然要比默特萨克多很多。胡梅尔斯按照多特蒙德的防守反击打法经常打出很多冒险的长传，这种长传的失误率较高。默特萨克则大都是用短传和精确直传来发起进攻，他的传球容易让队友处理。胡梅尔斯也与在相当长一段时间里受到勒夫赏识的塔什彻不同。塔什彻的优点是擅长从后场策动进攻。结果就是，胡梅尔斯无法撼动默特萨克的地位，甚至塔什彻也比他得到更多的上场机会。胡梅尔斯在多特蒙德夺冠的2010—2011赛季虽然表现十分强大，但是仍未能让勒夫完全对他信任。直到胡梅尔斯表现出愿意改变自己的风格去适应国家队的意愿和能力，勒夫才将这位中后卫确定为国家队的替补人选。

　　在2009—2010赛季表现出色而受到球迷和专家热捧的沙尔克04前锋库兰伊也不大满意勒夫的用人标准。勒夫有足够的得到他信任的前锋人选。勒夫不大相信库兰伊在快速攻防转换上的能力，因为他在这一点上经常表现出不足。而且，如果再度招回被他赶出国家队的库兰伊，勒夫无疑是放弃了自己的用人原则。勒夫在2010年世界杯时招勒沃库森前锋基斯林入队，可以说是个让步之举。勒夫当时要面对很多批评，他不敢在这个时候再固执地将当前德甲最佳射手放在家里不用。但是基斯林从来没有在勒夫的计划中扮演过什么重要角色，后来即使国家队缺乏中锋和有媒体抗议，勒夫仍然没有再考虑过让基斯林进国家队。

　　波多尔斯基和克洛泽则总是受到勒夫的青睐，而且显然勒夫并不管他们二人当前在俱乐部的表现如何。勒夫说，德国国家队用人不存在世袭特权，但是这两名球员有着特殊的能力。他解释说："我知道米洛（克洛泽）和卢卡斯（波尔多斯基）能够很好地执行我的战术，适合我的打法。"他说，他不希望每次国家队换人，都要把以前的计划推翻重来。勒夫需要一批稳定的骨干队员，希望球队有连续性。为了能够持续改善球队的整体质量，勒夫需要一个稳固的基本框架。勒夫在2009年9月解释他的用人政策时说："当重要球员出现状态低潮时，我们恰恰应该尝试去帮助他们恢复状态。"所以，虽然会有各种批评，勒夫仍然会放弃邀请一些当前状态正好的球员进入国家队。但是，如果克洛泽和波多尔斯基作为勒夫心目中的最佳攻击球员不能一再出彩，勒夫就会陷入尴尬的解释了。但是至少在大赛上，两个人都有不错的表现，也证明了勒夫对他们的信任是正确的。他们二人几乎从没有让勒夫失望过，从这个事实可以看出：勒夫有一种能力，那就是他会让他相中的球员变得强大起来。但是与此同时，他又必须把一些本来他没有理由不去信任的球员挡在国家队大门之外。这些球员只能把发展的希望寄托在俱乐部教练的身上，他们能够遇到的最坏的情况就是：命运让他们注定成不了德国国家队队员。

批评：当进攻只是"被动反应"

2010年世界杯开始前，德国《时代周报》记者问勒夫将怎么打这届世界杯。勒夫回答："我们要踢足球，而不是管理足球。"他要向世人展示一个有乐趣、讲究足球文化、打法生动活泼的球队，一支有能力控制比赛的球队。所谓"踢足球"和"管理足球"的区别在于："管理足球"是把比赛当成比分计算，而"踢足球"是要求球队"能够按照我们的打法控制比赛，进攻和后防都是如此。我们要在时间和空间上压制对手，让比赛按照我们的思路走，比赛积极主动，不是采取破坏性踢法"。

勒夫在克林斯曼时代作为德国队主教练的助手时就曾经说过："进攻和防守，我有时候会把这两个概念从我的词汇库中删除。我要的是一种平衡。在对手进攻到我们防线时，我们需要6名队员承担起防守任务，他们就是2名前锋和4名中场。我们必须将对手挡在自家大门以外，阻击的位置越靠前越好。"但是实际上，德国队当时还是以大胆进攻为主。4年以后，德国足球已经告别了克林斯曼张扬的狂轰滥炸式足球。勒夫逐渐给"进攻"赋予了新定义：进攻不再是控球和一味向对方球门施压，而是控制比赛场面。所谓"要在时间和空间上压制对手，让比赛按照自己的思路走"，在勒夫眼里也是一种进攻。勒夫对于进攻的阐释是：前锋在前场就开始施压逼抢，无犯规抢断球，闪电般由守转攻，传球后跟进，在对手进攻过程中失球而还没来得及重新组织好时立即全线攻击。这些概念听上去更像是在描述防守反击。

正因为如此，英格兰足球战术专家乔纳森·威尔逊在2010年世界杯结束后对英国《卫报》说，德国队的进球实际上都是在守势中获得的。"让人惊骇的是，他们的所谓新鲜打法收获了大量溢美之词，原因就是他们在3场比赛中每场都打进了4个球。但是这支德国队实际上打的是出色的防守反击，前场的4个人，即克洛泽、穆勒、波多尔斯基和厄齐尔，打出了一些让人眼花缭乱的进攻，但是尽管如此，他们打的还是被动反应式足球。"这一评价当然与勒夫自己为德国国家队贴上的"攻势足球"标签相矛盾，但是乔纳森·威尔逊的评价堪称恰到好处。德国队在南非世界杯上明显是一支防守反击型球队。如果哪支球队，譬如西班牙队，能够做到把德国队的快速反击潜力遏制在萌芽之中，那么勒夫的球队就无计可施了。尽管德国队有很多优秀球员，但是在进攻上并没有太多的创造力可言。南非世界杯上的德国队在战术上显然还有些单调。因此，南非世界杯后，德国队在提高进攻的丰富性上加强了努力。

依靠压制紧逼和快速由守转攻也能够取得辉煌战绩，2010—2011赛季的多特蒙德就是很好的例子。克洛普的球队虽然在赛季进球数上不是最多，但却是从抢断球到射门速度最快的球队。勒夫或者克洛普的打法只是"被动反应足球"还是攻势足球的一个巧妙变种，足球专家们对此争论不休。至少勒夫不会同意威尔逊的判断。也许2006年到2008年，德国足球是这样的，但是勒夫认为："我现在踢的是十分积极主动的足球。"尽管如此，人们所理解的典型攻势足球的特点是高控球率、富有创造性的优势和凌厉的进攻，而这些显然不是德国足球队的主要风格。但是可以肯定的是，勒夫的创造性防守反击足球中，每一位球员都要积极主动，并且这种打法同样可以压制对手，或者用弗里克的话说是"操控比赛"。

总的解决方案：战术上保持灵活机动

2010年世界杯之后，德国队在战术上和技术上有了突飞猛进的发展。勒夫的助手弗里克说："在南非世界杯上，抢断球后的快速反击还是我们的一大强项。我们从自己的半场发动进攻，在理想状态下几秒钟之内就攻到对方门前。"但是，现在很多球队与德国队比赛时，都退缩在自己的半场伺机打防守反击，因此德国队必须想出新的办法，要在打法上更为主动。2012年欧洲杯预选赛中，德国队在6∶2大胜奥地利队的比赛中，就打出了让人信服的积极主动的进攻。勒夫对这场比赛的评价是："我们的压制逼抢策略非常成功。奥地利队被压得喘不过气来。我们的空间分配十分合理，无球跑动和短传配合都很好。以前，我们有时候在面对采取守势的球队时没有太多办法，现在我们有了很大进步。我们现在打得非常富有攻击性，找到了对付墙式防守的办法，同时还能够做到让自己的防线固若金汤。"

为了验证自己的攻击力，勒夫在2011年对乌克兰队的一次友谊赛中，即兴试验了一次三后卫的阵容（胡梅尔斯—巴德斯图伯—博阿滕）。勒夫对他的冷门战术解释说："我们要制造出一个局面，让球员们在毫无准备的情况下突然面对一个形势变化，然后看看他们如何做出反应，应变能力如何。"就像事先预料的那样，德国队在中场形成了多数，但是在对手进行防守反击时，德国队也容易出现漏洞，对手的两个进球都是在德国队发角球被抢断后打进的。对于这两个进球，勒夫赛后对《踢球者》杂志说："当时我们的三名中后卫都在对方禁区里，厄齐尔和格策作为临时客串后卫没有能力应付这种场面。整个比赛我们经常出现阵型混乱的局面。"《踢球者》杂志断言道，尴尬的3∶3证明，勒夫的战术试验是没有前途的。

但是只过了几天，德国队又在友谊赛中3∶0大胜荷兰队。这场比赛德国队打出了不少亮点，显示出技术上的绝对优势。3个进球都是通过轻松自如的配合打进的。特别是第66分钟的最后一个进球十分精彩：克洛泽右路传球给穆勒，穆勒传球给中路的厄齐尔，厄齐尔与克洛泽做了个二过一配合，左脚射门入网。这一系列传球漂亮稳健，克罗斯、厄齐尔、穆勒和克洛泽之间进行了各种交叉换位，阵型也熟练地从4-2-3-1转换为4-3-3（穆勒和波多尔斯基变成边锋）或者4-2-4（厄齐尔变身第二前锋）。

勒夫虽然在2012年欧洲杯时进行了较大的阵容调整，但是战术上并无太大变化，只有半决赛对意大利队的比赛是个例外，但是这次冒险以失败告终。在2014年世界杯上，勒夫的战术变化非常灵活。世界杯之前德国队对"伪9号"战术经过长时间和广泛的讨论，勒夫对此有过原则上的表态："对我来说，重要的是多变性和灵活性。我不是固守传统思维和打法的人，我不想把比赛获胜的宝都单方面和机械地押在一个球员身上。战术上应该保持一定的不可预见性。"

的确，关于"伪中锋"的讨论大都跑了题。因为问题的本质是如何提高球队在打法上的多样性和灵活性，并同时保持球员在场上行动的协调一致。世界杯后对德国队7场比赛的热图分析显示，德国队视对手不同和比赛形势不同，整体站位或者十分靠前或者靠后，但总的趋势是越来越富有攻击性。在每一场比赛中，德国队都至少打出了从一种阵型流畅过渡到另外一种阵型的变化，一般是一种阵型偏重于进攻，另一种阵型则偏重于防守。例如在1/8赛对阿尔及利亚队的比赛中，德国队在防守上采用4-4-2，在进攻时则变为4-1-2-3。德国足协教练培训部主管弗兰克·沃尔穆特说，不管如何变化，目的只有一个，那就是在有球的局部区域形成以多打少。沃尔穆特总结道："今后，那些对于所有阵型都能够熟练运用并且在必要时能够变阵的球队将占有优势。"每一场比赛都对德国队提出了不同的挑战，但是德国队每次都找对了解决方案，虽然有时候也有一定的运气成分在起作用。

弗兰克·沃尔穆特认为，除了战术变化的多样性，德国队的强项就是紧凑的后防线和直截了当的进攻配合，即在关键时刻正确移位，加快攻门的节奏和增加对对手的压迫。德国队的优势建立在球员的优秀技术能力、出色的训练辅导以及自始至终表现出来的杰出体能之上。在4支进入半决赛的球队中，德国队的奔跑里程最多（783公里，巴西队650公里）。德国队在对阿尔及利亚队和决赛中对阿根廷队的比赛中都是在加时赛中依靠着充沛的体能解决了战斗，避免了点球大战决胜负。

球队的结构也非常合理，几乎没有哪个世界杯球队像德国队那样在球员结构上如此均衡。这也体现在每场比赛都有不同的球员发挥出色，例如在对葡萄牙队的比赛中是托马斯·穆勒，在对法国队的比赛中是中后卫胡梅尔斯，在决赛中是博阿滕和施魏因斯泰格。拉姆、诺伊尔和克罗斯是整个世界杯期间最重要的球员，拉姆只在开赛之初有过几次停球失误，然后整个大赛期间都发挥得稳定可靠。守门员兼清道夫诺伊尔的活动范围覆盖了1/3的球场，触球次数几乎与中场队员一样多，在门将中也是球队信得过的最后一道铁闸。中场战略家托尼·克罗斯拿球次数最多，以730次触球名列德国队之首，传球准确率高达90%。

德国队整体发挥出色，离不开球队不同寻常的团队精神。所有的球员都把小我放在球队的大目标之下。在经历了数次大赛仅仅拿到第二和第三名后，所有球员都憋了一口气要拿一回冠军。曾经看上去有些孤僻的战术家勒夫，做到了之前没人相信他真的能做到的事：他以胜利者的心态率领他的队伍夺得了世界杯。

足球之外：足球不仅仅是一场游戏

勒夫所说的"打法哲学"这一概念，指的不仅仅是对比赛打法的设计。一个教练不仅仅是一个战术家，还应有更多的身份与作用，例如心理学家和训练专家。他需要有明确、清晰的训练思想，例如应该练什么，怎么练，何时练，练多少，休息多长时间，以及什么时候应该练什么东西。所以，在"打法哲学"这个概念里实际上包含了很多内容，例如：利用最先进的科学方法进行分析与指导训练，例如数据库和录像分析；在各个领域最大化利用专家的专业知识，例如体能、技术、比赛分析、反应速度、动作协调性、心理训练等等；从其他运动项目中（例如篮球）学习有益的训练方法与经验；尝试一切可能奏效的方法，例如德国队还考虑过请舞蹈教练；针对不同的位置（例如中场、后卫线等）进行不同的训练，但是同时为球队制订系统的训练方案，包括为大赛指定一套完整的像电影拍摄脚本一样的训练计划表；在整个战略规划中时刻不忘对基本功的反复训练；要求球员主动去完成单独的个人训练计划。所有以上说到的方方面面不但要在A级国家队实现，德国足协所有级别的青少年队也要实施。

还有一系列的"软价值"。教练团队和专家们合作开发、协调和执行所有的行动计划。球员们被要求用实际行动去体现团队精神和尊重他人。球员们不仅要在球场上体现公平竞争精神，还要在场外公正宽容地互相对待，表现出进取心和纪律性。球员在德国国家队还应该有激情和乐趣，用勒夫的话说，在道德品质上要"绝对地处于最高水平"。一个球员如果有严重的人格上的缺陷，那么不论他在足球上多么富有才华，勒夫都不会让他进国家队。勒夫特别重视球队的良好气氛，那些听话的乖球员入选国家队的机会很大。为了避免替补队员成为一肚子气的"怨妇"，教练班子采取了各种可能的措施来促进球队的正面的积极的气氛，这些措施包括为球员提供豪华舒适的下榻营地，进行有助于发展团队精神的活动，例如登山，参加魔术和游戏晚会，共同参加迪斯科舞会（只在重大比赛获胜之后），以及各种有层次的文化活动。知识文化教育和人格培养上的措施有助于球员精神层面上的成长，也能够帮助队员成为更优秀的球员。勒夫深信："一个有智慧的球员能够更好地应对失败，他对待受伤和成就的态度也会有所不同，能够在关键的时刻保持注意力集中。如果一个教练要在球队中贯彻他的理念，要想夺得冠军，就需要智慧型球员。"

勒夫手下有足够成熟的球员，多年来一直如此。勒夫在2012年欧洲杯前夕说，他的球员非常有责任感，他不用对球员进行监管或者说教。"我不用去操这个心。他们都知道，他们必须保持绝对的身体健康，而在我踢球的那个时代还不是这样。"球员的智慧也指的是他们知道只有团结起来才足够强大。但是，团队精神在2012年欧洲杯时还不是那么完美。到了2014年巴西世界杯时，球队就表现出了完美的团结意识与意志力，发挥出了一个球队的最大潜力。令人印象深刻的是，在马拉卡纳体育场捧杯后，没有一个球员突出自己或者突出个人功劳，而只是说"我们"和"球队"如何。勒夫说："我们是一个团结一致的球队，我们为了夺冠而进行了共同奋斗。"